BIBLIOTHÈQUE
D'ENSEIGNEMENT COMMERCIAL

Dirigée par M. GEORGES PAULET

A. HAUMONT & A. LÉVAREY

—

LES

TRANSPORTS

MARITIMES

DEUXIÈME ÉDITION

PARIS

BERGER-LEVRAULT & Cⁱᵉ, ÉDITEURS

BERGER-LEVRAULT ET Cie, LIBRAIRES-ÉDITEURS

PARIS, 5, rue des Beaux-Arts. — Rue des Glacis, 18, NANCY.

Bibliothèque d'Enseignement commercial

Dirigée par M. Georges PAULET

PROFESSEUR A L'ÉCOLE DES SCIENCES POLITIQUES

La **Bibliothèque d'enseignement commercial** est principalement destinée aux élèves qui se préparent aux Écoles supérieures de commerce ou qui s'y disputent le diplôme supérieur ; aux élèves des grandes écoles industrielles et des Facultés de droit, qui ne sauraient se désintéresser des études commerciales ; aux jeunes gens et aux jeunes filles qui, dans les écoles professionnelles, dans les cours du soir ou à leurs heures de libre étude, cherchent à se mettre en état de rendre dans le commerce des services appréciés.

Rédigée par les professeurs, les jurisconsultes et les spécialistes les plus autorisés, échappant à tout parti pris de doctrine, sacrifiant les développements purement théoriques au souci d'une instruction réellement utile et pratique, cette Bibliothèque pourra rendre en même temps de précieux services aux industriels et aux négociants désireux de parfaire leur éducation technique et de se tenir toujours, comme leurs concurrents étrangers, au courant de la législation commerciale, des procédés et des faits commerciaux : elle constituera ainsi la véritable **Bibliothèque du commerçant**.

OUVRAGES PARUS

Code annoté du Commerce et de l'Industrie. Lois, décrets, règlements relatifs au commerce et à l'industrie, avec un commentaire tiré des circulaires ministérielles, de la jurisprudence du Conseil d'État et de la Cour de cassation, par Georges PAULET, chef de bureau au Ministère du commerce, 1891. Un volume grand in-8 sur deux colonnes, broché. . . **15** fr.   Relié en demi-chagrin, plats toile. . **18** fr.

Code de Commerce et Lois commerciales usuelles, avec des notions de législation comparée, à l'usage des élèves des Facultés de droit et des Écoles de commerce, par E. COHENDY, professeur à la Faculté de droit et à l'École supérieure de commerce de Lyon. **2ᵉ édition.** 1898. Un volume in-18, relié en percaline gaufrée . . . . . . **2** fr.

Recueil des Lois industrielles, avec des notions de législation comparée, à l'usage des élèves des Facultés de droit et des écoles industrielles et commerciales, par E. COHENDY, professeur à la Faculté de droit et à l'École supérieure de commerce de Lyon. **2ᵉ édition.** 1898. Un volume in-18, relié en percaline gaufrée. . . . . **2** fr.

Manuel pratique des Opérations commerciales, par A. DANY, directeur de l'École supérieure de commerce du Havre, ancien chef de comptabilité, ancien professeur à la société mutuelle des employés de commerce du Havre. 1894. Un vol. in-8, relié en percal. gaufrée. **5** fr.

Bibliothèque d'Enseignement commercial

OUVRAGES PARUS (*Suite*).

Principes généraux de Comptabilité, par E. Léautey, professeur de comptabilité, ancien chef de bureau au Comptoir national d'Escompte et A. Guilbault, ancien chef d'administration de la Société métallurgique de Vierzon. 1895. Un vol. in-8, relié en percaline gaufrée . **5 fr.**

Monnaies, poids et mesures des principaux pays du monde. Traité pratique des différents systèmes monétaires et des poids et mesures, accompagné de renseignements sur les changes et les timbres d'effets de commerce, etc., par A. Lejeune, directeur de l'École supérieure de commerce de Marseille. 1894. Un volume in-8, relié en percaline gaufrée . . . . **5 fr.**

Manuel de Géographie commerciale, par V. Deville, agrégé, professeur au Lycée Michelet. (*Ouvrage récompensé par la Société de géographie commerciale de Paris.*) 1893. Deux volumes in 8 avec cartes et diagrammes, reliés en percaline gaufrée. . . . . **10 fr.**

Précis d'Histoire du Commerce, par H. Cons, recteur de l'Académie de Poitiers, ancien professeur à la Faculté des lettres de Lille, à l'École supérieure de commerce de Lille et à l'Institut industriel du Nord. 1896. 2 volume in-8, reliés en percaline gaufrée. . . . . . . **8 fr.**

Les Tribunaux de commerce. Organisation, compétence, procédure, par A. Houyvet, docteur en droit, ancien agréé près le tribunal de commerce de la Seine, professeur de législation commerciale et industrielle à l'École supérieure de commerce de Paris, avec une préface de M. F. Rataud, professeur honoraire à la Faculté de droit de Paris. 1894. Un volume in-8, relié en percaline gaufrée. . . . . **4 fr.**

Armements maritimes, cours professé à l'École supérieure de commerce de Marseille, par C. Champenois, capitaine au long cours, ancien commandant aux Messageries maritimes. 1895. Deux volumes in-8 avec 140 figures, reliés en percaline gaufrée . . . . **10 fr.**

Les Transports maritimes. Éléments de droit maritime appliqué, par Haumont et Levarey, avocats, professeurs à l'École supérieure de commerce du Havre. **2ᵉ édition.** 1898. Un volume in-8, relié en percaline gaufrée. **4 fr.**

Manuel de préparation aux Écoles supérieures de commerce, contenant le développement des programmes officiels des concours d'entrée (arithmétique, algèbre, géométrie, physique, chimie, géographie, histoire, comptabilité). *Nouvelle édition.* 1897. Deux volumes in-8, reliés en percaline gaufrée. . . . . **10 fr.**

Annuaire de l'Enseignement commercial et industriel. 4ᵉ année, 1895 (dernière parue). Un volume in-18, de 760 pages, cart. **3 fr.**

Les frais de port en sus, à raison de 75 centimes pour l'envoi par la poste d'un volume de 4 ou 5 fr.; plusieurs volumes peuvent être réunis dans un colis postal de 3 kilogr. (85 centimes), ou 5 kilogr. (1 fr. 05), ou 10 kilogr. (1 fr. 50).

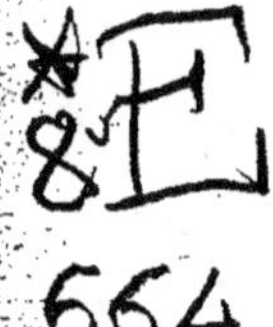

BIBLIOTHÈQUE DU MARIN

Service administratif à bord des Navires de l'État. *Manuel du commandant-comptable et de l'officier d'administration*, par C. Neveu et A. Jouan, commissaires de la marine. 2e édition, 1895, mise à jour par les appendices nos 3 à 5 jusqu'au no 24 du *Bulletin officiel* de 1897. Un vol. gr. in-8 de 600 pages. . . . . **10 fr.**
Relié en percaline. **11 fr. 50 c.** — Les appendices séparément. **1 fr. 10 c.**
(Ouvrage rendu réglementaire à bord des navires de l'État et adopté pour les bibliothèques des divisions.)

Théorie du Navire, par E. Guyou, capitaine de frégate, membre de l'Institut. Suivie d'un Traité des évolutions et allures par le contre-amiral Mottez. 2e édition, 1894. Un vol. in-8 de 410 pages, avec 151 figures. . **7 fr. 50 c.**
(Ouvrage couronné par l'Académie des Sciences.)

Cours élémentaire d'Astronomie, par E. Guyou, capitaine de frégate, membre de l'Institut, et Willotte, ingénieur des ponts et chaussées. Un vol. in-8 de 574 pages, avec 170 figures dans le texte et 2 planches. . **10 fr.**

Éléments de Cosmographie et de Navigation, précédés de notions de trigonométrie sphérique, par J.-B. Guilhaumon, ancien officier de vaisseau, professeur d'hydrographie. 2e édition. 1897. Un volume in-8 de 400 pages. broché . . . . . . **7 fr. 50 c.** — Relié en percaline . . . . . . **9 fr.**

Éléments de Machines à vapeur marines, par J.-B. Guilhaumon, ancien officier de marine, professeur d'hydrographie. 1898. Volume in-8 de 229 p., avec 129 figures, broché . . . . **5 fr.**

Traité d'Artillerie, à l'usage des officiers de marine, par E. Nicol, lieutenant de vaisseau. Un vol. in-8 de 336 pages, avec 86 figures . . . . **8 fr.**

Éléments de Météorologie nautique, par J. de Sugny, lieutenant de vaisseau, membre de la Société météorologique de France. 1890. Un volume in-8 de 500 pages, avec 57 figures et planches. . . . . **6 fr.**

Précis de Droit maritime international et de Diplomatie, d'après les documents les plus récents, par A. Le Moine, capitaine de vaisseau, licencié en droit. 1888. Un volume in-8 de 360 pages. . . . . **6 fr.**

Histoire des Flottes militaires, par Ch. Chabaud-Arnault, capitaine de frégate de réserve. 1889. Un volume in-8 de 512 pages avec 10 plans de batailles. . . . . **6 fr.**
(Ouvrage adopté par l'École navale.)

Cours élémentaire d'Électricité pratique, par H. Leblond, professeur d'électricité à l'École des officiers torpilleurs. 2e édition, revue et corrigée. 1896. Un volume in-8 de 474 pages, avec 164 figures, broché. . . . **7 fr.**

Électricité expérimentale et pratique. Cours professé à l'École des officiers torpilleurs, par H. Leblond, agrégé des sciences physiques, ancien élève de l'École normale supérieure, 2e édition. 1894-1895. 4 volumes in-8, 1330 pages, avec 410 figures et 3 planches . . . . **26 fr.**

Les Moteurs électriques à courant continu, par le même. 2e édition. 1898. Un volume in-8 de 500 pages, avec 120 figures. . . . . **10 fr.**
(Les trois ouvrages ci-dessus de M. Leblond ont été couronnés par l'Académie des sciences.)

Les Flottes de combat étrangères en 1897, par R. de Balincourt, lieutenant de vaisseau. 1897. Un volume in-8 de 347 pages avec nombreux croquis, broché . . . . **6 fr.**

Torpilles et Torpilleurs des nations étrangères, suivis d'un *Atlas des flottes étrangères*, par H. Buchard, lieutenant de vaisseau. 1889. Un volume in-8 de 254 pages et 114 planches. . . . . **6 fr.**

Marines étrangères. Situation. Budget. Organisation. Matériel. Personnel. Troupes. Défenses sous-marines. Armement. Défenses du littoral. Marine marchande (*Allemagne, Angleterre, République Argentine, Autriche-Hongrie, Brésil, Bulgarie, Chili, Chine, Danemark, Espagne, États-Unis, Grèce, Hollande, Italie, Japon, Norvège, Portugal, Roumanie, Russie, Suède, Turquie*), par H. Buchard. 1891. Un volume in-8 de 636 pages, avec 30 planches d'uniformes et d'insignes . . . . **10 fr.**

LES

TRANSPORTS MARITIMES

NANCY. — IMPRIMERIE BERGER-LEVRAULT ET Cie.

ÉLÉMENTS DE DROIT MARITIME APPLIQUÉ

LES
TRANSPORTS MARITIMES

PAR

A. HAUMONT & A. LÉVAREY

AVOCATS AU BARREAU DU HAVRE

PROFESSEURS A L'ÉCOLE SUPÉRIEURE DE COMMERCE DU HAVRE

DEUXIÈME ÉDITION

PARIS

BERGER-LEVRAULT ET Cie | LIBRAIRIE L. LAROSE
5, RUE DES BEAUX-ARTS | 22, RUE SOUFFLOT

1898

Tous droits réservés

PRÉFACE

Ce livre n'est pas un livre de science, mais un livre de vulgarisation. Il ne s'adresse pas aux jurisconsultes, mais aux commerçants et à ceux qui se préparent à le devenir, spécialement aux élèves des écoles de commerce, à tous ceux enfin qui, sans pouvoir faire du droit maritime une étude approfondie, sont appelés à en faire chaque jour l'application.

Malgré son titre un peu spécial, l'ouvrage que nous offrons au public est un véritable manuel de droit maritime. Toutes les matières qui composent le droit maritime commercial y sont successivement étudiées. Mais nous avons spécialement développé tout ce qui concerne le contrat de transport et les rapports entre l'expéditeur ou le destinataire des marchandises, d'une part, et les armateurs, capitaines et assureurs, d'autre part. Aussi, bien que n'ayons pas écrit spécialement pour les étudiants en droit, nous croyons pouvoir affirmer que ceux d'entre eux qui se préparent aux examens de licence trouveront dans notre ouvrage toutes les notions sur lesquelles ils peuvent être interrogés.

*

Indiquer les principales questions que fait naître la pratique quotidienne des affaires, et signaler les solutions les plus généralement admises, sans nous aventurer dans le domaine des controverses juridiques : tel a été notre but.

A chaque question nous n'offrons qu'une solution, choisissant de préférence, quels que puissent être nos sentiments personnels, celle qui est consacrée par la jurisprudence ou admise par la majorité des auteurs.

En laissant ainsi de côté toutes ces controverses, qui tiennent tant de place dans les livres de droit[1], nous avons pu, dans un volume de 355 pages, aborder bien des problèmes qu'on ne trouve en général posés que dans des ouvrages de longue haleine.

Mais si, en ce qui concerne les solutions à adopter, nous nous sommes attaché à suivre l'opinion dominante, nous avons cru devoir, en ce qui concerne l'ordre des développements, nous écarter considérablement de la méthode généralement suivie.

Les auteurs qui ont écrit sur le droit maritime et dont les ouvrages s'adressent aux jurisconsultes, avaient une

-----

1. Ce n'est pas une critique que nous adressons, en nous exprimant ainsi, aux éminents auteurs qui ont écrit sur le droit et spécialement sur le droit maritime. Leurs livres s'adressant soit à des avocats qui ont à discuter, soit à des tribunaux qui ont à résoudre des questions controversées, le développement qu'ils donnent aux discussions est plus qu'utile : il est indispensable.

méthode toute tracée : suivre autant que possible l'ordre des articles du Code. L'avocat ou le magistrat, en effet, qui consulte un livre de droit, n'y cherche en définitive que des développements sur un article qu'il connaît déjà, et dont l'interprétation lui paraît présenter quelque difficulté. L'article du Code applicable à la question étudiée est pour lui le point de repère au moyen duquel il retrouvera le passage qui doit l'éclairer. Si le Code et le commentaire ne suivent pas une marche parallèle, les recherches deviennent difficiles.

Écrivant pour des personnes à qui le Code n'est pas familier, nous n'avions pas à subir cette nécessité, et il nous a semblé, au contraire, qu'une méthode toute différente s'imposait.

Nos lecteurs ne sont pas appelés, en général, à chercher dans notre livre l'explication d'un texte déjà découvert et connu. Placés en présence d'un fait, il s'agit plutôt pour eux de chercher la règle de droit applicable. Il faut donc faire du fait le point de repère destiné à faciliter les recherches. Nous suivons, par conséquent, dans l'ordre même où ils se présentent dans la pratique, les faits auxquels donne lieu l'expédition d'un navire, et à mesure que nous rencontrons un de ces faits, nous signalons la règle de droit qui le régit.

Cette méthode serait vraisemblablement impraticable dans la plupart des branches du droit; mais le droit maritime s'y prête admirablement. Les faits s'y produisent dans un ordre à peu près invariable : un armateur achète ou fait construire un navire ; il l'arme, il le frète ; l'affréteur charge ses marchandises et reçoit un connaissement ; l'armateur et l'affréteur font assurer, l'un le navire, l'autre les marchandises ; le navire part, subit des avaries, arrive au port de destination, laisse son chargement et en prend un nouveau, rentre en France ; alors se produisent la délivrance des marchandises, le paiement du fret, le règlement des avaries, des assurances, etc. Exposer dans cet ordre les règles du Code, n'est-ce pas les présenter sous une forme infiniment plus vivante qu'on ne le fait d'habitude, chaque règle étant exposée au moment même où il s'agit d'en faire l'application ?

Nous avons été d'ailleurs précédé dans cette voie par un de nos confrères du barreau du Havre, Me Toussaint, qui, dans son « Code manuel des armateurs », s'est inspiré de la même idée.

Le livre II du Code de commerce est loin de contenir tout le droit maritime. D'innombrables lois, décrets, ordonnances, circulaires, rendus en matière de douane, d'inscription maritime, de police sanitaire, etc., imposent aux armateurs, aux capitaines, aux chargeurs de nombreuses formalités. Il ne pouvait être question pour nous d'exposer toutes ces règles. Le nombre de pages dont se compose notre livre eût été insuffisant, rien que pour contenir, sans aucune explication à l'appui, le texte des lois applicables. Nous avons dû, par suite, pour tout ce qui est relatif à cette partie réglementaire du droit maritime, nous borner à présenter au lecteur une simple réduction, à ne signaler que les règles principales, en nous efforçant, toutefois, de conserver à chaque opération sa physionomie propre, et à laisser au lecteur l'impression d'une chose aperçue dans le lointain, dont les détails échappent à la vue, mais dont les contours se détachent nettement sur le fond de l'horizon.

En laissant de côté l'hypothèse exceptionnelle d'un navire affrété pour l'aller et le retour, l'expédition d'un navire donne lieu à deux contrats d'affrètement, l'un au port de départ, l'autre au port de destination ; à deux embarquements et débarquements de marchandises. Afin de n'avoir pas à répéter deux fois les mêmes règles, nous n'exposons les règles de l'affrètement et du chargement qu'avant le départ, comme nous ne parlons de la délivrance des marchandises qu'à la rentrée du navire, faisant ainsi abstraction de ce qui se passe à ce double point de vue au port de destination.

TABLE DES MATIÈRES

LES

TRANSPORTS MARITIMES

CHAPITRE Ier

LES TRANSPORTS MARITIMES, LES NAVIRES
ET LEUR ACQUISITION

1. — CE QU'ON ENTEND PAR TRANSPORTS MARITIMES. — Les transports maritimes sont ceux qui s'effectuent par mer. La distinction entre les transports maritimes et les transports non maritimes présente une grande importance pratique : les transports maritimes sont soumis aux dispositions du livre II du Code de commerce (art. 190 à 436, C. com.), tandis que les transports qui ne sont pas maritimes sont réglementés par les articles 1782 à 1786 du Code civil ; 96 à 108 du Code de commerce.

2. — Si par transport maritime il faut entendre celui qui s'effectue par mer, n'est pas maritime le transport qui se fait sur les fleuves, rivières et canaux. Mais un transport ne cesse pas d'être maritime parce qu'il s'effectue en partie sur un fleuve, si pour le surplus il a lieu par mer. Ainsi, le transport de Bordeaux à Rouen est un transport maritime[1].

3. — CE QUE C'EST QU'UN NAVIRE OU BATIMENT DE MER. — Conformément à ce qui vient d'être dit, nous ne nous occuperons que des navires[2] et bâtiments de mer, seuls appelés à effectuer un transport maritime.

Quand le Code parle de navires ou bâtiments de mer, il n'entend pas désigner tout bâtiment naviguant sur mer, mais seulement les bâtiments qui, quelles que soient leurs dimensions et dénominations, remplissent avec un armement et un équipage qui leur sont propres un service spécial, et suffisent à une industrie particulière. A ces seuls bâtiments s'applique donc l'universalité des règles contenues dans le livre II du Code de commerce. L'expression « navire », quand elle est employée par le Code, ne désigne donc pas les canots et embarcations affectés au service d'un bâtiment plus important. Même parmi les bâtiments qui semblent répondre à la définition qui précède, il ne faut pas comprendre les bâtiments qui sont destinés au service du port et de la rade, dragues, barques à vases, etc., qui non seulement ne voyagent pas, mais même n'ont rien de ce qui pourrait les mettre à même de voyager.

Les bâtiments naviguant sur mer et non considérés comme bâtiments de mer ne sont pas pour cela soustraits à l'appli-

---

1. A certains points de vue, notamment au point de vue de la pêche et de la soumission aux règles de l'inscription maritime, les fleuves et rivières affluant directement à la mer sont dans une partie de leurs cours considérés comme une prolongation de la mer, et comme ayant dès lors un caractère maritime ; mais au point de vue de l'application du livre II du Code du commerce, la mer s'arrête à l'embouchure même des fleuves.

2. Le mot « vaisseau », employé quelquefois comme synonyme de navire, est absolument inusité dans ce sens dans les ports. Quand on y entend une personne appeler un navire un vaisseau, on peut en conclure que c'est un étranger. On appelait autrefois vaisseau un navire de guerre ayant au moins 2 batteries sous pont. Depuis l'adoption des navires cuirassés, le mot vaisseau a perdu tout sens technique.

cation de toutes les dispositions du livre II, mais seulement de celles qui ont un caractère dérogatoire au droit commun.

4. — Le mot navire, quand il est employé par la loi, ne désigne pas seulement la coque du navire, mais encore ses agrès et apparaux, c'est-à-dire tous les objets affectés à son service, accessoires indispensables de sa navigation, tels que vergues, poulies, machines des navires à vapeur, voiles, munitions de guerre. Par conséquent, lorsque la loi accorde un privilège sur le navire, le privilège porte sur toutes ces choses. Lorsque l'armateur a le droit de faire abandon du navire à ses créanciers, les accessoires du navire doivent être compris dans l'abandon.

5. — Il en est de même en général quand le mot navire est employé dans une convention. Ainsi, quand un navire est vendu, ses agrès, apparaux, etc., sont compris dans la vente. Mais on ne peut à cet égard poser une règle absolue, tout dépend des termes de la convention.

6. — Le navire est un meuble. — Les navires sont des meubles (art. 190, C. com.), mais des meubles soumis à des règles particulières dont certaines même les rapprochent des immeubles : c'est ainsi que la vente des navires doit être constatée par écrit, que leur saisie est soumise à des règles spéciales, qu'ils peuvent être hypothéqués, etc.

« Sous certains rapports les navires sont en quelque sorte traités comme des personnes : ils ont une nationalité (il y a des navires français et des navires étrangers) ; ils ont un nom, une sorte de domicile connu sous le nom de port d'attache ; enfin, ils ont une sorte d'acte de naissance destiné surtout à constater leur nationalité et appelé acte de francisation. » (Lyon-Caen et Renault.)

7. — Comment on devient propriétaire d'un navire. — On devient propriétaire d'un navire, soit en le faisant construire, soit en l'achetant tout construit. La propriété des navires se transmet encore par succession, par donation ou legs, par délaissement, par abandon[1], par prescription, par sauvetage, par confiscation, par prise. Mais pour celui qui a l'intention de se livrer aux transports maritimes, les deux premiers modes ont seuls un caractère pratique et ce sont les seuls dont nous nous occuperons ici.

8. — CONSTRUCTION DES NAVIRES ; — CONTRATS RELATIFS A LA CONSTRUCTION. — On distingue deux espèces de construction, la construction par économie et la construction à forfait.

9. — *Construction par économie.* — Il y a construction par économie lorsque celui qui veut être propriétaire d'un navire le fait construire lui-même, sous sa direction, avec des matériaux qu'il achète et des ouvriers qu'il engage. Ce mode de construction n'est plus usité, au moins en France.

10. — *Construction à forfait.* — La construction est à forfait lorsque l'armateur traite avec un constructeur qui, moyennant un prix déterminé, s'engage à construire un navire et à le livrer une fois construit. La construction à forfait se présente sous deux aspects.

11. — 1° Le constructeur ne fournit que la main-d'œuvre, les matériaux étant fournis par l'armateur. Dans ce cas, la propriété du navire, pendant la durée de la construction, appartient à l'armateur, car le navire ne consiste que dans ses matériaux assemblés. Si le navire vient à périr par un incendie avant la livraison, l'armateur n'a droit à aucune indemnité, à moins que la perte ne soit due à une faute du constructeur ou que celui-ci, les délais de construction expirés, n'ait été mis en demeure de livrer le navire (art. 1789, C. civ.). L'armateur de son côté ne doit, même lorsque le navire périt sans la faute du constructeur, aucun salaire à ce dernier, à moins qu'il n'ait été mis en demeure de vérifier

---

1. La question de savoir si l'abandon est un mode d'acquérir est controversée.

le travail ou que la perte ne soit due aux vices des matériaux
(art. 1790, C. civ.).

12. — 2° Le constructeur fournit tout à la fois la main-
d'œuvre et les matériaux. Dans ce cas, le navire demeure la
propriété du constructeur jusqu'à la livraison ; ce n'est qu'à
ce moment que l'armateur devient propriétaire. Par suite, si
le navire vient à périr avant la livraison, la perte est pour le
constructeur qui n'a pas droit au prix convenu, à moins que
l'armateur ne soit en demeure de prendre livraison. Le constructeur demeure propriétaire jusqu'à la livraison alors même
que d'après la convention, ce qui est assez fréquent, l'armateur devrait payer le prix par fractions correspondant chacune à un degré d'avancement du navire. On ne peut pas
dire alors que l'armateur devienne propriétaire de la partie
construite au moment du paiement d'un acompte. De là un
grand danger pour l'armateur lorsque le constructeur tombe
en faillite, car il ne peut revendiquer le navire. Il a bien
droit à la restitution des acomptes versés, mais il vient au
marc le franc. Pour éviter ce danger, l'armateur peut se faire
donner par le constructeur une hypothèque qui lui permettra
de se faire rembourser sur le navire ses avances par préférence aux autres créanciers.

13. — Rien n'empêcherait d'ailleurs l'armateur de stipuler expressément qu'il deviendra propriétaire de la partie
construite du navire au moment du versement de chaque
acompte.

14. — ACHAT D'UN NAVIRE. — Un navire ne peut être
acheté que de son propriétaire ou du fondé de pouvoirs de
ce dernier. Le capitaine, bien qu'investi de pouvoirs très
étendus, ne peut, hors le cas d'innavigabilité dûment constatée, vendre le navire sans un pouvoir spécial des propriétaires (art. 237, C. comm.). La vente peut avoir lieu le
navire étant dans le port ou en cours de voyage (art. 195,
C. com.).

15. — *La vente du navire doit être constatée par écrit* (art. 195, C. com.). — Une vente verbale ne serait pas nulle, mais dans le cas où elle serait méconnue par l'une des parties, l'autre ne pourrait la prouver par témoins ; elle n'aurait que la ressource de déférer le serment à son adversaire. Il ne suffit même pas d'un écrit, il faut un acte, ce qui exclut la preuve par la correspondance, les factures, etc.

16. — Toutefois, l'écrit n'est exigé qu'autant qu'il s'agit de prouver l'existence d'une vente translative de propriété. On pourrait prouver, par tous les moyens de preuve admis en matière commerciale, une promesse de vendre dont l'inexécution donnerait lieu simplement à des dommages-intérêts.

16 *bis*. — Aux termes de la loi du 23 novembre 1897, modifiant l'article 18 du décret du 27 vendémiaire an II, tout acte de vente de bâtiment ou de partie de bâtiment doit contenir : 1° le nom et la désignation du navire ; 2° la date et le numéro de l'acte de francisation ; 3° la copie *in extenso* des extraits dudit acte relatifs au port d'attache, à l'immatriculation, au tonnage, à l'identité, à la construction et à l'âge du navire.

17. — Lorsqu'il s'agit d'une vente volontaire, l'acte de vente peut être, au choix des parties, sous seings privés ou authentique.

17 *bis*. — Si l'acte est sous seings privés, il doit, conformément à l'article 1325 du Code civil, être rédigé en autant d'originaux qu'il y a de parties ayant un intérêt distinct, et chaque original doit faire mention de l'accomplissement de cette formalité. L'acte de vente sous signatures privées doit être confirmé par un serment de propriété semblable à celui dont il sera parlé au n° 28. L'acte authentique est affranchi de cette formalité.

18. — Si les parties veulent faire constater la vente par acte authentique, elles doivent s'adresser à un notaire (ou, à l'étranger, au chancelier du consulat). Dans la pratique, les ventes volontaires de navires se font souvent par le ministère des courtiers maritimes ; mais ceux-ci n'agissent pas alors comme officiers publics, et l'acte de vente rédigé par eux n'en demeure pas moins un acte sous seings privés[1].

Il sera traité ailleurs des ventes par autorité de justice. (V. n° 871.)

19. — Mutation en douane. — Après la rédaction de l'acte de vente, il y a lieu de remplir la formalité de la mutation en douane.

20. — L'acte de vente une fois dressé, les parties, si elles veulent que cet acte produise tous ses effets, doivent le présenter à l'administration des douanes qui, 1° en transcrit l'analyse sur ses registres ; 2° en fait mention au dos de l'acte de francisation (L. 27 vend. an II, art. 17). Cette formalité est ce qu'on appelle la mutation en douane.

L'acte de vente, sans la mutation en douane, produit tous ses effets entre les parties ; mais il ne produit ses effets à l'égard des tiers qu'autant que la mutation en douane a eu lieu. Jusqu'à l'accomplissement de cette formalité, les tiers ont le droit de considérer celui dont le nom figure sur l'acte de francisation comme le propriétaire du navire.

De là des conséquences importantes : 1° si le propriétaire d'un navire l'a vendu successivement à plusieurs personnes, celle-là devra être préférée qui a, la première, fait opérer la mutation en douane ; 2° les créanciers du navire peuvent poursuivre celui qui figure comme propriétaire sur l'acte de francisation, bien qu'il ait cessé de l'être. Mais celui qui aurait traité avec le nouveau propriétaire en cette qualité, en pleine et entière connaissance de la vente, ne pourrait pour-

---

1. Telle est au moins l'opinion de MM. Lyon-Caen et Renault. Mais la pratique de l'administration est contraire : elle considère l'acte dressé par le courtier comme authentique, et n'exige pas qu'il soit complété par le serment dont il a été parlé au n° 17 *bis*.

suivre l'ancien propriétaire malgré l'absence de mutation en douane[1].

21. — Lorsqu'on achète un navire à l'amiable, il est prudent de ne pas payer comptant et d'attendre pour se libérer que le navire ait fait un voyage en mer dans les termes de l'article 194, C. com., parce que jusque-là les créanciers du précédent propriétaire conservent un droit de suite sur le navire, droit dont il sera traité au n° 807. Il est également prudent de vérifier s'il existe des hypothèques inscrites et dans ce cas de recourir aux formalités de la purge (V. sur ce point n° 788).

21 *bis*. — L'acquisition des navires est soumise à un droit fixe d'enregistrement de 3 fr., plus les décimes.

22 et **23**. — Navires français et navires étrangers. — Avantages réservés aux navires français. — Les navires peuvent être français ou étrangers.

Cette distinction présente une grande importance pratique à cause des avantages réservés aux navires français : 1° aux termes de la loi du 21 septembre 1893, le cabotage (n° 41) entre ports français est réservé aux navires français ; de plus, aux termes de la loi des 2, 3 avril 1889, la navigation entre la France et l'Algérie ne peut s'effectuer que sous pavillon français ; mais, par suite de traités, il a été apporté à cette loi des exceptions qui n'ont disparu que depuis le 4 octobre 1893. Le transport de Tunisie en France des produits tunisiens auxquels la loi du 19 juillet 1890 accorde un régime de faveur doit avoir lieu par navire français ; 2° à l'étranger, les navires français ont droit à la protection des agents diplomatiques et consuls français ; 3° une loi du 30 janvier 1893 accorde aux navires français d'un certain tonnage faisant la

---

1. La mutation en douane doit avoir lieu, sous les sanctions qui précèdent, non seulement en cas de vente, mais encore dans tous les cas où il se produit une mutation de propriété par succession, legs, etc.

navigation au long cours, ou au cabotage international (V. n° 41, note), à condition qu'ils soient construits en France, des primes à la navigation[1].

---

1. Art. 5. — A titre de compensation des charges imposées à la marine marchande pour le recrutement et le service de la marine militaire, il est accordé, à partir de la promulgation de la présente loi, une prime de navigation à tous les navires de construction française de plus de 80 tonneaux bruts pour les navires à voiles, et de plus de 100 tonneaux bruts pour les navires à vapeur (sur la jauge brute, V. n° 27).

Cette prime s'appliquera pendant dix années, à partir de leur francisation, aux navires construits en France pendant la durée de la présente loi.

Elle est attribuée exclusivement à la navigation au long cours et à celle du cabotage international.

Sont exceptés de la prime : les navires affectés au cabotage français, à la grande et à la petite pêche, aux lignes subventionnées par l'État et à la navigation de plaisance.

Toutefois, tant que les nations qui bénéficient d'un traitement de faveur seront admises à faire naviguer leurs navires entre la France et les ports d'Algérie ou *vice versa*, les navires français qui effectueront cette navigation auront droit aux avantages stipulés dans la présente loi en faveur du cabotage international.

Sont également exclus de la prime : les navires se livrant au cabotage français qui touchent à des ports étrangers, sans y débarquer ou embarquer des marchandises représentant en tonneaux d'affrètement le tiers au moins de leur tonnage net, ainsi que les navires exécutant un parcours entre un port français et un port étranger distant de moins de 120 milles. (Le mille marin est de 1,851m,85.)

Art. 6. — La prime aux navires construits à l'étranger est et demeure supprimée.

La prime déterminée par l'article 5 est fixée par tonneau de jauge brute totale, calculée conformément aux articles 1 à 12 du décret du 24 mai 1873 et à l'article 1er du décret du 7 mars 1889, et par 1,000 milles parcourus, pour tous les navires de construction française :

A 1 fr. 10 c. pour les navires à vapeur, avec décroissance annuelle à partir de leur construction de :

0 fr. 06 c. pour les navires en bois ;

0 fr. 04 c. pour les navires en fer ou en acier ;

Et à 1 fr. 70 c. pour les navires à voiles, avec décroissance annuelle à partir de leur construction de :

0 fr. 08 c. pour les navires en bois ;

0 fr. 06 c. pour les navires en fer ou en acier.

Les navires francisés avant la promulgation de la loi du 29 janvier 1881 sont assimilés, pour la prime, aux navires de construction française.

Les navires de construction étrangère francisés après la promulgation de la loi du 29 janvier 1881 et avant le 1er janvier 1893 ne recevront que la moitié de la prime.

Les navires faisant la navigation au cabotage international ne reçoivent que

La prime, déterminée d'après les règles énoncées en note, était réduite de moitié pour les navires de construction étrangère ; elle est maintenant supprimée pour ces navires francisés après le 17 février 1893. Elle est augmentée de 25 p. 100 pour les navires construits en France sur des plans approuvés par le ministre de la marine, et susceptibles d'être éventuellement utilisés par le Gouvernement comme navires de guerre auxiliaires.

24. — Conditions requises pour qu'un navire soit français. — Deux conditions sont requises pour qu'un navire soit susceptible d'avoir la qualité de navire français. Il faut : 1° que le navire appartienne pour moitié au moins à des

---

les deux tiers de la prime. Les navires·faisant cette navigation et francisés avant le 1ᵉʳ janvier 1893 sont assimilés pour cette prime aux navires de construction française.

Le nombre de milles parcourus est évalué d'après la distance comprise de port à port entre les points de départ et d'arrivée, mesurée sur la ligne maritime la plus directe suivant les méthodes de calcul et avec le degré d'approximation qui seront déterminés par un règlement d'administration publique.

Art. 7. — La prime est augmentée de 25 p. 100 pour les navires à vapeur construits sur des plans préalablement approuvés par le département de la marine.

En cas de guerre, les navires de commerce peuvent être réquisitionnés par l'État.

Tout capitaine de navire, recevant l'une des primes fixées par l'article 6 de la présente loi, est tenu de transporter gratuitement les dépêches et en général tous les objets de correspondance qui lui seront confiés par le ministre du commerce pour le service des postes ; il fera prendre et remettre les dépêches dans les bureaux de poste du lieu de son départ ou des ports d'escale de sa route, ainsi qu'au lieu de sa destination. Ces transports seront gratuits.

Le capitaine sera tenu également de se charger des colis postaux, dans les conditions prévues par les lois et règlements sur la matière.

Il encourra, à l'occasion de ces transports, la même responsabilité envers l'administration des postes que cette administration elle-même vis-à-vis le public.

Si un agent des postes est désigné pour accompagner les dépêches, il sera également transporté gratuitement sur tout le parcours, ainsi qu'entre les lieux d'embarquement et de débarquement, et les bureaux où s'effectue l'échange des dépêches.

Un local convenablement approprié sera mis à sa disposition pour le travail des correspondances en route.

Français (L. 9 juin 1845, art. 12)[1] ; 2° que le capitaine, les officiers et les trois quarts au moins de l'équipage soient français. Mais il n'a cette qualité qu'autant qu'il a été reconnu comme tel par l'autorité, qu'autant qu'il a été régulièrement francisé.

25. — FRANCISATION DES NAVIRES. — FORMALITÉS. — 1.re hypothèse. — *Navire construit en France pour naviguer comme navire français.* — Les navires sont placés, tantôt sous l'autorité de l'administration de la marine, et tantôt sous l'autorité de l'administration des douanes. En ce qui concerne la francisation, c'est l'administration des douanes qui est compétente, et c'est à elle qu'on doit s'adresser.

26. — Le navire construit, le propriétaire produit au bureau des douanes un certificat du constructeur, certificat qui contient la description du navire, énonce ses dimensions, sa capacité, etc. En même temps il doit faire connaître le nom qu'il entend donner à son navire, nom qui ne pourra être changé par la suite (L. 5 juill. 1836, art. 8), ainsi que le port d'attache qu'il lui destine.

27. — Alors un préposé du bureau des douanes se transporte à bord du bâtiment pour en vérifier la description et le tonnage.

Cette opération est ce qu'on appelle le jaugeage. Le tonnage est la capacité du navire, et le tonneau est l'unité de mesure. Le tonneau de jauge, qui était autrefois un espace de $1^{m3},44$, a été porté par le décret du 24 décembre 1872 à $2^{m3},83$. Un décret du 24 mai 1873 fait connaître les procédés pratiques à suivre pour jauger le navire ; il a été complété et modifié par des décrets du 7 mars 1889 et 25 juillet 1893.

De la jauge brute on doit défalquer certains emplacements ne servant pas au transport, compartiment des machines, etc., ce qui reste est ce qu'on appelle la jauge nette.

---

1. Voir *Code annoté du commerce et de l'industrie,* de M. G. Paulet, p. 230.

28. — Le propriétaire se présente ensuite devant le tribunal civil, devant le tribunal de commerce ou devant le juge de paix de sa résidence (pas du port d'attache) pour y prêter serment que le navire remplit toutes les conditions requises d'un navire français. (L. 27 vend. an II, art. 13.)

29. — Le propriétaire du navire se fait délivrer par le greffier (du tribunal civil ou de la justice de paix) une expédition de l'acte de prestation de serment, et remet cette expédition au bureau de la douane pour être jointe aux autres pièces (certificat de construction, certificat de jauge, etc.). A ces pièces doit être joint encore un état des inscriptions d'hypothèque prises sur le navire pendant la durée de sa construction, ou un certificat constatant qu'il n'en existe aucune, état ou certificat délivré par le receveur des douanes, dans la circonscription duquel le navire a été construit. (L. 10 juill. 1885, art. 7.) [V. n° 782.]

30. — Le propriétaire doit encore faire soumission, c'est-à-dire prendre l'engagement, engagement consigné sur les registres de la douane, de ne point vendre, donner, prêter ni autrement disposer du congé (V. n° 36) et acte de francisation qui lui seront délivrés, de n'en faire usage que pour le service du bâtiment pour lequel ils sont accordés, de rapporter l'acte de francisation au même bureau si le bâtiment est pris par l'ennemi, brûlé ou perdu de quelque autre manière, vendu en totalité ou pour plus de moitié à un étranger[1] ; et ce, dans le délai d'un mois si la perte ou la vente a eu lieu en France ou sur les côtes de France ; et dans les 3, 6 ou 9 mois suivant la distance des autres lieux de perte ou de vente. (L. 27 vend. an II, art. 16[2] ; L. 9 juin 1845, art. 11[3] ; Règl. 1866, art. 148.)

---

1. Toutes ces précautions sont prises afin que celui à qui est délivré l'acte de francisation ne s'en serve pas pour faire naviguer comme navire français un autre bâtiment que celui en vue duquel il a été délivré.

2. Voir *Code annoté du commerce et de l'industrie*, de M. G. Paulot, p. 69.

3. *Idem*, p. 230.

31. — Comme sanction de cet engagement, le propriétaire se soumet à payer, au cas où il ne l'observerait pas, une somme qui varie de 20 à 40 fr. par tonneau suivant la dimension du navire. Cette soumission doit être garantie par une caution. (L. 27 vend. an II, art. 11 ; Règl. 1866, art. 147[1].)

32. — *Acte de francisation.* — Toutes ces formalités accomplies, la douane délivre l'acte de francisation qui est, dit l'article 145 du règlement de 1866, la pièce constatant le droit du navire de porter le pavillon français et lui assurant les avantages réservés à la navigation nationale. Toutefois, l'acte de francisation n'est pas remis au propriétaire ; il reste dans les bureaux de la douane pour être remis au capitaine au moment du départ du navire.

L'acte de francisation est délivré, par le bureau des douanes du port d'attache, au nom du Président de la République ; il est signé du ministre des finances. Il est rédigé d'après les déclarations portées sur le registre de la douane et déjà énumérées (L. 27 vend. an II, art. 39). Il contient la description du navire, atteste que ce navire a été jaugé, reconnu bien construit et en bon état de navigation, qu'il a été bâti en tel lieu, qu'il est propriété française au moins pour une moitié ; que le serment (V. n° 28) a été reçu ; que les soumissions et cautionnements (V. n° 30) ont été fournis. L'acte de francisation contient en outre la mention du nom du navire, de son port d'attache et le numéro matricule qui lui est donné dans les bureaux de l'inscription maritime. De plus, le décret du 25 juillet 1893 exige que l'acte de francisation contienne la mention de la date de la sortie du chantier.

Toutes ces énonciétions, sauf la dernière qui sert à déterminer le montant de la prime due à l'armateur (V. n° 23), ont

---

1. Le texte de la loi de vendémiaire et même du règlement de 1866 semble indiquer que les sommes doivent être versées à la douane et confisquées en cas de contravention ; mais une note ajoutée à l'édition officielle du règlement de 1866 indique bien que la somme n'est pas versée mais simplement promise.

pour but de bien individualiser le navire et d'empêcher que l'acte de francisation puisse être employé pour faire naviguer un autre navire sous pavillon français.

La délivrance de l'acte de francisation donne lieu à la perception d'un droit qui varie suivant le tonnage du navire[1].

33. — *2ᵉ hypothèse.* — *Navire construit à l'étranger.* — Jusqu'en 1866, les navires construits en France ou dans les colonies françaises étaient seuls admis à la francisation. Le législateur avait voulu ainsi protéger les chantiers de construction français. Mais la loi du 19 mai 1866[2] a permis la francisation des navires étrangers moyennant le paiement d'un droit d'importation qui, après certaines variations, a été fixé par la loi du 11 janvier 1892 à 2 fr. (tarif minimum) et à 5 fr. (tarif maximum).

D'ailleurs, pour permettre aux constructeurs français de soutenir la concurrence des chantiers étrangers, la loi du 30 janvier 1893 leur accorde certaines allocations[3].

---

1. Sont exceptés du paiement de ce droit les navires étrangers qui avant la loi de 1866 pouvaient être francisés, c'est-à-dire : 1º les navires déclarés de bonne prise ou confisqués pour contravention aux lois de la République (L. 21 sept. 1793, art. 11) ; 2º les navires échoués sur les côtes de France et des colonies françaises qui ont reçu en France ou dans une possession française des réparations s'élevant au quadruple de la vente ; 3º les navires trouvés épave en pleine mer dont le sauvetage donne aux inventeurs droit à la délivrance du tiers en nature ou en argent, et qui sont vendus publiquement par l'administration de la marine à défaut de réclamation présentée en temps utile par leurs propriétaires.

2. V. *Code annoté du commerce et de l'industrie*, de M. G. Paulet, p. 401.

3. Art. 2. — En compensation des charges que le tarif des douanes impose aux constructeurs de bâtiments de mer, il leur est attribué les allocations suivantes :

Pour les navires à vapeur ou à voiles, en fer ou en acier	65 fr.	Par tonneau de jauge brute totale calculée conformément aux articles 1 à 12 du décret du 24 mai 1873 et à l'article 1ᵉʳ du décret du 7 mars 1889.
Pour les navires en bois de 150 tonneaux ou plus.	40 fr.	
Pour les navires en bois de moins de 150 tonneaux	30 fr.	

Sont considérés comme navires en bois les navires bordés exclusivement en bois.

Toute transformation d'un navire, ayant pour résultat d'en accroître la

34. — *Navires dispensés d'acte de francisation.* — En principe, tous les bâtiments et embarcations de toute espèce qui voyagent en mer doivent être pourvus d'un acte de francisation. (L. 27 vend. an II, art. 22.)

Sont toutefois exceptés :

1° Les canots et chaloupes dépendant d'un navire français dans l'inventaire duquel ces canots et chaloupes sont mentionnés ;

2° Les embarcations qui naviguent dans l'intérieur d'une même rade ;

3° Les embarcations de deux tonneaux et au-dessous employées à la pêche du poisson frais ou à la récolte des amendements marins ;

4° Les embarcations de deux tonneaux et au-dessous appartenant à des habitants voisins de la côte qui ne s'en servent qu'à l'exclusion de tout transport de marchandises ;

---

jauge, donne droit à une prime calculée conformément au tarif ci-dessus d'après le nombre des tonneaux d'augmentation de la jauge.

Art. 3. — En compensation des mêmes charges, il est attribué aux constructeurs de machines les allocations suivantes :

Pour les machines motrices et les appareils auxiliaires, tels que pompes à vapeur, servo-moteurs, dynamos, treuils, ventilateurs mus mécaniquement, placés à l'état neuf à bord des navires tant à voiles qu'à vapeur, ainsi que pour les parties neuves des machines qui alimentent et leur tuyautage, 15 fr. par 100 kilogr.

La prime est accordée pour les machines motrices et les appareils auxiliaires mis en place à l'état neuf, ainsi que pour les parties neuves des machines qui subiraient des transformations ou des réparations pendant l'existence du navire.

Lors du changement de chaudières, la compensation est fixée à 15 fr. par 100 kilogr. de chaudières neuves de construction française.

Art. 4. — Les primes déterminées par les articles 2 et 3 ne sont définitivement acquises que lorsqu'il est justifié de la francisation du navire.

En ce qui concerne les navires construits en France pour les marines marchandes de l'étranger, les primes ne sont acquises que lorsque le navire a pris ses expéditions.

Un règlement d'administration publique déterminera les vérifications auxquelles il devra être procédé par une commission technique, pour s'assurer que le navire pour lequel la prime est réclamée est susceptible de faire un service régulier à la mer par ses propres moyens.

5° Les bateaux de plaisance de dix tonneaux et au-dessous.

Les yachts et embarcations de plaisance non dispensés reçoivent un acte de francisation spécial.

35. — Dénationalisation des navires français. — Les navires français peuvent perdre leur nationalité. Cela se produit toutes les fois qu'une des conditions requises pour qu'un navire soit français vient à disparaître, ce qui a lieu :

1° Lorsque des étrangers deviennent propriétaires du navire pour plus de moitié. La douane en est informée par la mutation en douane (V. n° 19) ;

2° Lorsque le capitaine, les officiers et les trois quarts de l'équipage ne sont pas français ;

3° Lorsque le navire a été radoubé ou réparé en pays étranger et que les frais de radoub ou les frais de réparation excèdent 6 livres par tonneau, à moins que la nécessité de frais plus considérable ne soit constatée par un rapport signé et approuvé par le capitaine et les officiers du navire, vérifié par le consul ou autre officier de France, ou deux négociants français résidant dans le pays et déposé au bureau des douanes du port français où le navire reviendra (L. 27 vend. an II, art. 8) ;

4° Enfin lorsqu'après la délivrance de l'acte de francisation, le navire est changé de forme, de tonnage ou de toute autre manière, de telle sorte qu'on ne puisse le reconnaître dans les énonciations de l'acte de francisation ; il est alors réputé bâtiment étranger, tant que le propriétaire ne s'est pas fait délivrer un nouvel acte de francisation conforme au nouvel état du navire. (L. 27 vend. an II, art. 21.)

36. — Congé. — Une précaution est prise d'ailleurs pour qu'un navire ne puisse naviguer comme navire français en vertu d'un acte de francisation qui aurait cessé de lui être applicable. Aucun navire français ne peut prendre la mer sans un congé (L. 27 vend., art. 5, 9, 22, et Règl. 1866, art. 163). « Le congé, dit l'article 161 du règlement de 1866, est l'attestation donnée par la douane que le navire est toujours en droit de se prévaloir de la nationalité française. Il affirme l'identité du navire qui l'a obtenu avec celui qui est désigné dans l'acte de francisation. Il n'est valable que pour un an ou pour la durée du voyage, si le voyage se prolonge au delà de ce terme. » (L. 27 vend. an II, art. 5 ; Règl. 1866, art. 164.)

CHAPITRE II

DÉTERMINATION DU MODE D'EMPLOI DU NAVIRE

37. — Différents modes d'emploi du navire. — L'armateur est maintenant muni de son navire. Ce navire est entré dans la famille des navires français , le moment est venu de déterminer l'emploi qui lui sera donné. Sans parler de la navigation de plaisance, l'armateur peut affecter son navire à deux emplois principaux : à la pêche ou aux transports maritimes. Nous supposons dans la suite de ce travail qu'il s'est arrêté à ce dernier parti.

38. — Différentes navigations que peut entreprendre un navire. — Il est important de déterminer le genre de navigation que doit entreprendre le navire, car suivant qu'il sera affecté à telle navigation ou à telle autre, les règles à suivre ne seront pas les mêmes, notamment au point de vue du régime douanier et du choix du capitaine. Or, on distingue trois espèces de navigation : le bornage, le long cours, et le cabotage qui se divise lui-même en grand et en petit cabotage.

39. — *Bornage*. — On entend par bornage la navigation faite par une embarcation jaugeant 25 tonneaux au plus avec faculté d'escales intermédiaires entre son port d'attache et un autre point déterminé, mais qui n'en doit pas être distant de plus de 15 lieues marines (la lieue marine est de 5 kil. 555). [Déc. 20 mars 1851, art. 2.]

40. — *Long cours*. — Sont réputés voyages au long cours ceux qui se font au delà des limites ci-après déterminées : au Sud, le 30e degré de latitude nord ; au Nord, le 72e degré de latitude nord ; à l'Ouest, le 15e degré de longitude du méridien de Paris ; à l'Est, le 44e degré de longitude du méridien de Paris. (Art. 377, C. com.)

41. — *Cabotage*. — La navigation au cabotage est celle qui ne dépasse pas les limites ci-dessus, sans tomber dans celles du bornage. Le mot a une autre acception en matière de douane.

Le cabotage se subdivise en grand et petit cabotage [1].

Sont de petit cabotage les voyages :

1° De Bretagne, Normandie, Picardie et Flandres pour Ostende, Bruges, Neuport, l'Angleterre, l'Écosse et l'Irlande (Ord. 18 oct. 1740) ;

2° Des ports français de l'Océan jusques et y compris l'Escaut (Arr. 14 vent. an IX) ;

3° De Bayonne et Saint-Jean-de-Luz à Saint-Sébastien et à la Corogne en Espagne (Ord. 1740) ;

4° Des ports français de la Méditerranée jusqu'à Naples à l'Est, jusques et y compris Malaga, les îles Baléares, la Corse et la Sardaigne à l'Ouest (Ord. 12 fév. 1715).

Dans les colonies, les limites du petit cabotage sont déterminées par l'ordonnance du 31 août 1828 ;

En Algérie, par le décret du 15 avril 1880.

---

1. La loi du 30 janvier 1893 distingue encore le cabotage international et le cabotage français.

Sont réputés voyages au *cabotage international*, ceux qui se font en deçà des limites assignées aux voyages au long cours, s'ils ont lieu entre les ports français, y compris ceux de l'Algérie, et les ports étrangers, ainsi qu'entre les ports étrangers.

Sont réputés voyages au *cabotage français*, ceux qui se font de ports français à ports français, y compris ceux de l'Algérie.

42. — *Quel intérêt présente la distinction entre les différentes espèces de navigation.* — Il y a intérêt à distinguer la navigation au long cours et la navigation au cabotage, au point de vue des conditions d'aptitude exigées des capitaines (V. n°s 53 et suiv.); de l'obligation de la visite (V. n° 106) au point de vue des assurances (V. n° 634). Il y a intérêt à distinguer le cabotage international et le cabotage français (V. n° 41, note) au point de vue des primes à la navigation qui ne sont accordées qu'aux navires effectuant des navigations au long cours ou au cabotage international, et non pas au cabotage français. (L. 30 janvier 1893.)

La distinction entre le grand cabotage et le petit présentait autrefois un intérêt pratique assez grand, parce que les conditions d'aptitude exigées des capitaines dans les deux navigations n'étaient pas les mêmes.

Cet intérêt a disparu ; mais il y a encore intérêt à faire la distinction, notamment au point de vue du chargement sur le pont. (V. n° 157.)

43. — Comment se détermine l'emploi quand il existe plusieurs propriétaires. — Si le navire appartient à un seul, la solution des questions qui précèdent ne présente aucune difficulté : le propriétaire unique prend telle résolution qu'il juge utile. Mais il peut y avoir difficulté lorsque le navire appartient à plusieurs. Que décider en cas de désaccord entre les différents copropriétaires ?

Plusieurs hypothèses doivent être distinguées :

44. — 1re hypothèse. — *Il existe entre les divers propriétaires une société* régulièrement constituée, soit en nom collectif, soit en commandite simple ou par actions, soit anonyme.

Dans ce cas, la solution de la question n'appartient pas au droit maritime proprement dit. La société commerciale constituant une personne morale, le navire est la propriété de cette société et non des associés personnellement; il n'y a alors qu'à appliquer les principes du contrat de société.

45. — 2ᵉ hypothèse. — *Il n'a pas été formé entre les diffé-rents propriétaires une société commerciale* proprement dite : le navire n'est plus la propriété d'une personne morale, « la société » ; il est la propriété indivise des divers copropriétaires ; mais ceux-ci n'en sont pas moins des associés, seulement la société qui existe entre eux est une société *sui generis* [1].

La 2ᵉ hypothèse comprend 2 cas :

46. — 1ᵉʳ cas. — *Aucune convention n'est intervenue sur l'administration du navire.* — Dans ce cas (art. 220, C. com.), en tout ce qui concerne l'intérêt commun, l'avis de la majorité doit être suivi. La majorité dont il s'agit ici n'est pas la majorité des intéressés, mais la majorité des intérêts : elle s'établit par une portion d'intérêt dans le navire excédant la moitié. Ainsi l'avis de celui qui possède $13/24^{es}$ d'un navire prévaut contre l'avis des onze autres intéressés possédant chacun un 24e. Mais la majorité ne peut agir à sa guise sans consulter la minorité, il faut une délibération préalable aux décisions prises.

La majorité ne lie ainsi la minorité qu'en ce qui concerne l'exploitation *normale* du navire. Elle ne pourrait pas transformer en bateau de pêche un navire destiné au transport des marchandises ; elle ne pourrait en principe décider que le navire ne naviguera pas, car la destination d'un navire est de naviguer ; mais si la majorité ne peut décider que le navire ne naviguera jamais, elle peut décider qu'il ne naviguera pas dans une circonstance donnée ; par exemple en temps de guerre maritime, elle pourra décider que le navire restera au port pour échapper aux dangers de prise, au moins si la guerre ne se prolonge pas trop longtemps. La majorité ne peut

---

1. Il n'y a pas toujours société entre les divers copropriétaires d'un navire. Quand le propriétaire meurt laissant plusieurs héritiers, il y a entre eux une simple indivision ; la société ne commence que quand ils se mettent à exploiter le navire en commun.

imposer l'assurance du navire, chacun étant libre d'assurer sa part; elle ne pourrait charger le navire de marchandises destinées à être vendues pour le compte des copropriétaires.

Il faut prévoir le cas où aucune majorité ne peut se former : alors on se trouve dans une véritable impasse et il n'y a d'autre ressource que de liciter le navire [1].

47. — 2ᵉ cas. — *Un armateur gérant a été nommé.* — Souvent parmi les copropriétaires il existe un propriétaire qu'on pourrait nommer armateur-né. Cela se présente lorsque le propriétaire d'un navire intéresse des tiers dans son exploitation en leur cédant des parts indivises. Dans les autres cas, les intéressés peuvent choisir parmi eux un armateur-gérant. La désignation d'un armateur peut, suivant la convention, avoir le caractère d'un simple mandat (auquel cas elle est faite par la majorité qui peut également révoquer le mandat donné par elle), ou le caractère d'un véritable pacte social, et alors il faut l'unanimité des intéressés tant pour la nomination que pour la révocation de l'armateur.

----

1. La licitation est le mode de partage des choses qui ne sont pas partageables en nature. Elle consiste dans la vente de ces choses pour le prix en être partagé. Naturellement il ne peut être question que de la licitation et non du partage d'un navire.

En droit commun, nul n'est contraint de demeurer dans l'indivision. Tout propriétaire indivis peut exiger, malgré l'opposition de tous les autres, le partage ou la licitation de la chose commune. Cette règle n'est pas applicable au navire. Un ou plusieurs copropriétaires d'un navire ne peuvent en exiger la licitation qu'autant qu'ils sont propriétaires au moins de la moitié du bâtiment. Lorsque tous les propriétaires sont d'accord, ils sont libres de procéder à la licitation comme ils l'entendent. S'il y a désaccord, ceux des intéressés qui veulent la licitation assignent les autres devant le tribunal de commerce du port d'attache qui ordonne la vente. Cette vente a lieu aux enchères publiques, à la Bourse, par le ministère d'un courtier maritime. Si la licitation était poursuivie par un créancier de l'un des copropriétaires, la demande en licitation devrait être portée devant le tribunal civil (art. 201, C. com.; art. 23, L. 10 juillet 1885) et la vente aurait lieu à la barre de ce tribunal.

Le droit de demander la licitation n'existe qu'à défaut de convention contraire. Le tribunal devrait refuser de l'ordonner si, par exemple, les intéressés étaient convenus de rester en communauté pendant un temps non expiré, si des contrats d'affrètement non encore exécutés avaient été passés avec des tiers.

La question de savoir quand la nomination de l'armateur a l'un ou l'autre caractère est une question de fait.

48. — Lorsqu'il existe un armateur, il a l'administration exclusive du navire.

L'armateur a les pouvoirs qui lui sont conférés par la convention ; à défaut de convention, l'armateur est autorisé à faire, sans avoir, sauf dans les cas graves, à consulter ses copropriétaires, tous les actes que nécessite l'exploitation du navire. Il peut le fréter, nommer le capitaine, le congédier, etc. ; il a, d'après la jurisprudence, le droit et même l'obligation d'assurer le navire ; mais il doit consulter ses coïntéressés, lorsqu'il s'agit de faire au navire des réparations considérables, de vendre le navire ou de l'hypothéquer, sauf dans le cas prévu par l'article 233 du Code de commerce.

49. — En principe, la majorité a le droit de s'opposer aux actes de l'armateur ; mais comme rien n'empêche que les intéressés, en désignant un armateur, abdiquent entre ses mains, dans l'intérêt de la bonne administration du navire, les pouvoirs que l'article 220 (C. com.) confère à la majorité, les tribunaux admettront assez facilement que telle a été l'intention des parties.

50. — Quels sont les effets des actes passés dans l'intérêt commun. — Dans tous les cas, lorsqu'un acte est fait dans l'intérêt commun, soit par l'armateur-gérant, soit par la majorité, tous les copropriétaires sont tenus solidairement et personnellement envers les tiers des engagements qui en résultent. Les dissidents ne peuvent se libérer par abandon de leur part dans le navire et dans le fret.

CHAPITRE III

ARMEMENT DU NAVIRE

---

51. — CE QUE C'EST QU'ARMER UN NAVIRE. — Armer un navire, c'est le munir du personnel et du matériel nécessaires pour qu'il puisse prendre et tenir la mer. L'armement comprend : 1° l'engagement du capitaine ; 2° l'engagement de l'équipage ; 3° la réunion du matériel nécessaire. On appelle armateur celui qui se charge d'armer le navire. Ordinairement l'armateur est le propriétaire d'un navire ; mais il peut arriver que l'armateur ne soit pas propriétaire, le propriétaire d'un navire le louant désarmé à un tiers qui se charge de le faire naviguer à ses frais. Cette situation étant exceptionnelle, nous supposerons dans le cours de ce livre un armateur qui est en même temps propriétaire et nous emploierons indistinctement les deux expressions, nous réservant de signaler, au fur et à mesure des besoins, les cas où il importe de faire la distinction.

Engagement du capitaine.

52. — RÔLE GÉNÉRAL DU CAPITAINE. — Le capitaine est préposé par l'armateur à la conduite et à l'administration du navire. Contrairement à la règle de procédure que nul en

France ne plaide par procureur, les procès dirigés contre le navire peuvent être intentés contre le capitaine *au nom* et *comme capitaine de navire,* sans qu'on soit obligé d'appeler l'armateur dans la dépendance de la cause, et les jugements, rendus contre lui en cette qualité, sont exécutoires contre l'armateur et sur le navire. Vis-à-vis des chargeurs, il joue le rôle de voiturier. A certains points de vue, la mission du capitaine a un caractère public. « La loi impose au capitaine des obligations multiples dans l'intérêt de la police de la navigation ; il est investi à bord d'un pouvoir disciplinaire qui lui permet d'infliger des peines aux gens de l'équipage. Il remplit pour les crimes et délits commis à bord le rôle de juge d'instruction. En cas de naissance d'un enfant ou de décès pendant un voyage en mer, le capitaine joue le rôle d'officier de l'état civil. Il est enfin investi des fonctions de notaire en tant qu'il est chargé de recevoir les testaments authentiques faits en mer par les gens de l'équipage ou par les passagers [1]. »

53. — Qui peut être choisi comme capitaine. — L'armateur n'est pas libre de choisir comme capitaine qui bon lui semble : son choix ne peut porter que sur une personne remplissant certaines conditions. Ces conditions varient suivant la nature de la navigation à entreprendre.

54. — *Navigation au long cours.* — Pour commander des navires au long cours, il faut remplir certaines conditions d'âge et de navigation, et avoir subi avec succès des examens à la suite desquels un brevet est délivré par le ministre de la marine. Ce brevet a conféré pendant longtemps à ceux qui l'obtenaient le titre de *capitaine au long cours*. Mais un décret du 18 septembre 1893 est venu substituer au titre de capitaine au long cours, celui de *capitaine de la marine marchande*. Il n'existait qu'une seule classe de capitaines au long cours ; le

---

1. Lyon-Caen et Renault.

décret de 1893 institua, au contraire, deux classes de capitaines de la marine marchande. Le programme des examens à subir différait pour chaque classe.

Ce nouveau titre de *capitaine de la marine marchande* ne fut pas conservé bien longtemps. Un décret du 7 mars 1896 rétablit l'ancien titre de capitaine au long cours, mais en maintenant la division en deux classes, inaugurée par le décret de 1893. Il y a désormais des capitaines au long cours (titre correspondant à celui de capitaine de la marine marchande de 2e classe) et des capitaines au long cours avec brevet supérieur (titre correspondant à celui de la marine marchande de 1re classe).

Pour obtenir le brevet de capitaine au long cours, soit simple, soit avec brevet supérieur, il faut avoir subi avec succès deux examens, l'un de théorie, l'autre d'application.

L'examen de théorie n'est soumis à aucune condition d'âge ni de navigation. Le programme de l'examen de théorie varie suivant que le candidat aspire au titre de capitaine au long cours ou au titre de capitaine au long cours avec brevet supérieur[1].

L'examen d'application n'est, au contraire, accessible qu'aux conditions suivantes : 1º être âgé de 24 ans à l'ouverture de l'examen ; 2º justifier de 60 mois de navigation effective depuis l'âge de 16 ans sous pavillon français, dont trente mois au moins à bord de bâtiments de l'État ayant fait campagne ou à bords de bâtiments de commerce armés au long cours (Décrets du 18 sept. 1893, 10 avril 1895 et 7 mars 1896).

55. — *Navigation au cabotage.* — Les marins admis à commander des navires au cabotage portent officiellement le titre de *maîtres au cabotage,* mais dans la pratique on les appelle

---

1. L'examen de théorie passé seul donne lieu à la délivrance d'un diplôme d'élève de la marine marchande.

capitaines. Pour obtenir le brevet de maître au cabotage, il faut subir un examen de pratique et de théorie.

Les candidats ne sont admis à l'examen de théorie qu'à la condition d'avoir subi avec succès l'examen de pratique[1]. De plus, pour être admis à subir l'un et l'autre examen il faut : 1° avoir 24 ans accomplis avant l'ouverture de l'examen dans le port où l'on se présente ; 2° justifier de 60 mois de navigation effective depuis l'âge de 16 ans sous pavillon français, dont 30 mois au moins, soit à bord de bâtiments de l'État ayant fait campagne, soit à bord de bâtiments de commerce armés au long cours ou au cabotage (Déc. 18 sept. 1893 et 7 mars 1896).

56. — *Bornage.* — Il suffit, pour commander au bornage, d'avoir 60 mois de navigation et d'être âgé de 24 ans (Déc. 20 mars 1852 et 22 oct. 1863).

De plus, le décret du 10 avril 1895, article 19, veut que pour commander au bornage un bateau à vapeur, on justifie par un examen de notions pratiques sur le fonctionnement et la conduite des machines à vapeur.

57. — Qui choisit le capitaine. — Le capitaine est choisi par le propriétaire unique, ou lorsqu'il existe plusieurs propriétaires, par la majorité de ces propriétaires, à moins qu'il n'existe parmi eux un armateur-gérant, auquel cas c'est à lui qu'appartient le choix du capitaine. Lorsque le propriétaire loue le navire désarmé à un armateur qui se charge de l'armer et de le faire naviguer, c'est à ce dernier qu'appartient, à moins de conventions contraires, le choix du capitaine.

58. — Obligations générales et responsabilité du capitaine. — Les obligations du capitaine sont multiples. Nous les décrirons à chaque période du voyage où nous les ren-

---

1. Si l'examen de théorie n'est pas subi avec succès dans un certain délai après l'examen de pratique, celui-ci doit être recommencé. Mais il existe des exceptions (Déc. 18 sept. 1893, art. 18).

contrerons. Nous ne signalerons ici que les obligations générales.

58 *bis*. — 1° Le capitaine se charge de conduire et d'administrer le navire, de transporter à destination les personnes
et les marchandises.

59. — 2° Le capitaine engagé pour un voyage est tenu de
l'achever à peine de dommages-intérêts envers les propriétaires et les affréteurs (art. 238, C. com.), à moins d'obstacle
de force majeure. On ne saurait considérer comme obstacle
de force majeure ni le suicide du capitaine [1], ni une maladie
le mettant dans l'impossibilité d'achever le voyage si le fait
d'avoir contracté cette maladie constitue une faute. A défaut
de conventions fixant exactement la durée du voyage, le
voyage est censé terminé à l'égard des chargeurs quand le
navire est arrivé à destination et, si les chargeurs ont stipulé
un chargement de retour, au moment du retour. A l'égard
du propriétaire, le voyage est considéré comme terminé au
retour du navire [2].

60. — 3° Le capitaine ne peut sous aucun prétexte charger
dans le navire des marchandises pour son compte sans la
permission des propriétaires et sans en payer le fret, à
moins qu'il n'y soit autorisé par son engagement (art. 251,
C. com.) [3].

61. — 4° Le capitaine qui navigue à profit commun sur le
chargement (V. n° 66) ne peut faire aucun commerce ou trafic
pour son compte s'il n'y a convention contraire (art. 239,
C. com.). En cas de contravention à cette règle, les marchan-

----

1. Alors ce seraient ses héritiers qui seraient poursuivis en responsabilité.

2. Aux termes de l'article 11 du décret du 24 mars 1852, le capitaine qui
rompt son engagement et abandonne le navire sans avoir été remplacé encourt
un emprisonnement qui peut varier suivant les cas de 6 mois à 8 ans; il peut
en outre être privé de commander pendant 3 ans au plus. (V. G. Paulet, *Code
annoté du commerce*, p. 297.)

3. Cette disposition est commune à tous les gens de l'équipage.

dises embarquées par le capitaine sont confisquées au profit des autres intéressés (art. 240, C. com.)[1].

61 *bis*. — Comme corollaire de ses obligations générales et spéciales, le capitaine est responsable de ses fautes, même légères (art. 221, C. com.). Cette responsabilité ne cesse qu'autant qu'il justifie d'obstacles de force majeure. Ainsi ce n'est pas à ceux qui prétendent faire déclarer responsable le capitaine à prouver qu'il a commis une faute. La seule preuve qu'ils aient à faire est celle du dommage éprouvé ; c'est au capitaine à prouver que le dommage ne provient pas de sa faute, mais d'un cas de force majeure. Cela, toutefois, n'est vrai que dans ses rapports avec ceux envers qui il est lié par contrat et qui lui demandent compte de l'*inexécution du contrat*, c'est-à-dire l'armateur et les affréteurs. Quand le capitaine se trouve en présence de personnes envers qui il n'est pas lié par contrat, par exemple du propriétaire d'un navire abordé par lui, le droit commun reprend son empire et c'est à celui qui prétend faire déclarer le capitaine responsable à prouver qu'il a commis une faute.

62. — Différents modes d'engagement du capitaine. — Le capitaine peut être engagé pour une durée limitée ou sans limitation de durée.

Si le capitaine est engagé sans limitation de durée, il est libre de rompre le contrat quand bon lui semble, sauf l'obligation d'achever le voyage entrepris (art. 1780, C. civ. ; art. 238, C. com.). L'armateur de son côté est toujours libre de rompre le contrat et de congédier le capitaine. Si le capitaine est engagé pour un temps déterminé, il n'est plus libre de rompre le contrat ; mais l'armateur reste toujours libre de congédier à tout moment le capitaine (art. 218, C. com.) ; il eût été en effet excessif de forcer l'armateur à conserver un

---

1. Les obligations énoncées dans les nᵒˢ 60 et 61 se rencontrent dans les législations belge, allemande et espagnole. (V. *Code de commerce et lois commerciales et usuelles,* de M. Cohendy, art. 251.)

mandataire en qui il n'a plus confiance, dont il est responsable, et qui pourrait compromettre gravement ses intérêts. L'adjudication sur saisie du navire met fin aux pouvoirs du capitaine.

63. — Le capitaine congédié n'a en principe droit à aucune indemnité, à moins que le droit à une indemnité ne lui soit réservé par une convention écrite. (Art. 218, C. com.) Mais si le capitaine n'a droit à aucune indemnité à raison du congédiement, il peut avoir droit à une indemnité à raison des conditions vexatoires dans lesquelles le congédiement a eu lieu[1]. Il a été également jugé que le capitaine congédié avant d'avoir pris son commandement peut avoir droit à une indemnité[2].

64. — La circonstance que le capitaine est copropriétaire du navire ne retire pas en principe le droit de le congédier. Pourtant ce droit disparaît si le capitaine est propriétaire de plus de la moitié du navire, car l'avis de la majorité doit être suivi. Mais il en serait autrement si parmi les autres copropriétaires il y en avait un investi des fonctions d'armateur-gérant dans les termes indiqués au n° 47.

65. — Lorsque le capitaine copropriétaire du navire est congédié, il peut renoncer à la copropriété du navire et exiger le remboursement du capital qui la représente (art. 219, C. com.). Cela est de toute justice, car souvent un capitaine ne prend un intérêt dans un navire que pour en avoir le commandement. La somme au remboursement de laquelle le capitaine a droit n'est pas celle qu'il a déboursée pour devenir copropriétaire, mais celle que vaut sa part dans le navire au moment où il renonce à la copropriété. Ainsi un capitaine est propriétaire d'un quart qu'il a payé 20,000 fr. Si au mo-

---

1. Par exemple, l'armateur a fait subir sans nécessité au capitaine l'avanie d'une expulsion violente et publique.

2. Il existe sur ce point des divergences assez grandes entre les diverses législations étrangères. (V. Cohendy, *Code de commerce*, art. 218 et 219.)

ment où il renonce à sa copropriété le navire ne vaut plus que 40,000 fr., le capitaine n'a droit qu'à 10,000 fr.

Il y a donc lieu, quand les parties ne peuvent tomber d'accord sur la somme à débourser, de procéder à l'estimation du navire. Cette estimation est faite par des experts choisis par les parties, si elles peuvent s'entendre sur ce choix, sinon nommés d'office par le tribunal de commerce (art. 219, C. com.).

66. — CONDITIONS D'ENGAGEMENT. — Au point de vue de la fixation des salaires, le capitaine peut être engagé au voyage, au mois, au fret, au profit.

..... Au voyage, c'est-à-dire moyennant une somme fixée à forfait pour tout le voyage, quelle qu'en soit la durée.

..... Au mois, c'est-à-dire à tant par mois; c'est le mode le plus usité.

..... Au fret, c'est-à-dire à tant p. 100 sur le fret des marchandises transportées.

..... Au profit, c'est-à-dire à tant p. 100 sur le profit que rapportera l'expédition. Il faut supposer que l'expédition n'est pas entreprise pour effectuer, moyennant un fret, le transport de marchandises appartenant à des tiers, mais que le navire n'est que l'instrument d'une spéculation entreprise par le propriétaire; par exemple il est armé pour la pêche, ou pour transporter des marchandises que le propriétaire expédie pour les vendre au port de destination[1]. Dans ces différents cas, le capitaine a droit à tant p. 100 du bénéfice que donne la pêche ou la revente des marchandises. Souvent il est stipulé des chargeurs, pour le capitaine, un supplément de fret nommé chapeau.

67. — CONVENTIONS PERMISES, CONVENTIONS INTERDITES. — Aux termes de l'article 6 du Code civil, les conventions sont libres sauf sur les objets qui intéressent l'ordre public. On a

---

1. Ou pour la course, mais la course est supprimée pour les puissances signataires du traité de Paris de 1856.

dit au n° 52 que le capitaine est chargé de la conduite et de l'administration du navire. Au point de vue de l'administration du navire, le capitaine et l'armateur sont libres de faire telles conventions qu'ils jugent utiles à leurs intérêts ; mais en ce qui concerne la conduite du navire, les dispositions du Code sont d'ordre public. Le contrat d'engagement du capitaine ne peut donc valablement ni l'affranchir des obligations que la loi lui impose, ni le priver des droits qu'elle lui confère pour tout ce qui concerne la conduite du navire.

68. — Nous citerons notamment parmi les obligations dont le capitaine ne peut être affranchi, l'obligation de faire visiter son navire avant de prendre charge, d'avoir à bord un certain nombre de pièces, de tenir son livre de bord, de faire son rapport à l'arrivée. De même il ne peut être dérogé aux pouvoirs du capitaine relativement à la conduite du navire.

69. — Constatation de l'engagement. — Les conditions étant les mêmes que pour l'engagement du reste de l'équipage, nous renvoyons à ce qui sera dit au n° 73.

Engagement de l'équipage.

70. — Composition de l'équipage[1]. — L'équipage se compose :

1° D'un second capitaine (ou plus brièvement second), appelé à commander le navire quand le capitaine en est empêché. Pour être second d'un navire au long cours, il faut avoir au moins 21 ans et 48 mois de navigation (Règl. 1er janvier 1786, art. 43) ;

2° D'un ou plusieurs lieutenants âgés d'au moins 18 ans et ayant 12 mois de navigation effective ;

----

1. Voir, pour plus de détails, Champenois, *les Armements maritimes*, t. II, p. 59 et suiv.

3° Pour les bâtiments à vapeur, d'un chef mécanicien et d'autres mécaniciens en sous-ordre ;

4° Pour les bâtiments faisant la navigation au long cours et recevant à bord 100 personnes, tant hommes d'équipage que passagers, d'un chirurgien[1].

Toutes ces personnes sont les officiers du bord ;

5° Des officiers-mariniers : maîtres d'équipage, maîtres charpentiers, maîtres calfats (l'expression d'officiers mariniers est peu usitée dans la marine marchande).

6° Enfin des matelots et des mousses[2]. On appelle novices les marins ayant plus de 16 ans et ne remplissant pas les conditions d'âge et de navigation exigées pour l'inscription des matelots.

71. — QUI CHOISIT L'ÉQUIPAGE. — C'est au capitaine qu'il appartient de former l'équipage du navire et de louer les matelots et autres gens de l'équipage. Cependant, s'il est dans le lieu de la demeure du propriétaire, il doit se concerter avec lui (art. 223, C. civ.). Mais l'armateur ne peut jamais imposer au capitaine un homme de son choix.

72. — CONDITIONS D'ENGAGEMENT. — Au point de vue de la fixation du salaire, les gens de l'équipage peuvent être engagés au voyage, au mois, au fret, au profit (V. n° 66).

Au point de vue de sa durée, l'engagement ne peut être fait que pour un temps limité. A défaut d'entente sur sa durée, l'engagement est présumé fait pour la durée du rôle, c'est-à-dire pour un voyage d'aller et retour.

Le décret du 4 mars 1852 déclare d'ordre public certaines dispositions de loi édictées en faveur des marins, telles que le droit au traitement en cas de blessures, etc. Il ne peut donc y être dérogé.

---

1. Il existe des règles spéciales pour les bâtiments faisant la grande pêche ou transportant des émigrants.

2. Les mousses doivent être âgés de 10 ans au moins et 16 ans au plus.

73. — Constatation des conditions d'engagement. — Le mode normal de constatation est le rôle d'équipage[1]. Le rôle d'équipage est la liste générale des hommes de l'équipage dressée par les commissaires de l'inscription maritime ou, à leur défaut, par les syndics de gens de mer et contenant la mention de leurs grades, emplois, appointements et salaires.

Le capitaine est tenu de présenter au bureau de l'inscription maritime les gens de mer qu'il a engagés pour être inscrits sur le rôle d'équipage. Il doit en même temps présenter les conventions faites avec eux si elles ont été passées par écrit, ou déclarer les conventions verbales.

Toutes les dispositions concernant les loyers, pansement et rachat des matelots sont communes aux officiers et aux autres gens de l'équipage (art. 272, C. com.).

Le commissaire de l'inscription maritime mentionne sur le rôle d'équipage les conventions, et ce qui est ainsi énoncé fait foi en justice. Il ne doit pas peser sur les déterminations ; il doit néanmoins refuser d'insérer les conventions prohibées par le décret de 1852. (V. n° 72.)

74. — Jusqu'à la confection du rôle, l'engagement des marins et ses conditions peuvent être prouvés par tous les moyens

---

1. Le rôle d'équipage est en principe obligatoire pour tous les bâtiments ou embarcations exerçant une navigation maritime (Décret du 19 mars 1852). Mais il résulte d'une loi du 20 juillet 1897 qu'il ne sera pas délivré de rôle aux bâtiments et embarcations employés soit à une navigation d'agrément, soit à l'exploitation de parcelles concédées sur le domaine public maritime et de propriétés industrielles ou agricoles riveraines dudit domaine, ni aux chalands, pontons et autres engins flottants exclusivement affectés aux entreprises industrielles dans les eaux maritimes. — Il sera délivré pour la navigation d'agrément un permis de navigation de plaisance, et à celle qui se rapporte à l'exploitation de parcelles du domaine public ou de propriétés particulières ou d'entreprises industrielles un permis de circulation. Dans l'un et l'autre cas, ce permis sera obligatoire et aura une durée d'un an.

Le rôle des bâtiments au long cours est renouvelé à chaque voyage ; pour les paquebots transatlantiques, il peut n'être renouvelé que tous les six mois. Pour les navires au cabotage, il est renouvelé tous les ans.

de preuve admis en matière commerciale. Mais après la confection du rôle, ce document est l'unique moyen de preuve. Telle est au moins la solution donnée par la cour de Rouen à cette question très controversée (arrêt du 24 déc. 1879).

74 *bis*. — Le rôle d'équipage est dressé en double original : un exemplaire est laissé au commissaire de l'inscription maritime, l'autre est remis au capitaine au moment de son départ.

75. — Conséquences de la confection du rôle. — Jusqu'à la clôture du rôle d'équipage, les matelots peuvent être congédiés sans indemnité ; une fois le rôle clos, le matelot congédié sans cause valable avant le départ du navire a droit à une indemnité fixée par l'article 270 du Code de commerce au tiers de ses loyers.

Si le marin est engagé au mois, on calcule l'indemnité d'après la durée probable du voyage ; s'il est engagé au fret, il convient d'attendre la fin de l'expédition. Dans tous les cas, si le marin n'a pas été engagé dans le port d'armement, il a droit à une indemnité de route pour retourner dans le quartier maritime où il est inscrit.

De plus, le matelot porté sur le rôle qui s'absente 3 fois 24 heures sans permission, ou qui laisse partir le navire, est puni comme déserteur de 15 jours à 6 mois d'emprisonnement. (Décret du 24 mars 1865 modifié par la loi du 19 avril 1898.)

76. — Paiement d'avances. — En principe, les salaires des marins ne sont payables qu'au retour du navire. Le législateur a voulu ainsi empêcher les marins de les dissiper. Mais les marins peuvent, avant le départ du navire, recevoir des avances ou acomptes pour pourvoir à leurs besoins urgents. Ces avances doivent être autorisées par le commissaire de l'inscription maritime et mentionnées par lui sur le rôle d'équipage.

Réunion du matériel nécessaire, vivres, agrès, etc.

77. — Déterminer tout ce dont un navire doit être muni est une question technique qui ne rentre pas dans le cadre de ce traité.

78. — INVENTAIRE DU MOBILIER. — Les objets d'équipement sont mentionnés dans un inventaire dressé par la douane et dont une expédition est jointe à l'acte de francisation ; lorsque le navire ayant touché à l'étranger rentre en France, les objets inventoriés ne peuvent être considérés comme achetés à l'étranger, et soumis comme tels à des droits d'entrée.

79. — QUI A QUALITÉ POUR ACQUÉRIR LE MATÉRIEL NÉCESSAIRE? — Le propriétaire d'abord ; cela est de toute évidence. Mais le capitaine peut aussi avoir le droit d'acquérir, pour le compte du propriétaire, tout ce dont le navire doit être pourvu, d'employer à cet effet les fonds qui ont pu lui être confiés pour les besoins du navire, ou d'acheter à crédit : dans ce cas, le propriétaire est obligé de payer les fournitures faites, sauf la faculté d'abandon (V. n° 798).

Pour savoir si le capitaine a ce droit, il faut faire une distinction :

80. — a) *Le capitaine se trouve sur le lieu de la demeure du propriétaire* ou de la majorité des propriétaires, s'il y en a plusieurs, ou d'un fondé de pouvoir du ou des propriétaires. Dans ce cas, article 232, C. com., le capitaine ne peut acheter des voiles, cordages ou autres choses pour le bâtiment sans l'autorisation spéciale des propriétaires. Si le capitaine, se trouvant dans le lieu de la demeure du propriétaire, fait des achats sans son autorisation spéciale, l'acte est nul en principe vis-à-vis du propriétaire, qui peut refuser les choses achetées, ou, si elles sont employées, ne peut être tenu du prix que jusqu'à concurrence du profit qu'il en a retiré, à moins qu'il n'ait ratifié l'achat. Il en est certainement ainsi si le tiers avec qui a traité le capitaine est de mauvaise foi, c'est-à-dire a su que celui-ci se trouvait dans le lieu de la demeure du propriétaire (et il lui sera difficile de soutenir qu'il ignorait cette demeure qui lui est révélée par l'acte de francisation). Mais si le capitaine se trouve dans la demeure d'un simple fondé de pouvoirs, circonstance que le fournisseur a pu ignorer, il serait dur pour ce dernier de décider qu'il n'a pas d'action contre le propriétaire.

81. — On a dit que la nécessité d'avoir l'autorisation spéciale du propriétaire n'existait que pour l'achat de ce qui peut être considéré comme l'accessoire du navire et non pour l'achat des vivres. Sans doute, comme le dit spirituellement M. Desjardins, le capitaine n'est pas obligé d'obtenir une autorisation spéciale pour commander son déjeuner; mais il paraît difficile de lui donner le pouvoir d'acheter des approvisionnements qui peuvent coûter plus cher que bien des objets qu'il n'a pas le pouvoir d'acheter.

82. — b) *Le capitaine n'est pas dans le lieu de la demeure des armateurs.* — Le capitaine investi du mandat général d'administrer le navire peut acheter tout ce qui est nécessaire, et le propriétaire est obligé, sauf la faculté d'abandon (V. n° 798). La présence accidentelle du propriétaire sur le lieu de l'armement retirerait-elle au capitaine ses pouvoirs? Si le propriétaire ne fait que passer, nous ne le croyons pas; mais il en serait autrement si le propriétaire venait spécialement pour surveiller l'armement. Mais même dans ce cas, le propriétaire serait tenu envers les fournisseurs qui auraient traité de bonne foi avec le capitaine, dans l'ignorance de sa présence.

83. — Certains copropriétaires refusent de fournir les fonds nécessaires. — Lorsque le navire appartenant à plusieurs a été affrété[1] du consentement de tous ou de la ma-

---

1. Dans l'ordre de ce traité, on suppose que l'armement précède l'affrètement, afin de réunir tous les développements qui concernent l'armement; mais rien n'empêche d'affréter un navire désarmé.

jorité d'entre eux, et que quelques-uns refusent de fournir leur contingent, de contribuer aux frais nécessaires pour l'expédition, le capitaine peut emprunter hypothécairement pour leur compte sur leur part (art. 233, C. com.); mais pour cela il doit : 1° leur faire sommation de lui fournir les fonds nécessaires, et ne réaliser l'emprunt que 24 heures après la sommation; 2° obtenir l'autorisation du tribunal de commerce ou, s'il n'y a pas de tribunal de commerce, du juge de paix. On admet généralement que le capitaine peut se faire autoriser par simple requête sans avoir besoin d'assigner les copropriétaires récalcitrants. Le capitaine agira toutefois prudemment en procédant par voie d'assignation, ce qui ne lui demandera pas plus de temps, grâce à la faculté d'assigner d'heure à heure en matière maritime (art. 418, Pr. c.).

Si la part est déjà hypothéquée, comme il pourrait être difficile de trouver un prêteur, le capitaine peut se faire autoriser à saisir la part du récalcitrant et à poursuivre la vente devant le tribunal civil[1]. Ce paragraphe, ajouté par la loi du 10 juillet 1875 à l'article 233, nous paraît trancher dans le sens de la négative la question de savoir si le propriétaire peut être poursuivi en versement de son contingent sur sa fortune de terre, lorsque le capitaine ne trouve pas de prêteur.

---

1. Les législations étrangères n'accordent pas ce droit au capitaine. (V. Cohendy, *Code de commerce*, art. 233.)

CHAPITRE IV

AFFRÈTEMENT ET CHARGEMENT DU NAVIRE

Affrètement.

84. — Ce que c'est que l'affrètement. — L'affrètement est la location du navire. Il prend aussi le nom de nolissement et de charte-partie (art. 273, C. com.). Mais, de ces trois expressions, la première est seule universellement usitée. L'expression « charte-partie » sert surtout à désigner l'écrit dressé pour constater le contrat ; quant au mot « nolissement », il n'est usité que dans les ports de la Méditerranée.

Le locateur se nomme *fréteur*; le locataire prend le nom d'*affréteur*.

85. — L'affrètement est un acte de commerce pour le fréteur ; mais pour l'affréteur, il n'est pas nécessairement par lui-même un acte de commerce. Il n'a ce caractère qu'autant qu'il est pour l'affréteur un élément d'une opération commerciale. Ainsi, celui qui fait transporter par mer son mobilier personnel ne fait pas acte de commerce.

86. — Qui peut fréter le navire ? — L'affrètement peut être conclu soit par le propriétaire du navire, soit par le capitaine ; mais dans le lieu de la demeure de l'armateur ou de son fondé de pouvoirs, le capitaine ne peut fréter le navire sans autorisation spéciale (art. 232, C. com.). Quant au point

de savoir quel est le sort de l'affrètement conclu par le capitaine sans l'autorisation spéciale du propriétaire quand il se
trouve sur le lieu de la demeure de celui-ci, il faut appliquer
ce qui a été dit au chapitre III à propos des achats de matériel (V. 80 et suiv.).

Le courtage des affrètements est réservé aux courtiers maritimes.

87. — AFFRÈTEMENT TOTAL, AFFRÈTEMENT PARTIEL. —
L'affrètement peut être total ou partiel. Il est total lorsque le
fréteur loue la totalité de son navire et en confère à l'affréteur
la jouissance exclusive. L'affrètement total peut d'ailleurs se
présenter sous deux formes : 1° le propriétaire peut louer son
navire désarmé à un tiers, sauf à ce tiers à le faire naviguer
à ses risques et périls, avec un capitaine et un équipage de
son choix. Ce mode d'affrètement étant peu fréquent, nous
nous bornons à le mentionner ; 2° le propriétaire peut, tout
en louant la totalité de son navire, s'engager envers l'affréteur à faire transporter les marchandises de ce dernier; il y a
alors louage de choses et louage de services. C'est le cas le
plus fréquent, le seul dont nous nous occuperons.

88. — Ce qui caractérise l'affrètement total, c'est la mise à
la disposition de l'affréteur de la totalité du navire. Le contrat par lequel un capitaine ou un armateur s'obligerait à
transporter une certaine quantité de marchandises serait un
affrètement partiel, alors même qu'en fait les marchandises
occuperaient la totalité du navire, parce que cette occupation
totale du navire ne serait qu'un accident et non un droit pour
l'affréteur ; un meilleur arrimage aurait peut-être laissé de la
place pour d'autres marchandises, et l'affréteur n'aurait pu
avoir la libre disposition de cette place.

89. — L'affrètement partiel peut se présenter sous deux
formes : 1° le fréteur loue une partie déterminée du navire,
le premier ou le deuxième pont, la cale d'arrière ou la cale
d'avant. Il y a alors affrètement total d'une partie du navire;

2° le capitaine ou l'armateur peut, et c'est ce qui a lieu presque toujours, prendre l'engagement de transporter une certaine quantité de marchandises sans conférer à l'affréteur droit à aucune partie déterminée du navire.

90. — Au point de vue de la durée, le contrat d'affrètement peut être conclu pour un voyage soit simple, soit d'aller et retour, soit pour plusieurs voyages, soit pour un temps déterminé. Ces trois derniers modes d'affrètement ne se comprennent guère qu'en cas d'affrètement total.

91. — Affrètement a cueillette. — L'affrètement partiel peut être pur et simple ou à cueillette. Il est pur et simple quand le fréteur s'engage ferme à transporter les marchandises. Il est à cueillette lorsque le fréteur ne s'engage que conditionnellement, lorsque le fréteur s'étant engagé à transporter des marchandises en quantité insuffisante pour emplir son navire, subordonne son engagement à la condition qu'il trouvera dans un certain délai des marchandises pour compléter son chargement. Dans ce cas, si, à l'expiration du délai, le fréteur n'a pas trouvé ces marchandises, il est délié de son engagement.

92. — Détermination du fret. — Le fret est le loyer du navire (art. 286, C. com.). Au point de vue de la détermination du fret, l'affrètement peut être conclu au voyage, c'est-à-dire pour un certain prix pour toute la durée du voyage, quelle que soit cette durée ; au mois, c'est-à-dire à tant par mois que durera le voyage ; au tonneau ou au quintal, c'est-à-dire à raison de tant par tonneau ou par quintal de marchandises transportées ; c'est le mode le plus usité.

93. — Le tonneau dont il est ici question est le tonneau d'affrètement et non pas le tonneau de jauge dont il a été question au n° 27. Autrefois, la composition du tonneau variait de port à port ; la loi du 13 juin 1866[1] sur les usages

---

1. V. Paulet, *Code annoté du commerce et de l'industrie,* p. 405.

commerciaux décide que le tonneau de mer s'entend du tonneau d'affrètement tel qu'il est réglé pour l'exécution des articles 3 à 6 de la loi du 3 juillet 1861, par le décret du 25 août de la même année. D'après ce décret, le tonneau est tantôt une mesure de poids et tantôt une mesure de volume. Comme mesure de volume, il est égal à $1^{m3},44$; comme mesure de poids, il varie, suivant la densité de la marchandise, de 150 à 1,000 kilogr.

Quant au quintal, ce n'est pas le quintal métrique de 100 kilogr., mais, d'après l'usage, l'ancien quintal de 50 kilogr.

Quand l'affrètement est conclu au poids, le fret doit être calculé sur le poids brut, contenu et contenant, et non sur le poids net, contenu seulement.

94. — Si le tonneau d'affrètement est aujourd'hui uniforme pour tous les ports français, il n'en est pas de même dans les ports étrangers. Lorsqu'un navire, ayant été affrété à l'étranger au tonneau, décharge ses marchandises en France, le fret doit être calculé sur le tonneau tel qu'il est déterminé par la loi ou l'usage du port où le contrat a été conclu.

95. — Pour certaines marchandises, le fret est souvent établi d'après le nombre des objets transportés, quelquefois même à raison de tant p. 100 de leur valeur.

95 *bis*. — Il est quelquefois stipulé, en sus du fret, tant p. 100 pour frais de navigation ou pour peines et soins. Dans ce dernier cas, ce supplément est ce qu'on appelle le *chapeau*.

96. — Le contrat d'affrètement doit être constaté par écrit (art. 273, C. com.). — L'écrit n'est pas une condition de validité du contrat, mais un moyen de preuve exigé. Un contrat d'affrètement purement verbal serait parfaitement valable et devrait être consacré par les tribunaux si son existence et ses conditions n'étaient pas contestées; mais en cas de contestation, la preuve de son existence et de ses conditions ne pourrait être faite que par écrit[1] ; la preuve par témoins et par présomptions ne serait pas admise. Toutefois, la pratique ne suit pas strictement cette règle lorsqu'il s'agit de navires au petit cabotage ou chargeant en cueillette.

97. — CHARTE-PARTIE. — L'écrit destiné à constater le contrat d'affrètement porte le nom de *charte-partie*. L'affrètement n'est guère constaté par une charte-partie que quand il est total. Pour les affrètements partiels, la charte-partie se trouve généralement remplacée par le connaissement (V. n° 140 *bis*). Le connaissement étant la reconnaissance que délivre le capitaine des marchandises qu'il reçoit à son bord implique en effet un affrètement antérieur.

98. — Il n'est peut-être pas nécessaire que la charte-partie soit rédigée en double original conformément à l'article 1352 du Code civil ; mais il est toujours prudent de se soumettre à cette formalité.

99. — CE QUE DOIT CONTENIR LA CHARTE-PARTIE. — L'article 273 du Code de commerce énumère les énonciations que doit contenir la charte-partie :

1° Le nom et le tonnage du navire ;

2° Le nom du capitaine ;

3° Les noms du fréteur et de l'affréteur ;

4° Le lieu et le temps convenus pour la charge et pour la décharge ;

5° Le prix du fret ou nolis ;

6° Si l'affrètement est total ou partiel ;

7° L'indemnité convenue pour les cas de retard.

Cette énumération ne comprend que les éléments principaux qui se rencontrent dans toutes les chartes-parties ; mais comme les conventions sont libres, la charte-partie peut contenir bien des clauses et des énonciations que ne mentionne

---

1. La correspondance serait une preuve écrite et suffisante.

pas l'article 273. Si la charte-partie est muette sur le temps convenu pour le chargement et le déchargement, sur le prix du fret, sur l'indemnité en cas de retard, ces points sont réglés d'après l'usage des lieux (art. 274, C. com., en ce qui concerne le temps convenu pour la charge et la décharge).

100. — La charte-partie doit être naturellement signée des parties ; lorsqu'elle est, ainsi que cela a lieu souvent, rédigée par le courtier, par l'entremise duquel l'affrètement a été conclu, la signature de ce dernier ne suffit pas.

La charte-partie étant susceptible d'être produite en justice, doit être rédigée sur papier timbré.

Le contrat d'affrètement fait naître entre les parties un certain nombre d'obligations. Nous allons passer en revue celles qui se rapportent à la période de temps dans laquelle nous nous trouvons.

101. — Obligations du fréteur. — *Obligation de mettre le navire à la disposition de l'affréteur*. — Le fréteur doit d'abord mettre son navire à la disposition de l'affréteur, afin que celui-ci puisse y charger ses marchandises. Ce que le fréteur doit mettre à la disposition de l'affréteur, ce n'est pas un navire quelconque, c'est le navire même désigné dans la charte-partie. La durée du voyage, les risques à courir pendant une traversée déterminée, peuvent varier suivant le navire employé ; substituer un navire au navire convenu, ce serait modifier dans un de leurs éléments essentiels les conditions de l'exécution du contrat.

102. — Si le navire a été totalement affrété, ou s'il y a eu affrétement d'une partie déterminée du navire, l'obligation du fréteur de mettre la chose louée à la disposition de l'affréteur implique l'interdiction, quand l'affréteur ne charge pas complètement le navire ou la partie déterminée, de prendre d'autres marchandises. S'il en prend pour compléter le chargement, ce qu'il n'a le droit de faire que du consentement de l'affréteur, c'est à celui-ci que doit revenir le fret dû par ces marchandises (art. 287, C. com.). L'affréteur pourrait même exiger le déchargement des marchandises indûment prises par le capitaine[1].

103. — Si en cas d'affrètement total l'affréteur a droit à la totalité du navire, cela ne doit s'entendre que des parties du navire destinées à recevoir des marchandises ; l'affréteur ne pourrait élever la prétention de placer des marchandises dans la chambre du capitaine et des officiers, dans le poste des matelots, dans la machine ou les soutes à charbon, s'il s'agit d'un navire à vapeur.

104. — *Obligation de fournir un navire en état de servir.* — Le navire convenu que le fréteur est tenu de mettre à la disposition de l'affréteur doit être un navire en bon état de navigabilité. Sans cela, en effet, la principale obligation du fréteur, celle dont dérivent toutes les autres — effectuer le transport des marchandises — ne pourrait être accomplie.

105. — L'état de navigabilité doit s'apprécier non d'une manière abstraite et absolue, mais d'une manière concrète et relative, par rapport au voyage que le navire doit accomplir. Tel navire, en effet, peut être en état d'accomplir certaines traversées et hors d'état d'accomplir certaines autres. Le mauvais état de navigabilité du navire serait une cause de résiliation du contrat d'affrètement[2].

106. — *Visite.* — Il importe donc que l'état de navigabilité du navire soit constaté avant le départ. A cet effet (art. 225, C. com.), le capitaine doit, avant de prendre charge, faire visiter son navire par une commission d'anciens navigateurs (ou charpentiers) désignés annuellement par le tribunal de commerce et connus sous le nom de capitaines visiteurs (décl. 17 août 1779, loi 9-13 août 1891, règl. 7 nov. 1866,

---

1. On trouve la même règle dans les législations espagnole, hollandaise et italienne. (V. Cohendy, *Code de commerce,* art. 287.)

2. Pour le cas où le navire en mauvais état de navigabilité partirait emportant les marchandises (V. n° 545).

art. 185). Bien que l'article 225 ne distingue pas, il est généralement admis que cette visite n'est exigée que pour les navires au long cours et que les caboteurs en sont dispensés[1]. Autrefois la visite devait être renouvelée à chaque voyage que le navire entreprenait ; c'était pour les armateurs une source de frais. Pour atténuer à cet égard les charges de l'armement, la loi du 30 janvier 1893 est venue décider dans son article 9 que la visite ne serait obligatoire, pour un chargement pris en France, que s'il s'est écoulé plus d'un an depuis la dernière visite, à moins toutefois que le navire n'ait subi des avaries.

107. — En réalité, ce n'est pas à une visite qu'il est procédé, mais à deux visites successives. Une première visite a lieu avant l'armement du navire dans le but de vérifier son état et de déterminer, s'il y a lieu, les travaux nécessaires pour le rendre propre à tenir la mer ; puis, quand l'armement est terminé, mais avant qu'il soit procédé au chargement, une seconde visite est faite pour vérifier si les travaux qui ont pu être ordonnés lors de la première visite ont été effectués et si le navire est muni de tous les accessoires indispensables.

Les experts dressent des procès-verbaux de ces deux visites, et ces procès-verbaux sont déposés au greffe du tribunal de commerce ; il en est délivré des extraits au capitaine[2].

108. — Le capitaine qui prendrait la mer sans avoir fait procéder à la visite de son navire encourrait une amende de

---

1. Mais, dans la pratique, les caboteurs s'y soumettent. L'article 124 du règlement de 1866, dont la légalité est d'ailleurs contestée, déclare la visite obligatoire même pour le cabotage.

2. La visite dont il vient d'être parlé est obligatoire pour tous les navires au long cours, soit à voiles, soit à vapeur. Mais les navires à vapeur sont en outre assujettis à une visite spéciale. En effet, aux termes du décret du 1er février 1893, aucun bateau à vapeur ne peut naviguer sur mer sans un permis de navigation délivré par le préfet après que le navire a été visité par une commission chargée de vérifier si le navire présente les qualités spéciales que doit posséder un navire à vapeur.

25 à 300 fr. (décr. du 24 mars 1852, art. 83)[1]. De plus, le navire serait présumé en mauvais état de navigabilité et les sinistres qui pourraient survenir en cours de voyage seraient facilement attribués à cet état; au contraire, lorsque le navire a été visité et que les experts l'ont déclaré navigable, la présomption est que ce navire est réellement navigable; mais cette présomption pourrait être détruite par la preuve contraire (art. 297, C. com.).

109. — *Obligation de fournir un navire du tonnage déclaré.* — Lorsqu'un navire est affrété en totalité, le capitaine qui, dans la charte-partie, l'a déclaré *par erreur* d'un plus fort tonnage qu'il n'est en réalité, est passible de dommages-intérêts envers l'affréteur. Celui-ci, en effet, ne peut charger la quantité qu'il espérait faire transporter (art. 289, C. com.). Cependant, il n'est pas dû de dommages-intérêts lorsque l'erreur n'excède pas un quarantième[2] ou lorsque la déclaration du capitaine est conforme à la jauge officielle du navire (art. 290, C. com.). Des dommages-intérêts seraient dus dans tous les cas, quelque minime que fût la différence, si c'était sciemment que le capitaine avait exagéré le tonnage de son navire. Pour qu'il y ait lieu à dommages-intérêts, il faut, conformément au droit commun, que l'inexactitude dans la déclaration du tonnage ait causé préjudice à l'affréteur. Par suite, pas de dommages-intérêts si l'affréteur a pu embarquer toutes les marchandises qu'il se proposait d'expédier.

110. — Les articles 289 et 290 C. com. combinés ne sont pas applicables lorsqu'il a été fait successivement avec divers chargeurs des affrètements partiels dont chacun est inférieur au tonnage vrai, mais dont l'ensemble excède ce tonnage. Dans ce cas, le capitaine est passible de dommages-intérêts,

---

1. V. Paulet, *Code annoté du commerce et de l'industrie,* p. 297.
2. 2 p. 100 en Espagne, 5 p. 100 en Portugal. (V. Cohendy, *Code de commerce,* art. 289.)

quelque minime que soit la quantité de marchandises qui ne peut être chargée. Alors, en effet, le préjudice causé à l'affréteur résulte non de la déclaration inexacte, mais du nombre exagéré des affrètements.

111. — Faut-il appliquer nos articles au cas d'un seul affrètement partiel lorsque la totalité de la marchandise ne peut être chargée ? Nous inclinerions à penser que dans ce cas des dommages-intérêts sont dus, quelque léger que soit le déficit, parce qu'alors le capitaine s'est engagé moins à livrer un navire de tel tonnage, qu'à transporter une quantité déterminée de marchandise.

112. — Obligations de l'affréteur. — *L'affréteur est tenu de charger les marchandises convenues* dans la charte-partie, tant au point de vue de la quantité qu'au point de vue de la nature de ces marchandises. Le fréteur pourrait refuser de recevoir une marchandise autre que celle qui a été prévue. Toutefois, le fréteur ne pourrait refuser de recevoir une marchandise autre que la marchandise convenue, si les deux marchandises, sans être absolument les mêmes, étaient de nature à peu près identique, pesaient le même poids sous le même volume, pouvaient supporter le même voisinage, n'exigeaient pas de soins spéciaux, ne présentaient pas des risques différents, etc., en un mot si la substitution ne lui portait aucun préjudice. Ainsi, lorsqu'un navire a été affrété pour transporter du blé, l'affréteur ne pourrait contraindre le fréteur à accepter en substitution un chargement de pétrole ; mais on n'apercevrait pas bien pourquoi le fréteur refuserait de recevoir un chargement d'orge, de riz ou d'avoine. Il est d'ailleurs impossible de poser à cet égard des règles absolues ; les tribunaux auront à apprécier d'après les circonstances dans chaque cas particulier.

113. — Au point de vue de la quantité, le fréteur ne peut contraindre matériellement l'affréteur à charger ce qui a été convenu. L'obligation pour l'affréteur de charger la quantité convenue est une obligation de faire qui se résout nécessairement en dommages-intérêts. Les dommages-intérêts sont ici fixés à forfait par le Code. Pour la fixation des dommages-intérêts, diverses hypothèses doivent être prévues.

114. — 1° *L'affréteur rompt le voyage avant d'avoir rien chargé,* c'est-à-dire ne donne pas suite au voyage projeté, refuse de charger *aucune marchandise,* et par suite rompt le contrat d'affrètement. Dans ce cas (art. 228-3°, C. com.), l'affréteur doit payer au capitaine une indemnité égale à la moitié du fret convenu dans la charte-partie. L'affréteur ne doit alors que la moitié du fret, parce que le fréteur, libre de son côté de tout engagement vis-à-vis de l'affréteur, reprend la libre disposition de son navire et peut immédiatement le fréter de nouveau à un autre chargeur.

115. — 2° *L'affréteur ne rompt pas le voyage ; il charge bien des marchandises, mais ne charge qu'une quantité inférieure à celle qui avait été convenue.* — Alors il doit le fret entier, absolument comme s'il eût chargé tout ce qu'il avait le droit et l'obligation de charger (art. 228-1°, C. com.). La différence de cette solution avec la précédente est facile à expliquer : quand l'affréteur rompt le voyage en ne chargeant rien, le fréteur se trouve dispensé d'effectuer le voyage. Lors au contraire que l'affréteur charge des marchandises, le voyage doit être accompli, et les dépenses du voyage seront sensiblement les mêmes que si le chargement avait été complet.

Lorsque l'affréteur ne charge pas toutes les marchandises qu'il avait droit de charger, le capitaine peut, quand l'affrètement est partiel, prendre d'autres marchandises pour compléter le chargement, mais alors il y a lieu de déduire du fret que doit l'affréteur primitif, le fret des marchandises de remplacement ; le capitaine en effet ne saurait avoir droit à deux frets.

Le droit de compléter le chargement n'appartient pas, on l'a vu, au capitaine lorsqu'il y a affrètement total ou affrètement d'une partie déterminée du navire (voir dans ce cas n° 102).

Dans les deux hypothèses qui précèdent, le fréteur n'a droit, suivant les distinctions ci-dessus formulées, au demi-fret ou au fret entier, qu'à la condition de mettre l'affréteur en demeure par sommation ou autre acte équivalent d'effectuer ou de compléter le chargement, les conventions n'étant pas résiliées de plein droit pour inexécution.

116. — *3° L'affréteur effectue tout ou partie du chargement, mais retire ensuite ces marchandises.* — Alors le fret entier est dû (art. 288-4°, C. com.) sous déduction du fret perçu par le capitaine à raison des marchandises qu'il prend en remplacement de celles qui sont déchargées.

117. — Cependant il en est autrement lorsque l'affrètement est à cueillette (V. n° 91) ; alors l'affréteur peut retirer les marchandises qu'il a chargées en ne payant que le demi-fret (art. 291, C. comm.), mais à la condition de supporter les frais du déchargement ainsi que les frais du déplacement d'autres marchandises auquel il a fallu procéder pour retirer les marchandises chargées en cueillette. L'affréteur est dans ce cas traité plus favorablement, parce que le capitaine n'est obligé envers lui que conditionnellement.

118. — Dans tous les cas, l'affréteur doit charger des marchandises en quantité suffisante pour répondre du paiement du fret. Faute par lui de le faire ou de donner d'autres garanties reconnues suffisantes, le contrat d'affrètement pourrait être résolu par un jugement du tribunal de commerce.

119 et **120.** — L'affréteur obligé de charger la quantité de marchandises convenue, ne peut en charger davantage. Le capitaine peut refuser de recevoir l'excédent; s'il le reçoit, un supplément de fret est dû (art. 288-2°, C. com.).

Si c'est clandestinement que l'excédent a été chargé, le capitaine qui le découvre peut le faire mettre à terre[1]. Ce

---

1. Cette règle et ses développements sont applicables aux marchandises chargées clandestinement en dehors de tout affrètement.

n'est en principe que dans le lieu du chargement que le capitaine peut user de cette faculté (art. 292, C. com.). Une fois le navire parti, le capitaine doit conduire la marchandise à destination. Toutefois, il est généralement admis que le capitaine qui découvre en cours de voyage un chargement clandestin de nature à compromettre la sécurité du navire et de la cargaison, soit par sa nature (matières inflammables, etc.), soit par l'excès de charge, soit par les dangers de confiscation auxquels il expose le navire (marchandises de contrebande), peut, après avoir pris l'avis des principaux de l'équipage, déposer dans un port de relâche ou même jeter à la mer la marchandise clandestine.

Chargement des marchandises. — Formalités de douane.

121. — DÉCLARATION A L'AUTORITÉ SANITAIRE. — Le capitaine d'un navire se trouvant dans un port de France ou d'Algérie et se disposant à quitter ce port doit, avant d'opérer son chargement, en faire la déclaration à l'autorité sanitaire qui peut prendre des mesures utiles pour s'assurer des conditions d'hygiène du voyage projeté et s'opposer à l'embarquement d'objets susceptibles de propager les maladies pestilentielles (Décr. 4 janv. 1896, art. 30, 31, 32).

121 *bis*. — INTERVENTION DE LA DOUANE[1]. — Le moment est venu d'embarquer la marchandise. Cet embarquement ne peut avoir lieu qu'en vertu d'une autorisation de la douane[2].

---

1. Un exposé complet des règles de douane en matière de transports maritimes exigerait des développements hors de proportion avec l'étendue de cet ouvrage. Nous n'indiquerons que les règles applicables dans la plupart des cas, laissant de côté tout ce qui a un caractère particulier et exceptionnel. Même dans ces limites nous n'entrerons pas dans les détails, cherchant à donner simplement une physionomie exacte des formalités à accomplir.

2. En vertu du décret du 4 janvier 1896, article 30, les permis d'embarquement ne doivent être délivrés par la douane que sur le vu d'une licence délivrée par l'autorité sanitaire.

Autrefois, certaines marchandises étaient soumises à un droit de sortie ; il fallait donc que la douane fût mise à même de le percevoir. Ces droits de sortie n'existent plus aujourd'hui. Mais l'intervention de la douane présente encore cependant de l'utilité, la sortie de certaines marchandises étant prohibée (chiens de forte taille ou contrefaçons de librairie). De plus, l'intervention de la douane permet seule d'établir des statistiques ; enfin des raisons spéciales qui seront exposées au n° 128 rendent nécessaire l'intervention de la douane quand les marchandises sont expédiées par cabotage à destination d'un port français.

122. — GÉNÉRALISATION DES FORMALITÉS. — Les diverses formalités peuvent en général se ramener à ceci :

1° Une déclaration faite dans les bureaux de la douane par l'expéditeur de son intention d'embarquer telle marchandise.

Cette déclaration doit être faite par écrit et en double. Sa rédaction présente peu de difficulté, parce qu'elle est faite sur des formules imprimées, dont il suffit de remplir les blancs. Autrefois ces formules étaient délivrées par la douane. Aujourd'hui, en vertu d'un décret du 18 avril 1897, les imprimés peuvent être fournis par le commerce, mais à la condition d'être conformes aux modèles approuvés par le ministre des finances.

Cette déclaration doit être datée et signée, désigner les marchandises qu'il s'agit d'embarquer sous les dénominations admises par le tarif des douanes, avec toutes les indications utiles pour l'application des droits, si ces marchandises sont susceptibles d'en payer, ou pour leur reconnaissance si elles ne sont pas susceptibles de droits, notamment la nature, l'espèce, la qualité des marchandises, leur poids, le nom du navire et du capitaine, en marge les marques et numéros.

2° Un permis d'embarquement délivré par la douane, subordonné à la visite préalable des marchandises, visite qui sera tantôt sommaire, tantôt approfondie, suivant que la douane peut être appelée ou non à percevoir des droits.

3° Une vérification destinée à constater la conformité entre les marchandises déclarées et les marchandises présentées à l'embarquement.

4° La constatation de l'embarquement par les préposés de la douane.

La déclaration, le permis d'embarquement, le résultat de la vérification, les attestations des préposés des douanes sont libellés sur la même feuille.

Les formalités qui viennent d'être indiquées sont les formalités générales ; on rencontrera dans l'exposé des diverses hypothèses quelques formalités particulières. Voici d'ailleurs l'exposé des principales hypothèses.

123. — 1ʳᵉ HYPOTHÈSE : LES MARCHANDISES SONT EMBARQUÉES POUR ÊTRE EXPÉDIÉES A L'ÉTRANGER, C'EST-A-DIRE POUR ÊTRE EXPORTÉES. — Cette hypothèse comprend deux cas : 1.° il s'agit de marchandises françaises ou de marchandises étrangères qui, ayant déjà payé les droits, sont assimilées aux marchandises françaises ; 2° il s'agit de marchandises étrangères qui n'ont pas encore acquitté les droits.

124. — 1ᵉʳ *Cas. Il s'agit de marchandises françaises ou de marchandises étrangères ayant déjà payé les droits.* — L'expéditeur fait au bureau des douanes la déclaration de son intention d'embarquer à bord de tel navire, ayant tel capitaine, à destination de tel port, telles marchandises qu'il détaille. Sur le vu de cette déclaration, le receveur délivre le permis d'embarquer les marchandises après visite. La visite a lieu [1]; puis les marchandises sont embarquées, et les préposés constatent qu'ils ont vu opérer l'embarquement.

---

1. Dans ce cas, la douane étant désintéressée, la visite généralement est tout à fait sommaire. Elle a lieu en fait sur le quai d'embarquement.

125. — *2e Cas. Il s'agit de marchandises étrangères n'ayant pas encore acquitté les droits*, ce qui peut se présenter : 1° quand les marchandises sont en entrepôt[1] ou dans une gare de chemin de fer d'où elles arrivent directement de l'étranger ou d'un autre entrepôt ; 2° quand les marchandises arrivées de l'étranger par navire ne sont pas encore débarquées de ce navire[2]. Il importe dans ces deux cas que la réexportation soit bien constatée, puisqu'elle affranchit définitivement la marchandise du paiement des droits.

126. — 1° *Il s'agit de marchandises en entrepôt ou en gare, venant de l'étranger ou d'un autre entrepôt.* — L'expéditeur fait aux bureaux de la douane la déclaration de son intention de faire sortir de l'entrepôt ou de la gare, pour être embarquées à bord de tel navire, de telle nationalité, allant à tel endroit, et jaugeant tant de tonneaux[3], telles marchandises qu'il détaille, venues de tel endroit. Par sa déclaration, l'expéditeur s'engage solidairement avec une caution à effectuer la réexportation dans un délai qui est ordinairement de 30 jours, et à rapporter dans le même délai augmenté de 20 jours sa déclaration-soumission revêtue des visas réglementaires[4]. A la suite de cette déclaration, la douane délivre le permis de retirer la marchandise de la gare ou de l'entrepôt et de l'embarquer sur le navire désigné, après vérifi-

---

1. L'entrepôt est un magasin dans lequel les marchandises étrangères sont admises avec dispense provisoire des droits d'entrée, qui ne sont dus que lorsque les marchandises en sortent pour être livrées à la consommation en France. Par suite, la réexportation de ces marchandises les affranchit définitivement du paiement des droits.

2. Il faut encore ajouter le cas notamment où il s'agit de marchandises ayant bénéficié de l'admission temporaire. L'admission temporaire est un bénéfice accordé à certaines matières premières passibles de droits d'entrée, d'entrer cependant en franchise, à condition d'être réexportées sous forme d'objets fabriqués.

3. Le tonnage du navire doit être énoncé, parce que la réexportation n'est permise que par les navires d'un certain tonnage.

4. Malgré la formule usitée, l'expéditeur n'a pas à rapporter sa déclaration qui, remise au vérificateur, reste dans les mains de la douane.

cation, et en présence de préposés désignés. Le vérificateur vérifie la marchandise au point de vue de sa conformité avec la déclaration, et si cette conformité est reconnue, délivre un bon à escorter. Puis la marchandise est escortée par les préposés de la douane de la gare ou de l'entrepôt au navire, et les préposés constatent qu'ils ont vu sortir la marchandise de l'entrepôt ou de la gare, qu'ils l'ont vu conduire au navire, qu'ils l'ont vu embarquer, et qu'ils ont vu sortir le navire du port.

127. — *2° Il s'agit de marchandises arrivées de l'étranger par navire, mais non encore débarquées*. — C'est l'hypothèse du transbordement.

Le réclamateur fait à la douane la déclaration de son intention de faire transborder de tel navire, de telle nationalité, ayant tel capitaine, arrivé de tel endroit, sur tel navire, de telle nationalité, ayant tel capitaine, telles marchandises qu'il détaille.

Par sa déclaration, il s'engage, conjointement avec une caution, à réexporter dans un certain délai, et à rapporter dans le même délai de 20 jours, sa déclaration revêtue des visas réglementaires [1].

Le receveur délivre le permis de transborder, en présence de préposés désignés, les marchandises qui font l'objet de la déclaration, à charge de remplir l'engagement précité. La marchandise est débarquée en présence des préposés qui le constatent, visitée la plupart du temps sommairement par le vérificateur qui se borne à vérifier les marques et numéros et délivre un bon à escorter. Puis la marchandise est conduite sous escorte au navire exportateur par les préposés qui constatent l'embarquement [2].

---

1. V. n° 126, note 4 de la page précédente.

2. Il peut arriver que les marchandises soient transbordées directement d'un navire sur l'autre, sans toucher terre ; alors il n'y a pas d'escorte et les préposés constatent simplement le débarquement et l'embarquement.

128. — 2° HYPOTHÈSE : LES MARCHANDISES SONT A DESTINATION D'UN PORT FRANÇAIS. — C'est l'hypothèse de ce qu'on appelle, en douane, le cabotage. Ce genre de navigation rendait nécessaires des précautions particulières ; il fallait empêcher que, à l'arrivée, on pût débarquer comme marchandises françaises des marchandises étrangères transbordées pendant la traversée, ou embarquer comme destinées pour la France des marchandises prohibées à la sortie, que l'on aurait transbordées en mer pour l'étranger.

Pour empêcher ces fraudes, la loi veut qu'aucune marchandise ne soit embarquée sans une constatation de la douane, que le débarquement en France soit constaté ; que, d'un autre côté, aucune marchandise ne soit débarquée en France comme venant d'un port français sans que son embarquement ait été constaté dans un autre port. Cette idée générale sera rendue plus claire par la revue des différents cas qui peuvent se présenter.

129. — 1° *Il s'agit de marchandises françaises ou de marchandises étrangères ayant payé les droits et non prohibées à la sortie, destinées à la consommation.* — L'expéditeur fait à la douane la déclaration de la présentation qu'il fait de telles marchandises qu'il détaille et évalue à telle somme, pour être conduites à tel port, sur tel navire, en se conformant aux lois et règlements relatifs au cabotage. Le receveur des douanes délivre un permis d'embarquement après visite. La déclaration revêtue de ce permis vaut expédition pour le transport des marchandises et porte le nom de *passavant*. Le passavant est la pièce qui constate que la marchandise a le droit de naviguer par cabotage. La marchandise est visitée par le vérificateur qui constate le résultat de sa visite, puis est embarquée. Au débarquement au port d'arrivée, les préposés de la douane constatent ce débarquement sur le passavant[1].

---

1. Quand il s'agit de marchandises prohibées à la sortie, le passavant est remplacé par un acquit-à-caution. Mais cette hypothèse est tellement exceptionnelle que nous ne nous y arrêterons pas.

130. — *2° Il s'agit de marchandises déposées dans un entrepôt et qui doivent être transportées par mer dans un autre entrepôt.* — L'expéditeur fait la déclaration de son intention de retirer de l'entrepôt et d'expédier par mutation d'entrepôt par mer à tel bureau des douanes, telles marchandises qu'il détaille. Par cette déclaration il s'engage, solidairement avec une caution, à faire conduire les marchandises au bureau de destination dans un certain délai (ce qui a fait donner à sa déclaration le nom d'acquit-à-caution) et à rapporter cet acquit-à-caution, revêtu des visas réglementaires et du certificat de décharge, au bureau où la déclaration a été faite dans le même délai de 20 jours (en fait cette remise n'a pas lieu, la pièce restant entre les mains de la douane). Le receveur délivre le permis de sortie d'entrepôt et d'embarquement après visite. Une vérification approfondie a lieu dont le vérificateur constate les résultats ; puis la marchandise est escortée au navire par les préposés de la douane qui constatent la sortie de l'entrepôt, l'escorte et l'embarquement.

131. — *3° Il s'agit de marchandises importées par navire, mais non encore débarquées du navire importateur.* — Le réclamateur déclare vouloir faire transborder de tel navire, de telle nationalité, ayant tel capitaine, arrivé de tel port, sur tel navire français, ayant tel capitaine, les marchandises qu'il détaille ; il s'engage en outre par cette déclaration, solidairement avec une caution, à faire conduire ces marchandises à tel bureau de douanes dans un certain délai et à rapporter dans le même délai sa déclaration au bureau où elle a été faite (V. n° 126, note 4 de la page 54), revêtue des visas réglementaires, etc.

Le receveur délivre le permis de transborder, après visite, en présence de préposés désignés, les marchandises qui font l'objet de la déclaration. La marchandise est débarquée en présence des préposés de la douane qui le constatent, visitée avec soin par le vérificateur qui délivre un bon à escorter, et escortée jusqu'au navire qui doit l'emporter par les préposés qui constatent l'embarquement (V. n° 127, note 2, p. 55).

131 *bis*. — Expéditions aux colonies. — L'exportation aux colonies de marchandises françaises de toute nature a lieu en franchise sous les conditions du cabotage.

Pour les marchandises étrangères sortant d'entrepôt, ou arrivées par chemin de fer ou par navire, on se sert des formules de réexportation, mais au lieu de présenter deux permis, le commerce doit en fournir trois, dont un accompagne la marchandise jusqu'à destination, et doit faire retour à la douane du port d'embarquement, dûment déchargée.

Durée du chargement, jours de planche, surestaries et contre-surestaries.

132. — Délai du chargement, jours de planche. — Le chargement d'un navire demande un certain temps ; le capitaine ne saurait, surtout si le navire est d'un fort tonnage, émettre la prétention de partir 2 ou 3 jours après la signature de la charte-partie, alors que l'affréteur n'a manifestement pas eu le temps d'opérer l'embarquement de ses marchandises. D'un autre côté, le capitaine ne saurait être tenu d'attendre indéfiniment dans le port le bon plaisir de l'affréteur. Les chartes-parties fixent donc généralement un délai pendant lequel le navire doit demeurer à la disposition de l'affréteur pour opérer le chargement. Ce délai a reçu le nom de *jours de planche* ou *staries*.

133. — *Les jours de planche appartiennent en entier à l'affréteur.* — Le capitaine ne pourrait avant l'expiration de ce délai quitter le port, alors que le chargement est incomplet; l'affréteur, de son côté, ne saurait être contraint d'activer le chargement. Il peut attendre jusqu'au dernier jour, sauf à indemniser le capitaine ou à le laisser partir si le chargement n'est pas terminé dans le délai imparti. Pendant toute la durée des jours de planche, le navire doit demeurer à la disposition de l'affréteur et il doit y demeurer *gratuitement*. Si les jours de planche sont au nombre de 15, que l'affréteur les emploie tous, ou qu'il termine le chargement en 2 jours, il n'aura jamais à payer que le fret convenu.

133 *bis*. — *Jours de planche à défaut de convention.* — Lorsque la charte-partie ne fixe pas la durée permise du chargement, la quotité des jours de planche est déterminée d'après l'usage du port. Les usages à cet égard sont extrêmement variables. M. Desjardins nous apprend qu'à Bordeaux aucun délai précis n'est admis par l'usage ; qu'il en est de même à Anvers ; qu'à Marseille, le délai varie de 8 à 15 jours suivant le tonnage des navires par les voiliers ; qu'à Nantes il est accordé 10 jours de planche. Au Havre, les jours de planche sont fixés par un arrêté préfectoral du 20 novembre 1889. Ils sont de 3 à 13 jours, d'après le tonnage, pour les navires à vapeur jusqu'à 2,000 tonneaux, de 10 à 25 jours pour les voiliers jusqu'à 2,000 tonneaux. Au delà de 2,000 tonneaux, ces délais sont augmentés d'un jour par 250 tonneaux pour les steamers, d'un jour par 150 tonneaux pour les voiliers.

134. — *Jours courants, jours ouvrables.* — En déterminant le nombre de jours accordés, les chartes-parties expriment souvent que ce sont des jours *courants* ou des jours *ouvrables*. Quand les jours de planche sont des jours courants, tous les jours comptent, même les jours fériés ; quand ce sont des jours ouvrables, les jours fériés ne comptent pas. Quand la charte-partie, en stipulant les jours de planche, n'exprime pas s'il s'agit de jours courants ou de jours ouvrables, les jours stipulés sont présumés des jours ouvrables. Au Havre, à défaut de stipulation dans la charte-partie, les jours de planche sont des jours ouvrables (arrêté préfectoral précité). Mais alors même que les jours de planche sont des jours courants, le capitaine n'est pas tenu de travailler à l'embarquement les jours fériés.

135. — *Point de départ des jours de planche.* — Il importe de préciser le point de départ des jours de planche. Les jours de planche commencent à courir du jour où la charte-partie est signée, si à cette date le navire est déjà à quai (ou ancré dans la rade, lorsqu'il s'agit d'un port où les navires se tiennent en rade). Si, au moment de la charte-partie, le navire n'est pas encore à quai ou ancré dans la rade, les jours de planche commencent à courir du jour où l'affréteur est avisé de la mise à quai ou de l'ancrage.

136. — Surestaries. — Lorsque, à l'expiration des jours de planche, le chargement n'est pas terminé, l'affréteur qui retarde ainsi le départ du navire est tenu d'indemniser le capitaine, et l'indemnité qu'il lui doit porte le nom de *surestaries*. A première vue, les surestaries apparaissent comme de véritables dommages-intérêts, et c'est ainsi qu'elles ont été longtemps considérées. Mais, d'après le dernier état de la jurisprudence, les surestaries doivent être considérées comme un accessoire, un complément du fret, comme un supplément de loyer à raison de la prolongation de jouissance du locataire [1].

137. — Les surestaries courent de plein droit à l'expiration des jours de planche, sans qu'il soit besoin d'une mise en demeure, au moins quand la durée des staries a été déterminée par la charte-partie. La question est plus délicate lorsque, la charte-partie étant muette sur la durée des jours

---

1. Des conséquences pratiques importantes découlent de cette assimilation des surestaries à un supplément de loyer : 1° Si les surestaries étaient de purs dommages-intérêts, elles se prescriraient par 30 ans ; assimilées au fret, elles se prescrivent par un an à compter de la date du contrat (art. 433, C. com.) ; 2° si les surestaries étaient de purs dommages-intérêts, elles seraient dues, même lorsque le fret cesse de l'être par suite de naufrage (art. 302, C. com.) ; assimilées au fret, elles en suivent le sort et cessent d'être dues en même temps que lui ; 3° assimilées au fret, les surestaries sont privilégiées comme lui.

de planche, cette durée est fixée par l'usage du lieu. Dans le doute, le capitaine fera bien de faire une mise en demeure aux affréteurs.

137 *bis*. — Le taux des surestaries, s'il n'est pas réglé par la charte-partie, est en général de 50 cent. par tonne et par jour[1]. A Marseille, le taux est doublé pour les navires à vapeur[2]. A moins de stipulation contraire, les jours de surestaries sont des jours courants ou ouvrables, suivant que les jours de staries sont eux-mêmes des jours courants ou des jours ouvrables.

Il n'est pas dû de surestaries quand c'est par le fait du capitaine que le chargement a été retardé.

138. — *Observations communes aux staries et surestaries.* — Le délai des staries et surestaries est suspendu quand un obstacle de force majeure rend, pendant un certain temps, le chargement impossible, et reprennent cours dès que cet obstacle disparaît.

Le mauvais temps et l'encombrement des quais ne constituent pas en principe des cas de force majeure suspendant le délai des staries et surestaries.

139. — *Contre-surestaries ou contre-staries.* — Lorsque la convention est muette sur la durée des jours de surestaries, le navire continue indéfiniment à demeurer sous le régime des surestaries. Mais souvent la charte-partie, après avoir précisé la durée des jours de planche, précise aussi la durée des surestaries. Dans ce cas, si à l'expiration des surestaries, le chargement n'est pas terminé, on entre dans une nouvelle période, celle des contre-surestaries. L'indemnité stipulée pour cette nouvelle période de retard est généralement plus forte que celle qui est stipulée pour la période des surestaries. A défaut de convention entre les parties, l'usage des tri-

----

1. Par tonneau de jauge officielle.
2. Desjardins.

bunaux est d'allouer pour contre-surestaries une somme double de celle qui est fixée par l'usage pour les surestaries[1].

140. — CONSÉQUENCE DU CHARGEMENT. — Le capitaine est responsable des marchandises (art. 222, C. com.), à moins qu'il ne prouve le cas de force majeure (art. 230, C. com.)[2].

Délivrance du connaissement.

140 bis. — CE QUE C'EST QUE LE CONNAISSEMENT. — Lorsque le capitaine a pris livraison des marchandises, il doit en fournir à l'affréteur une reconnaissance appelée connaissement (art. 222, C. com.).

141. — Le connaissement présente une grande importance. Il est destiné à prouver le fait du chargement ; or, il est très important de préciser ce qui a été chargé, d'abord pour déterminer ce qui doit être délivré au destinataire, à l'arrivée

---

1. Nous avons exposé en matière de surestaries et de contre-staries le système généralement adopté, et qui est notamment exposé par MM. de Valroger et Desjardins. Mais depuis la publication des ouvrages de ces savants auteurs, un nouveau système a été mis au jour par un arrêt de la Cour de Rouen du 20 octobre 1885. Comme cet arrêt peut faire jurisprudence, nous devons faire connaître la théorie qu'il paraît consacrer, car il est très brièvement motivé, et on est obligé de lire un peu entre les lignes. Il nous paraît entraîner des conséquences graves qu'il ne formule pas. D'après l'opinion généralement admise, à la période des jours de planche succède la période des surestaries qui dure indéfiniment, si la charte-partie n'en précise pas la durée. D'après la Cour de Rouen, il n'existe de surestaries qu'autant qu'il a été stipulé un délai de surestaries. A défaut de stipulation de surestaries, on passe sans transition de la période des jours de planche dans celle des contre-staries, et voici pourquoi : en stipulant un délai de surestaries, le fréteur autorise implicitement le chargeur à retenir le navire pendant un certain temps au delà des jours de planche, moyennant un loyer plus élevé. Mais si un délai de surestaries n'a pas été prévu, l'affréteur n'a pas le droit de retenir le navire au delà des jours de planche ; s'il le fait, il viole le contrat, et doit des contre-staries. Cela suppose que les contre-staries, à la différence des surestaries, constituent de vrais dommages-intérêts. Comme cette distinction est repoussée par la Cour de cassation qui voit dans les contre-staries aussi bien que dans les surestaries un supplément de fret, nous doutons que l'arrêt de Rouen fasse jurisprudence.

2. La responsabilité du capitaine commence même à partir du moment où les marchandises lui sont remises sur le port pour être placées sur son navire (art. 1788, C. civ.).

du navire ; ensuite pour déterminer, en cas de perte, les objets dont l'assurance, si une assurance a été contractée, doit rembourser la valeur et pour déterminer, en cas d'avaries grosses, la valeur de ce qui doit être remboursé ou de ce qui doit contribuer.

142. — Néanmoins, à défaut de connaissement, le chargement peut être prouvé par tous les moyens de preuve admis en matière commerciale.

143. — En principe, la délivrance d'un connaissement est obligatoire. Cependant, certaines tolérances sont admises pour les petits bâtiments faisant de courtes traversées. L'administration du timbre et de l'enregistrement elle-même, qui a le plus grand intérêt à ce que des connaissements soient délivrés, à cause du droit de timbre auquel ces documents sont soumis, n'exige pas de connaissement pour les transports de faible importance entre lieux très voisins de la même côte ou entre le continent et les îles du littoral[1].

144. — Énonciations du connaissement. — L'article 281 du Code de commerce énumère les énonciations que doit contenir le connaissement. Ces énonciations peuvent se ramener à trois idées principales.

Les unes se rapportent aux marchandises, d'autres aux parties, d'autres enfin aux conditions du transport.

144 bis. — *Mentions relatives aux marchandises.* — Ce sont les plus importantes de toutes.

Le capitaine devant, arrivé à destination, délivrer les marchandises mêmes qu'il a reçues, il importe de les bien désigner. Le connaissement doit donc faire connaître :

1° La nature des objets à transporter.

---

1. L'administration de l'enregistrement n'exige pas non plus de connaissement pour les marchandises chargées par le capitaine pour son propre compte (*Répertoire de l'enregistrement*, v° Marine marchande). Mais si le capitaine fait assurer ses marchandises, un connaissement est nécessaire vis-à-vis de l'assurance.

Le connaissement doit énoncer qu'il s'agit de vin, de bois, etc., etc. ;

2° Leur quantité, qui sera indiquée, suivant les marchandises, par leur nombre, leur poids ou leur volume ;

3° Leurs espèces et qualités. — Il ne s'agit pas ici de la qualité bonne ou mauvaise de la marchandise, mais de la qualité générique et apparente, la seule que le capitaine puisse vérifier. Le capitaine qui s'aperçoit que la marchandise embarquée est déjà atteinte d'avaries, doit, s'il est prudent, faire mention de cette avarie sur le connaissement, autrement il serait exposé à voir décider qu'il a reçu les marchandises en bon état ;

4° En marge, les marques et numéros de la marchandise.

Ces marques serviront, lorsqu'il est embarqué un grand nombre de choses semblables, à les distinguer les unes des autres.

144 *ter.*— *Mentions relatives aux parties :*

1° Le nom du chargeur. Il permettra de savoir à qui la marchandise doit être retournée en cas de refus de la part du destinataire, à qui le fret doit être réclamé s'il n'est pas payé par le destinataire ;

2° Le nom et l'adresse de celui à qui l'expédition est faite. Cette mention ne peut figurer sur le connaissement qu'autant que le connaissement n'est pas fait à l'ordre du chargeur ou au porteur ;

3° Le nom et le domicile du capitaine.

144 *quater.* — *Mentions relatives aux conditions du transport :*

1° Le nom et le tonnage du navire ;

2° Le lieu de départ et de destination ;

3° Le prix du fret.

145. — *Énonciations complémentaires.* — Les connaissements contiennent souvent un grand nombre d'énonciations supplémentaires, clauses « que dit être », « qualité et poids inconnus », etc., dont nous nous occuperons lorsque nous traiterons de la délivrance des marchandises.

146. — Mais le capitaine ne peut imposer au chargeur, pas plus que le chargeur ne peut imposer au capitaine, des énonciations étrangères au chargement, le connaissement n'étant destiné qu'à constater le chargement. C'est en ce sens seulement que l'énumération de l'article 281 peut être traitée de limitative. C'est ainsi que le capitaine ne peut contraindre le chargeur à recevoir un connaissement sur lequel il mentionnerait que des surestaries lui sont dues, pour retard au port de charge. Mais le capitaine est en droit d'insérer certaines clauses telles que « que dit être », « poids inconnu », etc., quand elles sont d'usage.

147. — *Le connaissement doit être rédigé en 4 originaux* (art. 282, C. com.) :

Un pour le chargeur ;

Un pour le destinataire ;

Un pour le capitaine ;

Un pour l'armateur.

Ce nombre de quatre est d'ailleurs un minimum ; souvent il est fait plusieurs exemplaires pour le destinataire, afin de diminuer les chances de perte. Lorsqu'il est fait plus de 4 originaux, mention du nombre des originaux doit être faite sur chacun des exemplaires, en conformité de l'article 1325 du Code civil (L. 30 mars 1872, art. 5). Cette dernière disposition, résultant d'une loi fiscale, n'a d'autre sanction qu'une amende[1].

148. — La pluralité des exemplaires du connaissement peut donner lieu à une difficulté.

Il peut arriver, en effet, que tous les exemplaires du connaissement ne soient pas absolument semblables et qu'ils pré-

---

1. Cette amende est d'un triple droit (voir, pour le droit de timbre applicable aux connaissements supplémentaires, n° 154).

sentent entre eux des divergences. L'article 284 du Code de commerce résout cette difficulté dans deux cas : en cas de diversité entre les connaissements d'un même chargement, on devra s'en rapporter à l'exemplaire qui est entre les mains du capitaine, s'il est rempli de la main du chargeur ou de son commissionnaire ; à celui qui est entre les mains du chargeur ou de son consignataire, s'il est rempli de la main du capitaine. Si le chargeur ayant entre les mains un exemplaire rempli de la main du capitaine, le capitaine a lui-même un exemplaire rempli de la main du chargeur, et si ces deux exemplaires sont contradictoires, ils se neutralisent et on doit recourir, pour savoir lequel est le vrai, aux modes de preuve du droit commun ; il en est de même toutes les fois que, les divers exemplaires étant dissemblables, on ne se trouve dans aucun des deux cas prévus par l'article 284.

149. — *Le connaissement doit être daté,* bien que la loi ne l'exige pas expressément, et signé sur chaque exemplaire par le capitaine[1] et par le chargeur (art. 282, C. com.). Toutefois, dans la pratique, le capitaine ne signe souvent que les exemplaires destinés au chargeur et au destinataire, de même que le chargeur ne signe que les exemplaires destinés au capitaine et à l'armateur. Comme cette pratique peut donner lieu à des difficultés, on ne saurait trop engager les intéressés à se conformer rigoureusement aux dispositions du Code.

150. — *Les signatures peuvent être exigées dans les 24 heures de l'embarquement.* — Dans le même délai, le chargeur doit remettre au capitaine les acquits de douane relatifs aux marchandises chargées (art. 282, C. com.).

151. — Lorsque les marchandises chargées appartiennent au capitaine, celui-ci, ne pouvant se faire un titre à lui-même,

---

1. Dans la pratique des grandes compagnies de navigation à vapeur, les connaissements sont souvent signés non par le capitaine, mais par des employés de bureau de la compagnie.

doit faire signer le connaissement par deux des principaux de l'équipage (art. 344, C. com.)[1].

152. — Le connaissement peut être à personne dénommée, à ordre ou au porteur. Il est à personne dénommée, lorsqu'il désigne le nom de la personne à qui doivent être remises les marchandises. Le connaissement à personne dénommée présente dans la pratique un inconvénient assez grave : le chargeur dispose ainsi, dès l'instant du chargement, de la marchandise, et ne peut plus changer de destinataire. Aussi le chargeur préfère-t-il souvent un connaissement à son ordre qui lui laisse, même une fois le navire parti, le choix du destinataire ; pour cela le chargeur n'a qu'à endosser le connaissement à l'ordre de celui à qui il veut faire remettre la marchandise. Le connaissement peut aussi être à l'ordre du destinataire et dans ce cas il est à la fois à personne dénommée et à ordre. Ce connaissement, comme le connaissement à personne dénommée, retire au chargeur dès le chargement la disposition de la marchandise. Quand on parle d'un connaissement à ordre, sans autre désignation, on entend un connaissement à l'ordre du chargeur.

153. — Enfin, lorsque le connaissement est au porteur, la marchandise doit être délivrée au porteur du connaissement. Ce connaissement présente les avantages et les inconvénients des titres au porteur : facilité de transmission, dangers de perte.

154. — DISPOSITIONS FISCALES. — Aux termes de la loi du 30 mars 1872, articles 3, 4, 5, le connaissement est soumis à un droit de timbre. Celui des originaux qui est destiné à être remis au capitaine, appelé souvent *connaissement chef,* est assujetti à un droit de timbre de 2 fr. plus les décimes ; les

---

1. Cette disposition n'a trait qu'aux assurances ; elle suppose que la marchandise chargée par le capitaine a péri, et que celui-ci réclame la valeur aux assureurs.

autres originaux sont timbrés gratis. (Le droit de 2 fr. est réduit à 1 fr. pour les expéditions par le petit cabotage de port français à port français.) S'il est créé plus de 4 connaissements, chacun des connaissements supplémentaires est soumis à un droit de 50 cent.[1] Ce droit peut être perçu au moyen de timbres mobiles apposés sur le connaissement destiné au capitaine. Ces timbres mobiles (décr. 25 juin 1890) doivent être oblitérés, soit immédiatement par le chargeur ou l'expéditeur, soit dans un délai qui ne peut excéder 2 jours aux bureaux des douanes par les agents de ce service, au moyen de l'apposition d'une griffe à l'encre grasse. Dans le cas où l'oblitération est faite par le chargeur ou par l'expéditeur, la griffe doit indiquer la date de l'oblitération, le nom ou la raison sociale de l'expéditeur ou du chargeur. L'infraction aux règles re'atives au timbre donne lieu à une amende de 50 fr. plus les décimes, c'est-à-dire à une amende de 62 fr. 50: 1° contre le chargeur; 2° contre le capitaine; 3° contre l'armateur.

155. — Pour assurer la perception de ce droit, la loi de 1872 exige que tout transport par mer, et sur les fleuves, rivières et canaux dans les limites de l'inscription maritime, soit accompagné d'un connaissement et que les capitaines de navires français ou étrangers exhibent aux agents des douanes, lorsqu'ils en sont requis, soit à l'entrée, soit à la sortie, les connaissements dont ils doivent être porteurs à peine d'une amende de 100 à 600 fr.

Mais on a vu au n° 143 que l'administration de l'enregistrement n'exige pas de connaissement dans certains cas[2].

---

1. 60 cont. avec les décimes.

2. Nous passons ici sous silence certain nombre de règles relatives au connaissement. Nous nous en occuperons à propos de la délivrance de la marchandise et du paiement du fret. C'est à cette période du voyage que se posent les questions que ces règles ont pour objet de résoudre.

Arrimage des marchandises.

156. — IMPORTANCE D'UN BON ARRIMAGE. — Lorsque les marchandises sont embarquées, le capitaine doit les faire arrimer convenablement à bord, c'est-à-dire les disposer et les assembler de telle sorte qu'elles courent le moins de risques de détérioration possible. Les règles de l'arrimage sont des règles techniques et non des règles de droit : elles sont de la compétence du praticien et non du jurisconsulte.

Cependant certaines règles de droit doivent être posées en cette matière.

157. — LE CAPITAINE N'A PAS LE DROIT DE CHARGER DES MARCHANDISES SUR LE TILLAC (pont supérieur de son navire) SANS LE CONSENTEMENT PAR ÉCRIT DU CHARGEUR (art. 229, Code com.). — Au tillac du navire il faut assimiler les constructions couvertes édifiées sur le pont, mais qui ne font pas corps avec la membrure du navire.

La raison de cette règle est facile à donner : les marchandises chargées sur le pont sont exposées à des risques exceptionnels ; elles sont exposées aux intempéries ; elles peuvent être enlevées facilement par des coups de mer ; en cas de jet, elles ne donnent pas lieu à contribution (V. n° 336), etc.

157 *bis.* — *Exception pour le petit cabotage.* — Toutefois cette prohibition n'est pas applicable au petit cabotage (V. n° 41), les navires qui font cette navigation ne pouvant souvent, à cause de leurs faibles dimensions, prendre certaines marchandises autrement que chargées sur le pont. Mais, bien entendu, il pourrait être valablement convenu que, même sur les navires faisant le petit cabotage, les marchandises devraient être chargées dans la cale [1].

158. — Si le capitaine, malgré la disposition précise et

---

1. Certaines législations ont supprimé l'exception relative au petit cabotage (V. Cohendy, *Code de commerce*, art. 229).

impérative de l'article 229, charge sans le consentement par écrit des chargeurs des marchandises sur le tillac, il est responsable de tous les sinistres qui affectent les marchandises et qui résultent de ce mode défectueux de chargement, par exemple, des dégâts causés par la pluie, par les coups de mer qui balayent le pont, etc. Mais il ne répond pas des dégâts occasionnés par fortune de mer aux marchandises et qui ne sont pas une conséquence du mode de chargement adopté.

159. — Le Code paraît exiger que le consentement des chargeurs, pour dégager la responsabilité du capitaine, soit donné par écrit. Mais il faut décider que, malgré les termes absolus de l'article 229, un consentement verbal serait suffisant s'il n'était pas méconnu. L'article 229, quand il exige un consentement par écrit, entend mettre simplement le capitaine dans l'impossibilité de prouver ce consentement par témoins ou par présomptions. Le capitaine pourrait même, si le chargeur niait son consentement, lui déférer le serment et, si le chargeur refusait de prêter ce serment, ce dernier devrait être considéré comme avouant le consentement (art. 1361, C. civ.).

160. — Quant aux règles proprement dites d'arrimage, nous nous bornerons à signaler que le capitaine doit arrimer les marchandises de telle sorte que leur stabilité soit assurée et puisse résister au roulis et au tangage, qu'il doit éviter de juxtaposer des marchandises dont les unes risqueraient par leur voisinage de détériorer les autres, etc., etc.

160 *bis*. — D'ailleurs, une loi du 20 décembre 1892 décide qu'à l'avenir, des décrets d'administration publique pourront déterminer les règles d'après lesquelles devra être effectué l'arrimage à bord des navires de commerce. Un décret du 1er décembre 1893 a été rendu en exécution de cette loi.

Le texte de ce décret est rapporté dans Champenois : *Les Armements maritimes*, p. 336.

CHAPITRE V

PRÉCAUTIONS CONTRE LES RISQUES DE LA NAVIGATION
CONCLUSION D'UNE ASSURANCE

161. — § 1. Considérations générales. — Le navire est
armé et affrété ; les marchandises sont chargées. Il semble
qu'il ne reste plus qu'à partir. Cependant, avant que le navire
prenne la mer, la prudence commande aux intéressés certaines
mesures de précaution. Si le commerce comporte par sa nature même un certain aléa, qui motive et justifie ses bénéfices
parfois considérables, cet aléa se trouve décuplé pour les
opérations maritimes. Alors, en effet, aux risques de la spéculation viennent s'ajouter ceux de la navigation, beaucoup
plus fréquents et beaucoup plus étendus dans leurs effets que
les premiers. Il était donc naturel que les négociants se livrant au commerce maritime cherchassent à mettre leur fortune à l'abri de tant de hasards, et c'est ce qu'ils ont tenté de
tout temps. Pendant une longue suite de siècles, le contrat à
la grosse a été principalement employé dans ce but ; aujour-
d'hui, il n'est plus guère employé que dans un but tout dif-
férent (V. n°s 397 à 402) et encore assez rarement, et il est
remplacé par le contrat d'assurance.

162. — Ce que c'est que l'assurance. — L'assurance
maritime est le contrat par lequel l'un des contractants (*l'assureur*) s'oblige envers l'autre (*l'assuré*), moyennant une ré-

munération (*prime* ou *coût de l'assurance*), à l'indemniser de la perte pouvant résulter des risques de mer. C'est là, pour le négociant, un contrat de garantie par lequel il sépare des chances de ses spéculations les risques des événements de mer, et s'en décharge sur l'assureur.

L'assureur pourra prendre à sa charge les risques courus soit par le navire, soit par la cargaison. Dans le premier cas, l'assurance est dite *assurance sur corps*, et s'étend, à moins de réserve expresse, à tous les accessoires du navire, quille, mâts, agrès, apparaux, victuailles, etc. L'assurance des marchandises est souvent désignée par les mots : *assurance sur facultés*. Parfois enfin, l'assurance est faite à la fois sur corps et facultés, et elle s'étend alors au navire et à son chargement.

163. — Origine. — Quelle que soit l'utilité des assurances et si vivement que le besoin de leur institution ait dû se faire sentir, elles furent bien lentes à s'introduire et sont de date relativement récente. Inconnu dans l'antiquité, le contrat d'assurance n'apparut qu'au xive siècle. Ce n'est même qu'aux xve et xvie siècles, après que l'invention de la boussole eut permis aux navires de s'aventurer vers la haute mer et surtout après que la découverte de l'Amérique et de la route maritime des Indes eut multiplié dans des proportions inouïes les transports maritimes, que de nombreux textes législatifs commencèrent à réglementer cette matière. La raison de cette tardiveté est facile à saisir : l'assurance repose sur le calcul des probabilités. Le *hasard* n'existe que pour des faits isolés ; mais l'ensemble des faits d'un même ordre obéit à des lois, et il devient possible par exemple, en connaissant les sinistres qui se sont produits dans une période de temps écoulé, en comparant leur nombre avec celui des voyages entrepris, de supputer les sinistres à venir et de déterminer leur nombre d'une façon approximative sans doute, suffisamment précise cependant pour servir de base à une convention sérieuse et qui ne soit point un simple pari. Une fois connu ainsi, sur un nombre de navires assurés, le nombre de ceux dont il faut attendre la perte, il ne reste plus qu'à calculer les primes en conséquence, de telle sorte que leur somme totale couvre tous les sinistres et laisse même une marge soit pour rémunérer l'assureur, soit pour parer aux erreurs de calcul. Mais il fallait, pour arriver à ce résultat, des éléments d'appréciation qui ont longtemps manqué ; il fallait attendre qu'une science toute récente, la statistique, eût fait elle-même assez de progrès pour fournir des données exactes, et ce n'est guère que de nos jours, grâce à la multiplicité des moyens d'information. que ce résultat a pu être atteint. Aujourd'hui, le contrat d'assurance a pris dans les opérations commerciales une importance capitale ; c'est sur lui que reposent tout le commerce des armements et le transport des marchandises par mer ; il constitue sans contredit l'un des éléments qui ont le plus contribué au magnifique essor du commerce maritime moderne.

164. — ASSURANCES A PRIMES. — ASSURANCES MUTUELLES. — On distingue deux grandes catégories d'assurances : les assurances à primes et les assurances mutuelles.

L'assurance à prime est le contrat par lequel un individu, ou plus généralement, à cause des capitaux considérables nécessités par ces sortes d'opérations, une compagnie s'engage à supporter les conséquences des risques auxquels une chose est exposée, moyennant un prix déterminé à l'avance ou une *prime* fixe.

Au contraire, il y a assurance mutuelle lorsque plusieurs propriétaires s'associent et s'engagent réciproquement les uns envers les autres à supporter en commun la perte ou la détérioration survenue à la propriété de l'un d'eux, de sorte qu'ils se garantissent réciproquement par l'obligation de contribuer, chacun dans une proportion déterminée, au moyen d'une *cotisation,* au dommage éprouvé par l'un d'eux.

Dans chacune de ces assurances, l'assuré doit consentir un sacrifice pour obtenir la garantie désirée ; et au fond des choses, ce sont toujours les assurés qui se garantissent entre eux ; car, en cas de sinistre, même dans les assurances à primes, l'indemnité n'est prélevée normalement que sur les primes payées par les assurés non sinistrés. Mais tandis que dans la première (assurance à prime) le sacrifice est certain, déterminé et fixé par avance, dans la seconde au contraire (assurance mutuelle), il est hypothétique, éventuel dans son existence et dans sa quotité.

En effet, chaque partie remplissant dans ce cas un double rôle, étant à la fois assureur et assuré, ne devra payer de cotisation que si un sinistre a atteint la propriété d'un membre de l'association, et cette cotisation devra être d'autant plus élevée que le nombre et l'étendue des sinistres auront été plus considérables.

Assez fréquemment employées contre les risques de terre, les assurances mutuelles sont d'une application relativement rare aux risques maritimes. La raison en est que les dangers de la mer varient beaucoup avec les latitudes et que l'égalité des risques est une condition normale, sinon absolument nécessaire, de la mutualité. D'ailleurs et sauf l'exception entre la prime et la cotisation que nous venons d'expliquer, les mêmes principes régissent nos deux classes d'assurances. Nous imiterons donc le Code de commerce qui ne s'est occupé que des assurances à primes (art. 332 et suiv., C. com.), et nous ramènerons à cette classe toutes nos explications sur les assurances.

165. — § 2. CARACTÈRES JURIDIQUES. — Les grandes classifications générales tracées par le Code civil s'appliquent à l'assurance maritime comme à tous les autres contrats, et il n'est point inutile de noter ses caractères particuliers, qui entraînent avec eux des conséquences pratiques.

166. — *a)* L'assurance est un contrat consensuel : nous voulons dire par là que le contrat d'assurance sera valablement formé et obligatoire entre les parties dès le moment où elles se seront mises d'accord sur les diverses clauses et conditions de ce contrat; et si cet accord sur les clauses et conditions persiste, la convention aura son exécution assurée aussi bien que si un écrit avait été rédigé et signé entre les parties[1].

Mais si une assurance peut être valablement créée par le seul concours de volontés, la loi n'en admet pas la preuve par témoins; tel est le sens du § 1 de l'article 332 du Code de commerce : « Le contrat d'assurance est rédigé par écrit. » Aussi en pratique, en vue d'un dissentiment pouvant survenir entre les parties sur les termes de leur convention, et pour leur mettre en main les moyens d'une preuve qu'elles auront à administrer en cas de réclamation, le contrat d'assurance sera toujours rédigé par écrit. (V. nos 232 et suiv.)

167. — *b*) L'assurance est un contrat synallagmatique ou bilatéral parfait, c'est-à-dire que dès le moment de sa formation il produit des engagements réciproques de chacune des parties envers l'autre. Deux conséquences pratiques découlent de ce contrat, l'une relative à sa forme, l'autre à son existence même :

167 *bis*. — 1° Si les parties veulent constater leurs conventions par un acte sous seing privé, elles devront, conformément à l'article 1325 du Code civil, le répéter en autant d'originaux qu'elles seront de parties ayant un intérêt distinct. En outre, chaque original devra contenir mention de l'accomplissement de cette formalité.

167 *ter*. — 2° Les obligations prises par chacune des parties étant réciproques et corrélatives, il s'ensuit que si l'une d'elles devient insolvable et se trouve pour cette raison dans l'impos-

---

1. Il en est autrement en Angleterre et en Espagne (V. Cohendy, *Code de commerce*, art. 382).

sibilité de faire, à l'époque fixée, honneur à ses engagements, l'autre sera bien fondée à lui demander des garanties pour assurer l'exécution du contrat, et, à défaut, à demander même la résolution (Art. 346 du Code de commerce) : « Si l'assureur tombe en faillite lorsque le risque n'est pas encore fini, l'assuré peut demander caution ou la résiliation du contrat. L'assureur a le même droit en cas de faillite de l'assuré[1]. » Le législateur s'est montré ici plus rigoureux qu'en toute autre matière ; car, en règle générale, l'insolvabilité, la faillite même de la personne avec laquelle on a contracté n'entraîne pas la nullité du contrat. Mais cette sévérité particulière s'explique. Que s'est en effet proposé l'assuré ? Uniquement d'avoir un assureur qui le garantisse des sinistres et qui puisse lui rembourser les pertes qu'il en aura éprouvées. Or, cette cause unique et finale de ses engagements venant à disparaître, le contrat lui-même doit suivre le même sort et s'évanouir.

Deux conditions sont nécessaires à l'application de notre article 346 : d'abord que l'assureur ou l'assuré tombe en faillite ou liquidation judiciaire, parce que la simple crainte d'insolvabilité ne serait pas suffisante pour rompre un contrat librement consenti ; ensuite que le temps des risques ne soit pas encore fini, parce qu'on ne saurait résilier un contrat qui a reçu sa pleine et entière exécution et dont les conséquences sont désormais incommutablement acquises aux contractants.

Ces deux conditions réunies, le contrat ne sera pas résilié de plein droit. Si, en effet, le failli peut fournir une caution qui garantisse l'exécution du contrat telle que se l'étaient proposée les parties, pourquoi lui en refuserait-on les bénéfices ? Sinon, l'autre partie aura la faculté de faire résilier le contrat,

---

1. En Allemagne, l'assuré peut à son choix se désister du contrat ou en conclure un nouveau aux frais de l'assureur (V. Cohendy, *Code de commerce*, art. 346).

parce que, si elle le laissait exécuter, son droit se trouverait réduit à un dividende dans la faillite.

168. — *c*) L'assurance maritime est un contrat commercial (art. 633 du Code de commerce) sans qu'il y ait à établir entre les assurances à primes et les assurances mutuelles une distinction dont le Code de commerce ne parle point. Nous en conclurons que pour figurer valablement dans un contrat d'assurance maritime, soit comme assureur, soit comme assuré, il est nécessaire d'avoir la capacité générale de faire les actes de commerce. Cette règle n'est toutefois applicable dans toute sa rigueur qu'aux assurances faites en vue de spéculations maritimes. Mais parfois ce contrat n'a, au moins au regard de l'assuré, que le caractère d'un acte simplement conservatoire ; c'est par exemple un passager qui fait assurer ses bagages ; on ne saurait voir là un acte commercial et, par suite, dans ce cas et autres analogues, où l'assurance n'est qu'un acte de bonne administration ne se rattachant pas à des entreprises commerciales, elle pourra être contractée par un mineur émancipé, par une femme séparée de biens, par un prodigue, sans les autorisations nécessaires à ces demi-incapables pour faire le commerce.

169. — *d*) Comme tout contrat commercial, l'assurance est un contrat à titre onéreux, c'est-à-dire que de part et d'autre on y recherche son intérêt, et que chaque partie s'engage vis-à-vis de l'autre en vue de l'avantage qui lui est conféré.

170. — *e*) C'est un contrat aléatoire, parce que ce que reçoit l'assureur (la prime) n'est pas et ne peut être considéré par lui comme l'équivalent de ce qu'il promet à l'assuré (l'indemnité qu'il devra payer en cas de risque).

171. — *f*) L'assurance, a-t-on dit, est un contrat conditionnel. Sans rechercher si cette expression est bien exacte et si cette particularité présente bien les caractères d'une véritable condition, cela signifie que l'assurance n'est valable que si le voyage, en vue duquel elle a été contractée, s'accomplit et que s'il vient à être rompu, même par le fait de l'assuré, avant le commencement du risque, l'assurance est résiliée de plein droit et s'évanouit. On dit alors qu'il y a *ristourne*. Dans ce cas, comme l'assureur a pu être empêché par l'affectation de ses capitaux à cette assurance ristournée d'en consentir une seconde, il est juste qu'il ne soit pas tenu de rendre tout entière la prime à percevoir, et l'article 349 du Code de commerce l'autorise à retenir, à titre d'indemnité, demi pour cent de la somme assurée[1].

172. — *g*) Mais le caractère essentiel et prédominant de l'assurance, c'est que c'est un contrat de bonne foi.

Par là, il ne faut pas seulement entendre qu'en matière d'assurance, comme en toute autre matière dans notre droit français, on devra, pour interpréter la convention, s'attacher plus à l'intention des parties qu'à l'expression, ou à la lettre écrite ; mais ce caractère entraîne comme conséquences deux idées principales : d'abord la bonne foi la plus scrupuleuse devra présider aux stipulations des contractants, et en outre l'assurance ne devra jamais être pour l'assuré un contrat de spéculation et une cause de bénéfice.

Arrêtons-nous un instant à ces deux règles.

173. — Réticences. — Fausses déclarations. — Au moment de la signature du contrat, la situation n'est pas égale entre l'assureur et l'assuré. Celui-ci connaît exactement la chose qu'il veut assurer, il sait à quels risques il va l'exposer, et ces éléments d'appréciation indispensables à connaître pour consentir au contrat, l'assureur ne peut les tenir que de l'assuré. Aussi comprend-on bien que celui-ci soit tenu de faire connaître à son cocontractant toutes les cir-

---

1. Cette disposition de l'article 349 ne peut pas en général recevoir d'application dans la pratique. En effet, la plupart du temps la prime est inférieure à demi pour cent, de sorte que l'indemnité due en cas de résiliation serait plus élevée que la prime à payer en cas de maintien de l'assurance.

constances de nature à modifier l'étendue du risque. De là la nécessité de l'article 348 du Code de commerce ainsi conçu : « Toute réticence, toute fausse déclaration de la part de l'assuré, toute différence entre le contrat d'assurance et le connaissement qui diminueraient l'opinion du risque ou en changeraient le sujet, annulent l'assurance. L'assurance est nulle même dans le cas où la réticence, la fausse déclaration ou la différence n'auraient pas influé sur le dommage ou la perte de l'objet assuré. » Ainsi donc, celui qui veut contracter une assurance n'est pas seulement tenu de ne fournir à l'assureur sur sa demande que des renseignements conformes à la vérité ; la dissimulation, la réticence sont mises sur la même ligne que la fausse déclaration. Il y a plus : l'assuré, étant obligé de faire bien connaître à l'assureur l'objet du risque, ne serait pas suffisamment couvert par sa bonne foi, et le silence par lui gardé par simple inadvertance ou même par ignorance personnelle, sur certaines circonstances importantes, entraînerait la nullité du contrat. Il ne peut être question ici que des circonstances qui se sont déjà produites au moment de la signature de la police, mais nullement, sauf clauses expresses contraires, de celles qui pourraient postérieurement venir augmenter les risques.

174. — La fausse déclaration ou la réticence n'annule l'assurance que si elle a été de nature à diminuer l'opinion du risque, ou en changer le sujet.

Le sujet du risque, c'est la chose assurée elle-même, et il est manifeste que si les parties ne se sont pas trouvées d'accord sur la chose à assurer, il n'y a point eu de consentement, partant point de contrat. Quant à savoir si l'opinion du risque a été diminuée par réticence ou fausse déclaration, c'est-à-dire si l'assureur a cru les risques moindres qu'ils ne l'étaient en réalité, c'est une question d'interprétation que les tribunaux trancheront souverainement.

175. — Il n'est pas nécessaire qu'effectivement la fausse déclaration ou la réticence ait eu une influence sur la perte ou le dommage de la chose assurée. Par exemple, on assure comme bâtiment neutre, en temps de guerre, un navire appartenant à des sujets belligérants et par suite exposé à la prise, risque non prévu à l'assurance ; le navire vient à périr par l'effet d'une tempête pendant qu'il suivait sa route. Il est évident qu'ici la fausse déclaration n'a eu aucune portée sur la destruction du bâtiment ; et cependant l'assureur pouvant dire que, s'il avait été renseigné d'une façon exacte et complète, il n'aurait point donné son consentement au contrat ou ne l'aurait donné qu'à d'autres conditions, sera bien fondé à en demander l'annulation.

176. — *Divergences entre la police d'assurance et le connaissement.* — Parmi les erreurs de déclaration pouvant influer sur l'opinion du risque, l'article 348 cite toute différence entre l'assurance et le connaissement. Souvent l'assurance sur facultés (c'est-à-dire l'assurance des marchandises) se fait sur la vue du connaissement. Dans ce cas, l'assureur ne pourrait se plaindre d'une différence entre la police et le connaissement qu'il a eu entre les mains. Mais si, au contraire, l'assureur n'a pas vu le connaissement, il pourra demander la nullité de la police par cela seul qu'il existerait entre ces deux pièces une différence portant sur un point essentiel, tel que les marchandises[1], le nom du navire, les points de départ et de destination.

177. — *Preuve à faire.* — Le fardeau de la preuve à faire d'une fausse déclaration ou d'une réticence ayant influé sur l'opinion du risque incombera, d'après les principes généraux, à l'assureur comme demandeur en nullité. Elle lui sera d'ailleurs facilitée par l'article 1348 du Code civil : il pourra donc user de tous les moyens possibles, notamment de la preuve

---

1. Cependant la cour d'Aix a décidé, par un arrêt du 18 juillet 1873, qu'une assurance faite pour des blés peut s'appliquer à des seigles.

par témoins ou des simples présomptions. Au contraire, l'assuré qui prétendrait avoir fait une déclaration non insérée à la police, devant prouver outre et contre le contenu à un acte, ne pourrait faire sa preuve que par un écrit et ne pourrait recourir aux témoignages et aux présomptions.

178. — *Sanction.* — L'article 348 du Code de commerce prononce en termes absolus la nullité de l'assurance conclue sur déclarations inexactes ou incomplètes. Quel est le caractère de cette nullité et qui aura le droit de s'en prévaloir ? Il résulte de ce que nous avons dit précédemment qu'il ne s'agit là que d'une nullité édictée dans l'intérêt de l'assureur, par conséquent d'une nullité relative, qui ne pourra en principe être demandée que par l'assureur seul.

L'assuré ne pourra donc pas échapper à la nullité en offrant un supplément de prime correspondant au risque plus considérable qu'il a fait courir à l'objet, parce que l'assureur pourrait toujours objecter qu'il ne se serait pas chargé de ce risque.

179. — *L'erreur est involontaire.* — Mais, d'un autre côté, si l'assuré, s'apercevant d'une erreur involontairement commise par lui, voulait la réparer, il ne serait pas complètement désarmé et à la merci de l'assureur. Il pourrait alors contraindre celui-ci à se prononcer immédiatement pour le maintien ou la nullité de la police. Cette renonciation de l'assureur à se prévaloir de la nullité de la police peut même s'induire de certaines circonstances et du silence par lui gardé après la dénonciation d'une omission précédemment commise. En un mot, un contrat d'assurance, entaché à l'origine d'une nullité provenant d'une inexactitude de renseignements, est susceptible d'une ratification soit expresse, soit tacite.

180. — Si l'assureur, ainsi mis en demeure, se prononce pour la nullité, ou s'il l'invoque après la réalisation du risque, le contrat disparaît tout entier ; il n'y a donc plus de cause au paiement de la prime, et si elle a été perçue au moment de la signature, elle devra être restituée.

L'assureur n'aura même pas droit, dans ce cas, à l'indemnité de demi pour cent prévue par l'article 358 et généralement pour tous les cas où le contrat n'a pas reçu d'exécution, mais seulement et suivant les circonstances, à une somme de dommages-intérêts qui sera arbitrée par les tribunaux.

181. — *Sanctions pénales.* — Nous ne nous sommes occupés, en étudiant le caractère de bonne foi qui doit présider aux contrats d'assurances, que des conséquences civiles des déclarations fausses, inexactes ou incomplètes. Mais la fraude de l'assuré pourrait parfois contenir les éléments constitutifs d'un délit et tomber alors sous l'application des articles 162 ou 405 du Code pénal, si elle avait été accompagnée de manœuvres constituant une escroquerie, ou étayée sur de faux certificats ou sur des pièces faussement fabriquées.

182. — L'ASSURANCE NE PEUT ÊTRE UNE CAUSE DE BÉNÉFICE. — La bonne foi qui est de l'essence de notre contrat défend encore, avons-nous dit, qu'il puisse être jamais une cause de gain pour l'assuré et que celui-ci puisse tirer avantage de la perte de la chose. Pour empêcher un tel résultat, les articles 357 et 358 du Code de commerce interdisent de faire assurer une chose pour une somme supérieure à sa valeur.

183. — En pratique, il faut bien le dire, cette règle ne reçoit pas une application rigoureuse, et on y apporte généralement des tempéraments qu'expliquent et justifient les difficultés d'estimation. Un usage assez général pour être consigné dans la nouvelle police française (V. n° 252) admet une surélévation de 10 p. 100 sur les prix courants. Il y aura donc à résoudre, sur la valeur réelle de la chose assurée, une première question laissée à l'appréciation du tribunal. Mais notre règle n'en subsiste pas moins ; elle atteint les polices réellement exagérées, et nous verrons (n° 652 *bis*) quelle en serait la conséquence.

184. — *Un même objet ne peut être assuré deux fois.* — Puisqu'on ne peut assurer une chose au delà de sa valeur, le bon sens dit qu'on ne pourrait de même contracter à deux compagnies différentes deux assurances sur une même chose et pour les mêmes risques, ce que l'on appelle une « double assurance » (art. 359 du C. com.) [V. n°ˢ 652 *bis* et suiv.].

185. — Pour la même raison, serait nul le contrat par lequel l'emprunteur à la grosse assurerait les choses affectées à la garantie de son emprunt (art. 347, C. com., modifié par la loi du 12 août 1885). En effet, celui qui aurait contracté une pareille assurance, en cas de sinistre, toucherait d'une part l'indemnité d'assurance et, d'autre part, serait dispensé de rembourser au prêteur les sommes empruntées sur les choses péries (V. n° 745). Il en toucherait donc deux fois la valeur, bénéfice immoral, comme dans le cas d'une double assurance.

186. — Il est toutefois une situation qu'il importe de ne pas confondre avec la double assurance. C'est celle où il a été contracté plusieurs assurances sur une même chose, mais pour des causes différentes ; par exemple des assurances distinctes couvrent les risques de mer et les risques de terre, ou bien une première police couvre du Havre jusqu'à Copenhague des marchandises devant être transbordées dans cette ville, alors qu'une seconde assurance doit les conduire jusqu'à Saint-Pétersbourg, leur lieu de destination.

187. — Enfin il est un cas plus fréquent, nécessité par la prudence que doivent observer les compagnies d'assurances. Pour ne pas faire acte de jeu et de spéculation pure et pour que leurs opérations restent soumises aux lois et résultats du calcul des probabilités qui en est la base, les compagnies d'assurances doivent ne pas employer et compromettre tout leur capital dans un petit nombre de grosses entreprises ; elles doivent tendre au contraire à diviser leurs risques par la multiplicité des affaires. C'est pourquoi les statuts de toutes les compagnies sérieuses portent fixation d'un *plein,* c'est-à-dire d'un maximum de valeur pour lequel elles peuvent consentir assurance sur un même risque.

Lorsque la valeur du sujet du risque dépasse le plein de la compagnie assureur, il y a nécessité de recourir à une seconde compagnie, pour compléter, par un second contrat, la garantie que n'avait point totalement donnée la première. Dans ce cas, il n'y a point ce que nous avons appelé « double assurance », puisque la même chose n'est assurée qu'une seule fois et pour sa valeur réelle par des contrats multiples.

188. — § 3. Conditions essentielles du contrat. — Nous avons vu, par la définition que nous avons donnée de notre contrat, que l'assurance maritime est une convention par laquelle l'assureur prend à sa charge, au lieu et place de l'assuré et moyennant une rémunération, les risques de mer courus par une chose soumise aux dangers de la navigation.

Il découle de cette idée générale que, pour être valablement formé, le contrat d'assurance doit nécessairement réunir les éléments suivants :

1° Consentement et capacité des parties ;

2° Une chose assurée ;

3° Des risques auxquels cette chose est soumise ;

4° Une somme assurée ;

5° Une prime ou rémunération stipulée, encore appelée coût de l'assurance.

Reprenons successivement ces éléments en fournissant sur chacun les explications qu'il comporte.

189. — I. Consentement et capacité des parties. — Le consentement doit porter sur tous les éléments nécessaires au contrat. Quant à la capacité des parties, nous avons déjà indiqué quelle doit être son étendue soit pour l'assureur, soit pour l'assuré (V. n° 168).

190. — *Quelles personnes peuvent assurer les biens soumis aux risques de mer?* — On peut poser en principe que ce droit appartient à toute personne ayant intérêt à la conservation de ces biens[1]. Il s'ensuit que si le propriétaire est tout d'abord indiqué comme pouvant assurer sa chose, cette qualité ne lui suffit pas, car le défaut d'intérêt qu'il pourrait avoir à sa conservation (dans le cas par exemple où il aurait contracté un emprunt à la grosse sur cette chose et pour sa valeur totale), convertirait son assurance en un simple pari. Mais le propriétaire sous condition seulement contracterait une assurance valable qui devrait recevoir son exécution, si la condition s'était réalisée au moment du sinistre.

L'intérêt étant ici la mesure du droit, nous dirons :

1° Que les créanciers ayant hypothèque sur le navire[2], que les simples créanciers chirographaires pourront faire assurer le navire de leur débiteur jusqu'à concurrence de leur créance;

2° Que les copropriétaires d'un navire ne pourront faire assurer que les parts leur appartenant, sans que la majorité puisse imposer à la minorité l'assurance du tout (V. n° 46).

191. — La personne qui veut contracter une assurance peut procéder de trois manières : elle peut traiter avec l'assureur soit directement en son propre nom, soit au moyen d'un mandataire, soit au moyen d'un commissionnaire.

192. — Il y a assurance par mandataire quand elle est contractée au nom d'un assuré qui n'intervient pas au contrat, mais sur la tête duquel doivent se produire tous les effets actifs et passifs de l'assurance. Ce cas n'est soumis à aucune règle spéciale et ce sont les principes ordinaires du mandat qui lui sont applicables.

192 *bis*. — L'assurance par commissionnaire est plus fréquente; c'est celle où une personne agit pour compte d'un

---

1. Loi du 12 août 1885, modifiant l'ancien article 331 du Code de commerce.

2. Article 17, § 2, de la loi du 10 décembre 1874. Bien que cet article n'ait pas été reproduit dans la loi du 10 juillet 1885 abrogeant celle de 1874, notre solution n'en est pas moins incontestable, en présence du principe général posé dans l'article 334 du nouveau Code de commerce.

assuré, mais agit en son nom personnel, de sorte que c'est lui qui devient débiteur et créancier de l'assureur avec lequel il contracte. (V. n⁰ˢ 241 et suiv.)

193. — Du côté de l'assureur, les compagnies, dans la pratique, traitent directement avec l'assuré par l'intermédiaire de leurs agents.

194. — II. CHOSE ASSURÉE. — Le contrat d'assurance ne saurait se comprendre sans un objet sur lequel il porte et que l'on appelle le sujet du risque. Si donc l'assurance portait sur une chose qui n'a jamais existé, cette convention n'aurait d'autre valeur que celle d'un jeu ou d'un pari, et serait totalement nulle en tant qu'assurance.

195. — *Assurance d'une chose périe.* — Sans supposer une chose n'ayant jamais existé, il peut se faire que l'objet assuré n'existe plus au moment de la conclusion du contrat. Quel sera le sort d'une pareille convention ? Elle ne sera pas nulle de plein droit ; sa validité ou sa nullité dépendra du point de savoir si la perte était connue ou inconnue de l'assuré. S'il a traité de bonne foi dans l'ignorance des événements qui ont suivi le départ de la chose à assurer, l'assurance produira tous ses effets comme si la chose n'avait péri que postérieurement. Elle sera nulle dans le cas contraire (art. 365, C. com.)[1].

196. — *Preuve à faire et présomptions légales.* — Ce sera bien entendu à l'assureur qui viendra invoquer la mauvaise foi de l'autre partie à faire la preuve de ses allégations et, si cette preuve est rapportée, en outre de la nullité de l'assurance au profit de l'assureur, l'article 368 du C. de com. prononce contre l'assuré de mauvaise foi une véritable peine au profit de l'assureur qui pourra exiger de lui double prime.

197. — De plus, l'article 366 présume que l'assuré a

---

[1]. Certaines législations étrangères n'admettent la nullité que s'il est prouvé que les parties connaissent la perte. (V. Cohendy, *Code de commerce*, art. 365).

connu la perte des objets assurés lorsqu'il a pu la connaître ; et il admet qu'il a pu la connaître quand, en supposant que la nouvelle de la perte parcoure trois quarts de myriamètre à l'heure, en partant du lieu où elle s'est produite ou du lieu où elle a été tout d'abord connue, elle aurait pu parvenir au lieu du contrat avant sa signature. C'est là une présomption qui, à un point de vue, n'est plus aujourd'hui rigoureuse avec les moyens rapides d'information dont dispose le commerce ; mais c'est une présomption contre laquelle il ne pourra être tenté aucune preuve contraire[1], à moins toutefois que les parties n'aient contracté *sur bonnes ou mauvaises nouvelles* ; auquel cas l'article 367 du Code de commerce nous dit qu'on ne s'arrêterait plus à la présomption de l'article 366, mais seulement à la preuve faite que l'assuré connaissait la perte.

198. — *Quelles choses pourront être assurées ?* — Une seule qualité est aujourd'hui nécessaire pour qu'une chose puisse faire l'objet d'un contrat d'assurance maritime ; c'est qu'elle soit estimable à prix d'argent, puisque l'assureur, en cas de sinistre, devra fournir de l'argent. Sous cette seule condition, toute chose peut être assurée contre les risques de mer. Mais il n'en a pas toujours été ainsi, et il ne sera point inutile de dire quelques mots de la législation antérieure à celle qui nous régit.

199. — L'assurance, avons-nous déjà posé en principe, n'est pas un contrat de spéculation, mais une garantie, et la somme que l'assureur paiera à l'assuré en cas de sinistre ne devra jamais apporter à ce dernier un bénéfice, mais représenter seulement une indemnité équivalente à une perte par lui subie. Tel est le principe généralement adopté par toutes les législations, mais dont elles ont tiré parfois des conséquences diverses. En effet, il y a deux sortes d'indemnités et deux manières d'évaluer la perte. On peut considérer que

---

1. C'est ce que l'on appelle en droit une présomption *juris et de jure*.

l'assuré est suffisamment protégé et indemnisé s'il est remis,
en cas de sinistre, dans la même situation qu'avant d'entreprendre l'expédition, ou bien, au contraire, on peut faire entrer dans la perte de l'assuré non seulement tous ses déboursés mais encore le profit que lui eût légitimement procuré
l'expédition à laquelle il avait consacré ses soins.

200. — Or notre Code de commerce de 1807, dans ses articles 334 et 347, s'en était tenu à la première interprétation,
et ne voyant de dommage que dans la perte de valeurs déjà
entrées dans le patrimoine de l'assuré et non dans le manque
d'un gain qu'il avait seulement chance de recueillir, décidait
que si le contrat d'assurance pouvait avoir pour objet le navire et son chargement (art. 334 ancien du Code de com.), il
était nul au contraire s'il avait pour objet : 1° le fret des marchandises, parce qu'il n'est point encore acquis au propriétaire du bâtiment qui ne saurait le réclamer qu'en cas d'heureuse arrivée ; 2° le profit espéré des marchandises ; 3° les
loyers des gens de mer qui n'étaient pas dus en cas de naufrage ; 4° les profits maritimes des sommes prêtées à la grosse
pour des raisons analogues (art. 347 ancien du Code de com.).
Ce sont là, considéraient nos anciens auteurs, des gains qu'on
manque de faire si le vaisseau et les marchandises périssent,
plutôt qu'une perte qu'on éprouve.

Ce même article 347 ancien du Code de commerce prohi-
bait en même temps l'assurance des sommes empruntées à la
grosse ; mais la raison en était toute différente. C'est que
l'emprunteur à la grosse qui n'a rien à rembourser en cas de
perte, ne court pas de risques, et qu'il ne peut par suite avoir
d'intérêt autre qu'un intérêt illégitime de spéculation à l'assurance du capital emprunté. Aussi, malgré la suppression
des prohibitions portées par l'article 347, a-t-on maintenu la
nullité de l'assurance qui aurait pour objet les sommes empruntées à la grosse (art. 347 nouveau).

201. — Ces prohibitions de l'article 347 du Code de commerce rendaient bien imparfaite et bien incomplète la garantie que notre commerce maritime aurait dû trouver dans le système des assurances; elles forçaient nos négociants à recourir à des compagnies étrangères, auxquelles la législation de leur pays permettait de passer des contrats interdits à nos compagnies françaises. Celles-ci, il est vrai, cherchaient par tous les moyens à pallier les inconvénients résultant pour elles des défenses qui leur étaient faites. Souvent même, contrairement aux prescriptions formelles du Code de commerce, elles assuraient le fret à acquérir, l'intérêt des prêts à la grosse, les bénéfices espérés, en un mot tout ce que la loi leur interdisait d'assurer. Les polices qui constataient ces conventions illicites ne pouvaient être produites en justice; on avait imaginé, pour leur donner une force qui leur manquait, de les appeler *polices d'honneur*, et généralement elles étaient exécutées avec loyauté. Mais ce n'étaient là que des palliatifs insuffisants; car en l'absence d'un tribunal pouvant trancher les difficultés naissant de bonne foi à l'occasion de ces polices, les compagnies se trouvaient dans cette fâcheuse alternative ou de paraître manquer à leurs engagements ou de payer des indemnités qu'elles ne devaient pas en réalité.

C'est pour remédier à ces inconvénients et pour mettre notre législation en matière d'assurance au niveau des législations étrangères[1], que lors du vote de la loi du 12 août 1885 modifiant un certain nombre de dispositions de notre Code de commerce, l'article 347 fut supprimé, sauf sur un seul point que nous venons d'indiquer (n° 200), et l'article 334, énumérant les choses susceptibles d'assurance, largement complété.

202. — Le nouvel article 334 pose comme principe général que peuvent faire l'objet d'une assurance toutes choses estimables à prix d'argent sujettes aux risques de la navigation. Aussi l'énumération à laquelle il procède n'est-elle pas

---

1. V. Cohendy, *Code de commerce*, art. 334.

limitative et n'a-t-elle d'autre but que de mettre en évidence les choses qui, dans l'usage, sont le plus souvent l'objet d'une assurance.

203. — 1° Le navire et ses accessoires, c'est-à-dire les corps et quille du bâtiment avec ses agrès et apparaux, câbles, cordages, etc.

204. — 2° et 3° Les frais d'armement, les victuailles. Ces expressions font double emploi et désignent toutes les dépenses nécessaires au navire (autres que les réparations d'agrès et d'apparaux) pour le mettre en état d'effectuer le voyage. C'est ce que l'on appelle encore en pratique les *mises dehors*. Elles comprennent, outre les avances faites à l'équipage, avances qui ne sont pas restituables en cas de naufrage (art. 258, § 3, C. com.) et constituent dans ce cas une perte pour l'armateur, les provisions de bouche, les provisions de charbon, etc.

205. — 4° Les loyers des gens de mer. Les matelots pourront faire assurer leurs salaires, soit qu'ils aient été engagés au voyage ou au mois, soit qu'ils aient été engagés au profit ou au fret (V. n° 66). Dans le premier cas ils pourront faire assurer soit les salaires acquis au jour du sinistre contre l'insolvabilité de l'armateur[1], soit même leurs loyers à échoir, ceux qu'ils auraient pu gagner après le naufrage, pourvu toutefois que la perte du navire ne soit pas le résultat de leur faute et de leur négligence, car il serait immoral et illicite qu'ils pussent se soustraire par une assurance à la déchéance, à cette sorte de peine civile, que l'article 258 du Code de commerce inflige aux marins qui ne font pas leur devoir. Dans le second cas surtout, l'assurance sera utile aux gens de mer pour

---

1. En effet, l'insolvabilité de l'armateur, si elle provient de la réalisation des risques de mer, peut être considérée elle-même comme un risque de mer. Cependant nous devons dire que la question de savoir si l'assurance maritime, qui a seulement pour but de garantir un créancier contre l'insolvabilité de son débiteur, est valable ou nulle, est sérieusement controversée et que la jurisprudence se prononce pour la nullité.

leur assurer leurs salaires dus en vertu d'un engagement au profit ou au fret, parce que, associés aux résultats de l'expédition, ils en courent tous les risques.

206. — 5° Le fret net. Le fret comprend deux éléments bien distincts. Il est destiné en effet pour partie à rembourser à l'armateur ses frais d'armement, ses victuailles, l'usure du navire, les loyers des matelots, en un mot toutes les dépenses nécessitées par l'expédition maritime ; et pour le surplus il constitue le bénéfice qui est le but légitime de son entreprise. Or si l'armateur, après avoir fait assurer au lieu de départ son navire et toutes ses mises dehors, pouvait encore, au moyen d'un second contrat, s'assurer la totalité du fret, il est évident qu'il arriverait par ce moyen à faire ce que l'article 334 désigne et interdit sous le nom d'*assurance cumulative*. C'est précisément ce que notre article a voulu éviter en spécifiant que l'armateur ne pourra alors assurer que le fret *net*.

En s'exprimant ainsi, l'article 334 n'a pas voulu prohiber d'une façon absolue l'assurance du *fret brut*, et rien n'empêcherait un armateur qui ne serait point par ailleurs couvert pour ses victuailles et mises dehors, de contracter une assurance pour la totalité de son fret. Notre article n'a eu pour but que d'empêcher toute possibilité de spéculation et, prenant pour point de départ l'hypothèse la plus commune, celle d'une première assurance sur corps et victuailles, il décide que, dans cette hypothèse, le fret ne pourrait être assuré que sous la déduction du premier élément dont il se compose.

207. — 6° Les sommes prêtées à la grosse et le profit maritime.

208. — 7° Les marchandises chargées à bord et le profit espéré de ces marchandises. Ici encore la loi de 1885, en supprimant une partie des prohibitions contenues dans l'article 347· et en complétant l'article 334 du Code de commerce, a eu pour but et pour effet de combler une lacune de notre ancienne législation, en permettant aux chargeurs de stipuler de leur assureur, pour le cas de perte, une indemnité suffisante pour qu'ils soient complètement dédommagés du préjudice résultant des événements de la navigation. Ils pourront faire assurer non seulement leurs marchandises au prix coûtant lors de leur mise à bord, mais encore le bénéfice qu'ils espèrent légitimement de la revente de ces marchandises à destination. Pour atteindre ce but, la valeur des marchandises assurées est, dans la pratique, majorée de 10 à 15 p. 100 ; elle peut l'être davantage, si toutefois cette surélévation a été formellement acceptée par les assureurs.

209. — 8° Le coût de l'assurance. Au cas où un sinistre vient à se produire, l'assuré doit obtenir, ainsi que nous venons de le voir, la valeur de sa chose et même les profits qu'il en comptait tirer. Mais cette indemnité ne serait pas encore complète, puisqu'elle laisserait à la charge de l'assuré le prix de l'assurance et les frais accessoires du contrat. C'est là une valeur exposée aux risques de la navigation, car, dans la généralité des cas, l'assuré doit compter se récupérer de ce débours par les bénéfices que lui procurera l'heureuse issue de l'expédition maritime. Il était donc naturel qu'en application du principe général posé dans le nouvel article 334, cette valeur pût être l'objet d'une assurance valable.

210. — Ce n'est pas seulement le coût de l'assurance principale que l'on pourra faire assurer, mais encore le coût de l'assurance de la première prime, puis le coût de l'assurance de la seconde prime ; et en multipliant ainsi les assurances secondaires, l'assuré arrivera au moyen de ce que l'on appelle l'*assurance de la prime et de la prime des primes*, à s'assurer la même situation que s'il avait stipulé que la prime ne serait due qu'en cas d'heureuse arrivée. Un armateur conclut une assurance sur corps de 10,000 fr. moyennant une prime de 1,000 fr. ; il pourra faire assurer cette prime par le même assureur moyennant une autre prime de 100 fr., puis cette dernière moyennant 10 fr., enfin la prime de 10 fr. pourra être assurée pour 1 fr. En cas d'heureuse arrivée, le coût de l'assurance s'élèvera à 1,111 fr. : mais, en cas de sinistre, il n'aura à supporter qu'une perte réellement insignifiante.

211. — Telles sont les choses énoncées par l'article 334 nouveau comme pouvant faire l'objet d'une assurance valable. Mais, ainsi que nous l'avons déjà dit, cette énumération n'est pas limitative, et d'ailleurs l'article 342, § 1, du Code de commerce parle d'une assurance que ne mentionne pas l'article 334 nouveau et que l'assureur peut contracter en faveur de lui-même, c'est-à-dire la réassurance.

212. — *Réassurance.* (Art. 342, C. com.) — La réassurance est un contrat par lequel, moyennant une certaine prime, l'assureur se décharge sur autrui des risques maritimes dont il avait assumé la responsabilité, mais dont il continue cependant d'être tenu vis-à-vis de l'assuré primitif. Plusieurs motifs peuvent déterminer une compagnie à contracter une réassurance. D'abord l'aggravation ou l'imminence des risques survenue depuis l'assurance pourra décider l'assureur à se décharger sur autrui d'un contrat où les chances de perte lui paraissent l'emporter sur les chances de gain. Puis, dans le cas où un assuré voudrait contracter avec une seule compagnie une assurance pour une somme dépassant son *plein* (V. n° 187), une réassurance pour l'excédent permettra à cette compagnie de ne pas violer ses statuts, tout en donnant satisfaction à la demande qui lui est faite. La réassurance peut encore avoir pour but et raison d'être une spéculation sur la différence des primes dont le taux varie avec les compagnies, spéculation que l'article 342, § 3, du Code de commerce déclare d'ailleurs parfaitement valable, puisqu'il autorise à stipuler une prime de réassurance moindre ou plus forte que celle de l'assurance. Enfin, la réassurance permet à des compagnies dont la situation est mauvaise de transmettre à une autre les polices composant leur portefeuille, sans que leurs assurés puissent réclamer contre cette opération, puisque l'assureur primitif reste le même, au moins dans ses rapports avec l'assuré qui conserve contre lui tous ses droits, et qui reste étranger au contrat de réassurance passé avec la compagnie nouvelle.

213. — III. Risques. — Il est de l'essence du contrat d'assurance maritime que l'objet du contrat soit soumis à des risques, de sorte que le contrat serait de plein droit annulé si la chose ne s'y trouvait pas soumise.

Aussi avons-nous vu que l'assurance contractée est caduque et doit être résolue lorsque le voyage vient à être rompu avant le départ (V. n° 171). Il en pourrait être encore de même si l'assurance avait été consentie après l'achèvement du voyage. Cependant, cette assurance ne serait point nulle dans tous les cas, et nous trouvons ici des règles analogues à celles que nous avons indiquées pour l'assurance des choses déjà péries (V. n° 195) ; valable si l'assureur ignorait l'arrivée des objets, leur assurance serait nulle si, au contraire, il en avait été informé (art. 365, C. de com.). Dans ce second cas, l'assureur aurait à payer à l'assuré, à titre de peine, une somme double de la prime convenue. Et il faudrait encore appliquer à cette hypothèse la présomption des articles 366 et 367 du Code de commerce (V. n° 197).

214. — *Quels risques sont à la charge de l'assureur ? Risques maritimes.* — Mais l'assureur ne répond pas de tous les dommages qui peuvent être subis par la chose assurée. L'assurance maritime est faite spécialement contre les risques de mer, auxquels on peut ajouter ceux de rivières et de canaux (art. 335 *in fine,* C. com.) ; mais elle ne saurait comprendre les risques de terre. Le caractère des uns et des autres résulte généralement de l'élément sur lequel ils se sont produits, et si l'on considère qu'un navire est toujours sur mer, sauf en temps de réparations, les marchandises ne seront soumises en général aux risques maritimes que dans le temps qui s'écoulera entre leur embarquement et leur débarquement.

215. — *En quoi consistent-ils ?* — La règle générale posée par l'article 350 du Code de commerce, sauf à y apporter des exceptions que nous indiquerons ultérieurement, c'est que l'assureur a la charge de tous les risques maritimes, de tous les accidents qui arrivent sur mer, quelque insolites et imprévus qu'ils soient. Ce n'est donc qu'à titre d'exemple que notre article 350 énumère les causes les plus fréquentes des pertes subies par les objets assurés : la tempête, le naufrage, l'échouement, l'abordage fortuit (car celui qui proviendrait de la faute du capitaine resterait à sa charge personnelle, sauf clause contraire qui est fréquemment introduite dans les polices) [V. n° 219]; les changements forcés de route, de voyage ou de vaisseau, soit dans le but d'éviter une tempête ou des vents contraires, soit pour échapper à des ennemis, soit pour gagner un port de relâche ; le jet, que les marchandises jetées se trouvent être les choses assurées elles-mêmes, ou qu'elles soient d'autres marchandises jetées sur le même navire[1] ; le feu, si toutefois il provient d'un cas fortuit (car l'assureur ne répondrait pas en principe du vice propre de la marchandise, ni de la faute du capitaine, et, par suite, il aurait le droit de chercher à établir la cause de l'incendie, dans le but de dégager sa responsabilité); la prise, c'est-à-dire la capture des objets assurés par une nation ennemie comme conséquence d'une déclaration de guerre ; le pillage ou la soustraction des objets par des pirates et voleurs ; l'arrêt par ordre de puissance ou arrêt du prince, c'est-à-dire l'acte d'une puissance avec laquelle on n'est point en état de guerre et qui, cependant, dans un intérêt général, arrête les navires ou les marchandises se trouvant dans un port ou rade de sa domination ; enfin, la déclaration de guerre et les actes de représailles.

---

1. Dans ce dernier cas, en effet, il y aura lieu à un règlement d'avaries grosses et l'assuré pourra se faire rembourser par l'assureur sa part contributive.

216. — Cette énumération n'est pas limitative, avons-nous dit, et nous retiendrons comme règle générale que les assureurs répondent en principe de toutes pertes et dommages provenant de fortune de mer. Cependant, cette règle serait trop large si nous ne la limitions par des exceptions. A côté des risques dont l'assureur sera déclaré responsable, même dans le silence de la convention, il en est d'autres dont il ne répondra pas, à moins d'en avoir assumé la charge par une stipulation expresse : tels sont la baraterie du patron et le vice propre.

217. — *Baraterie de patron.* — On entend par baraterie de patron toutes les espèces de dol ou même de simple imprudence, défaut de soins et impéritie imputables tant au capitaine qu'aux gens de l'équipage. Exemple : un abordage a eu lieu entre deux navires par suite d'une manœuvre maladroite ou de l'inobservation des règlements par l'un d'eux ; les marchandises ont causé des dégâts au navire par suite d'un déplacement provenant d'un mauvais arrimage, etc...

218. — Toute personne qui charge des marchandises sur un bâtiment est présumée avoir constitué le capitaine pour son mandataire en ce qui concerne le transport, la garde et la surveillance de ces marchandises ; il semble donc conforme à l'intention des parties d'exclure des causes de responsabilité de l'assureur les fautes du mandataire de l'assuré (art. 353, C. com.). Toutefois, comme les fautes ne se présument pas, il appartiendra à l'assureur de prouver la baraterie du patron.

219. — D'un autre côté, il n'est point interdit de s'assurer contre les fautes de ses préposés, et par conséquent les parties pourront convenir que les pertes causées par la faute du capitaine ou des gens de l'équipage demeureront aux risques de l'assureur. Il suffira pour cela d'une clause expresse que l'on nomme *clause de responsabilité de baraterie du patron*. En fait, cette clause est d'usage constant. Dans un cas seulement, cette assurance est interdite : c'est quand elle est contractée par le capitaine propriétaire du navire, car elle aurait pour effet, dans ce cas, de couvrir les propres fautes de l'assuré, ce qui est formellement interdit (V. n° 224).

220. — *Vice propre.* — On entend par vice propre de la chose, toute cause de destruction ou de détérioration qui est inhérente à la nature ou aux qualités mêmes de la chose assurée ; la perte ne provient donc plus, dans ce cas, d'un événement de mer, et pour cette raison elle ne doit pas en principe être mise à la charge de l'assureur (art. 352, C. com.). Exemples : le navire avait un vice de construction qui a entraîné sa perte ; les marchandises assurées consistaient en fruits qui sont arrivés pourris par suite d'une maturité trop accélérée, ou en liquides qui ont coulé, etc...

221. — Toutefois, le vice propre ne met à la charge de l'assuré que la chose même atteinte du vice ; au contraire, la perte d'une chose assurée provenant même du vice propre d'un autre objet est considérée comme un risque de mer qui doit être encouru par l'assureur. Si donc le navire périt par vice propre, les assurés sur facultés seront néanmoins fondés à réclamer le bénéfice de leurs contrats.

222. — *Preuve à faire.* — Dans l'incertitude sur le point de savoir si la chose a péri par cas fortuit ou par vice propre, à qui incombera le fardeau de la preuve ? En ce qui concerne le navire, la production du certificat de visite fera présumer qu'il était en bon état lors de son départ (V. n° 108), et, par suite, l'assureur devra établir l'existence du vice propre allégué ; au contraire, l'absence de ce certificat obligerait l'assuré à prouver que la perte est uniquement due à un cas fortuit. Pour ce qui est des marchandises, la jurisprudence distingue le plus généralement entre les marchandises qui sont de nature à se détériorer elles-mêmes et celles qui ne sont point sujettes à ce dépérissement spontané. Pour les premières, l'assuré ne pourra se les faire rembourser qu'en prouvant qu'elles ont péri par événement de mer, par cas fortuit; pour les autres, au contraire, une présomption paraît admise en faveur de l'assuré, et c'est à l'assureur qu'il incombera de prouver le vice propre.

223. — D'ailleurs, une clause spéciale du contrat mettant le vice propre à la charge de l'assureur serait parfaitement valable, pourvu toutefois que ce vice ne provînt pas de fautes imputables à l'assuré. Ainsi le contrat pourrait valablement mettre à la charge de l'assureur les vices cachés du navire ou les risques d'une cargaison saine, mais fragile, et susceptible de se détériorer par le seul effet du transport. Mais le propriétaire d'un navire hors d'état de naviguer et non muni d'un certificat de visite ne pourrait mettre le vice propre à la charge de l'assureur. Une telle stipulation serait contraire à l'ordre public, à plus forte raison contraire à la bonne foi qui doit présider au contrat d'assurance.

224. — *Risques laissés à la charge des assurés.* — Après avoir indiqué les risques qui sont normalement encourus par les assureurs et ceux qui ne sont à leur charge que par l'effet d'une stipulation spéciale, nous devons dire qu'il en est enfin qu'aucune convention ne saurait faire retomber sur les assureurs (art. 352, C. com.). D'une façon générale, ce sont les pertes et dommages provenant du fait de l'assuré (art. 351, C. com.) [V. n° 219]. Il n'y a point en matière d'assurance maritime de distinction à faire entre les fautes non intentionnelles et les fautes intentionnelles ; les unes et les autres sont mises sur la même ligne, et l'assuré ne peut pas plus se couvrir contre les conséquences de ses simples fautes que contre ses fraudes. On a pensé que cette sévérité particulière réussirait à tenir en éveil la vigilance des propriétaires de navires ou de marchandises et rendrait plus rares les accidents de mer.

225. — *Temps des risques.* — Pour que l'assureur soit tenu de dédommager l'assuré d'une perte par lui éprouvée, il ne suffit pas qu'elle ait pour cause un des risques que nous venons d'énumérer ; il faut encore qu'elle se soit produite dans un certain temps et dans certains lieux.

Quelle est la durée des risques à la charge des assureurs ? Elle est fixée le plus souvent par le contrat. Sinon il faudrait considérer, pour la limiter, comment l'assurance a été faite. Elle peut être faite pour un voyage déterminé et, dans ce cas, les risques sont à la charge de l'assureur, en ce qui concerne le navire, depuis le moment où il a fait voile jusqu'à celui où il est ancré ou amarré dans le port de destination [1], et pour les marchandises depuis leur embarquement sur le navire ou sur les gabares pour les y porter, jusqu'à leur délivrance (art. 328 et 341, C. com.).

226. — Si, au contraire, l'assurance a été contractée pour un temps limité, ce même temps fixe la durée des risques courus par l'assureur (art. 363, C. com.).

227. — *Lieu des risques.* — Enfin, ces risques, pour rester à la charge de l'assureur, doivent être courus dans les lieux qui ont pu être prévus lors du contrat ; aussi l'article 351 du Code de commerce décharge-t-il l'assureur de toute responsabilité dans le cas de changement de voyage, de route ou de vaisseau, si toutefois ces changements ont été volontaires ; car les changements forcés n'auraient point la même conséquence (V. n° 215).

228. — On entend par changement de voyage une modification dans le point de départ ou le point d'arrivée, tels qu'ils ont été indiqués dans la convention. Il y a changement de route lorsque, les deux points extrêmes restant les mêmes, le navire se rend de l'un à l'autre par un détour non prévu, ou en faisant des escales non autorisées par le contrat ; mais l'assuré peut se réserver la faculté de *faire échelle*.

---

1. Amarré dans les ports où les navires peuvent arriver à quai, ancré dans les ports où les navires ne peuvent que rester en rade.

Ces changements, lorsqu'ils sont volontaires, et sauf convention contraire, ont pour effet de résilier le contrat. Dans ce cas même, l'assurance n'est pas seulement ristournée comme au cas où le voyage n'a point été entrepris (V. n° 171), mais l'assureur ayant commencé à courir les risques, la prime lui sera acquise en totalité (art. 351, C. com.).

229. — IV. Somme assurée. — C'est la valeur que les assureurs s'engagent à payer à l'assuré en cas de sinistre ; c'est la somme jusqu'à concurrence de laquelle l'assureur s'oblige à supporter les risques. L'indemnité à recevoir en cas de sinistre étant le but même poursuivi par l'assuré et la cause de son obligation, le contrat ne saurait se comprendre sans une somme assurée ; mais il n'est pas indispensable que cette somme soit déterminée et définitivement arrêtée dès le moment de la conclusion du contrat, et l'assureur pourrait très valablement s'obliger à payer le prix des objets assurés suivant l'estimation qui en serait faite par les moyens légaux après le sinistre. On présumerait même que telle a été l'intention des parties au cas où la police ne limiterait pas la somme assurée.

Cette somme ne peut en aucun cas être supérieure à la valeur de la chose assurée. Nous nous sommes déjà suffisamment étendus sur ce point et il suffira, en ce qui concerne le montant de la somme assurée et les conséquences des assurances exagérées, de renvoyer à ce que nous avons dit n°ˢ 182 et suivants.

230. — V. Prime. — La prime ou coût de l'assurance est le prix du risque que l'assureur prend à sa charge ; c'est encore un élément essentiel de notre contrat : sans la prime l'obligation de l'assureur manquerait de cause.

Fixation de la prime. — La prime consiste le plus habituellement dans une somme d'argent fixée à raison de tant pour cent de la valeur assurée. Les parties ont toute liberté pour en fixer le taux. Elle peut être de cette façon arrêtée à une somme fixe pour tout le voyage ; mais elle peut aussi bien être fixée à tant par mois, pour tout le temps que durera le risque. Enfin elle peut être stipulée tout à la fois pour l'aller et le retour ; on lui donne alors le nom de *prime liée*.

230 *bis*. — *En cas de guerre.* — La prime est en principe fixée par la police de façon irrévocable, et il ne saurait y avoir lieu à augmentation ni à diminution. L'article 343 du Code de commerce prévoit cependant une hypothèse où les tribunaux pourront avoir un certain pouvoir d'appréciation sur la fixation de la prime : il suppose que la police, signée en temps de paix, ne contient pas une clause devenue d'usage courant et déchargeant l'assureur des risques de guerre ; que tout au contraire, cette police stipule qu'au cas où une guerre viendrait à éclater, la prime subirait une augmentation, sans toutefois la déterminer, et il décide que cette augmentation sera réglée par les tribunaux en égard aux risques, aux circonstances et aux stipulations de chaque police.

231. — Quand la prime doit-elle être payée ? En principe, au moment de la signature du contrat ; et c'était là l'usage ancien. Mais aujourd'hui le paiement comptant est rare : les assureurs font crédit aux assurés, se contentant de leur simple engagement de la payer ou leur demandant parfois un billet à ordre immédiatement négociable et qu'on appelle *billet de prime* [1].

232. — VI. FORMES DU CONTRAT. — Nous avons vu quelle était l'utilité de rédiger par écrit le contrat d'assurance (V. n° 166). Cet écrit appelé la *police* d'assurance pourra être fait sous seings privés par les parties elles-mêmes (V. n° 167 *bis*) ou dans la forme authentique, soit devant notaires, soit par l'intermédiaire de courtiers d'assurances.

---

1. Dans la pratique, ces *billets de prime* revêtent la forme d'un reçu payable à trois ou six mois, que l'assureur conserve en portefeuille.

233. — En pays étranger, le contrat pourra être rédigé dans la forme exigée par la loi locale ou bien encore dans la forme française par les chanceliers des consulats qui, assistés de deux témoins, donneront au contrat l'authenticité.

234. — Dans la pratique, les polices sont le plus souvent dressées par les courtiers d'assurances maritimes. Après avoir servi d'intermédiaire entre les assureurs et les assurés, après avoir arrêté le contrat, le courtier d'assurances délivre à l'assuré une police qui ne contient pas d'autre signature que celle de l'assureur et du courtier. Le contrat est parfaitement valable bien qu'il n'ait pas été signé par l'assuré ; la jurisprudence l'a maintes fois reconnu, malgré les dangers que paraît entraîner cette manière de procéder. Le courtier doit seulement prendre, sur un registre spécial, copie de la police dont il délivre des extraits aux intéressés. Ces extraits, à défaut de police, suffiraient pour faire preuve du contrat (art. 84 et 192, § 8, C. com. ; art. 7 de la loi du 25 août 1871).

235. — De quelque manière que la police d'assurance soit rédigée, elle ne doit contenir aucun blanc pouvant permettre, par l'addition d'un mot, d'altérer les conditions arrêtées entre les parties. L'existence d'un blanc dans la police ne saurait à elle seule faire prononcer la nullité du contrat, mais du moins pourrait donner naissance à des présomptions assez graves pour qu'il soit prudent de ne pas négliger de remplir par un trait tous les intervalles ménagés dans le corps de l'écriture. Cette recommandation est surtout utile pour les polices imprimées, dont l'usage est absolument général, et qui contiennent des blancs destinés à recevoir les clauses et conditions particulières à chaque contrat.

236. — Rien ne s'oppose à ce que plusieurs assurances soient constatées par une même police. La même police peut donc contenir des assurances distinctes pour diverses natures de marchandises, ou différentes par le taux de la prime, ou même consenties par des assureurs différents (art. 333,

C. com.). Dans ce cas, il faudra considérer ces diverses assurances indépendamment les unes des autres et faire de chacune d'elles un règlement spécial.

La question de savoir si une même police contient une seule assurance sur marchandises diverses ou par plusieurs assureurs est une question de fait qui ne peut être tranchée que par les tribunaux.

237. — QUELLES SONT LES ÉNONCIATIONS QUE LES POLICES DOIVENT CONTENIR ? — L'article 332 du Code de commerce en donne une énumération qui appelle deux observations : la première, c'est que toutes les mentions indiquées par cet article ne sont pas exigées à peine de nullité, et que nous devrons par suite rechercher pour chacune d'elles quelle conséquence entraînerait son omission ; la seconde, c'est que cette énumération n'est point limitative et que les parties ont, en principe, toute liberté pour apporter aux règles interprétatives de leur volonté toutes les modifications qui ne seraient pas contraires à la nature du contrat d'assurance.

238. — LA DATE. — L'article 332 du Code de commerce parle d'abord de la date. Il ne se contente pas de l'indication des jour, mois et an, mais demande en plus qu'il soit déclaré si la police a été souscrite avant ou après midi. Ces indications permettront d'établir facilement si, au moment du contrat, la perte était connue de l'assuré ou l'arrivée connue de l'assureur (V. n°ˢ 195 et 213). Elles permettront encore, au cas où il aurait été contracté sur un même objet plusieurs assurances dont le total excéderait la valeur de cet objet, d'établir entre elles un ordre de priorité et par conséquent de déterminer lesquelles doivent recevoir leur effet et lesquelles doivent être annulées (V. n°ˢ 184 et 652 *ter*).

239. — Cependant l'omission de la date dans le corps de la police ne saurait avoir pour effet d'annuler l'assurance. Il pourrait y être suppléé par toute preuve écrite, livres ou correspondance. *A fortiori*, la date incomplète pourrait être complétée de la même façon, et même la question de savoir si la police a été souscrite avant ou après midi est laissée, en cas de silence de la police, à l'appréciation des tribunaux.

240. — Les noms, domiciles et qualités des contractants. — L'indication du nom de l'assuré est essentielle à la validité de l'assurance ; on ne comprendrait même pas un contrat entre personnes qui seraient inconnues l'une de l'autre, puisqu'elles contractent des obligations réciproques. Par conséquent, la police doit contenir aussi le nom de l'assureur ; car si notre article n'a parlé que de l'assuré, c'est qu'en pratique, ainsi que nous l'avons vu, celui-ci ne signe pas le contrat, tandis que la signature de l'assureur y figure toujours.

La désignation du domicile de l'un et de l'autre aura pour effet de mieux préciser leur identité.

241. — *Assurance faite pour autrui.* — L'article 332 prescrit en outre d'indiquer dans la police si celui qui contracte une assurance maritime agit pour son propre compte, comme propriétaire de la chose assurée, ou s'il agit pour compte d'autrui, en qualité de commissionnaire. Nous avons vu en effet (V. n° 191) que l'assurance peut être contractée soit par l'intéressé lui-même, soit par son mandataire, soit par son commissionnaire. Dans ce dernier cas, les effets du contrat sont limités au commissionnaire, seul responsable des obligations de l'assuré. Or il peut être important pour l'assureur de savoir que celui avec qui il a traité n'a pas d'intérêt personnel en risque.

242. — Mais dans la pratique, cette indication n'est jamais faite d'une façon précise, les nécessités commerciales ne le permettant guère, par exemple dans les cas de ventes conditionnelles ou de ventes à livrer. Aussi emploie-t-on une formule vague qui permet, en cas de sinistre, d'invoquer le bénéfice de l'assurance, soit à celui qui l'a contractée, soit à un tiers. Dans ce but, celui qui veut faire assurer traite, soit pour *lui-même,* soit pour *autrui,* ou pour *compte des intéressés,* ou pour *compte de la personne désignée dans le connaissement,* ou suivant une formule plus générale et plus fréquemment employée, pour *compte de qui il appartiendra.* Au moment de réclamer une indemnité de l'assureur, ce tiers devra alors préalablement justifier de son intérêt et établir que c'était bien pour son compte que l'assurance avait été passée.

243. — LE NOM ET LA DÉSIGNATION DU NAVIRE. — Lorsqu'il s'agit d'une assurance sur corps, il est essentiel que le bâtiment, objet du contrat, soit bien déterminé ; cela empêchera qu'on puisse, à l'aide d'une fraude, changer le sujet du risque ; en outre, cela permettra à l'assureur d'évaluer d'une façon plus précise le risque qu'il prend à sa charge. Le nom pourrait même parfois n'être pas une détermination suffisante, et c'est pourquoi notre article 332 ajoute : la désignation du navire, c'est-à-dire sa qualité, son tonnage, sa forme, en un mot toutes les indications pouvant fixer son individualité. En effet, « les navires n'ont pas seulement leur état civil ; ils ont aussi une sorte de casier nautique. Pour la commodité des assureurs et des affréteurs, de grandes administrations tenues exactement au courant du genre de construction des navires, de leurs avaries et réparations, ont entrepris de classer les navires suivant leur âge, leur solidité et qualités nautiques. Telle est en France l'administration du *Veritas,* en Angleterre, celle du *Lloyd's shipping Register.* Quand on propose une assurance, l'assureur se reporte à ces registres et fixe les conditions de l'assurance suivant l'âge et la cote du navire [1]. » Cependant l'indication du *nom* n'est pas exigée d'une manière tellement impérieuse que le contrat ne doive recevoir son exécution que si ce nom y figure, quand il est prouvé, d'autre part, que le navire pour lequel on réclame est bien celui à l'occasion duquel les parties sont tombées d'accord.

---

1. Lucien de Valroger, *Commentaire théorique et pratique du Livre II du Code de commerce.* N° 1350.

244. — S'il s'agit d'une assurance sur facultés, l'indication du navire sur lequel les marchandises doivent être chargées est encore d'une grande importance, moindre cependant que dans le cas précédent. Aussi la police ne doit-elle plus contenir nécessairement la désignation du navire ; on peut pour marchandises contracter des assurances *in quovis,* c'est-à-dire sans désigner le navire sur lequel elles sont chargées. L'article 337 n'autorise formellement ces assurances que pour les chargements faits à destination de l'Europe dans une autre partie du monde ; mais la jurisprudence a généralisé cette règle. Souvent, en effet, celui auquel des marchandises sont expédiées ignore par quel navire elles doivent lui parvenir, et il y aurait pour lui impossibilité de se soumettre à cette prescription de l'article 332.

245. — Le nom du capitaine. — On comprend en effet l'intérêt que l'assureur peut avoir à connaître le capitaine auquel sera confiée la conduite des objets assurés. Toutefois, cette mention n'est pas de l'essence du contrat. Si le capitaine est désigné, on ne peut le changer avant le voyage, à moins d'une cause de force majeure, telle que le cas de maladie grave. Toutefois, pendant le voyage, le changement est permis ; souvent même les périls de la navigation en font une nécessité.

D'ailleurs et alors même que le nom du capitaine est indiqué, on le fait suivre de cette réserve, qui ne saurait cependant être présumée : *ou tout autre que lui.* Par cette clause, l'assureur s'en rapporte à l'assuré sur le choix à faire d'un capitaine en remplacement de celui qui est désigné à la police. Mais il ne faut pas que cette faculté dégénère en abus, et il n'est pas douteux que l'assuré serait responsable d'un choix mauvais, imprudent ou illégal.

246. — Le lieu où les marchandises ont été ou doivent être chargées. — Le port d'où le navire a dû ou doit partir. — Les ports ou rades dans lesquels il doit charger ou

DÉCHARGER. — CEUX DANS LESQUELS IL DOIT ENTRER. — LES TEMPS AUXQUELS LES RISQUES DOIVENT COMMENCER ET FINIR. — Plus simplement, la police doit indiquer le lieu et le temps des risques. Toutes les circonstances qui influent sur les risques sont en effet de nature à influer sur le consentement des parties et exercent une influence décisive sur la conclusion du contrat.

Mais aucune de ces énonciations n'est exigée à peine de nullité et les parties ont ici pleine liberté pour régler, comme elles l'entendent, leurs conventions. En cas d'omission s'appliquent les prescriptions de l'article 328 du Code de commerce (V. n° 225).

247. — LA NATURE ET VALEUR OU L'ESTIMATION DES CHOSES QU'ON FAIT ASSURER. — Il semble au premier abord qu'il soit indispensable de désigner bien nettement les objets assurés, puisqu'ils sont la matière du contrat ; mais il n'en est pas toujours ainsi.

Parfois, à la vérité, la loi exige que cette désignation soit faite avec un soin particulier. S'il s'agit de marchandises sujettes par leur nature à détérioration particulière ou à diminution, comme des blés et des sels, ou de marchandises susceptibles de coulage, et si l'assuré a eu connaissance de la nature de ce chargement, il ne pourra réclamer aux assureurs les dommages ou pertes survenues à ces denrées qu'autant qu'il en aura fait une désignation pour prémunir l'assureur contre toute surprise (art. 355, C. com.).

Mais parfois aussi, et l'on pourrait dire le plus souvent, cette désignation des marchandises assurées sera assez vague ; car l'assuré peut ne pas connaître exactement la nature et la valeur des objets assurés. En pratique, la police se borne assez souvent à une indication large comme celle-ci : *en quoi que le tout puisse consister.* Dans cette hypothèse, l'assuré devra, pour légitimer sa réclamation, justifier de la mise en risque.

Polices flottantes. — Enfin, il est possible qu'un négociant ayant donné en divers lieux plusieurs ordres d'achats, ne puisse savoir, assez longtemps à l'avance, quand ses ordres seront exécutés ni d'où des marchandises lui seront expédiées, pour couvrir, par une assurance spéciale, cette expédition. Ce négociant aura la ressource de contracter par avance une assurance pour toutes les marchandises qu'il recevra ou qu'il expédiera lui-même dans un temps fixé ; c'est une sorte de forfait ou d'abonnement que l'on contracte alors avec l'assureur. Les polices qui constatent ces conventions, dites polices flottantes ou polices d'abonnement, n'exigent aucune désignation des marchandises assurées, aucune indication du navire sur lequel elles sont chargées, ni du port de départ, ni du lieu de destination ; toutefois, elles imposent le plus souvent à l'assuré l'obligation de dénoncer à l'assureur les chargements effectués dès qu'il en a été lui-même informé ; c'est ce que l'on appelle faire la déclaration d'aliment.

247 *bis.* — *Estimation de la valeur des objets assurés.* — Quant à l'indication de la valeur de la chose mise en risque, elle n'aura pas pour effet de lier définitivement les parties ; mais du moins elle mettra à la charge de l'assureur l'obligation de prouver la valeur réelle des choses péries.

Le silence de la convention sur la valeur de la chose assurée laisserait au contraire à la charge de l'assuré le fardeau de la preuve. La valeur du navire serait appréciée au moment du départ. Quant aux marchandises, leur valeur serait justifiée par la production des livres, des factures ou par l'appréciation des prix courants au temps et au lieu du chargement, y compris tous droits et frais jusqu'à bord (art. 339, C. com.).

247 *ter.* — *L'estimation a été faite en monnaie étrangère.* — L'article 338 du Code de commerce nous dit que l'objet ainsi estimé sera évalué au prix que la monnaie stipulée vaut en monnaie de France à l'époque de la signature de la police.

Le législateur a voulu empêcher par cette disposition que l'assuré pût trouver, en cas de sinistre, dans une estimation en monnaie étrangère, une cause de bénéfice, alors que l'assurance ne doit jamais être qu'un contrat de garantie. C'est là une précaution dont nous retrouvons la trace et l'explication dans notre ancien droit : « Les marchandises qu'on charge en retour à l'assuré dans les îles de l'Amérique, disait Pothier, ne doivent pas être estimées suivant l'argent du pays sur lequel il y a un tiers à perdre en France, mais seulement sur l'argent de France, car elles ne sont de valeur pour l'assuré que de ce qu'il en peut retirer en France. »

247 *quater.* — *Estimation de marchandises provenant de troc.* — Si l'estimation n'a pu être faite en argent parce que les marchandises ont été embarquées dans un pays où l'usage de la monnaie est inconnu et où le commerce ne se fait que par le troc, la valeur de ces marchandises sera estimée d'après celle des marchandises qui ont été données en échange, augmentée toutefois des frais de transport (art. 340, C. com.).

248. — La somme assurée. — C'est, avons-nous vu, la limite de l'obligation prise par l'assureur. Comparée à l'évaluation de la chose, la somme assurée indique la proportion dans laquelle l'assureur doit couvrir la perte. La chose peut en effet être assurée par plusieurs assureurs. Soit un objet évalué 30,000 fr. Un assureur peut la garantir jusqu'à concurrence de 15,000 fr., un autre pour 5,000 fr., un autre pour 6,000 fr., enfin le propriétaire peut être resté son propre assureur pour une partie de la valeur qu'il n'aura point fait garantir. On comprend par suite l'intérêt considérable qu'offre cette mention : si l'évaluation a été exagérée et se trouve plus tard réduite, l'engagement des divers assureurs se trouvera réduit dans la même proportion.

A défaut d'évaluation, l'assureur qui a simplement déclaré assurer un objet déterminé est présumé l'avoir assuré pour sa valeur totale.

D'un autre côté, l'indication de la somme assurée n'a pas d'autre portée que de limiter l'étendue des engagements de l'assureur ; mais si cette indication est réellement supérieure à la valeur de l'objet assuré, en vertu du principe que l'assurance ne saurait être une cause de bénéfice, l'assureur pourrait faire réduire l'indemnité due par lui à la valeur réelle de la chose assurée (V. n° 652).

249. — La prime ou le coût de l'assurance. — Une assurance ne se comprendrait pas sans la fixation d'une prime. On devra donc trouver cet élément dans tout contrat ; et c'est pourquoi, si la police est muette sur la fixation de la prime, on présume que les parties ont voulu s'en référer à l'usage ou au cours de la place où l'assurance a été contractée.

250. — La soumission a des arbitres en cas de contestation, si elle a été convenue. — C'est ce qu'on appelle la *clause compromissoire*. Une pareille clause en matière ordinaire serait nulle et non avenue. D'après l'article 1006 du Code de procédure civile, les parties qui veulent déférer leurs contestations à des arbitres pour s'en remettre à leur décision, doivent préalablement déterminer, à peine de nullité, avec le nom des arbitres choisis, les objets du litige, ce qui exclut la possibilité de soumettre à l'avance, à des arbitres, l'interprétation générale d'un contrat. Une exception a été faite à cette règle en faveur des assurances maritimes ; mais la clause compromissoire ne peut toutefois être invoquée que jusqu'au moment où un débat a été ouvert et accepté devant le tribunal.

251. — Enfin l'article 332 du Code de commerce se termine par ces mots : « Généralement toutes les autres conditions dont les parties sont convenues. » C'est qu'en effet, comme nous l'avons dit en commençant, cette énumération de notre article n'a rien de limitatif, et qu'à côté des énonciations essentielles, les parties peuvent insérer toutes les conventions qu'il leur plaît, sous la seule condition que ces conventions restent conformes à l'ordre public et à la nature du contrat d'assurance. Certaines stipulations sont même entrées dans la pratique usuelle. Elles se retrouvent dans les formules imprimées qui servent de point de départ à tous les contrats d'assurance, et ont fini par constituer des usages locaux qui modifient les conditions des contrats d'assurance suivant les lieux où ils sont contractés.

252. — *Polices usuelles*. — Chaque port de quelque importance a eu ainsi sa police, et si aujourd'hui les formules sont moins nombreuses, il existe encore entre elles des divergences assez considérables pour qu'il soit nécessaire d'étudier de très près les clauses particulières d'une police avant de la signer. Il est de jurisprudence que toutes les clauses générales d'une police imprimées d'avance sont obligatoires pour les parties, tout aussi bien que les clauses particulières ajoutées à la main, au moment de la signature du contrat, sans qu'il y ait à rechercher si les clauses imprimées ont été ou n'ont pas été comprises et acceptées par l'assuré. Toutefois, si quelques-unes de ces clauses imprimées se trouvent être en contradiction avec des clauses manuscrites, celles-ci doivent être préférées. En Angleterre il n'y a qu'une seule police dont la formule, assez complexe, s'adapte aux assurances sur corps et aux assurances sur facultés, et qui est suivie également par les États-Unis. Hambourg a sa police, Brême a la sienne. En France, il y a deux polices distinctes, l'une pour les assurances sur corps, l'autre pour les assurances sur facultés, et encore ces formules ne sont point identiques pour tout le territoire français. Si, depuis le 15 juillet 1872, une même formule a été adoptée par les assureurs de Paris, Nantes, Bordeaux et Marseille, ceux du Havre et de Saint-Malo ont conservé certaines stipulations qui leur sont particulières. De cette diversité il peut résulter de graves inconvénients et des difficultés inextricables lorsqu'un même risque est couvert par des assureurs de diverses localités ;

aussi est-il éminemment souhaitable que ces divergences disparaissent peu à peu pour faire place à une entente internationale.

253. — *Changements apportés à la police.* — Il peut se faire qu'après la signature de la police, les parties sentent le besoin d'y apporter des additions ou des modifications. Le contrat nouveau qui constatera leur accord sur ces points prend le nom d'*avenant*.

254. — *Timbre et enregistrement.* — Les polices, de même que les avenants, lorsque toutefois ils constatent une prolongation de l'assurance, une augmentation dans la prime ou dans le capital assuré, et quelle que soit leur forme, authentique ou sous seings privés, doivent être portées sur papier timbré. Elles sont en outre soumises, par la loi du 23 août 1871, au paiement d'une taxe obligatoire, moyennant laquelle la police est enregistrée sans autres droits. Cette taxe est de 0 fr. 52 c. pour 100 fr., décimes compris, du montant des primes et accessoires de la prime. Elle est calculée sur le montant de la prime par fractions de 20 fr. en 20 fr. avec un minimum de perception fixé à 0 fr. 30 c.

254 *bis*. — Conformément à la méthode adoptée, nous n'avons examiné dans ce chapitre que les questions qui se posent au moment de la conclusion de l'assurance ; nous examinerons au retour du navire (V. n°s 597 et suiv.) toutes les autres questions auxquelles donne nécessairement lieu le règlement des comptes entre l'assureur et l'assuré.

CHAPITRE VI

EXPÉDITION ET DÉPART DU NAVIRE

———

Expédition du navire.

255. — Ce que c'est qu'expédier un navire. — Expédier un navire, c'est remplir les formalités nécessaires pour que ce navire puisse prendre la mer. Nous supposons le navire armé, affrété, chargé, visité. Il ne s'agit plus que d'assurer son départ.

256. — I. Le capitaine doit remettre à la douane son manifeste, à l'effet de le faire viser par les préposés de cette administration. Le manifeste est la nomenclature, l'inventaire des marchandises chargées, indiquant la nature, l'origine et la destination de ces marchandises.

En même temps qu'il présente son manifeste, le capitaine doit présenter ses connaissements. Le visa n'est donné qu'après pointage.

257. — II. Le capitaine doit se faire délivrer par la douane certaines pièces :

1.º L'acte de francisation (V. nº 32) ;

2º Le congé (V. nº 36) ;

3º Le manifeste dont il vient d'être parlé et qui est remis par la douane revêtu de son visa. Aucun navire ne peut sortir de France sans un manifeste ;

4° L'inventaire du mobilier dont il a été parlé au n° 78 ;

5° Les passavants et acquis-à-caution, si le navire est expédié pour le cabotage ou les colonies.

(Les navires étrangers, au lieu de l'acte de francisation, de l'inventaire du mobilier et du congé, reçoivent un passeport constatant qu'ils ont acquité tous les droits dus par le navire.)

La douane ne doit remettre ses permis que sur le vu d'une licence délivrée par l'autorité sanitaire (Décret du 4 janvier 1896, art. 33).

258. — III. Le capitaine doit se faire délivrer par l'administration de la marine :

1° Un rôle d'équipage (V. n° 73) qui ne lui est remis que sur la présentation du certificat de visite, délivré par le greffier du tribunal de commerce (V. n° 106) ;

2° Certains documents d'une importance secondaire (exemplaire de divers règlements, etc.).

258 bis. — Si l'armateur veut profiter des primes à la navigation, le décret du 25 juillet 1893 lui impose certaines formalités spéciales.

Au moment de l'armement, l'armateur doit remettre en trois expéditions, dont une sur papier timbré, au commissaire de l'inscription maritime du port d'armement, une déclaration contenant certaines énonciations énumérées par l'article 15 du décret et dont l'objet est de préciser les circonstances qui peuvent donner droit aux primes. Cette déclaration est transcrite sur un registre à souche fourni par l'armateur, registre dit des traversées, qui doit accompagner le navire. Au moment de son expédition, le capitaine doit faire consigner par le commissaire de l'inscription maritime la date du départ, la destination du navire et les points d'escale intermédiaires.

259. — IV. Le capitaine doit se faire délivrer par l'autorité sanitaire du port une patente de santé constatant l'état sanitaire de ce port. Si le navire est à destination de l'étranger, il est prudent de faire viser cette patente de santé par le consul de la nation. Sans cette pièce, le capitaine serait exposé à n'être pas admis à la libre pratique dans le port de destination et à être mis en quarantaine. Si le navire est à destination d'un port de France, d'Algérie ou de la Tunisie, la patente de santé n'est pas obligatoire (Décret du 4 janvier 1896, art. 13).

260. — Enfin, le capitaine doit obtenir du commandant du port un bulletin de sortie (paraît tombé en désuétude). Au Havre, en vertu du règlement du port, le capitaine est obligé de fournir à l'officier de service un bulletin donnant le nom et la jauge du navire, ainsi que le tirant d'eau, sans quoi il ne serait pas admis à passer l'écluse.

261 et 262. — Les pièces délivrées par la douane portent plus spécialement le nom d'expéditions. Lorsque le capitaine a reçu ces expéditions, le navire est réputé prêt à faire voile, et ne peut plus être saisi, si ce n'est à raison de dettes contractées pour le voyage qu'il va faire (V. d'ailleurs ce qui sera dit au n° 285).

Départ du navire.

263. — QUAND LE DÉPART PEUT ET DOIT ÊTRE EFFECTUÉ. — Le navire peut et doit partir à l'époque convenue entre le fréteur et l'affréteur. A défaut de convention, le navire doit partir aussitôt qu'il en a la possibilité, après l'expiration du délai moral nécessaire pour expédier le navire, et à supposer que l'état de la mer le permette.

264. — La question de savoir à quel moment le navire peut partir présente plus de difficulté. Le capitaine ne peut attendre indéfiniment que les affréteurs aient complété leur chargement.

Voici les solutions que nous proposons[1] :

1° La charte-partie accorde un certain nombre de jours de planche et de surestaries.

Dans ce cas, le capitaine ne peut partir avant que ces délais soient expirés (car ils appartiennent aux chargeurs), à moins que ceux-ci n'aient terminé leur chargement avant l'expiration des délais. Cependant, le capitaine n'est pas tenu d'attendre, lorsque l'affréteur refuse de faire aucun chargement ou de compléter le chargement commencé, et si le capitaine ne part pas alors, il s'expose à des dommages-intérêts envers l'armateur et les autres chargeurs s'il y en a.

Une fois les jours de planche et de surestaries expirés, le capitaine n'est pas tenu d'attendre davantage, et l'affréteur ne saurait le forcer d'attendre en offrant de payer des contrestaries. Mais avant de partir, le capitaine agira prudemment en mettant l'affréteur en demeure, bien que la jurisprudence ne paraisse pas l'exiger.

265. — 2° La charte-partie accorde un certain nombre de jours de planche, mais non de jours de surestaries. Le capitaine, sous les réserves précédentes, doit attendre l'expiration des jours de planche. Ce délai expiré, il peut partir *après une mise en demeure.*

3° La charte-partie est absolument muette sur la durée du chargement. Il faut calculer la durée des jours de planche d'après l'usage du port et appliquer la solution précédente.

266. — Le capitaine doit être présent a bord. — Le capitaine est tenu d'être en personne dans son navire à l'entrée et à la sortie des ports, havres et rivières (art. 227, C. com.), sous peine d'être responsable de tous les événements envers les intéressés au navire et au chargement. En cas de contravention à cette disposition, le capitaine encourt

---

1. Cette question est en général traitée très sommairement par les auteurs.

une amende de 25 fr. à 300 fr. (Décret-loi du 24 mars 1852[1]), amende prononcée par le tribunal maritime commercial.

267. — IL DOIT ÊTRE MUNI DE CERTAINES PIÈCES. — Le Code de commerce exige que le capitaine soit, en partant, muni de certaines pièces (art. 266, C. com.). — Ces pièces sont :

1° L'acte de propriété du navire[2];

2° L'acte de francisation (V. n° 32) ;

3° Le rôle d'équipage (V. n° 73) ;

4° Les connaissements et les chartes-parties (V. n°s 97 et 140 *bis*) ;

5° Une expédition des procès-verbaux de visite (V. n° 107);

6° Les acquits de paiement et à caution de la douane.

268. — Faute d'être muni de ces pièces, le capitaine est responsable des dommages que leur absence peut causer aux intéressés dans les navire et chargement (retards, confiscations, etc.) [art. 228, C. com.].

269. — Les pièces énumérées par l'article 226 ne sont pas les seules dont le capitaine doive être muni.

Il convient d'ajouter :

1° Le congé (V. n° 36) ;

2° Le livre de bord, registre coté et paraphé par l'un des juges du tribunal de commerce, ou par le maire ou son adjoint dans les lieux où il n'y a pas de tribunal de commerce, livre-journal sur lequel le capitaine devra relater, ainsi qu'on le verra au n° 300, tout ce qui concerne le fait de sa charge, tout ce qui peut donner lieu à un compte à rendre ou à une demande à former ;

3° Le manifeste de sortie (V. n° 256) ;

4° La patente de santé (V. n° 259) ;

---

1. V. G. Paulet, *Code annoté du commerce et de l'industrie*, p. 297.

2. C'est par erreur que le Code exige cette pièce, l'acte de propriété, qui consiste dans le certificat du constructeur (V. n° 26) ou dans un acte de vente, demeure à la douane annexé au registre des francisations.

5° Si le navire est un navire à vapeur, un permis de navigation délivré par le préfet (Décret du 1er février 1893) ;

6° Différentes pièces d'une importance secondaire au point de vue du contrat de transport maritime (livre de punitions, etc.) ;

7° Un exemplaire de certains règlements.

Enfin, si l'armateur veut bénéficier (et il n'y manquera jamais) des primes accordées par la loi de 1893, le capitaine doit avoir à bord un registre dit registre des traversées (V. n° 258 *bis*) sur lequel sont consignées les distances parcourues (Décret du 25 juillet 1893).

270. — Le capitaine doit être assisté d'un pilote[1]. — Tout capitaine entrant dans un port ou en sortant doit avoir un pilote, sous peine d'être responsable des événements ; si un pilote se présente et que le capitaine le refuse, le capitaine est tenu de le payer comme s'il s'en était servi (Décr. 12 déc. 1806, art. 34)[2]. Le capitaine est tenu, aussitôt que le pilote est à bord, de lui déclarer combien son navire tire d'eau, sous peine d'être responsable des événements, s'il a recélé plus de 3 décimètres ; le capitaine doit aussi faire connaître la marche du navire, ses qualités et ses défauts. Sont affranchis de l'obligation de prendre un pilote les navires à voile ne jaugeant pas plus de 80 tonneaux, et les navires à vapeur ne jaugeant pas plus de 100 tonneaux, lorsqu'ils pratiquent l'embouchure des rivières (L. du 30 janvier 1893, art. 8).

271. — Il importe de bien préciser pourquoi le législateur a imposé aux capitaines l'assistance d'un pilote, car on aura ainsi la clé qui servira à résoudre la question fort délicate de la responsabilité respective du capitaine et du pilote quand ils se trouvent tous deux sur le navire.

---

1. Sur le pilotage, V. Champenois, *les Armements maritimes*, t. II, n°s 60 et suiv.

2. V. G. Paulet, *Code annoté du commerce et de l'industrie*, p. 297.

En pleine mer, le bâtiment navigue par de grandes profondeurs d'eau ; sa direction n'exige que la connaissance des *règles générales de la navigation* ; peu importe, au point de vue de sa sécurité, qu'il passe par tel point ou par tel autre. A proximité des côtes, il en est autrement : il peut exister des récifs cachés, des bancs de sable, des courants que rien ne révèle à l'œil. On ne peut naviguer dans ces parages dangereux comme on navigue en pleine mer ; on doit suivre une route précise : une déviation de 10 mètres peut occasionner un sinistre. Il existe donc, à côté des règles générales de la navigation, des règles de navigation *spéciales à chaque port.* Or, si on est en droit d'exiger du capitaine la connaissance des *règles générales de la navigation,* on ne peut raisonnablement exiger de lui, appelé à naviguer sur tous les points du globe, la connaissance de ce que nous dénommons les *règles spéciales.* Le rôle du pilote est de les lui faire connaître.

272. — Théoriquement, le rôle du pilote devrait se borner à indiquer au capitaine la route à suivre et les conditions de vitesse, etc., à observer, le capitaine commandant les manœuvres nécessaires. Mais en fait, les choses ne se passent pas et ne peuvent pas se passer ainsi ; les manœuvres doivent s'exécuter souvent dans un temps trop court pour que le capitaine et le pilote puissent se cantonner dans leur rôle théorique. Le pilote sera donc, la plupart du temps, amené à prendre la direction effective du navire.

273. — RESPONSABILITÉ RESPECTIVE DU CAPITAINE ET DU PILOTE. — Alors, si une imprudence est commise et entraîne un sinistre, qui du capitaine ou du pilote sera responsable ? Le pilote et le capitaine seront toujours respectivement responsables des ordres donnés spontanément par eux ; mais le capitaine sera-t-il responsable, en cas de sinistre, des ordres donnés par le pilote ou des ordres donnés par lui sur les indications du pilote ? Le capitaine demeurera responsable des fautes commises contre les *règles générales de la na-*

vigation, car la présence du pilote ne lui retire pas le commandement du navire ; mais il ne sera pas responsable des fautes commises contre les règles de navigation spéciales au port dans lequel il entre, car s'il est obligé de prendre un pilote, c'est précisément parce qu'il est censé ignorer ces règles.

Ainsi je suppose que le navire ait en face de lui 3 bouées A, B, C, indiquant des profondeur d'eau différentes. Le pilote dirige le navire entre les bouées A et B, lorsqu'il aurait dû passer entre les bouées B et C, et le navire s'échoue. Le capitaine n'est pas responsable, car il y a faute contre les règles locales de la navigation. Je suppose au contraire que le pilote, sachant bien que c'est entre les bouées B et C que le navire doit passer, et voulant diriger le navire sur ce point, commande une manœuvre qui doit le faire passer entre les bouées A et B. Si le capitaine laisse accomplir cette manœuvre, il est responsable, car elle constitue une faute contre les règles générales de la navigation[1].

274. — Dans tous les cas, le capitaine demeuré chef de l'équipage, reste responsable de l'inexécution des manœuvres, même commandées par le pilote, et à plus forte raison de toutes ses fautes personnelles.

Les salaires auxquels ont droit les pilotes sont fixés pour chaque arrondissement maritime par des règlements spéciaux.

---

1. La distinction présentée par nous comme criterium de la question et qui n'a été à notre connaissance formulée par aucun auteur, permet de concilier les jugements et arrêts, en apparence contradictoires, rendus sur la matière. Quand on examine avec soin les faits sur lesquels ils ont statué, on voit que les décisions qui déclarent le capitaine responsable malgré la présence du pilote ont été rendues en présence de fautes contre les règles générales de la navigation, notamment en matière d'abordage, tandis que celles qui exonèrent le capitaine visent des fautes contre les règles locales.

Le navire ne part pas ou est retardé dans son départ.

275. — Nous supposerons dans ce paragraphe qu'un voyage a été décidé et que la volonté d'effectuer ce voyage a reçu un commencement d'exécution. Le navire a été affrété, ou bien un équipage a été engagé, ou bien encore il y a eu tout à la fois affrètement et engagement d'un équipage, et cependant, le navire ne part pas, ou bien encore il est retardé dans son départ. Quel va être l'effet du non-départ sur les contrats conclus en vue du voyage, contrat d'affrètement, contrat d'engagement des gens de mer, assurance, etc. ?

276. — 1re HYPOTHÈSE : LE NAVIRE NE PART PAS PAR SUITE D'UNE RÉSOLUTION VOLONTAIRE. — Il y a dans ce cas ce qu'on appelle rupture du voyage.

La rupture peut émaner soit du fréteur, soit de l'affréteur.

276 bis. — *1er Cas : la rupture du voyage provient du fait du fréteur.* — Le fréteur refuse de laisser partir son navire. Vis-à-vis de l'affréteur, le fréteur est passible de dommages-intérêts. Vis-à-vis des marins, il faut distinguer suivant qu'ils sont engagés soit au mois ou au voyage, soit au fret (V. n°s 66 et 72).

S'ils sont engagés au mois ou au voyage, l'armateur leur doit : 1° les journées par eux employées à l'équipement du navire (art. 252, C. com.) ; 2° une indemnité fixée à forfait et qui consiste, si des avances ont été versées aux marins, dans le droit de garder ces avances, et si des avances ne leur ont pas été versées, en un mois de gages. Aucune difficulté pour déterminer le quantum de ce mois, si les marins sont engagés au mois, c'est-à-dire à tant par mois. Si les marins ont été engagés au voyage, ils ont droit au montant des salaires promis pour la durée du voyage divisée par le nombre de mois que devait, selon toutes probabilités, durer le voyage projeté.

S'ils sont engagés au fret, ils ont droit à une indemnité à arbitrer par les tribunaux.

Quant à l'assurance, si une assurance a été contractée, elle est ristournée (V. n° 171) et l'assureur reçoit à titre d'indemnité demi pour cent de la somme assurée.

277. — *2ᵉ Cas : la rupture du voyage a lieu par le fait de l'affréteur.* — L'affréteur ne peut pas empêcher le départ du navire ; mais il peut rompre le voyage vis-à-vis du fréteur en refusant de charger les marchandises, et alors celui-ci n'ayant plus d'intérêt à faire effectuer le voyage y renoncera [1].

Dans ce cas, on l'a vu au n° 114, l'affréteur doit, à titre d'indemnité au propriétaire du navire, la moitié du fret convenu pour la totalité du chargement qu'il devait faire (art. 288, C. com.) aux termes de la charte-partie [2].

En ce qui concerne les marins, il faut appliquer la solution énoncée au numéro précédent.

L'assurance est ristournée (V. n° 171) et l'assureur reçoit à titre d'indemnité demi pour cent de la somme assurée.

278. — A l'hypothèse de la rupture par suite d'une résolution volontaire du fréteur ou de l'affréteur, il faut assimiler, au point de vue des marins, les cas où le navire est empêché de partir par suite d'un fait qui, sans être précisément volontaire, est imputable à l'un ou à l'autre. Par exemple, le navire est reconnu innavigable (cas imputable au fréteur), ou bien l'affréteur, sans refuser de charger, ne peut se procurer les marchandises nécessaires.

---

1. Cela suppose un affrètement total, car s'il existe d'autres affréteurs chargeant les marchandises dont ils sont convenus, le fréteur ne pourra renoncer au voyage sans s'exposer à des dommages-intérêts vis-à-vis de ceux qui ont chargé leurs marchandises.

2. Si l'affréteur ayant déjà chargé les marchandises les retire ensuite, le fret entier est dû (art. 288, C. com.), à moins que le chargement ne soit à cueillette, auquel cas il n'est dû que le demi-fret (art. 291, C. com.). [V. n°ˢ 116 et 117.]

279. — 2ᵉ Hᴘᴏᴛʜᴇ̀ꜱᴇ : Lᴇ ɴᴀᴠɪʀᴇ ɴᴇ ᴘᴀʀᴛ ᴘᴀꜱ ᴘᴀʀ ꜱᴜɪᴛᴇ ᴅ'ᴜɴ ᴄᴀꜱ ᴅᴇ ꜰᴏʀᴄᴇ ᴍᴀᴊᴇᴜʀᴇ. — *Interdiction du commerce. Blocus du port de destination.* — Il y a interdiction de commerce lorsqu'un acte du Gouvernement interdit, pour quelque cause que ce soit, le commerce avec le pays auquel appartient le port de destination ; l'interdiction du commerce résulte virtuellement de l'état de guerre entre le pays du port de départ et le pays du port de destination. Il faut assimiler à l'interdiction de commerce le blocus soit du port de départ, soit du port de destination[1].

L'interdiction de commerce résout le contrat d'engagement des gens de mer ; ceux-ci n'ont droit qu'au paiement des journées employées à équiper le bâtiment ; il n'est rien dû aux marins engagés au fret (art. 253 et 257, C. Com.).

L'interdiction de commerce résout également le contrat d'affrètement : le fréteur et l'affréteur sont désormais libres de tout engagement l'un envers l'autre. Le fréteur ne doit aucuns dommages-intérêts, l'affréteur ne doit aucun fret (art. 276, C. com.).

Mais l'affréteur doit supporter les frais du chargement et du déchargement du navire, si l'interdiction de commerce se produit après le chargement opéré.

L'assurance est ristournée (V. nº 171) et l'assureur reçoit à titre d'indemnité demi pour cent de la somme assurée.

280. — 3ᵉ Hᴘᴏᴛʜᴇ̀ꜱᴇ : Lᴇ ᴅᴇ́ᴘᴀʀᴛ ᴇꜱᴛ ʀᴇᴛᴀʀᴅᴇ́ ᴘᴀʀ ᴀʀʀᴇ̂ᴛ ᴅᴜ ᴘʀɪɴᴄᴇ. — Le gouvernement du pays dont dépend le port d'armement met obstacle au départ du navire, par exemple pour tenir secrets certains événements ; dans ce cas, la mesure est commune à tous les navires nationaux ou étrangers qui se trouvent dans le port. Quelquefois la mesure s'applique aux bâtiments d'une seule nation pour exercer une pression sur

---

1. Nous supposons que le blocus du port de destination est connu au moment fixé pour le départ. Si le blocus est établi pendant la durée du voyage, il existe d'autres règles (V. nº 288).

son gouvernement ; elle prend alors le nom d'*embargo*. Enfin on appelle *angarie* le fait d'un gouvernement qui s'empare provisoirement d'un navire pour l'employer. Toutes ces mesures, qui n'ont qu'un caractère temporaire, sont comprises sous la dénomination générique d'arrêt.

281. — L'arrêt rompt le voyage à l'égard de l'équipage et résout le contrat d'engagement. Il faut donc, en ce qui concerne les marins, appliquer tout ce qui a été dit à propos de l'interdiction de commerce. Mais l'arrêt laisse subsister le contrat d'affrètement (art. 277, C. com.), et l'affréteur n'a droit à aucune indemnité à raison du retard. Il peut seulement (art. 278, C. com.) décharger sa marchandise pendant la durée de l'arrêt afin de pouvoir la soigner, etc., à la condition de la recharger. Les frais occasionnés par le déchargement sont à sa charge ; le chargeur peut également être passible de surestaries (V. n° 136) si de ces opérations il est résulté quelque retard pour le navire. Si l'affréteur ne recharge pas ses marchandises, il doit indemniser le capitaine (art. 278, C. com.). Le Code ne dit pas en quoi consiste l'indemnité. L'indemnité consiste dans le demi-fret par application de l'article 288 du Code de commerce. Cette solution, conforme aux précédents, est controversée.

282. — 4ᵉ Hʏᴘᴏᴛʜᴇ̀ꜱᴇ : Lᴇ ᴅᴇ́ᴘᴀʀᴛ ᴇꜱᴛ ʀᴇᴛᴀʀᴅᴇ́ ᴘᴀʀ ᴅ'ᴀᴜᴛʀᴇꜱ ᴄᴀꜱ ᴅᴇ ꜰᴏʀᴄᴇ ᴍᴀᴊᴇᴜʀᴇ. — Le navire est empêché de partir par suite de vents contraires. Ces retards n'exercent aucune influence ni sur le contrat d'engagement des gens de mer, ni sur le contrat d'affrètement.

283. — 5ᵉ Hʏᴘᴏᴛʜᴇ̀ꜱᴇ : Lᴇ ᴅᴇ́ᴘᴀʀᴛ ᴇꜱᴛ ʀᴇᴛᴀʀᴅᴇ́ ᴘᴀʀ ʟᴇ ꜰᴀɪᴛ ᴅᴇ ʟ'ᴀʀᴍᴀᴛᴇᴜʀ ᴏᴜ ᴅᴜ ᴄᴀᴘɪᴛᴀɪɴᴇ. — L'affréteur et les marins ont droit à une indemnité. Il n'y a retard, quant aux marins, que pour le temps postérieur à la clôture du rôle.

284. — 6ᵉ Hʏᴘᴏᴛʜᴇ̀ꜱᴇ : Lᴇ ɴᴀᴠɪʀᴇ ᴇꜱᴛ ʀᴇᴛᴀʀᴅᴇ́ ᴘᴀʀ ʟᴇ ꜰᴀɪᴛ ᴅᴇ ʟ'ᴀꜰꜰʀᴇ́ᴛᴇᴜʀ. — Il est dû au navire des surestaries. Les marins engagés au fret ont droit à une part des surestaries proportionnelle à la part du fret à laquelle ils ont droit (art. 257, C. com.). Quant aux marins engagés au mois ou au voyage, il paraît juste de leur faire allouer par l'armement une indemnité, car le propriétaire a précisément droit à des surestaries à cause des dépenses occasionnées par le retard.

285. — 7ᵉ HYPOTHÈSE : LE NAVIRE EST ARRÊTÉ PAR UNE SAISIE. — On a vu que, lorsque le capitaine est nanti de ses expéditions, le navire n'est plus saisissable que pour les dettes relatives au voyage qu'il entreprend. Encore, dans ce cas, les intéressés peuvent faire lever la saisie en donnant caution (art. 215, C. com.).

CHAPITRE VII

TRAVERSÉE DU NAVIRE

286. — Quelle route doit suivre le capitaine ? — Le capitaine est tenu de se diriger vers le port de destination par la route la plus directe que comportent les nécessités de la navigation.

S'il est entendu que le navire doit toucher successivement à plusieurs ports, il doit suivre l'ordre indiqué ou, à défaut d'indication, celui qui exige le trajet le moins long. Quelquefois, aucun port n'est spécialement désigné, et une certaine latitude est laissée au capitaine ; certaines limites lui sont seulement indiquées : il devra se rendre à la côte de..... Le capitaine aura à choisir le point d'atterrissement d'après les commodités qu'il rencontrera pour le débarquement de ses marchandises.

Le capitaine engagerait gravement sa responsabilité en s'écartant de la route tracée par la convention ou les circonstances. Le déroutement, en effet, peut exposer le navire à certains dangers, il est une cause de retard, enfin il peut entraîner une déchéance vis-à-vis des assureurs et des prêteurs à la grosse. Mais la convention peut accorder au capitaine la faculté de dérouter ; toutefois, cette convention ne lui confère pas le droit de dérouter capricieusement, mais seulement dans une mesure juste et raisonnable.

287. — Le capitaine ne doit pas s'arrêter sans nécessité. — Le capitaine ne peut s'arrêter dans des ports intermédiaires si cette faculté ne lui est pas accordée par le connaissement ou la charte-partie. S'il le fait, il est responsable du préjudice qui peut en résulter tant pour l'armateur que pour les affréteurs. Mais cette règle ne s'applique pas lorsque le capitaine est contraint par la nécessité de s'arrêter dans un port intermédiaire, soit pour se soustraire aux dangers de la mer, soit pour faire réparer son navire, soit pour acheter des choses indispensables. Nous ferons connaître, en nous occupant des avaries, à quelles conditions sont subordonnées les relâches.

288. — Le capitaine ne peut atteindre le port de destination. — Des événements inattendus peuvent mettre le capitaine dans l'impossibilité d'atteindre le port de destination. Ce sont l'interdiction de commerce et le blocus. (V. n° 279.)

En cas d'interdiction de commerce, le capitaine doit revenir à son port de départ.

On verra, à l'arrivée du navire, les conséquences qu'entraîne cette éventualité sur le paiement du fret et des salaires des marins.

En cas de blocus du port de destination, le capitaine doit, à moins d'ordres contraires, se rendre dans un des ports voisins de la même puissance où il lui sera permis d'aborder.

Si tous les ports du pays sont bloqués, on ne se trouve plus dans l'hypothèse prévue par l'article 279 C. com., et alors le capitaine doit, suivant les circonstances et sous sa responsabilité, ou conduire le navire dans un port d'une puissance voisine ou revenir à son port de départ avec les marchandises.

La solution à adopter dépendant des circonstances, il est impossible de poser *a priori* des principes absolus.

289. — Conduite nautique du navire. — Pouvoirs du capitaine. — En ce qui concerne la conduite nautique du navire, le capitaine est investi d'un pouvoir absolu, sauf à répondre ultérieurement de ses fautes : il est, suivant la formule consacrée, « maître après Dieu du bâtiment ». Toute convention tendant à restreindre ces pouvoirs est nulle. La présence du propriétaire ne diminuerait même pas les pouvoirs du capitaine ; le propriétaire, à ce point de vue, ne serait qu'un simple passager à bord.

Sans doute, au point de vue commercial, au point de vue de l'administration du navire et des intérêts qui y sont engagés, le capitaine est le préposé de l'armateur, obligé de se conformer à ses instructions ; mais en ce qui concerne la conduite nautique du bâtiment, le capitaine ne dépend de personne : il est le maître absolu, mais le maître responsable[1].

290. — Précautions contre les abordages. — Un décret du 1ᵉʳ septembre 1884[2] a édicté un ensemble de mesures destinées à prévenir les abordages.

Ces mesures consistent en feux qui doivent être allumés depuis le coucher jusqu'au lever du soleil, en signaux phoniques pour les temps de brume, en certaines directions que doivent prendre les navires quand ils s'aperçoivent, et que la route suivie par chacun d'eux serait de nature, si elle n'était pas modifiée, à amener un abordage.

291. — Pouvoirs disciplinaires du capitaine. — Pour assurer la conduite nautique du navire, il faut que le capitaine soit obéi. Pour qu'il soit obéi, il faut mettre en ses mains des moyens coercitifs immédiats, afin qu'il puisse vaincre, au moment même où elles se produisent, les résistances qu'il peut rencontrer. Aussi le décret du 24 mars 1852[3] per-

---

1. On verra bientôt que dans certains cas le capitaine a l'obligation de consulter les principaux de l'équipage ; mais cela n'a d'importance que pour l'établissement des responsabilités. Quand le capitaine commande, il doit être obéi.

2. V. G. Paulet, *Code annoté du commerce et de l'industrie*, p. 721. V. aussi Champenois, t. II, pp. 73 et suiv.

3. V. G. Paulet, *Code annoté du commerce et de l'industrie*, p. 113. Ce décret vient d'être modifié par une loi du 19 avril 1893.

met-il au capitaine d'infliger et de faire subir immédiatement certaines peines disciplinaires à tous ceux qui se trouvent sur le navire, marins ou passagers.

Les passagers (et au besoin l'armateur s'il est présent) ne sont tenus d'obéir aux ordres du capitaine qu'autant que ces ordres sont donnés pour le salut du navire ou de la cargaison ou pour le maintien de l'ordre.

292. — LES VIVRES VIENNENT A MANQUER. — Si les vivres deviennent insuffisants, le capitaine peut, après avoir pris l'avis des principaux de l'équipage, forcer ceux qui ont des vivres en particulier à les mettre en commun (art. 249, C. com.) et, à plus forte raison, se servir, sous la même condition, des vivres embarqués comme marchandises. Il peut aussi, toujours en prenant l'avis des principaux de l'équipage, relâcher pour en acheter. Mais si la nécessité de la relâche provient de l'insuffisance des provisions au départ, le capitaine est responsable des frais et des retards occasionnés par la relâche.

293. — LE NAVIRE COURT DES DANGERS. — ABANDON DU NAVIRE. — Le capitaine et l'équipage doivent demeurer sur le navire jusqu'à la dernière extrémité.

Le capitaine, dit l'article 241 C. com., ne peut abandonner son navire pendant le voyage, pour quelque danger que ce soit, sans l'avis des principaux de l'équipage. Dans ce cas, il est obligé d'emporter avec lui l'argent et ce qu'il pourra des marchandises les plus précieuses (il faut ajouter : et les papiers du bord)[1]. La délibération, lorsqu'elle est favorable à l'abandon, crée en faveur du capitaine une présomption que l'abandon s'imposait, de même que l'absence de délibération ou une délibération défavorable à l'abandon créerait une présomption contraire. Mais l'une et l'autre présomption peuvent être combattues et détruites par la preuve contraire.

---

1. La loi du 19 avril 1898 modifiant l'article 80 du décret du 24 mars 1852 ajoute les dépêches postales et le journal de route.

Si les objets ainsi tirés du navire sont perdus par quelque cas fortuit, le capitaine en demeure déchargé. Lorsque le capitaine et l'équipage abandonnent le navire, le capitaine doit demeurer à bord le dernier (Déc. 24 mars 1852, art. 80), modifié par la loi du 19 avril 1898). Les contraventions aux dispositions qui précèdent sont punies d'un emprisonnement d'un mois à un an prononcé par le tribunal maritime commercial, qui peut de plus prononcer contre le capitaine l'interdiction de commandement pour une durée de un à cinq ans.

294. — SACRIFICES VOLONTAIRES POUR CONJURER LES DANGERS. — Le capitaine peut, après délibération des principaux de l'équipage, lorsque le navire et la cargaison sont exposés à un péril commun, faire les sacrifices nécessaires, jeter des marchandises à la mer, couper des mâts, relâcher, etc. Ces sacrifices sont ce qu'on appelle des *avaries grosses*. Ici devrait trouver logiquement sa place la théorie des avaries. Cependant, comme cette matière exige d'assez longs développements, nous la rejetterons à la fin de ce chapitre (V. n° 306) afin de ne pas interrompre le récit de la traversée.

295. — LES SACRIFICES SONT VAINS, LE NAVIRE SE PERD. — Si le navire se perd près d'une côte, et qu'il soit possible d'en sauver quelque partie, le capitaine et l'équipage doivent s'employer à en sauver le plus qu'ils peuvent (art. 258 et 381, C. com.).

296. — *Devoirs du capitaine dans ce cas.* — Au premier lieu où le capitaine aborde (art. 246, C. com.), seul ou avec une partie de son équipage, il est tenu de se présenter, pour faire son rapport, en France, devant le président du tribunal de commerce ou, à défaut de tribunal de commerce, devant le juge de paix ; à l'étranger, devant le consul (Ord. 29 oct. 1833, art. 55)[1]. Si aucune de ces autorités n'est présente sur les lieux, le capitaine doit se présenter, en France, devant

---

1. V. G. Paulet, *Code annoté du commerce et de l'industrie,* p. 175.

toute autorité civile, à l'étranger devant le juge du lieu ou, à défaut de juge, devant toute autorité civile.

Le rapport du capitaine n'est pas un rapport verbal, c'est un rapport écrit, signé et affirmé par lui. Il doit indiquer avec détails le lieu du sinistre : il donnera les noms des marins ou passagers qui ont péri, etc. S'il y a un échouement avec bris, le capitaine doit, si son rapport est fait à un consul, indiquer tout ce qui peut faciliter le sauvetage, afin que le consul puisse prendre les mesures nécessaires à cet effet.

Pour vérifier le rapport du capitaine, le juge ou consul, etc., reçoit l'interrogatoire des gens de l'équipage et, s'il est possible, des passagers, sans préjudice des autres preuves (art 247, C. com.). Sur la force probante du rapport de mer, voir n° 464.

Le capitaine doit en outre, si le naufrage a lieu sur les côtes de France, ou dans les autres cas à son retour en France, faire à son arrivée dans un port, tant au bureau des douanes qu'à celui de l'inscription maritime, la déclaration des événements de son voyage. (Règl. 1866, art. 212.)

297. — RAPATRIEMENT DES MARINS[1]. — L'équipage des navires naufragés doit être rapatrié par les soins des consuls généraux, consuls, vice-consuls ou agents consulaires de France, s'ils se réfugient dans un port étranger, des gouverneurs, commandants particuliers et commissaires de l'inscription maritime s'ils se réfugient dans une possession française d'outre-mer (Déc. du 22 septembre 1891). Si le navire qui les rapatrie les débarque dans un port autre que le port d'armement, les marins ont en outre droit à une indemnité de route nommée *conduite*[2], pour se rendre dans le quartier

---

1. Ces dispositions sont applicables au capitaine aussi bien qu'aux hommes d'équipage. Sur les détails de rapatriement, voir Champenois, *les Armements maritimes,* n°ˢ 62 et suiv.

2. Dans son engagement, le marin peut renoncer et renonce souvent à la conduite, mais ne peut renoncer au rapatriement.

maritime où ils sont inscrits. Cette indemnité de route leur est due encore si, après la perte du navire, ils se réfugient dans un port de France autre que le port d'armement.

Les frais de rapatriement sont à la charge de l'armateur, mais seulement jusqu'à concurrence de la valeur du navire et de ses débris et du montant du fret des marchandises sauvées [1]. (Art. 258 C. com. modifiant sur ce point l'article 14 du décret du 7 avril 1860; Déc. du 22 septembre 1891, art. 16).

298. — SALAIRES DES MARINS EN CAS DE NAUFRAGE. — Nous traiterons des salaires des marins lors du retour du navire en France, époque à laquelle ils sont payés. A la vérité, dans l'hypothèse qui nous occupe, le navire ne doit pas rentrer en France. Nous renvoyons néanmoins la question au chapitre consacré au retour du navire pour pouvoir réunir tout ce qui concerne les salaires des marins dans les diverses hypothèses. (V. n°s 571 et suiv.)

299. — LE NAVIRE EST CAPTURÉ. — Le navire peut être capturé par les pirates ou, en cas de guerre, par les corsaires [2] et navires de guerre de l'ennemi.

La prise donne lieu à des formalités analogues à celles qui doivent être remplies en cas de naufrage. Les effets de la prise sur les loyers des marins, le fret, le prêt à la grosse seront indiqués ailleurs.

Sur la question du rapatriement, voir ce qui vient d'être dit au n° 297.

300. — CONSTATATION DES INCIDENTS DE LA TRAVERSÉE. — LIVRE DE BORD. — Le capitaine (art. 224, C. com.) tient un livre coté et paraphé par l'un des juges du tribunal de commerce ou par le maire ou son adjoint dans les lieux où il n'y a pas de tribunal de commerce. Sur ce registre, il consigne les résolutions prises pendant le voyage, la recette et la dé-

---

1. Il n'est dû aucun fret pour les marchandises perdues (art. 302, C. com.).

2. La course a été abolie en 1856 par le traité de Paris. Mais les États-Unis n'ont pas adhéré à ce traité, non plus que l'Espagne.

pense concernant le navire, et généralement tout ce qui concerne le fait de sa charge, tout ce qui peut donner lieu à une demande à former.

Il est très important pour le capitaine de tenir avec soin son livre de bord, car ce livre fait foi jusqu'à preuve contraire de tout ce qu'il contient.

Théorie des avaries[1].

(Renvoi du n° 294.)

301. — LES AVARIES SONT DES DOMMAGES MATÉRIELS OU DES DÉPENSES. — Le mot *avarie* a, dans la langue du droit maritime, un sens plus large que dans la langue usuelle.

Dans la langue usuelle, le mot *avarie* désigne exclusivement une détérioration matérielle subie par une chose. Dans la langue du droit maritime, le mot *avaries* qualifie non seulement les dommages éprouvés par un navire ou sa cargaison, ou par l'un et par l'autre, mais encore certaines dépenses faites pour le navire ou pour la cargaison, ou simultanément pour le navire et pour la cargaison : ainsi un navire est désemparé par la tempête ; le capitaine se trouve dans la nécessité d'opérer une relâche ; on devra considérer comme avaries non seulement les dégâts occasionnés par la tempête au navire, mais encore les frais de toute nature occasionnés par la relâche. Les avaries se divisent donc en *avaries-dommages* et *avaries-frais*.

302. — QUELS DOMMAGES, QUELLES DÉPENSES CONSTITUENT DES AVARIES. — Tous les dommages éprouvés par un navire ou sa cargaison, ou par l'un et par l'autre, toutes les dépenses faites pour le navire ou la cargaison ou pour l'un et pour l'autre ne sont pas des avaries.

---

1. Il ne sera traité ici que de la distinction entre les avaries grosses et les avaries particulières, les autres parties de la matière trouvant leur place logique dans le règlement d'avaries (V. n° 687).

La langue du droit maritime réserve exclusivement cette qualification aux dommages et dépenses qui doivent entraîner au moins l'une des conséquences pratiques suivantes :

1° Permettre au propriétaire d'une chose exposée aux risques de la navigation, *dans le cas où cette chose est assurée,* d'exercer un recours contre son assureur, à l'effet de se faire indemniser du dommage subi, ou de se faire rembourser la dépense faite ;

2° Permettre au propriétaire de cette chose, navire ou marchandises, d'obliger les autres intéressés exposés en même temps que lui aux mêmes risques (propriétaires de la cargaison s'il s'agit d'un navire, propriétaires du navire et du surplus de la cargaison s'il s'agit de marchandises), à supporter en commun avec lui les dommages subis ou les dépenses faites.

303. — Ne constituent des avaries que les dommages ou dépenses extraordinaires. — Or, parmi les dommages et dépenses, n'entraînent l'une ou l'autre de ces conséquences, ou toutes les deux réunies, que celles qui ont un caractère extraordinaire.

Ne sont donc pas des avaries les dommages et dépenses qui sont une conséquence naturelle de la navigation entreprise, qui ont dû être prévus par les divers intéressés comme partie intégrante de leurs frais généraux.

Ainsi l'usure du navire provenant d'une navigation prolongée n'est pas une avarie.

304. — Ne sont pas avaries, dit l'article 406 C. com., mais simples frais à la charge du navire, les lamanages, touages, pilotages pour entrer dans les havres ou rivières ou pour en sortir, les droits de congé, visite, rapports, balises, ancrages et autres frais de navigation. L'armateur n'a donc aucun recours contre son assureur à raison de ces dommages et dépenses ; il n'a aucun recours contre les propriétaires de la cargaison, bien que ceux-ci aient profité des dépenses de pilotage, etc. Cependant, il est quelquefois stipulé dans les chartes-parties et connaissements que ces frais de navigation seront supportés pour une certaine part par les marchandises.

305. — Mais les différentes dépenses que l'article 406 C. com. signale comme étant de simples frais de navigation à la charge du navire, peuvent devenir des avaries lorsqu'elles revêtent un caractère extraordinaire et n'ont pu entrer dans les prévisions des intéressés.

C'est ainsi qu'il a été jugé que les droits dus à des pilotes dont les efforts réunis ont été employés à sauver le navire et son chargement ne sont pas, comme ceux de pilotage ordinaire, de simples frais de navigation, mais de véritables avaries. Il en est de même des frais de remorquage d'un navire à vapeur désemparé de sa machine en pleine mer et devenu incapable de gagner seul un port de relâche.

306. — Les avaries se divisent en avaries grosses ou communes et en avaries simples ou particulières. — On appelle *avaries grosses* ou *communes* les avaries qui doivent être supportées en commun par les propriétaires du navire et de la cargaison, dans des proportions qui seront déterminées ultérieurement[1]. On appelle *avaries simples* ou *particulières* celles qui doivent être supportées exclusivement par le propriétaire de la chose[2] qui a essuyé le dommage ou occasionné la dépense. En principe, le dommage subi par une chose ou la dépense faite à l'occasion de cette chose est à la charge exclusive de son propriétaire.

L'avarie simple est donc la règle et l'avarie grosse l'exception. Il suffit, par suite, de bien caractériser l'avarie grosse. Toute avarie qui ne présente pas les caractères constitutifs de l'avarie commune est nécessairement une avarie simple.

---

1. La qualification de *grosses* donnée à ces avaries provient de ce qu'elles sont supportées par le *gros*, c'est-à-dire par l'ensemble des intéressés.

2. Sauf recours contre l'assureur, s'il y en a un.

307. — Si certaines avaries sont supportées en commun par le propriétaire du navire et celui des marchandises, c'est parce qu'elles constituent des dommages subis ou des dépenses faites dans l'intérêt commun du navire et du chargement. Ainsi, par exemple : un navire est menacé de sombrer ; le capitaine, pour l'alléger, jette à la mer une partie du chargement ; ce sacrifice étant fait dans l'intérêt commun du navire et du chargement, doit être supporté en commun par le propriétaire du navire et par celui du chargement.

La théorie des avaries grosses repose sur ce principe d'équité que nul ne doit s'enrichir aux dépens d'autrui. Les propriétaires du navire et des marchandises que le jet à la mer d'une partie de la cargaison a sauvés, s'enrichiraient aux dépens du propriétaire des marchandises jetées, s'ils n'étaient tenus d'indemniser ce dernier[1].

308. — Quels caractères doit présenter une avarie pour être une avarie grosse ? — Pour qu'un dommage ou une dépense constitue une avarie grosse, il doit présenter un certain nombre de caractères qui résultent des exemples d'avaries grosses énumérées par le Code et de la définition de ces avaries : « En général, les dommages soufferts volontairement et les dépenses faites après délibérations motivées pour le bien et le salut commun du navire et des marchandises, depuis leur chargement et départ jusqu'à leur retour et débarquement » (art. 400, C. com.).

309. — 1er caractère. — Le dommage éprouvé ou la dépense faite doit constituer un sacrifice volontaire. — Ne sont donc pas avaries grosses les dommages subis et les dépenses faites qui ont un caractère purement fortuit : par exemple, si un mât est rompu par la tempête, il n'y a là qu'une avarie particulière à la charge exclusive de l'armateur

---

1. Mais ils ne sont pas tenus de l'indemniser intégralement ; le propriétaire des marchandises sacrifiées doit supporter une partie du sacrifice (voir, sur ce point, ce qui sera dit à propos du règlement des avaries, n⁰ˢ 687 et suiv.).

(art. 403, C. com.)[1]; de même, les détériorations fortuites subies par les marchandises sont à la charge exclusive de leur propriétaire, qui n'a aucun recours contre l'armateur[2] ni contre les autres propriétaires de marchandises chargées à bord.

310. — Il faut donc, pour qu'il y ait avarie grosse, qu'il y ait un acte de volonté, une résolution prise par le capitaine de faire un sacrifice, et qu'entre le dommage éprouvé (ou la dépense faite) et la résolution prise, il y ait un rapport de cause à effet. Il faut que le dommage ou la dépense soit une conséquence de la décision arrêtée.

Ainsi, lorsque en présence de dangers qui menacent à la fois le navire et la cargaison, le capitaine se décide à relâcher dans un port intermédiaire, les frais de toute nature occasionnés par la relâche sont des avaries grosses, parce qu'ils sont une conséquence directe de la décision prise. Mais si, en entrant dans le port de refuge, le navire s'échoue, cet échouement n'est pas une avarie grosse, parce qu'il n'a pas pour cause la résolution de relâcher. La relâche est l'*occasion* et non la *cause* de l'échouement. (V. cependant ce qui sera dit au n° 311 *a*.)

311. — *Mais il n'est pas nécessaire que le dommage ou la dépense ait été spécialement voulu.* — Il suffit qu'il soit une conséquence possible, quoique non certaine, de la résolution prise et que l'éventualité ait pu en être prévue. De là deux principes.

1° — *Toutes les fois qu'une chose est volontairement exposée à des dangers extraordinaires, les dommages éprouvés par suite de*

---

1. Toujours sauf son recours contre l'assureur s'il y en a un. Cette observation est faite pour la dernière fois.

2. A moins que la détérioration subie par les marchandises ne soit la conséquence d'une faute du capitaine; par exemple, des marchandises ont été avariées par l'eau de mer qui a pénétré dans la cale, faute par le capitaine d'avoir bien fermé les écoutilles. (Les écoutilles sont les panneaux qui ferment l'ouverture de la cale sur le pont.) [Article 405.]

ces dangers sont des avaries grosses, bien qu'ils eussent pu ne pas se réaliser. — Voici quelques exemples :

a) Pour échapper à la poursuite de l'ennemi ou des pirates, un capitaine engage son navire dans un passage dangereux à cause des bancs de sable qui l'encombrent, passage qu'il eût évité dans toute autre circonstance, mais qu'il prend néanmoins parce que son adversaire ne pourra l'y suivre à raison de son tirant d'eau. Comme il a volontairement exposé son navire à des chances extraordinaires d'échouement, l'échouement dans ce cas est une avarie grosse.

b) Le capitaine, pour échapper à un péril imminent, relâche dans un port dont l'accès est particulièrement dangereux, l'échouement sera encore dans ce cas une avarie grosse.

c) Le capitaine a décidé, pour alléger le navire, de jeter des marchandises à la mer et à cet effet les a extraites de la cale. Pendant que les marchandises sont sur le pont, un coup de mer les emporte ; la perte de ces marchandises, bien que fortuite en apparence, est une avarie commune, car les marchandises ont été volontairement exposées sur le pont à un danger extraordinaire.

d) Le capitaine, pour échapper à un péril pressant, force ses voiles (V. n° 341) ; il n'est pas certain que la mâture se rompe ; mais si elle se rompt, il y aura avarie commune, car la rupture provient de l'effort extraordinaire qu'on lui a volontairement imposé.

e) En cas de perte de marchandises mises dans des barques pour alléger le navire entrant dans un port ou dans une rivière, la perte de ces marchandises est avarie commune, parce qu'elle est une conséquence du danger auquel ces marchandises ont été exposées volontairement [1] (art. 400-7°).

---

1. Il en serait autrement s'il s'agissait d'entrer au port de destination. Dans ce cas, en effet, l'allégement serait une opération normale de l'expédition et qui a dû être prévue ; il n'a pas le caractère extraordinaire que doit présenter une avarie.

311 bis. — 2° — *Les suites directes d'une avarie grosse sont elles-mêmes avaries grosses.* — Ainsi, à la suite d'avaries communes subies par le navire, une relâche est décidée. Si, pour réparer les avaries subies par le navire, il est nécessaire de débarquer des marchandises, les frais de débarquement, de magasinage sont des avaries grosses.

312. — Mais, parmi les suites d'une avarie grosse, ne doivent être considérées elles-mêmes comme avaries grosses que les suites *directes* et *nécessaires* ; ainsi, comme il a été dit précédemment, une relâche a été décidée : le navire s'échoue en entrant dans le port de refuge ; cet échouement n'est pas une avarie commune : la relâche, en effet, avons-nous dit, a été l'*occasion* mais non la *cause* de l'échouement.

La jurisprudence a quelquefois poussé très loin le principe que les suites d'une avarie grosse sont elles-mêmes avaries grosses.

Un capitaine ayant fait le sacrifice de sa mâture et le navire arrivé à destination n'ayant pu être réparé, l'innavigabilité fut déclarée avarie grosse.

313. — 2e CARACTÈRE. — IL FAUT QUE LE SACRIFICE VOLONTAIRE SOIT FAIT POUR LE BIEN ET SALUT COMMUN. — Les mots « pour le *salut commun* » qu'emploie l'article 400 C. com. indiquent que le sacrifice volontaire doit avoir pour but de conjurer un *péril* commun auquel sont exposés le navire et les marchandises. Il ne suffirait pas que le sacrifice volontaire fût fait dans l'*intérêt commun,* en l'absence de tout péril, pour obtenir un résultat avantageux aux propriétaires du navire et de la cargaison. C'est ainsi qu'un navire étant arrêté par les glaces, mais ne courant aucun danger, et le capitaine ayant fait couper la glace pour dégager le navire et lui permettre de continuer sans retard son voyage, le tribunal de commerce de Marseille refusa de voir dans les frais nécessités par cette opération une avarie grosse, bien qu'elle pût être considérée comme faite dans l'intérêt commun. Cette mesure, en effet, ne pouvait être considérée comme prise *pour le salut commun,* puisque, le navire et la cargaison ne courant aucun danger, il ne pouvait être question de les *sauver.*

314. — *Il n'est pas nécessaire, bien qu'on l'ait dit, que le péril commun soit imminent,* c'est-à-dire que le navire et la cargaison se trouvent exposés à une perte certaine, si le sacrifice volontaire n'est pas *immédiatement* fait.

Le capitaine ne doit pas attendre à la dernière minute pour faire les sacrifices nécessaires, autrement il risquerait de les faire trop tard. Mais il ne suffit pas non plus qu'un danger commun commence à se manifester pour que le capitaine puisse faire des sacrifices dont l'événement aurait peut-être démontré l'inutilité. Il faut donc, et il suffit, pour que les sacrifices faits par le capitaine constituent des avaries communes, que le danger commun ait un degré de gravité tel que le capitaine ne puisse, sans imprudence, se dispenser de prendre des mesures extraordinaires pour le conjurer et pourvoir ainsi à la sécurité commune. Ainsi une voie d'eau se déclare ; c'est là assurément une menace pour la sécurité commune ; mais si l'envahissement de l'eau est lent et paraît pouvoir être combattu au moyen des pompes, les frais de la relâche à laquelle se déciderait en ce moment le capitaine ne seraient pas avaries grosses ; mais si la voie d'eau augmente, si les pompes semblent devenir impuissantes, le capitaine n'est pas tenu d'attendre pour relâcher que le navire soit près de couler bas.

315. — La question de savoir à quel degré de gravité ou d'imminence du danger les sacrifices deviennent avaries grosses est une question de fait qui peut présenter de grandes difficultés d'appréciation.

316. — Le navire et les marchandises ne peuvent être exposés à un péril commun qu'autant que les marchandises sont à bord. Il ne peut donc y avoir d'avaries grosses qu'à partir du chargement et jusqu'au déchargement des marchandises. C'est ce que dit l'article 400 C. com. ; mais c'est à tort que cet article ajoute « depuis leur chargement *et départ* jusqu'à leur *retour* et déchargement ». Des avaries grosses peuvent se produire avant le départ du navire et après son arrivée. C'est ainsi qu'il a été jugé :

a) Que lorsqu'un incendie se déclare à bord d'un navire encore dans le port de départ, mais après le chargement des marchandises, les dommages occasionnés au navire ou aux marchandises, qui sont une conséquence immédiate des mesures prises pour parvenir à l'extinction de l'incendie, constituent des avaries grosses.

b) Que l'échouage d'un navire, même dans le bassin de son port de destination, dans lequel il doit opérer son déchargement, peut donner lieu à des sacrifices volontaires et à des dépenses pour le bien et le salut communs et qui constituent dès lors des avaries grosses.

Lorsque le déchargement n'est que provisoire, il peut se produire des avaries grosses pendant la séparation du navire et des marchandises.

317. — 3ᵉ ᴄᴀʀᴀᴄᴛᴇ̀ʀᴇ. — Lᴇ sᴀᴄʀɪꜰɪᴄᴇ ꜰᴀɪᴛ ᴅᴏɪᴛ ᴀᴠᴏɪʀ ᴅᴏɴɴᴇ́ ᴜɴ ʀᴇ́sᴜʟᴛᴀᴛ ᴜᴛɪʟᴇ. — Il faut, pour que le sacrifice fait puisse être traité comme une avarie grosse, qu'il ait donné un résultat utile, qu'il ait sauvé tout ou partie de ce qu'il était destiné à sauver. Si le salut est dû, non au sacrifice, mais à d'autres circonstances, les dommages éprouvés par les objets sacrifiés ne constituent pas une avarie commune. Un navire est drossé[1] vers la côte par la tempête. Afin de pouvoir gagner le large[2], le capitaine croit nécessaire d'alléger le bâtiment et à cet effet jette à la mer une partie du chargement. Malgré ce sacrifice, le navire est cependant jeté à la côte, et

---

1. Poussé.
2. La pleine mer.

se brise. Mais, la tempête apaisée, les marchandises peuvent être extraites de la coque et sauvées. Le jet n'est pas dans ce cas une avarie commune et les propriétaires des marchandises sauvées ne sont pas tenus d'indemniser les propriétaires des marchandises jetées à la mer. Le jet n'a pas donné le résultat espéré, ou, pour employer l'expression consacrée, le jet n'a *pas opéré*.

Le jet avait été pratiqué pour éviter que le navire fût jeté à la côte, et cependant le navire a été jeté à la côte. Sans doute, le chargement a été sauvé; mais ce n'est pas au jet qu'il doit son salut, car le jet n'a pas empêché le sinistre qui le mettait en péril, et qu'il s'agisssait d'éviter, l'échouement. Le chargement a été sauvé par une circonstance fortuite indépendante du jet; le chargement est sauvé parce que l'échouement qu'on s'efforçait de conjurer, mais auquel on n'a pu échapper, s'est effectué dans des conditions moins désastreuses que celles qu'on pouvait redouter[1]. Ce principe n'a été formulé qu'à propos du jet : « Si le jet ne sauve le navire, dit l'article 423 du Code de commerce, il n'y a lieu à aucune contribution. » Mais il est universellement admis que cette règle n'est pas spéciale au jet, et doit au contraire être étendue à toutes les avaries communes.

318. — *Il n'est pas nécessaire*[2] *que le sacrifice volontaire sauve à la fois le navire et les marchandises*, il suffit qu'il sauve soit le navire, soit les marchandises[3]. L'article 423 du Code de commerce semble, à la vérité, dire le contraire, puisque, d'après cet article, le jet ne donne pas lieu à contribution quand il ne sauve pas le navire. Mais les rédacteurs du Code

---

1. Cette solution, dont l'exactitude juridique ne saurait être contestée, peut être quelquefois injuste, car si certaines marchandises n'avaient pas été jetées à la mer, peut-être auraient-elles pu être sauvées comme les autres.

2. Bien que le contraire ait été soutenu.

3. Mais ce qui est sauvé, soit le navire, soit les marchandises, contribue seul à l'avarie commune.

sont partis de cette idée généralement vraie que la perte du navire entraîne la perte des marchandises, et que si le sacrifice ne sauve pas le navire, ce n'est pas à lui qu'est dû le salut des marchandises.

319. — Cependant il est possible de rencontrer des hypothèses dans lesquelles un sacrifice peut, sans sauver un navire, sauver au moins le chargement. Un navire est menacé de sombrer ; le capitaine ne peut espérer gagner un port. Mais il est possible, à la condition de jeter à la mer une partie du chargement, d'échouer le bâtiment sur une côte voisine, et si les circonstances sont favorables, de sauver à la fois le navire et son chargement. Le capitaine dirige donc son navire vers la côte ; l'événement trompe ses prévisions : le navire se brise ; cependant les marchandises sont sauvées. Le jet est alors une avarie commune. Le sauvetage de la cargaison n'a été possible que parce que le navire a été échoué, et le navire n'a pu être échoué que grâce au jet. Le jet a donc donné au moins en partie le résultat espéré. « D'ailleurs, a-t-on dit, le navire est suffisamment sauvé quand il sauve la marchandise [1]. »

A l'inverse, si le navire seul est sauvé par suite du sacrifice, il y a encore avarie commune : par exemple, le capitaine ne peut sauver son navire qu'en jetant à la mer la totalité du chargement [2].

320. — *Mais une fois que le résultat utile a été obtenu, les événements postérieurs sont sans influence sur le caractère de l'avarie.* — Cette règle est formulée à propos du jet par l'article 424 du Code de commerce dont la disposition doit être généralisée.

« Si le jet sauve le navire, et si le navire, en continuant sa route, vient à se perdre, les marchandises sauvées du nau-

---

1. Desjardins.
2. La plupart de ces solutions font l'objet de vives controverses.

frage contribuent au jet. » Mais pour qu'il en soit ainsi, il faut que la perte du navire ne soit pas une conséquence des dangers que le sacrifice avait pour objet d'éviter. Si le sacrifice n'a fait que soulager le navire qui se perd, même plusieurs jours après, par suite des mêmes causes qui avaient motivé le sacrifice, il n'y a pas avarie grosse. Le sacrifice n'a pas sauvé le navire, il n'a fait que retarder sa perte. Il faut donc, pour que le sacrifice soit avarie grosse, que la perte postérieure du navire soit due à des circonstances absolument étrangères aux circonstances qui l'avaient motivé. Par exemple, à la suite d'un jet, le navire est remis en état de continuer sa route, mais quelques jours après il est coulé à la suite d'un abordage. Dans bien des cas la distinction sera souvent difficile à faire en fait.

321. — LE SACRIFICE DOIT ÊTRE PRÉCÉDÉ D'UNE DÉLIBÉRATION. — Aux termes des articles 400 et 410 du Code de commerce, le sacrifice devrait, pour constituer une avarie grosse, être précédé d'une délibération des principaux de l'équipage, constatant que la mesure est nécessaire pour le bien et le salut commun. Mais il est universellement admis que l'absence de cette délibération ne retirerait pas à l'avarie son caractère d'avarie grosse, si l'imminence du danger exigeait une décision immédiate et ne laissait pas au capitaine le loisir de provoquer la délibération.

Certaines décisions, notamment du tribunal de commerce du Havre, vont même plus loin et reconnaissent au sacrifice, en l'absence de toute délibération, le caractère d'avarie grosse, par cela seul qu'il est démontré en fait que le bien et le salut commun le rendaient nécessaire.

322. — Mais il ne suffirait pas qu'un sacrifice fût précédé d'une délibération motivée portant qu'il est fait pour le salut commun, pour donner à ce sacrifice le caractère d'avarie grosse, si en fait il n'en présente pas les caractères, s'il n'était pas en réalité nécessaire pour le bien et le salut communs.

Quand les principaux de l'équipage se prononcent contre le sacrifice, le capitaine n'en demeure pas moins maître de l'opérer, mais alors la présomption est que le sacrifice n'était pas nécessaire, et c'est au capitaine qu'il incombe de prouver le contraire.

323. — L'AVARIE PRÉSENTANT LES CARACTÈRES QUI PRÉCÈDENT N'EST PAS TOUJOURS UNE AVARIE GROSSE. — Il peut arriver qu'une avarie, bien que présentant tous les caractères qui viennent d'être signalés, ne soit pas cependant une avarie grosse. C'est ce qui a lieu dans les cas suivants :

324. — *1° Le péril commun auquel le sacrifice avait pour objet d'échapper a eu pour cause une faute du capitaine.* — Par exemple, le navire étant trop chargé, il devient nécessaire de pratiquer un jet ; le capitaine d'un navire à vapeur ayant fait une provision insuffisante de charbon se trouve dans la nécessité d'employer comme combustible des matériaux de l'armement ou des marchandises ; le navire étant parti en mauvais état de navigabilité et ne pouvant continuer sa navigation sans péril pour lui-même et pour la cargaison, une relâche est décidée, etc. Dans tous ces cas, le sacrifice fait est avarie particulière à la charge exclusive de celui dont la chose a subi le dommage, sauf recours contre le capitaine. Que si le capitaine, pour échapper au péril commun, sacrifie une chose qui soit la propriété de l'armement, par exemple coupe un mât, abandonne une ancre, il n'y a rien que de très logique à décider que le sacrifice est une avarie particulière à la charge exclusif du navire. Il serait en effet bizarre que l'armateur pût se faire indemniser par les chargeurs, envers qui il est responsable, des sacrifices que le capitaine, son préposé, a dû faire pour échapper aux conséquences de ses fautes. Mais il est moins logique de décider que si le capitaine a sacrifié des choses qui ne sont pas la propriété de l'armement, les propriétaires de ces choses ne peuvent faire entrer en avaries grosses le préjudice qu'ils subissent, alors que leur perte a assuré le salut commun. Quoi qu'il en soit, la jurisprudence est fixée sur ce point.

Le propriétaire d'une chose sacrifiée pour le salut commun, alors que le péril commun dérive d'une faute du capitaine, n'a de recours que contre l'armateur et le capitaine ; il n'a aucun recours contre les autres chargeurs.

325. — Il en serait toutefois autrement si, par une clause de la charte-partie ou du connaissement, l'armateur s'était exonéré des fautes du capitaine. Dans ce cas, les sacrifices faits pour échapper au péril commun occasionné par la faute du capitaine n'en constitueraient pas moins des avaries grosses. La jurisprudence n'a eu l'occasion de poser ce principe que relativement aux sacrifices faits aux dépens de l'armement ; mais on doit décider par *a fortiori* qu'il en serait de même des sacrifices faits aux dépens du chargement.

326. — 2° *Le péril commun auquel le sacrifice avait pour objet d'échapper était le résultat d'une faute du chargeur ou du vice propre de la marchandise*[1]. — Par exemple, un négociant a chargé sur un navire des allumettes chimiques, en les déclarant comme article de mercerie, pour échapper à un supplément de fret. Les allumettes s'enflamment ; les sacrifices faits pour conjurer le danger d'incendie ne sont pas des avaries grosses, mais des avaries particulières à la charge exclusive de l'expéditeur.

327. — LA CIRCONSTANCE QUE LE PÉRIL COMMUN DÉRIVE D'UNE AVARIE PARTICULIÈRE NE RETIRERAIT PAS A L'AVARIE SON CARACTÈRE D'AVARIE GROSSE. — Sans doute, en principe, les suites d'une avarie particulière sont elles-mêmes avaries particulières comme les suites d'une avarie grosse sont elles-mêmes avaries grosses.

---

1. Il n'est pas traité en particulier des sacrifices faits par suite du vice propre du navire. Ce cas se confond avec le précédent : le capitaine étant tenu de procurer un navire en bon état de navigabilité, le vice propre du navire implique une faute du capitaine.

Mais ce principe doit être restreint à ce qui est une conséquence forcée de l'avarie particulière. Ainsi, un navire ayant été endommagé par la tempête, les dépenses faites pour le réparer sont avarie particulière. Mais si, à la suite de cette avarie particulière, le navire et la cargaison se trouvant placés dans un péril commun, des mesures extraordinaires sont prises pour le salut commun, telles que : relâche, destruction d'agrès, etc., ces sacrifices constituent des avaries grosses. Cela paraît incontestable lorsque le péril commun, bien que se manifestant à la suite de l'avarie particulière, n'en dérive pas particulièrement et résulte des circonstances étrangères qui ont aggravé les suites possibles de l'avarie. Par exemple, une voie d'eau se manifeste et ne constitue pas dès à présent un péril commun ; le navire pourrait continuer son voyage par un temps calme. Mais une tempête survient qui, étant donnée la voie d'eau, rend une relâche nécessaire. Cette relâche doit être incontestablement considérée comme une avarie grosse. Il faut cependant aller plus loin, et la jurisprudence de la chambre civile de la Cour de cassation paraît considérer comme avarie grosse toute mesure extraordinaire volontairement prise pour le salut commun, alors même que le péril commun est la conséquence directe d'une avarie particulière.

328. — Maintenant que les caractères distinctifs de l'avarie grosse et de l'avarie particulière sont connus, nous allons passer en revue les diverses avaries grosses et particulières qui peuvent se produire en cours de route. Le Code de commerce donne une énumération des unes et des autres : des avaries grosses dans l'article 400, des avaries particulières dans l'article 403. Mais aucune de ces deux énumérations n'est limitative : il ne faut voir dans les deux énumérations qu'une série d'exemples.

Au lieu de donner, comme on le fait habituellement, l'énumération des avaries grosses et ensuite l'énumération des avaries simples, nous allons donner l'énumération des principaux événements de la navigation qui constituent des avaries, en expliquant, à propos de chacun d'eux, ceux qui rentrent dans l'une ou l'autre catégorie. En effet, la plupart de ces événements peuvent, suivant les circonstances, être tantôt des avaries communes et tantôt des avaries particulières. Il serait donc difficile, sans s'exposer à des redites et des contradictions, de présenter successivement le tableau des deux classes d'avaries[1].

329. — JET. — Le jet est un sacrifice qui consiste à jeter à la mer, pour alléger le navire, une partie du chargement, ou même certaines parties du navire, tels que mâts, agrès, ou à laisser à la mer certains objets qui s'y trouvent déjà, tels que chaînes, ancres, etc., mais que dans des conditions ordinaires il serait possible d'amener sur le navire. Tel est l'objet du jet tel qu'il résulte de l'article 410 du Code de commerce.

330. — Cependant, on appelle plus spécialement jet, le sacrifice qui consiste à jeter à la mer une partie du chargement, et c'est de ce seul sacrifice qu'il sera traité sous ce titre ; les autres cas de jet, tel que l'entend l'article 410, seront traités séparément.

331. — Le jet, sauf dans quelques cas exceptionnels, est toujours une avarie commune. Il est même le type de l'avarie commune, et quand un auteur est amené à donner des exemples de ces avaries, c'est presque toujours au jet qu'il a recours.

332. — Comme tous les autres sacrifices volontaires, le jet doit, pour constituer une avarie commune, être précédé

---

1. Il est bien entendu que lorsque nous déclarons une dépense ou un dommage avarie grosse, nous supposons toujours que ce dommage ou cette dépense n'est pas la conséquence d'une faute du capitaine, ou du chargeur, du vice propre du navire ou de la marchandise. Il serait fastidieux de répéter cela à propos de chaque avarie.

d'une délibération motivée des principaux de l'équipage ;
mais les principaux de l'équipage ne doivent pas être appelés
seuls à la délibération : le capitaine doit y appeler également
les intéressés au chargement (propriétaires des marchandises
ou leurs représentants) qui se trouvent sur le vaisseau. En
cas de diversité d'avis, celui du capitaine et des principaux
de l'équipage doit être suivi (art. 410). Ainsi qu'il a été dit
plus haut, l'absence de délibération ne retirerait pas au jet
son caractère d'avarie grosse si les circonstances ne permet-
taient pas de la provoquer. Le capitaine (art. 412, C. com.)
est tenu de rédiger par écrit la délibération aussitôt qu'il en
a les moyens. La délibération doit exprimer : 1° les motifs
qui ont déterminé le jet ; 2° les objets jetés ou endommagés ;
elle doit être signée des délibérants ou énoncer les motifs de
leur refus de signer ; elle doit être transcrite sur le registre,
c'est-à-dire sur le livre de bord.

Le capitaine n'est pas tenu de suivre les avis formulés ;
mais, s'il jette des marchandises contrairement à l'avis de
l'équipage, la présomption sera que le jet n'était pas nécessaire et la preuve du contraire incombera au capitaine.

333. — Le jet peut entraîner deux sortes de dommages
qui seront étudiées successivement.

1° Dommages occasionnés aux marchandises jetées : ce
dommage consistera la plupart du temps dans leur perte
totale ;

2° Dommage occasionné au navire ou aux marchandises
non jetées. Par exemple, pour pratiquer le jet, le capitaine
est dans la nécessité de *saborder*[1] le navire : ou bien, pour
jeter certaines marchandises, le capitaine est obligé d'ouvrir
les panneaux d'écoutille (V. n°s 309, note 2, et 378) et l'eau
de mer, pénétrant dans la cale, détériore d'autres marchandises que celles qui sont destinées à être jetées.

---

1. Pratiquer une ouverture dans les flancs du navire.

333 bis. — *Dommage causé aux marchandises jetées.* — Le capitaine n'est pas absolument libre dans le choix des marchandises qu'il convient de sacrifier. Il doit d'abord jeter les marchandises chargées sur le pont supérieur ou *tillac* du navire. Comme le jet de ces marchandises, ainsi qu'on le verra plus loin, ne donne pas lieu à contribution, c'est le sacrifice le moins onéreux pour l'ensemble des intéressés. Quelquefois il existe sur le pont du navire des constructions qui servent d'abri *et qui ne font pas corps avec la membrure* du navire. Les marchandises chargées dans ces constructions doivent être considérées comme chargées sur le pont. A défaut de marchandises chargées sur le pont, l'article 411 du Code de commerce détermine l'ordre à suivre : les marchandises les moins nécessaires, de moindre prix et les plus pesantes, doivent être sacrifiées les premières, ensuite les marchandises du premier pont, au choix du capitaine et sur l'avis des principaux de l'équipage. Le Code, dénommant tillac le pont supérieur du navire, le premier pont dont il s'agit ici est le pont qui se trouve immédiatement au-dessous de ce dernier.

334. — Si le capitaine ne suivait pas cet ordre, les objets jetés n'entreraient pas en avaries grosses ; leurs propriétaires auraient seulement un recours contre le capitaine. Mais il n'en serait ainsi que si le capitaine avait eu la possibilité de suivre cet ordre ; si les circonstances ne l'avaient pas permis, le sacrifice n'en serait pas moins une avarie grosse. Ainsi, par exemple, si les marchandises les plus pesantes et de moindre prix se trouvaient à fond de cale et qu'il fallût, pour les atteindre, désarrimer les marchandises supérieures, le capitaine pourrait, dans le cas où cette opération demanderait trop de temps, en égard à l'imminence du péril, jeter à la mer d'autres marchandises.

335. — *Dommage causé par le jet soit au navire, soit aux marchandises non jetées* (art. 422, C. com.). — Ce dommage est avarie grosse : c'est la conséquence du principe déjà formulé que les suites d'une avarie commune sont elles-mêmes avaries communes. Par exemple, pour extraire les marchandises qu'il était devenu nécessaire de jeter, on a dû saborder le navire (art. 426, C. com.). Pour jeter certaines marchandises, on a dû ouvrir les écoutilles, et les autres marchandises ont été avariées par l'eau de mer qui a pénétré par cette ouverture. L'article 422 C. com. semble n'attribuer au dommage causé par le jet au navire le caractère d'avarie grosse, qu'autant que ce dommage est volontaire et a eu pour objet de faciliter le jet, comme dans le cas précité où, pour extraire les marchandises, il a fallu saborder le navire. Mais il est universellement admis que, malgré les termes de l'article 422, tout dommage, volontaire ou non, occasionné par le jet au navire est une avarie commune.

336. — *Par exception, le jet n'est pas dans certaines hypothèses spéciales une avarie commune* même quand il réunit tous les caractères qui précèdent. C'est ce qui a lieu : 1° lorsque le jet est devenu nécessaire par suite d'une faute du capitaine (le péril commun résulte d'une fausse manœuvre, du mauvais état du navire au moment du départ, etc.) ou du vice propre de la marchandise (une marchandise dangereuse a été jetée à la mer). Cette solution est une conséquence des principes posés plus haut sur les caractères généraux des avaries communes ; 2° lorsque les marchandises jetées étaient chargées sur le tillac ou pont supérieur du navire, ou dans les constructions édifiées sur ce pont et qui lui sont assimilées ; ce sacrifice n'est pas avarie commune (art. 421, C. com.). Le jet de ces marchandises n'est pas une avarie commune même quand les marchandises ont été chargées sur le pont du consentement de l'affréteur. Cependant, cette règle n'est pas applicable au petit cabotage, parce que le chargement sur le pont est, dans la navigation au petit cabotage, un mode normal de chargement (V. n° 157 *bis*) ; 3° lorsqu'il n'y a pas de connaissement des marchandises jetées, les marchandises dont il n'existe pas de connaissement étant réputées embarquées en fraude (art. 420, C. com.).

La fraude peut émaner du capitaine qui, par exemple, ayant loué son navire en totalité, charge des marchandises appartenant à des tiers et en dissimule la présence en ne rédigeant pas de connaissement. Elle peut aussi émaner du chargeur qui, déclarant un certain nombre de colis, à raison desquels un connaissement est dressé, en embarque une quantité supérieure.

337. — Il pourrait être suppléé au connaissement par une déclaration du capitaine inscrite sur le livre de bord. Cette déclaration, à supposer qu'elle ne doive pas être antérieure au départ, doit ê.re tout au moins antérieure au jet.

337 *bis*. — Mats et agrès rompus ou coupés. — Cette avarie est présentée par l'article 410 comme une hypothèse de jet. Elle constitue tantôt une avarie simple, tantôt une avarie grosse. Elle constitue une avarie commune lorsqu'elle est volontaire, lorsque les mâts et agrès ont été volontairement coupés pour le salut commun. Le même dommage survenu par tempête ou autre fortune de mer ne serait qu'une avarie particulière. La rupture d'un mât par la tempête serait pourtant une avarie commune, conformément aux principes généraux exposés plus haut, si ce mât avait été volontairement exposé à des dangers extraordinaires comme dans l'hypothèse du forcement de voiles (V. n° 341).

338. — *Abandon des débris.* — A cette question se rattache celle des débris volontairement coupés. Un mât est rompu par la tempête; il devient nécessaire d'achever la fracture. Un mât rompu par la tempête ou volontairement coupé tombe à la mer; mais il reste attaché au navire par ses haubans et autres agrès, et, pour dégager le navire, le capitaine coupe les agrès qui le retiennent, etc.

Doit-on voir dans ces sacrifices une avarie grosse? Les

règles d'York et d'Anvers ne l'admettent pas. Dans notre droit, la question doit, il nous semble, être résolue par une distinction : les débris qu'il s'agit de couper constituent-ils une simple gêne pour le navire, ou un péril commun pour le navire et pour la cargaison ?

S'ils constituent une simple gêne, si, sans courir aucun danger, le capitaine voit simplement la marche de son navire ralentie par les débris qu'il traîne à sa suite, le sacrifice de ces débris ne sera qu'une avarie particulière. Mais si les débris mettent le navire et son chargement dans un péril commun, dans le cas notamment où le mât coupé, poussé à chaque instant par les vagues contre les flancs du navire, menace de l'éventrer, le sacrifice de ce mât sera une avarie commune.

Toutefois, les débris abandonnés n'entreront dans le règlement d'avarie que pour la valeur qu'ils avaient au moment de l'abandon.

339. — ANCRES OU AUTRES EFFETS ABANDONNÉS POUR LE SALUT COMMUN. — Il faut un certain temps pour relever une ancre. Or, il peut arriver qu'un vent violent soufflant tout à coup vers la côte menace d'y jeter le navire. Le capitaine peut se trouver alors dans la nécessité, sous peine de voir périr le navire et le chargement, d'appareiller au plus vite et de gagner le large sans avoir le temps de relever son ancre[1]. L'abandon de l'ancre est dans ce cas une avarie commune.

---

1. Décret du 12 décembre 1806, art. 39 (G. Paulet, *Code annoté du commerce et de l'industrie*, p. 113). — Les maîtres et capitaines de navires et les pilotes qui auront été forcés par la tempête ou autre accident de couper leurs câbles et de laisser leurs ancres en rade, seront tenus d'y attacher, *si faire se peut*, des orins et bouées en bon état et capables de relever lesdites ancres (l'orin est un cordage que l'on fixe à l'ancre et qui doit servir à la relever ; à l'autre extrémité l'orin est fixé à une bouée ou flotteur destiné à maintenir cette extrémité à la surface de la mer, et en même temps à signaler l'endroit où l'ancre est restée) et d'en faire la déclaration prescrite par les articles 36 et 37 (déclaration à l'officier militaire des mouvements maritimes, au bureau

Mais si l'ancre était abandonnée pour toute autre cause que pour conjurer un péril commun, l'avarie serait particulière ; tel serait, par exemple, le cas où l'ancre serait abandonnée volontairement en l'absence de tout péril, à cause de la difficulté que l'on éprouverait à la tirer du fond. La valeur de l'ancre abandonnée n'entre parmi les avaries communes que lorsqu'elle est définitivement perdue ; lorsqu'elle peut être ensuite relevée et rentrer en la possession du capitaine, les frais de sauvetage sont seuls avarie grosse.

340. — Le capitaine qui a négligé de fixer sur l'ancre abandonnée des bouées et orins ne peut faire classer la perte de l'ancre en avarie grosse ; il y a là une conséquence de la règle d'après laquelle la faute du capitaine retire à une avarie son caractère d'avarie grosse.

341. — FORCEMENT DE VOILES. — Le forcement de voiles est une manœuvre qui consiste à déployer ou à maintenir déployées plus de voiles que ne comporte normalement la force du vent, afin d'imprimer au navire une grande vitesse. Le forcement de voiles n'est pas en lui-même une avarie, mais il est une *source* d'avaries, et la question est de savoir si les avaries qui sont une conséquence du forcement de voiles sont des avaries communes.

Le forcement de voiles peut avoir pour conséquence la rupture des mâts ; même si les mâts résistent, ils éprouvent une fatigue qui se communique au navire et peut entraîner des voies d'eau ; les voiles peuvent être emportées par le vent, etc.

---

du pilotage et au **capitaine de port du commerce**). Les ancres et câbles seront levés au premier temps opportun par les pilotes et conduits à bord des bâtiments auxquels ils appartiennent, dans le cas où il n'y aurait pas été déjà pourvu par les équipages mêmes desdits bâtiments ou par d'autres bâtiments. — Lorsque lesdites ancres seront trouvées sans bouées, il sera payé, si le bâtiment est français, pour droit de sauvetage, le quart de la valeur desdits ancres et câbles, le sixième si elles sont trouvées avec des bouées. Pour un bâtiment étranger, il sera payé la moitié si l'ancre est trouvée sans bouée, et le tiers s'il a une bouée, le tout à dire d'experts qui seront nommés l'un par le chef des pilotes, l'autre par le capitaine ou maître du bâtiment.

342. — La jurisprudence française, conforme d'ailleurs à nos anciennes traditions maritimes, admet comme avaries communes les avaries résultant du forcement de voiles.

Cette jurisprudence est conforme au principe précédemment posé que toutes les fois qu'une chose est volontairement exposée pour le salut commun à des dangers extraordinaires, les dommages qui sont la conséquence de ces dangers sont des avaries grosses (V. n° 311 *bis*). Mais cette jurisprudence est vivement attaquée par certains auteurs qui ne voient dans le forcement de voiles qu'une *manœuvre* de navigation, comparable à la manœuvre d'un postillon qui, pour échapper à une mauvaise rencontre, lance ses chevaux au galop et s'expose ainsi à ce que les traits se brisent, à ce que les chevaux s'abattent, à ce que la voiture se disloque ou verse dans les cahots, mais qui n'a pas eu la volonté de sacrifier les chevaux ni la voiture. Plusieurs législations étrangères refusent pour cette raison de considérer le forcement de voiles comme avarie grosse.

Telle était la décision des règles d'York et d'Anvers ; mais dans le congrès tenu à Liverpool en 1890, les règles d'York ont été modifiées sur ce point, et le forcement de voiles, tout en restant en principe une avarie particulière, devient une avarie grosse quand il a été opéré pour déséchouer le navire. Les rédacteurs des règles d'York admettent donc que, dans certains cas, le forcement de voiles cesse d'être une manœuvre de navigation et devient un véritable sacrifice pour le salut commun.

343. — La vérité paraît se trouver entre les deux solutions extrêmes. Il ne faut pas dire, soit que le forcement de voiles est toujours une avarie commune, soit qu'il n'a jamais ce caractère. Les circonstances peuvent être telles que le forcement de voiles ne soit qu'une manœuvre de navigation à laquelle le capitaine a le devoir de recourir, et alors il est une avarie particulière ; mais toutes les fois que l'imminence

du péril et les dangers auxquels le forcement de voiles expose
la mâture sont tels que l'on peut voir dans cette mesure un
véritable sacrifice, il ne faut pas hésiter à classer le forcement
de voiles parmi les avaries communes.

344. — FORCEMENT DE VAPEUR. — Le forcement de vapeur
est pour les navires à vapeur ce que le forcement de voiles
est pour les voiliers. C'est un effort extraordinaire demandé
à la machine. Il faut appliquer au forcement de vapeur tout
ce qui vient d'être dit du forcement de voiles.

345. — ÉCHOUEMENT. — Les avaries résultant de l'é-
chouement sont de deux sortes :

1º Dommages causés directement au navire et aux marchandises par le fait même de l'échouement; 2º frais faits
pour soustraire le navire et les marchandises aux conséquences de l'échouement, notamment frais de renflouement
du navire.

346. — *1º Dommages causés directement au navire ou aux
marchandises par le fait même de l'échouement.* — L'échouement
d'un navire entraîne généralement des détériorations maté-
riélles du navire.

Il peut aussi entraîner des détériorations matérielles des
marchandises : par exemple le navire, en touchant sur le
fond, éprouve une voie d'eau et l'eau de mer, pénétrant dans
la cale, endommage les marchandises.

Ces dommages sont, suivant les circonstances, avaries
grosses ou avaries particulières.

347. — Si l'échouement est fortuit, ces dommages sont
avaries particulières. Il en est pourtant autrement, en vertu
des principes posés au nº 311, quand le navire a été volontairement exposé pour le salut commun à des dangers extraordinaires d'échouement, par exemple quand, pour échapper à
la poursuite de l'ennemi ou des pirates, le navire a été volontairement engagé dans un passage parsemé de bas-fonds et
qui eût été évité dans toute autre circonstance.

348. — Les dommages causés au navire ou au chargement par l'échouement sont au contraire, *en principe,* avaries communes quand le navire a été volontairement échoué pour le salut commun (V. exemple au n° 319).

349. — L'échouement volontaire est, comme le forcement de voiles, unes des avaries auxquelles on a contesté le plus vivement le caractère d'avarie commune. Les règles d'York et d'Anvers refusent de considérer comme avarie commune l'échouement volontaire lorsque les circonstances sont telles que si ce parti n'était pas pris, le navire sombrerait infailliblement ou serait infailliblement drossé[1] à la côte. Nous admettons bien la deuxième de ces solutions, mais non la première.

Lorsqu'un navire est inévitablement jeté à la côte, et que le capitaine le dirige volontairement vers l'endroit le moins périlleux de cette côte, on ne saurait voir là une avarie commune. Le capitaine, en effet, dans ce cas, n'échappe pas au péril commun qui menace le navire et la cargaison, mais atténue simplement les conséquences du sinistre. On peut le comparer à un homme qui, se sachant inévitablement voué à la mort, cherche simplement à rendre sa mort moins douloureuse.

Mais refuser de reconnaître à un échouement volontaire le caractère d'avarie grosse lorsque sans l'échouement le navire viendrait infailliblement à sombrer, c'est renverser la théorie des avaries grosses.

350. — *2° Frais et sacrifices faits pour soustraire le navire et les marchandises aux conséquences de l'échouement, notamment frais de renflouement du navire.* — Le navire étant échoué, différents frais, différentes dépenses, doivent être faits pour retirer le navire et les marchandises de la situation dans laquelle ils se trouvent (allégement du navire, remorquages

---

1. Poussé.

extraordinaires, emploi de scaphandriers, etc.). Ces frais et dépenses sont-ils des avaries grosses ? Il faut distinguer.

351. — *a*) Si l'échouement a eu lieu dans des circonstances telles qu'il doive être considéré, aux termes des principes posés dans le numéro précédent, comme une avarie grosse, tous ces frais et dépenses doivent être classés en avaries communes, les suites d'une avarie empruntant à cette avarie son caractère (V. n° 311 *bis*).

352. — *b*) Mais si l'échouement constitue en lui-même une avarie particulière, tous ces frais et dépenses constituent aussi une avarie particulière. Cependant, il en serait autrement si, à la suite de l'échouement, le navire et la cargaison se trouvaient placés dans un péril commun. Les mesures prises pour conjurer ce péril seraient des avaries grosses. Les tribunaux admettent presque toujours ce péril.

353. — Pansement et nourriture des matelots blessés en défendant le navire. — Aux termes de l'article 262 du Code de commerce, les frais de pansement, traitement, nourriture et rapatriement du matelot malade ou blessé pour le service du navire sont à la charge de l'armement. Ces frais deviennent au contraire avarie grosse lorsque c'est en défendant le navire contre l'ennemi ou les pirates que le matelot a été blessé. Il y a, en effet, dans ce cas, sacrifice volontaire pour le salut commun.

L'article 400 du Code ne classait en avaries grosses que les frais de pansement et de nourriture et était muet sur les frais de rapatriement. La loi du 12 août 1885, en remaniant le texte de l'article 263 C. com., a rangé expressément ces frais parmi les avaries communes.

354. — Dommages causés au navire par le combat contre l'ennemi et les pirates. — Ces dommages, quoique cela ait été contesté, sont aussi avaries communes, à la condition qu'il y ait eu véritablement combat, résistance contre la prise.

355. — Nourriture et loyers de l'équipage pendant les arrêts forcés du navire. — Ces arrêts peuvent résulter : 1° d'un fait de prince ; 2° d'une relâche ; 3° d'une quarantaine.

356. — *Détention par ordre d'une puissance.* — A ne consulter que les principes généraux de la matière, on devrait considérer ces dépenses comme des avaries particulières, la détention par ordre d'une puissance étant un cas fortuit et de force majeure. Mais l'article 400 les range expressément parmi les avaries grosses *quand le navire est affrété au mois.*

Si donc le navire est affrété au voyage, la nourriture et le loyer des matelots pendant la détention sont des avaries particulières.

357. — *Relâche.* — La relâche est, suivant le cas, tantôt une avarie grosse et tantôt une avarie particulière (V. n° 367). Lorsque la relâche constitue une avarie simple, la nourriture de l'équipage pendant l'arrêt est sans difficulté une avarie simple ; quand la relâche constitue une avarie grosse, les principes généraux commanderaient de considérer toujours la nourriture de l'équipage comme une avarie grosse. Mais les articles 400 et 403 ne lui reconnaissent ce caractère que quand le navire est affrété au mois ; lorsque le navire est affrété au voyage, l'avarie est particulière.

358. — *Quarantaine.* — Aux termes de l'article 403 C. com., la nourriture des matelots pendant une quarantaine serait toujours avarie particulière. Il n'en est rien. Sans doute, l'avarie est presque toujours particulière, la quarantaine étant de sa nature un événement fortuit. Mais si une quarantaine est la conséquence d'une avarie grosse antérieure, elle emprunte le caractère de cette avarie. Par exemple, un capitaine, pour le salut commun, relâche dans un port contaminé : la quarantaine à laquelle il sera soumis à son arrivée au port de destination sera avarie grosse.

359. — Indemnité de rachat des matelots pris et faits esclaves. — Depuis la conquête de l'Algérie et la destruction des pirates barbaresques, l'hypothèse d'un matelot fait esclave ne peut plus guère se présenter. Mais comme le Code prévoit cette hypothèse (art. 266 et suiv., C. com.), nous ne pouvons la passer entièrement sous silence. Si le matelot est pris dans le navire, il n'a droit à aucune indemnité ; mais s'il est pris alors qu'il est envoyé en mer ou à terre pour un service commandé, il a droit à l'indemnité de rachat fixée à 600 fr. ; et cette indemnité est due *par le propriétaire du navire et par ceux de la cargaison,* si le matelot a été envoyé pour le *service commun* du navire et des marchandises.

Les principes généraux de la matière des avaries ne commandaient pas cette solution ; en effet, ainsi qu'il a été dit précédemment à propos d'une autre avarie, l'envoi du matelot en mer ou à terre est l'occasion et non la cause de la capture.

360. — Réparations. — Les réparations étant une suite directe et forcée du dommage éprouvé empruntent nécessairement à ce dommage son caractère. Les frais faits pour réparer une avarie commune sont avaries communes ; les frais faits pour réparer une avarie particulière sont avaries particulières. Ce principe reçoit son application la plus intéressante lorsqu'une avarie particulière, telle qu'une voie d'eau, mettant dans un péril commun le navire et le chargement, une mesure extraordinaire, par exemple une relâche, est décidée pour conjurer ce péril. Dans ce cas, les frais de la relâche sont avaries grosses ; mais la réparation de la vóie d'eau demeure toujours avarie particulière.

361. — Déchargement, magasinage et rechargement de marchandises. — Pour que le déchargement des marchandises puisse être considéré comme une avarie, il faut de toute nécessité qu'il ait lieu en cours de voyage, car le déchargement au port de destination est une conséquence indispensable de l'expédition et n'a pas ce caractère de mesure extraordinaire constitutive de l'avarie.

Mais quelquefois il est indispensable de décharger provisoirement les marchandises dans un port intermédiaire. Tantôt, c'est pour pouvoir réparer une avarie du navire ; tantôt, c'est pour alléger le navire ; tantôt encore, c'est pour donner des soins à la marchandise.

362. — Ordinairement, les auteurs traitent de ces mesures accessoirement aux relâches dont elles ne seraient que des incidents. Que l'hypothèse du déchargement, du magasinage et du rechargement des marchandises se présente plus particulièrement dans un port de relâche, cela est incontestable. Mais elle peut se présenter aussi dans un port où le navire doit toucher aux termes de la charte-partie, quoique n'étant pas celui de déchargement. Il suffit donc que le déchargement soit effectué dans un port autre que le port de déchargement pour que la question puisse naître.

Nous distinguerons, pour plus de clarté, le déchargement effectué pour alléger le navire, et le déchargement effectué pour cause d'avarie.

363. — *Déchargement pour alléger le navire.* — Sont avaries grosses, dit l'article 400, « les frais du déchargement pour alléger le navire, l'entrer dans un havre ou dans une rivière, quand le navire est contraint de le faire par tempête ou par la poursuite de l'ennemi ». Il faut ajouter : « ou pour tout autre péril commun. » Mais les frais d'allégement du navire pour entrer dans le port de destination ne sont pas des avaries grosses ; ce ne sont même pas des avaries. On est alors en effet en présence d'une mesure qui est une conséquence forcée des conditions dans lesquelles le voyage a été entrepris. Les frais de déchargement sont en ce cas de simples frais de navigation à la charge du navire. Lorsque les frais de déchargement constituent une avarie grosse, il en est de même des frais de magasinage et de rechargement qui en sont la conséquence. Quand l'allégement a lieu pour faciliter le renflouement d'un navire échoué, les frais d'allégement sont avaries simples ou avaries communes, suivant que l'échouement a l'un ou l'autre de ces caractères ; mais ils sont toujours avaries communes si l'échouement place le navire et les marchandises dans un péril commun.

364. — *Déchargement pour cause d'avaries*. — Les frais de déchargement, ainsi que ceux de magasinage et de rechargement qui en sont la conséquence, sont avaries grosses toutes les fois que cette mesure est nécessaire pour réparer une avarie grosse subie par le navire.

365. — Les frais du déchargement effectué pour réparer une avarie particulière sont en principe avarie simple ; mais ils peuvent devenir eux-mêmes avarie grosse, lorsqu'ils sont une suite directe d'une mesure prise pour le salut commun. Ainsi, un navire éprouve une voie d'eau ; le capitaine touchant à un port d'escale s'y arête et fait réparer la voie d'eau ; le chargement et le déchargement des marchandises auxquels il faut procéder ne sont pas des avaries grosses. Il en est de même si, en dehors de tout péril imminent, le capitaine relâche dans un port intermédiaire pour faire réparer son navire. Dans ces cas, les frais de déchargement ont été faits dans l'intérêt exclusif du navire.

Mais si, à la suite d'une voie d'eau (ou de toute autre avarie particulière), le capitaine se voit dans l'impossibilité de continuer son voyage, en égard à l'état d'avaries dans lequel se trouve le navire, sans faire courir au bâtiment et aux marchandises un péril commun, et relâche dans un port intermédiaire, les frais de déchargement et autres frais qui en sont la suite, et qu'il a fallu faire pour aveugler la voie d'eau, sont des avaries communes.

366. — Le déchargement peut avoir lieu également pour cause d'avaries éprouvées par la marchandise. Le principe est le même. Les frais de déchargement sont alors avaries particulières, à moins que l'avarie de la marchandise n'ait mis le navire et la cargaison dans un péril commun.

367. — RELACHES. — On peut dire des relâches ce qui a été déjà dit du forcement de voiles ; elles sont plutôt une source d'avaries qu'une avarie proprement dite. Les relâches entraînent nécessairement après elles certains frais : 1° frais résultant de l'entrée du navire dans le port de relâche, pilotage, remorquage, etc. ; 2° frais de séjour dans le port, ce qui comprend notamment la nourriture de l'équipage ; nous nous sommes déjà expliqué sur ce dernier point (V. n° 357) ; 3° frais occasionnés par la sortie du navire et, de plus, certains frais qui doivent être la plupart du temps faits pendant la relâche, mais qui dérivent moins de la relâche elle-même que des circonstances qui l'ont rendue nécessaire, tels que réparations, déchargement des marchandises, etc.. frais sur lesquels nous nous sommes déjà expliqué.

368. — Les frais occasionnés par une relâche sont avaries communes lorsque la relâche a été décidée pour le salut commun ou pour réparer une avarie grosse subie par le navire.

Toutefois, la relâche opérée uniquement dans le but de réparer une avarie grosse cesserait d'être une avarie commune si, l'avarie étant de peu d'importance, le capitaine pouvait sans inconvénient continuer son voyage et attendre, pour faire les réparations, son arrivée au port de destination.

Peu importe que le péril commun dérive d'une avarie particulière. Cette solution, toutefois, est vivement contestée par des auteurs qui voient dans l'article 403, 3°, une dérogation formelle aux principes généraux en matière d'avarie.

369. — Il peut arriver que le navire, qui relâche pour réparer des avaries, ait à réparer à la fois des avaries grosses et des avaries particulières. Si la relâche a été motivée exclusivement par les avaries grosses, les frais de la relâche sont avaries grosses, alors même que le capitaine profite de son séjour dans le port de relâche pour faire réparer ses avaries particulières ; à l'inverse, si la relâche a été causée uniquement par l'existence d'avaries particulières, la circonstance que des avaries grosses auraient été réparées ne retirerait pas à la relâche son caractère d'avarie simple.

Toutefois, si dans le premier cas la réparation de l'avarie particulière, et si dans le deuxième cas la réparation de l'avarie grosse entraînait une prolongation de séjour, il y aurait lieu à ventilation. Il y aurait encore lieu à ventilation si la relâche était motivée à la fois par l'existence d'avaries communes et par l'existence d'avaries particulières (telle est au moins l'opinion de M. Desjardins).

370. — MARCHANDISES ET OBJETS DU BORD EMPLOYÉS COMME COMBUSTIBLES. — Il peut arriver que, le charbon venant à manquer, le capitaine d'un navire à vapeur se trouve dans la nécessité d'alimenter la machine au moyen d'objets du bord ou de marchandises[1].

Il ne saurait être naturellement question de classer ce sacrifice en avaries grosses, quand il a été rendu nécessaire par l'insuffisance de l'approvisionnement au départ. Mais si l'approvisionnement s'est trouvé insuffisant par suite de circonstances postérieures au départ et indépendantes de la volonté du capitaine, par exemple une prolongation extraordinaire de la traversée par suite de mauvais temps, l'emploi d'objets du bord ou de marchandises peut devenir une mesure de salut commun et par suite constituer une avarie grosse.

371. — Si ce sont des objets du bord qui ont été employés comme combustible, il y a lieu de déduire de l'indemnité due à l'armateur la valeur du charbon qu'il eût consommé s'il en avait eu.

---

1. En 1856, à bord du navire *le Troubadour*, 150 porcs furent employés comme combustible !

372. — REMORQUAGE. — Les frais de remorquage sont tantôt de simples frais de navigation à la charge du navire et tantôt des avaries. Le remorquage ordinaire auquel peut donner lieu une navigation normale, tel que le remorquage pour entrer au port de destination, est une simple dépense de navigation à la charge du navire. Le remorquage extraordinaire, par exemple le remorquage auquel le capitaine doit avoir recours, parce que le navire est désemparé de sa machine ou de sa voilure, est une avarie. Cette avarie est une avarie grosse lorsque c'est par suite d'une avarie commune que le navire a été mis hors d'état de se mouvoir par ses propres moyens, ou lorsque la nécessité de recourir à l'aide d'un remorqueur a été occasionnée par un péril commun.

373. — INCENDIE. — L'incendie est une avarie particulière. Mais comme cette avarie met en péril commun le navire et son chargement, elle peut donner lieu à des mesures de préservation qui constituent des avaries grosses. Ces avaries consistent surtout dans le dommage causé aux marchandises par l'eau qui sert à l'extinction du feu.

Mais le dommage causé par l'eau aux objets déjà atteints par le feu est généralement considéré comme n'étant pas une avarie commune.

374. — FRAIS DE SAUVETAGE. — Les frais de sauvetage sont avarie simple s'ils ont été faits pour le navire seul, ou pour les marchandises seules. Ils deviennent avaries communes s'ils ont été faits dans l'intérêt du navire et du chargement. Il peut arriver que des frais de sauvetage, bien que ne s'appliquant pas à la fois au navire et au chargement, soient cependant avaries grosses.

Cela a lieu lorsque la valeur de la chose sauvée aurait dû être classée parmi les avaries grosses, si elle n'avait pas été sauvée. Tel sera le cas des frais de sauvetage d'une marchandise jetée à la mer pour le salut commun.

375. — Choses données par composition a titre de rachat du navire et des marchandises. — Il faut supposer que le navire et le chargement sont pris par l'ennemi ou par les pirates et que le capteur consent à les relâcher moyennant une rançon. Cette rançon est avarie grosse.

La suppression presque complète de la piraterie, et l'absence de guerre maritime depuis la fin du premier Empire a retiré, en France au moins, toute importance pratique à cette question[1].

376. — Frais du règlement d'avaries. — Les frais auxquels donne lieu le règlement d'avaries grosses, sont eux-mêmes avarie grosse.

377. — A la charge de qui sont les avaries particulières. — On sait maintenant quelles avaries sont avaries particulières. On sait que les avaries particulières sont à la charge exclusive soit des propriétaires du navire, soit des propriétaires des marchandises.

Il reste à déterminer quelles avaries particulières sont à la charge des propriétaires du navire, et quelles avaries sont à la charge des propriétaires des marchandises. Le principe posé par l'article 404 est que l'avarie particulière est supportée ou payée par le propriétaire qui a subi le dommage ou occasionné la dépense. Si l'avarie consiste dans un dommage, elle est toujours pour le propriétaire de la chose endommagée, alors même qu'elle a sa source dans une avarie subie par une autre chose. Ainsi, une voie d'eau se déclare, l'eau pénétrant dans la cale détériore des marchandises : le dommage éprouvé par le navire est une avarie particulière à la charge de l'armateur ; la détérioration éprouvée par les marchandises est une avarie particulière que doivent supporter les chargeurs propriétaires de la marchandise endommagée. Le feu se déclare dans des marchandises : avarie parti-

---

1. Il a pu en être autrement aux États-Unis pendant la guerre de Sécossion.

culière pour les propriétaires de ces marchandises ; le feu se communique à d'autres marchandises : avarie particulière pour les propriétaires de ces marchandises ; le feu se communique au navire : avarie particulière pour l'armateur.

378. — Cependant, l'avarie particulière est quelquefois supportée par d'autres que par le propriétaire de la chose endommagée. C'est ainsi (art. 405, C. com.) que les dommages arrivés aux marchandises par la faute ou la négligence du capitaine et de l'équipage, tels que les dommages causés par la fermeture incomplète des écoutilles, la défectuosité de l'amarrage, ou l'insuffisance des guindages, sont bien des avaries particulières à la charge du propriétaire des marchandises, mais pour lesquelles il a un recours contre le capitaine, le navire et le fret. De même, le propriétaire du navire et les propriétaires de marchandises ont un recours contre le chargeur par la faute de qui le dommage est arrivé. Tel est le cas où un incendie est occasionné par des matières inflammables dont la nature a été dissimulée. Si le dommage éprouvé par une chose a pour cause le vice propre d'une autre chose, le propriétaire de la première a un recours contre le propriétaire de la seconde. Ainsi, si une voie d'eau est déterminée par le mauvais état du navire au moment du départ, le propriétaire de la marchandise avariée par l'eau de mer a un recours contre le capitaine.

379. — Lorsque l'avarie consiste dans une dépense, la détermination des personnes qui doivent la supporter présente plus de difficultés, parce qu'il n'est pas toujours facile de déterminer la chose qui a occasionné la dépense. La dépense, en effet, est supportée non par le propriétaire de la chose pour laquelle elle est faite, mais par le propriétaire de celle qui l'a occasionnée. Ainsi, un navire relâche pour réparer des avaries particulières ; si, pour effectuer ces réparations, il est indispensable de décharger le navire, les frais de déchargement et autres, bien que faits pour la marchandise,

sont avarie particulière à la charge du navire, parce que
c'est le besoin de réparation du navire qui les a occasionnés.

380. — Dérogations aux règles du Code. — Les règles
qui précèdent et qui sont formulées par le Code de commerce ne sont pas d'ordre public. Les parties peuvent y déroger ; elles peuvent même convenir que les avaries grosses
ne donneront lieu à aucune contribution, ce qui revient à
dire qu'aucune avarie ne sera traitée comme avarie grosse.
Parmi les dérogations qui peuvent être admises, il convient
de citer les règles d'York-Anvers qui sont des règles arrêtées
dans un congrès d'York par l'Association pour les progrès et
la codification du droit des gens et dont cette association re-
commande l'admission à toutes les nations maritimes.

Remaniées une première fois au congrès d'Anvers, elles
ont subi en 1890, au congrès de Liverpool, un nouveau re-
maniement.

Souvent, les chartes-parties se réfèrent aux règles d'York.
Voici le texte des douze premières, les seules qui se réfèrent
à notre matière. Les autres trouveront place au règlement
d'avaries n° 719.

380 *bis.* — Règles d'York. — *Règle I. Jet de marchandises.*
— Aucun jet de marchandises chargées sur le pont ne sera
admis en avarie commune. Sera assimilée au pont toute
construction ne faisant pas corps avec la membrure du navire.

Règle II. Dommage causé et sacrifice pour le salut commun. —
Sera admis en avarie commune le dommage causé au navire
et à la cargaison, ou à l'un d'eux, par un sacrifice fait pour
le salut commun, ou à la suite dudit sacrifice, par l'eau qui
descend par les écoutilles pratiquées en vue de faire un jet
pour le salut commun.

Règle III. Extinction du feu à bord. — Est réputé avarie
commune, le dommage causé au navire ou à la cargaison,

conjointement ou séparément, par l'eau ou autrement, y compris le dommage occasionné en submergeant ou en sabordant un navire en feu, en vue d'éteindre un incendie à bord. Toutefois, aucune bonification ne sera faite pour dommage causé à toute partie du navire et du chargement en grenier ou aux colis séparés qui ont été atteints par le feu.

Règle IV. Coupement de débris. — La perte ou le dommage résultant du coupement des débris ou restants de bois ronds ou d'autres objets qui ont été enlevés par fortune de mer ne sera pas classé en avarie commune.

Règle V. Échouement volontaire. — Quand un navire est volontairement *mis au plein*[1], et que les circonstances sont telles que, si cette mesure n'était pas adoptée, inévitablement il coulerait ou irait en dérive à la côte ou vers des rochers, aucune perte ou avarie en résultant pour le navire au chargement et au fret, ou à l'un d'eux, par cet échouement volontaire, ne sera admise en avarie commune.

Mais, dans tous les autres cas, où un navire est volontairement échoué pour le salut commun, la perte ou le dommage qui en résulte sera bonifié en avarie commune.

Règle VI. Forcement de voiles. Avarie ou perte de voiles. — L'avarie ou la perte de voiles et de vergues ou de l'une d'elles, causée pour le salut commun en remettant un navire à flot ou en le drossant davantage sur la côte, sera admise en avarie commune ; mais tant qu'un navire sera à flot, aucun dommage ou perte occasionnée au navire, au chargement et au fret ou à l'un d'eux par suite d'un forcement de voiles ne sera bonifiée en avarie commune.

Règle VII. Avaries aux machines en renflouant le navire. — Le dommage causé aux machines et aux chaudières d'un navire qui est échoué et dans une position dangereuse pendant une tentative de renflouement, sera admis en avarie

---

1. Ces mots sont synonymes d'*échoué.*

commune lorsqu'il sera démontré qu'il est bien la conséquence de la tentative de renflouement du navire volontairement décidé pour le salut commun, et au risque d'occasionner
un tel dommage.

*Règle VIII. Frais d'allégement d'un navire échoué, et dommage
en résultant.* — Quand un navire est échoué et que, pour le
renflouer, le chargement, le charbon des soutes et les provisions du navire ou l'un deux sont déchargés, les dépenses
d'allégement, location d'allèges et frais de réembarquement
s'il y en a d'encourus, ainsi que la perte ou le dommage en
résultant seront admis en avarie commune.

*Règle IX. Chargement, matériel du navire et provisions brûlés
comme charbon.* — Le chargement, le matériel du navire et
les provisions ou l'un d'eux, nécessairement brûlés comme
charbon pour le salut commun, et dans un moment de péril,
seront bonifiés en avarie commune quand, mais seulement
quand le navire avait pris à bord une ample provision de
charbon ; mais la valeur de la quantité de charbon qui eût
été consommée, calculée au prix courant au dernier port de
départ du navire et à la date de ce départ, doit être mise à la
charge de l'armateur et au crédit de l'avarie commune.

Règle X. Frais de relâche. — a) Lorsqu'un navire sera entré
dans un port ou lieu de refuge ou sera retourné à son port
ou lieu de charge par suite d'un accident, d'un sacrifice ou
d'autres circonstances extraordinaires rendant cette mesure
nécessaire pour le salut commun, les frais d'entrée dans ce
port ou cet endroit seront admis en avarie commune ; et
quand il aura quitté ce port avec tout ou partie de son chargement primitif, les frais correspondants de sortie de ce port
ou endroit qui seront la conséquence de ladite entrée ou
dudit retour seront également bonifiés en avarie commune.

b) Les frais de débarquement de la cargaison du navire au
port ou lieu de charge, d'escale ou de refuge seront admis
en avarie commune, quand le débarquement aura été néces-

saire pour le salut commun ou pour permettre la réparation
du dommage éprouvé par le navire et causé par sacrifice ou
accident dans le cours du voyage, si les réparations sont nécessaires pour assurer la continuation du voyage en toute
sûreté.

c) Toutes les fois que les frais de débarquement de la cargaison seront admissibles en avarie commune, les frais de
réembarquement et de mise en magasin de ce même chargement à bord du même navire, ainsi que tous les frais de magasinage, y seront également admissibles. Mais, si le navire
est condamné ou ne continue pas son voyage primitif, aucun
frais de magasinage encouru après la date de la condamnation du navire ou de la renonciation au voyage ne sera admis
en avarie commune.

d) Si un navire en avarie se trouve dans un port ou lieu
où il est possible de le réparer pour lui permettre de transporter son entier chargement et si, pour épargner des frais,
il est remorqué de là à un autre port ou lieu de réparation
ou jusqu'à sa destination, ou si tout ou partie de la cargaison
est transbordé sur un autre navire ou réexpédié autrement à
destination, les frais supplémentaires de remorquage, transbordement et réexpédition, ou l'un d'eux, jusqu'à concurrence des frais supplémentaires épargnés, seront payables par
les diverses parties intéressées en proportion des frais extraordinaires épargnés.

Règle XI. Gages et nourriture de l'équipage au port de relâche.
— Lorsqu'un navire sera entré ou aura été retenu dans un
port ou autre endroit, dans les circonstances ou pour effectuer les réparations prévues par la règle X, les gages, frais
de subsistance du capitaine, des officiers et de l'équipage pendant la période supplémentaire d'arrêt audit port ou lieu de
refuge, jusqu'au moment où il aura été ou aurait pu être
remis en état de continuer son voyage, seront admis en avarie commune. Mais, si le navire est condamné ou ne conti-

nue pas son voyage primitif, les gages, frais de subsistance
du capitaine, des officiers et de l'équipage, encourus après la
date de la condamnation du navire ou de l'abandon du voyage,
ne seront pas admis en avarie commune.

Règle XII. Dommage causé à la cargaison par le déchargement.
— Le dommage ou la perte causée inévitablement à la cargaison, dans les opérations de décharger, emmagasiner, recharger et arrimer, sera admise en avarie commune, dans les
cas seulement où les frais occasionnés par ces mesures respec-
tives seront admis en avarie commune.

CHAPITRE VIII

ARRIVÉE ET SÉJOUR DU NAVIRE AU PORT DE DESTINATION

OU DANS UN PORT DE RELACHE ET DÉPART DE CE PORT

381. — Entrée au port. — Le capitaine doit, comme au port de départ, être présent à bord et assisté d'un pilote (V. n° 270).

382. — Formalités a remplir. — Ces formalités ne sont pas absolument les mêmes, suivant que le navire entre à son port de destination ou dans un port de relâche.

383. — *Port de relâche.* — Si c'est dans un port de relâche, le capitaine doit le plus tôt possible, sinon dans les 24 heures, faire la déclaration des causes de sa relâche, en France, au président du tribunal de commerce ou au juge de paix; à l'étranger, au consul (ou vice-consul, art. 245, C. com.; Ord. 29 oct. 1833, art. 12[1]) et se faire délivrer une expédition en règle de cette déclaration, afin d'en justifier en temps et lieu. Si la relâche se prolonge au delà de 24 heures, le capitaine est tenu de remettre au consul son rôle d'équipage.

384. — Dans les lieux où le capitaine n'est pas astreint à faire de déclaration aux autorités sanitaires du pays, le capitaine doit présenter au consul sa patente de santé, s'il en a une, la faire viser et mentionner dans sa déclaration tous

---

1. V. G. Paulet, *Code annoté du commerce et de l'industrie*, p. 176.

les détails qu'il peut connaître sur l'état sanitaire des pays où il a touché, des bâtiments qu'il a rencontrés, etc. Quand c'est en France qu'un navire opère une relâche forcée, le capitaine est tenu, dans les 24 heures de son arrivée, de faire à la douane un rapport justifiant les causes de sa relâche, et de lui remettre dans le même délai une copie de son manifeste.

385. — *Port de destination*. — Si le port de destination est un port français, il y a lieu d'appliquer purement et simplement ce qui sera dit pour la rentrée du navire au port d'armement (V. n° 456).

Si le port de destination est un port étranger, le capitaine doit, après avoir pourvu à la sécurité de son navire, se présenter devant le consul et, en conformité des articles 242 et 243 du Code de commerce, lui faire son rapport (art. 244, C. com.).

L'article 10 de l'ordonnance du 29 octobre 1833 énumère les énonciations que doit contenir ce rapport. Ces énonciations se rapportent à trois idées principales : 1° renseignements relatifs au navire et à son chargement (nom, tonnage et cargaison du navire, nom des armateurs, assureurs, etc.); 2° renseignements sur les circonstances de la navigation effectuée; 3° renseignements sur tout ce que le capitaine a pu apprendre en route et qui est de nature à intéresser le service de l'État et la prospérité du commerce français.

Le rapport, après avoir été affirmé par le capitaine, est signé de lui, du consul et du chancelier du consulat[1].

386. — A l'appui de son rapport (*ibid.*, art. 11), le capitaine doit déposer : 1° l'acte de propriété du navire[2]; 2° l'acte de francisation; 3° le congé; 4° le rôle d'équipage; 5° les acquits-à-caution, connaissements et chartes-parties; 6° le livre de bord que le consul doit viser (art. 243, C. com.); 7° les

---

1. Le capitaine a d'autres formalités à remplir relativement aux actes de l'état civil.

2. Voir ce qui a été dit au n° 267, note.

procès-verbaux dont la rédaction est prescrite par les lois et règlements, comme venant à l'appui des faits énoncés dans son rapport.

387. — En même temps qu'il fait son rapport, le capitaine remet au consul, en conformité de l'article 244 du Code de commerce, un manifeste ou état exact de son chargement, certifié et signé par lui (ord. 29 oct. 1833, art 11)[1].

Dans les lieux où les capitaines ne sont pas astreints à faire aux autorités sanitaires du pays les déclarations d'usages, le capitaine doit remplir les formalités décrites au n° 384.

388. — Le capitaine doit encore, dans les 24 heures de son arrivée, que le port soit le port de destination ou un port de relâche, présenter au consul[2] son registre des traversées. Ce fonctionnaire constate sur ce registre la date d'arrivée et dresse trois extraits constatant le voyage qui vient d'être terminé; un de ces extraits est remis au capitaine (Décret du 25 juillet 1893).

389. — Déchargement des marchandises, paiement du fret, etc. — Préalablement à ces opérations, le capitaine agira prudemment en faisant constater le bon état de son arrimage par des experts. Il demandera la nomination de ces experts au consul, si tous les réclamateurs sont Français, sinon aux autorités locales. Hors le cas de péril imminent, le capitaine ne peut débarquer aucune marchandise avant d'avoir fait son rapport (art. 248, C. com.). La délivrance des marchandises et le paiement du fret auront lieu conformément aux règles qui seront tracées lors du retour du navire en France, à supposer que la loi française soit applicable. Les formalités de douane seront naturellement régies par la loi du pays. S'il y a lieu à règlement d'avaries, voir n⁰ˢ 687 et 690.

---

1. Des capitaines nous ont affirmé que cela ne se fait pas en pratique.

2. En France et dans les possessions françaises, au commissaire de l'inscription maritime. Cette formalité a trait à la constatation des distances parcourues pour l'établissement de la prime à l'armement.

390. — Le navire est en état d'avaries. — Le capitaine ne doit pas oublier que son navire sera dénationalisé s'il le fait radouber ou réparer à l'étranger et que les frais de radoub ou réparations excèdent 6 fr. par tonneau (L. 27 vend. an II, art. 8). Lors donc que les réparations doivent excéder ce chiffre, le capitaine, si la chose est possible, devra attendre son retour en France pour les faire effectuer. Cependant, s'il est impossible d'attendre, le capitaine pourra faire effectuer les réparations, à la condition d'en constater la nécessité par un rapport signé et affirmé de lui et des autres officiers, vérifié et approuvé par le consul ou deux négociants français demeurant dans le pays. Ce rapport doit être déposé au bureau des douanes du port français où le navire revient (en pratique au greffe).

391. — Dans tous les cas, pour éviter qu'on puisse ensuite contester l'utilité des réparations, le capitaine doit présenter requête au consul[1] à l'effet d'obtenir la nomination d'experts chargés d'indiquer les diverses mesures que leur suggère l'état du navire et de la cargaison. Les experts nommés prêtent serment et déposent leur rapport à la chancellerie du consulat[2].

Sur le vu de ce rapport, dont le capitaine doit se faire délivrer expédition, le consul autorise les réparations.

Le capitaine n'a plus qu'à les faire effectuer. Toutefois, il faut se rappeler que dans le lieu de la demeure des propriétaires ou de leurs fondés de pouvoirs, le capitaine ne peut, sans leur autorisation spéciale, faire travailler au radoub du bâtiment.

392. — Le chargeur doit attendre les réparations. — Quelque longues que puissent être les réparations, l'affréteur est tenu d'attendre (art. 296, C. com.). Il peut à la vérité

---

1. En France, au président du tribunal de commerce.
2. En France, au greffe du tribunal de commerce.

retirer ses marchandises, mais il doit alors le fret entier comme si le navire les avait portées à destination. Mais il ne devrait aucun fret si les réparations étaient rendues nécessaires par le mauvais état de navigabilité au moment du départ (art. 297, C. com.). Il pourrait retirer les marchandises en ne payant que le fret proportionnel à raison du chemin parcouru, si le séjour prolongé dans le navire risquait d'entraîner leur perte (controversé), ou si le capitaine laissait par sa faute les réparations traîner en longueur.

393. — COMMENT LE CAPITAINE SE PROCURE LES FONDS NÉCESSAIRES. — Il est possible que le capitaine n'ait pas les fonds nécessaires pour effectuer les réparations. Il peut d'abord tirer des traites sur le propriétaire. Puis l'article 234 du Code de commerce met à sa disposition d'autres moyens de se procurer les fonds qui lui manquent. Ces moyens, le capitaine peut les employer non seulement quand il s'agit de faire réparer le navire, mais encore toutes les fois qu'il s'agit de faire des dépenses nécessaires pour le bâtiment et la cargaison, achat de vivres, etc.

394. — Le capitaine qui veut recourir à ces mesures doit d'abord en faire constater la nécessité par un procès-verbal signé des principaux de l'équipage. Il présente ensuite ce procès-verbal au consul qui autorise, s'il y a lieu, les mesures que veut prendre le capitaine[1].

395. — *Vente de marchandises.* — En vertu de cette autorisation, le capitaine peut d'abord vendre des marchandises jusqu'à concurrence de la somme nécessaire ; mais il ne pourrait aller jusqu'à vendre la totalité du chargement. Bien entendu, au retour du navire, les propriétaires de ces marchandises doivent être indemnisés. Sur le montant de l'indemnité, voir n° 514.

396. — Si le navire est affrété totalement à une seule per-

---

1. En France, c'est le tribunal de commerce qui donne son autorisation.

sonne, cette personne, si elle est présente, peut s'opposer à la vente des marchandises en les déchargeant et en payant le fret, seulement en proportion de ce que le voyage est avancé. La même faculté existe quand le navire est frété à plusieurs, si tous sont d'accord. Chaque affréteur d'ailleurs, même s'il n'est pas d'accord avec les autres, peut toujours retirer ses marchandises, mais alors il doit payer le fret entier.

397. — *Emprunt à la grosse.* — Le capitaine peut aussi emprunter à la grosse sur le navire[1] ou sur les marchandises, sauf la faculté qu'ont les propriétaires, comme lorsque le capitaine se propose de les vendre, de retirer dans les mêmes conditions ces marchandises en payant le fret proportionnel.

398. — Le prêt à la grosse est un prêt fait sur des choses exposées à des risques maritimes et spécialement sur un navire ou sur son chargement, avec stipulation d'une prime ou profit maritime en sus de la restitution du capital prêté, mais à la condition que le capital et le profit ne pourront être exigés que jusqu'à concurrence de la valeur de la chose affectée au prêt après l'arrivée, et avec privilège sur cette chose.

399. — Le capitaine n'a d'ailleurs le droit d'emprunter à la grosse *sur le navire,* dans les termes de l'article 234 du Code de commerce, qu'autant qu'il ne se trouve pas dans le lieu de

---

1. Nous supposerons dans les explications qui vont suivre un emprunt à la grosse effectué en cours de voyage. Rien sans doute n'empêcherait le propriétaire d'emprunter sur son navire avant le départ (avant le départ, le propriétaire ou le capitaine ne pourrait emprunter que sur le navire et non sur les marchandises). Mais l'hypothèse énoncée au texte est seule pratique. Déjà en 1874 les emprunts à la grosse avant le départ étaient assez rares. La loi du 10 décembre sur l'hypothèque maritime, dont la disposition sur ce point a été renouvelée par la loi du 10 juillet 1885, est venue les rendre pour ainsi dire impossibles, en supprimant le privilège qui était attribué par le Code au prêteur. Suivant certaines législations, notamment en Belgique et en Allemagne, le prêt à la grosse ne peut avoir lieu qu'après le départ et en cours de voyage. (Cohendy, *Code de commerce,* art. 311, note 5.)

Rien n'empêcherait non plus les propriétaires des marchandises d'emprunter sur ces marchandises, soit avant le départ du navire, soit en cours de voyage. Mais, dit M. de Courcy, « dans ma longue pratique, je n'ai pas eu connaissance d'un seul emprunt à la grosse, contracté par des chargeurs ».

la demeure des propriétaires du navire ou de leurs représentants. Lorsque le capitaine se trouve dans le lieu de la demeure du propriétaire ou de ses représentants, c'est à ces
derniers seuls qu'appartient le pouvoir d'emprunter à la grosse
sur le navire, et ils n'ont pas besoin, dans ce cas, de se soumettre aux conditions de l'article 234 du Code de commerce
(constatation de la nécessité du prêt, autorisation du consul
ou du tribunal), car l'emprunt est fait alors par le propriétaire sur sa propre chose. Mais ces conditions redeviendraient
nécessaires s'il s'agissait d'emprunter sur les *marchandises,*
car alors l'emprunt ne serait plus fait par le propriétaire de
la chose affectée.

400. — Le capitaine ne peut, dans le lieu de la demeure
de l'armateur ou de ses représentants, emprunter à la grosse
sur le navire qu'en vertu de leur autorisation, donnée en la
forme authentique (art. 321, C. com.)[1]. Lorque le capitaine
est nanti de cette autorisation, il est affranchi des conditions
prescrites par l'article 234 du Code de commerce précité, en
tant qu'il s'agit d'emprunter sur le navire. Mais il lui faut
toujours, pour emprunter *sur les marchandises,* le procès-verbal
signé des principaux de l'équipage, constatant la nécessité de
l'emprunt et l'autorisation du consul.

401. — Si le capitaine, dans le lieu de la demeure de l'armateur, contracte un emprunt à la grosse sur le navire sans
son autorisation spéciale, cet emprunt est certainement nul
et le propriétaire n'est tenu que jusqu'à concurrence du profit
qu'il a pu en retirer lorsque le prêteur est de mauvaise foi,
c'est-à-dire savait, au moment du prêt, qu'il contractait dans
le lieu de la demeure de l'armateur. Mais s'il est de bonne

---

1. C'est-à-dire donnée par acte notarié, si elle est donnée en France, et si
elle est donnée à l'étranger, par acte reçu par le chancelier du consulat, ou
par les officiers publics du pays, dans les formes prescrites par la loi locale,
pour leur donner le caractère d'authenticité. Cependant des auteurs inter-
prètent les mots « autorisation authentique » dans le sens d'autorisation certaine.

foi, il y a lieu d'appliquer les règles déjà exposées sur d'autres actes que le capitaine ne peut faire sans un pouvoir spécial (V. n° 80) et de faire produire au contrat ses effets. Nous devons dire toutefois que cette thèse, admise par M. Desjardins, est beaucoup plus contestée en matière de prêt à la grosse qu'en toute autre matière.

402. — *Théorie du prêt à la grosse.* — *Renvoi.* — Ici serait la place logique de la théorie du prêt à le grosse. Mais, ainsi que nous l'avons fait à propos des avaries, et pour ne pas interrompre le récit du voyage, nous renvoyons l'exposé de cette théorie à la fin du chapitre, au n° 414.

403. — LE NAVIRE NE PEUT ÊTRE RÉPARÉ. INNAVIGABILITÉ. — Il est possible que le navire ne puisse être réparé, soit parce qu'il est tellement avarié qu'il est absolument impossible de le remettre en état, soit parce que les réparations exigeraient des frais hors de proportion avec l'avantage qu'on en retirerait, soit parce que le capitaine n'a pu se procurer les fonds nécessaires, soit parce que le port n'offre pas des ressources techniques suffisantes. Dans tous ces cas, il y a ce qu'on appelle *innavigabilité.*

404. — Le capitaine doit faire constater également l'innavigabilité. La déclaration d'innavigabilité est prononcée par le consul, vice-consul ou agent consulaire sur un rapport d'expertise[1]. Cette déclaration porte dans la pratique le nom de condamnation.

405. — LE CAPITAINE DOIT ALORS LOUER UN AUTRE NAVIRE. — Le capitaine *est tenu,* au moins si l'affréteur n'est pas présent, de louer un autre navire pour transporter les marchandises à destination, et dans ce cas il a droit au fret entier comme s'il les avait transportées lui-même sur son navire. Mais comme, ainsi qu'on le verra au n° 555, l'affréteur (ou le destinataire) doit supporter l'excédent de fret que peut en-

---

1. En France, par le tribunal de commerce.

traîner cette substitution d'un navire à un autre, le capitaine pourrait se dispenser de louer un autre navire s'il lui était réclamé pour cette location une somme tellement forte, qu'il fût évidemment de l'intérêt de l'affréteur de laisser les marchandises au lieu où le navire a été déclaré innavigable.

Si un autre navire ne peut être loué, il n'est dû que le fret proportionnel au chemin parcouru (art. 296, C. com.). Au point de vue de l'assurance, voir n° 627.

406. — Vente du navire innavigable. — En principe, un capitaine ne peut vendre son navire sans un pouvoir spécial du propriétaire. Mais ce principe comporte une exception en cas d'innavigabilité. La vente s'impose et devient un acte de bonne administration. Le capitaine peut, même non muni d'un pouvoir spécial, se faire autoriser par le consul à vendre le navire[1]. Le capitaine agira prudemment, à supposer qu'il n'y soit pas tenu, en recourant à une vente aux enchères.

406 bis. — Rapatriement des marins du navire devenu innavigable. — Appliquer ce qui a été dit en cas de naufrage (V. n° 297).

406 ter. — Salaires de ces marins. — Les salaires ne devant être payés qu'en France (Ord. 29 oct. 1833, art. 33), il en sera traité au chapitre IX, n° 579.

407. — Arrêt du navire. — En cas d'arrêt, le capitaine doit solliciter le concours du consul qui s'emploiera à en obtenir la levée (Ord. 29 oct. 1833, art. 27).

L'affréteur peut, pendant l'arrêt, retirer ses marchandises sans que le capitaine puisse exiger le paiement du fret (art. 278, C. com.). Mais l'affréteur est tenu de les recharger quand l'arrêt prend fin, ou d'indemniser le capitaine en lui payant le fret entier (art. 293, C. com.), à la condition d'avoir été mis en demeure. L'affréteur ne devrait que le fret proportion-

---

1. En France, par le tribunal de commerce.

nel si la marchandise risquait de périr par suite de son séjour prolongé dans le navire (controversé)[1].

408. — MARINS MALADES OU BLESSÉS. — Aux termes de l'article 262 du Code de commerce, le marin malade ou blessé au service du navire pendant la durée du voyage doit être pansé et traité aux frais du navire. Cela entraîne, sinon en droit, au moins en fait, surtout si le navire n'a pas de chirurgien, l'obligation de débarquer le marin pour le faire soigner à terre aux frais de l'armement.

Ce débarquement ne peut avoir lieu qu'en vertu d'une autorisation du consul[2]. Le matelot doit être ensuite rapatrié aux frais de l'armement. Toutefois, le capitaine peut se libérer de tous frais de traitement et de rapatriement en versant entre les mains de l'autorité française une somme à déterminer d'après un tarif arrêté par un règlement d'administration publique qui doit être revisé tous les 3 ans (art. 262, C. com.)[3]. En ce qui touche les frais de conduite, appliquer le n° 297. Si c'est en combattant contre l'ennemi ou les pirates que le marin a été blessé, les frais de pansement, traitement et rapatriement sont à la charge non de l'armement seul, mais à la charge du navire et du chargement (art. 263, C. com.).

409. — CONGÉDIEMENT DE MARINS. — En principe, les marins ne peuvent être congédiés à l'étranger (art. 270, C. com.). Cependant, les consuls peuvent, pour des causes graves, ordonner, sur les plaintes du capitaine ou des matelots, et après les avoir entendus contradictoirement, le débarquement d'un ou de plusieurs hommes de l'équipage. Ils mentionnent alors par une apostille sur le rôle d'équipage les débarquements autorisés ou ordonnés par eux (Décr. 7 avril 1860, art. 2).

---

1. Sur les salaires des marins et sur le fret, pendant la durée de l'arrêt, voir n° 576.

2. En France, du commissaire de l'inscription maritime ; dans les colonies, du gouverneur, commandant particulier ou commissaire de l'inscription maritime.

3. V. décret du 24 mai 1896.

Dans les possessions françaises, c'est le gouverneur, le commandant particulier ou commissaire de l'inscription maritime qui autorise le débarquement. En France, le débarquement ne peut avoir lieu qu'en vertu d'une autorisation du commissaire de l'inscription maritime (Déc. du 19 mars 1852, art. 5[1]). La question de savoir si le congédiement est légitime ou non, est du ressort des tribunaux.

410. — Rapatriement des marins congédiés[2]. — Les frais de ce rapatriement, qui sont avancés au besoin par l'État, sont à la charge de l'armement. Les frais en sont imputés sur le navire, et subsidiairement sur l'ensemble des frets gagnés depuis que le navire a quitté son port d'armement et n'incombent au Trésor qu'après entier épuisement de cette double garantie (Décr. 7 avril 1860, art. 17). Cependant, les consuls généraux, consuls, vice-consuls et agents consulaires, les commandants particuliers et les commissaires de l'inscription maritime aux colonies peuvent décider que les frais de retour doivent être déduits des salaires du marin, c'est-à-dire laissés à sa charge. Mais beaucoup d'auteurs pensent que cette décision du consul, etc., n'est que provisoire et que le marin peut porter la question devant les tribunaux.

411. — Paiement d'acomptes aux marins. — Le capitaine ne peut payer d'acomptes aux matelots sur leurs gages qu'en vertu de l'autorisation du consul[3] qui devra vérifier la nécessité de ce paiement pour achat de vêtements ou pour tout autre besoin et l'apostillera sur le rôle d'équipage (Ord. 29 oct. 1833, art. 30).

---

1. Le rapatriement des marins est à la charge de l'État ou des marins et non du navire lorsque ceux-ci sont débarqués pour passer en jugement ou pour subir une peine (Décr. 7 avril 1860, art. 15).

2. V. G. Paulet, *Code annoté du commerce et de l'industrie.*

3. Ou du commissaire de l'inscription maritime dans les ports français ou des colonies françaises.

Préparation du voyage de retour.

412. — Affrètement et chargement du navire. — A
moins que le navire n'ait été au départ affrété pour l'aller et
le retour, le capitaine doit chercher à conclure un nouvel
affrètement. Mais, ainsi qu'il a été dit au n° 86, le capitaine
est sans pouvoir pour fréter le navire s'il se trouve dans le
lieu de la demeure d'un fondé de pouvoir de son armateur
(art. 232, C. com.).

La visite à laquelle le navire a été soumis avant le départ
étant valable pour tout le voyage, le capitaine n'a pas à faire
visiter de nouveau le navire avant de prendre charge, à moins
que le navire n'ait éprouvé, dans son voyage d'aller, des avaries majeures.

413. — Formalités a accomplir avant le départ. —
Voici maintenant le tableau de ce qu'aura à faire le capitaine
avant de reprendre la mer.

Il doit : 1° Remettre à la chancellerie du consulat son manifeste ou état exact des marchandises composant le chargement de son navire (Ord. 29 oct. 1833, art. 44[1]) ;

2° Envoyer à ses armateurs ou à leurs fondés de pouvoir
un compte signé de lui, contenant l'état de son chargement,
le prix des marchandises de sa cargaison, les sommes qu'il a
pu se trouver dans la nécessité d'emprunter, et le nom des
prêteurs (art. 235, C. com.) ;

3° Se faire délivrer une patente de santé constatant l'état
sanitaire du port qu'il va quitter. Cette patente de santé est
délivrée aux navires français par les agents consulaires ou, à
défaut, par les autorités locales (Décr. du 4 janvier 1896,

---

1. Disposition spéciale aux départs de l'étranger, ne pouvant s'appliquer
quand le navire part d'un port français ou d'une possession française.

art. 8). De plus, si le navire doit toucher à un port étranger, le capitaine se fait délivrer une patente de santé par le consul de la nation à laquelle appartient ce port ou fait viser sa patente par ce consul. La patente de santé est obligatoire en tout temps pour les navires à destination d'un port de France et d'Algérie provenant : 1° des pays situés hors d'Europe, l'Algérie et la Tunisie exceptées ; 2° du littoral de la mer Noire et des côtes de la Turquie d'Europe, sur l'Archipel et la mer de Marmara (Décr. du 4 janvier 1896, art. 11). Pour les autres régions, la présentation d'une patente de santé à l'arrivée n'est obligatoire que pour les navires provenant d'une circonscription contaminée par une maladie pestilentielle. Les navires faisant le cabotage français (l'Algérie comprise) sont, à moins de prescription exceptionnelle, dispensés de se munir d'une patente de santé. La même dispense s'applique aux navires qui relient directement, dans les mêmes conditions, la France et la Tunisie (même décret, art. 12) ;

4° Lever ses expéditions, c'est-à-dire se faire remettre par le consul les pièces qu'il a déposées à l'appui de son rapport et sans lesquelles il ne peut naviguer (V. n° 386) ;

5° Faire consigner par le consul ou dans les possessions françaises par le commissaire de l'inscription maritime sur son registre des traversées, la date du départ, la nouvelle destination ou la nouvelle escale du navire, et la composition de l'équipage (Décr. du 25 juillet 1893) ;

6° Se faire remettre par le consul un certificat constatant l'époque de son arrivée, et la nature de son chargement (art. 244, C. com.).

Ces formalités remplies, le navire peut prendre la mer ;

7° Si le capitaine, un homme de l'équipage ou un passager emporte de l'étranger des marchandises assurées en France, il doit, au point de vue de l'assurance, en laisser un connaissement dans le lieu où le chargement s'effectue entre les mains du consul ou, à défaut, d'un Français notable commerçant, et enfin subsidiairement du magistrat du lieu (art. 345, C. com.).

413 *bis*. — DÉPART DU NAVIRE. — Comme à toute période du voyage, le capitaine doit être présent et assisté d'un pilote.

Conclusion d'un contrat à la grosse.

(Renvoi du n° 402.)

414. — CE QUE C'EST QUE LE PRÊT A LA GROSSE. — Le prêt à la grosse est un prêt qui, consenti le plus souvent en vue d'une expédition maritime, présente des caractères particuliers. D'une part, en effet, le prêteur y trouve une garantie spéciale par l'affectation du navire ou de son chargement, ou de quelque autre valeur, au remboursement de la somme par lui avancée et de l'intérêt stipulé par son avance ; mais, d'autre part, capital et intérêt ne pourront être par lui recouvrés que jusqu'à concurrence de la valeur estimée, au retour de l'expédition, des mêmes objets affectés au paiement. Par cette combinaison, les risques de l'entreprise maritime, au lieu d'incomber à l'armateur ou aux chargeurs, passent sur la tête du prêteur, au moins dans la proportion de la valeur prêtée, et pour le tout si cette valeur est équivalente à celle du navire et de la cargaison ; car, s'ils viennent à périr en totalité, le prêteur ne pourra rien réclamer, et s'ils subissent quelque dommage seulement, il devra en supporter une part proportionnelle.

Mais en revanche et pour compenser ces risques, l'intérêt que le prêteur pourra réclamer dans le cas d'heureuse arrivée et qu'on appelle *profit maritime,* pourra être très élevé et lui donnera même souvent la plus grosse part des bénéfices de l'expédition.

415. — On nomme communément cette stipulation *contrat* ou *prêt à la grosse*, par abréviation de « contrat à la grosse aventure », parce que le prêteur expose, comme nous l'avons vu, la somme qu'il prête aux grosses aventures des entreprises maritimes.

On l'appelle encore *contrat* ou *prêt à retour de voyage*, parce que, le plus ordinairement, la somme n'est remboursable, avec le profit maritime, qu'au retour du navire sur lequel le prêt est fait.

Les parties contractantes sont désignées indifféremment par les noms de *prêteur* ou *donneur à la grosse*, et *emprunteur* ou *preneur à la grosse*.

415 *bis*. — On a vu aux n°s 397 à 402 dans quelles circonstances le prêt à la grosse devient nécessaire, par qui et à quelles conditions il peut être contracté ; il ne nous reste ici qu'à étudier le contrat en lui-même.

416. — § I. — CARACTÈRES JURIDIQUES. — *a*) Le contrat à la grosse est un contrat réel, c'est-à-dire qui n'existera comme prêt, avec ses caractères particuliers, qu'à partir du versement des espèces. Sans doute, la convention de prêter intervenue entre deux personnes crée entre elles-mêmes, avant cette numération, une obligation avec toutes les conséquences ordinaires des obligations en général, mais qui ne comportera pas encore les avantages et dangers spéciaux à notre contrat.

417. — *b*) C'est un contrat unilatéral, car dès qu'il aura pris naissance, dès que le prêteur aura effectué le versement des espèces, il n'aura plus d'autres obligations à remplir, et l'emprunteur demeurera seul tenu du remboursement. Donc l'article 1325 du Code civil ne lui est pas applicable et il suffit que le contrat soit rédigé en un seul original.

418. — *c*) Le contrat à la grosse est à titre onéreux, puisque chacune des parties se propose d'y réaliser un bénéfice.

419. — *d*) Il est aléatoire : il y a en effet une chance volontairement courue par le prêteur, qui expose le capital avancé aux risques de la navigation, en vue d'acquérir le profit maritime, et le perdra tout entier en cas de sinistre.

420. — Le contrat à la grosse constitue par lui-même un acte de commerce.

Par suite, chacune des parties contractantes, qu'elle soit ou non commerçante, sera soumise, pour la connaissance des difficultés relatives à ce contrat, à la juridiction consulaire. Néanmoins, le Code de commerce a dérogé pour ce contrat aux règles ordinaires de la preuve en matière commerciale et lui a imposé des formalités spéciales que nous étudierons (n° 436).

421. — § II. — CONDITIONS DE VALIDITÉ. — Divers éléments sont essentiels à la validité du prêt à la grosse.

Outre le consentement et la capacité des parties, conditions communes à tous les contrats, il faut :

A. — Un objet affecté à la garantie du prêt.

B. — Une chose prêtée.

C. — Des risques auxquels est soumis l'objet affecté.

D. — Un profit maritime, représentant pour le prêteur, outre l'intérêt de son capital, l'équivalent des risques dont il se charge.

Reprenons chacun de ces éléments.

422. — A. — OBJET AFFECTÉ A LA GARANTIE DU PRÊT. — « Il n'y a pas de prêt à la grosse sans une chose affectée au prêt. Du sort de cette chose exposée aux risques de mer dépendent l'existence et le montant de la créance du prêteur[1]. »

423. — Quelles sont donc les choses qui pourront recevoir cette affectation, et sur lesquelles pourra être contracté un emprunt à la grosse ? Les articles 315 et 318 du Code de commerce, qui procédaient à cette énumération et portaient un certain nombre d'exclusions, ont été profondément modi-

---

1. Ch. Lyon-Caen et Renault, *Précis de droit commercial*, n° 2327.

fiés par une loi du 12 août 1885. Voyons d'abord ce que disposait le Code de commerce, nous indiquerons ensuite la modification qu'y a apportée la législation nouvelle.

D'après l'article 315 du Code de commerce, on pouvait emprunter à la grosse sur le corps et quille du navire ;

Sur les agrès et apparaux, c'est-à-dire les mâts, voiles, cordages, etc. ;

Sur l'armement, ce qui comprend les munitions de guerre, les sommes avancées à l'équipage et généralement tous les frais faits jusqu'au départ ;

Sur les victuailles ou provisions de bouche ;

Ou enfin sur le chargement, et c'est ce qu'on appelle le prêt sur facultés.

L'emprunt à la grosse, ajoutait l'article 315 du Code de commerce, peut recevoir pour affectation la totalité de ces objets ou l'un d'eux seulement ; mais en pratique, cette décomposition ne se fait pas, et l'on emprunte soit sur corps, c'est-à-dire sur le navire avec tous ses accessoires, agrès, apparaux, armement, victuailles, soit sur facultés, soit sur l'un et sur l'autre.

424. — Mais, partant de cette double idée que l'on ne peut engager ce que l'on ne possède pas encore, et qu'un emprunt à la grosse étant un contrat de garantie, l'emprunteur ne saurait s'en faire une source de bénéfice, ni rendre par là sa condition meilleure en cas de sinistre que s'il n'avait pas contracté, l'article 318 du Code de commerce excluait formellement des garanties pouvant gager un emprunt à la grosse : 1° le fret *à faire* du navire ; 2° le *profit espéré* des marchandises. Ces gains, en effet, n'étaient pas encore acquis et ne constituaient que des espérances.

En outre et pour la même raison, défense était faite aux gens de mer par l'article 319 du Code de commerce, d'emprunter sur leurs loyers. De cette dernière prohibition il y avait encore une autre raison : la crainte de perdre leurs loyers attache les matelots à la conservation du navire ; s'ils en avaient par avance touché le montant, ils ne seraient plus intéressés au salut du navire et de la cargaison.

425. — Aussi cette dernière prohibition a-t-elle été maintenue, tandis que l'article 318 a été supprimé par la loi de 1885 et l'article 315 modifié par l'addition à son énumération des mots *sur le fret* et sur le *profit espéré* du chargement. De sorte que, suivant le nouveau texte de l'article 315, les prêts à la grosse peuvent être gagés sur le navire et ses accessoires, sur l'armement et les victuailles, sur le fret, sur le chargement, sur la totalité de ces objets ou sur une partie déterminée de chacun d'eux ; en un mot et pour prendre une formule générale, on peut aujourd'hui donner comme garantie d'un emprunt à la grosse, à l'exception des loyers des matelots écartés pour raison spéciale, toutes choses qui, étant dans le commerce, sont exposées à des risques maritimes[1].

426. — B. — Chose prêtée. — Le plus généralement, le prêteur à la grosse remettra à son emprunteur de l'argent. Mais aucun caractère du contrat ne s'opposerait à ce que l'objet du prêt consistât en toute espèce d'autres valeurs, pourvu toutefois que ce fussent des choses fongibles, c'est-à-dire que le prêteur n'eût droit de réclamer pour son remboursement et le profit maritime que des choses de même nature et valeur, ou leur estimation en argent, et non les choses elles-mêmes. Ce cas revient alors au prêt d'une somme d'argent, car ce qui est remis est, en réalité, moins un objet déterminé que la valeur à provenir de sa vente ou de son emploi.

427. — Que l'emprunt soit d'une somme d'argent ou de choses fongibles, il ne devra jamais excéder la valeur des objets qui y sont affectés.

---

1. Sur les législations étrangères, qui varient en cette matière, voir Cohendy, *Code de commerce*, art. 315 et la note.

Il serait, en effet, profondément immoral que la perte des objets exposés aux risques devînt pour l'emprunteur une source de bénéfices et qu'il y trouvât plus d'avantages qu'à leur heureuse arrivée. C'est cependant ce résultat qui se produirait si un armateur pouvait emprunter une valeur de 150,000 fr. sur un navire n'en valant que 100,000. En cas de sinistre, il ferait un bénéfice de 50,000 fr., différence entre la somme prêtée qu'il garderait et la valeur réelle du navire perdu.

428. — Qu'adviendrait-il du contrat si, en fait, le prêt avait été consenti pour une somme supérieure à la valeur des objets affectés à sa garantie ?

Ici, comme en matière d'assurances exagérées (V. n⁰ˢ 182 et 652 *bis*), il faut distinguer deux hypothèses :

L'emprunteur est-il de mauvaise foi ? c'est-à-dire connaissait-il la valeur de la chose affectée ? Le prêt est frappé d'une nullité relative ; il est nul à l'égard de l'emprunteur seulement. Le prêteur aura donc le **choix**, selon son intérêt, de tenir le contrat pour valable ou au contraire de le faire annuler ; en cas d'heureuse arrivée, il pourra réclamer le capital et le profit maritime, et en cas de sinistre, il pourra se faire rembourser le capital, mais alors avec de simples intérêts, au taux ordinaire, parce qu'il n'a plus couru de risques maritimes pouvant légitimer le profit convenu (art. 316, C. com.).

L'emprunteur est-il au contraire de bonne foi ? Le contrat n'est plus nul ; il doit être seulement réduit à la valeur réelle des objets. Pour l'excédent, l'avance faite ne constitue qu'un prêt ordinaire ; il sera donc remboursé avec intérêts au cours de la place ; c'est ce que l'on appelle *ristourner* le contrat (art. 317, C. com.).

429. — C. — Risques. — Il est de l'essence du prêt à la grosse que le prêteur coure le risque des choses affectées au prêt, et qu'il n'ait droit d'en réclamer le remboursement

avec le profit, qu'autant que ces choses seront sorties victo-
rieusement des risques de mer. Il en résulte que si, avant le
commencement des risques, le voyage vient à être rompu,
le contrat à la grosse disparaît et doit être ristourné. Sans
qu'il y ait à rechercher la cause de cette rupture du voyage,
l'avance faite doit être restituée avec intérêts au cours de la
place.

430. — *Temps des risques.* — A partir de quel moment et
jusqu'à quand les risques seront-ils à la charge du prêteur à
la grosse ? Ce point sera le plus souvent réglé par la convention des parties, qui ont pour sa fixation une pleine liberté.
L'emprunt à la grosse pourra donc être consenti pour tel
voyage déterminé sans limitation de durée ; pour ce voyage
à l'aller seulement ou pour l'aller et le retour tout à la fois.
Au contraire, la durée de l'emprunt et des risques peut être
déterminée pour un temps fixe et pour toutes les expéditions
qui pourront être entreprises dans cette période sans désignation de voyage ou bien encore tout à la fois pour un temps
limité et avec désignation du voyage (art. 311, C. com.). On
voit que la détermination du temps des risques est une question de fait pour la solution de laquelle les tribunaux devront
rechercher l'intention des parties.

Mais si la convention est muette sur ce point, le Code
supplée à son silence. L'article 328 du Code de commerce,
qui s'appliquera toutes les fois qu'il n'y aura pas été dérogé,
distingue entre le prêt sur corps et le prêt sur facultés. Dans
le premier cas, le temps des risques court du jour que le navire a fait voile, jusqu'au jour où il est ancré ou amarré au
port ou au lieu de sa destination ; et dans le second cas, depuis le chargement des marchandises à bord du navire ou
des gabares pour les y porter jusqu'au moment de leur délivrance à terre.

431. — *Nature des risques.* — Quant à la rupture des risques que le prêteur à la grosse doit supporter, contentons-

nous d'indiquer d'une façon générale que ce sont les risques de mer, et les mêmes que ceux dont l'assureur est responsable. Nous renvoyons donc, pour les détails sur les causes des pertes et des avaries que le prêteur doit supporter, à ce que nous avons dit des risques mis à la charge de l'assureur (V. n°s 214 et suiv.).

432. — D). — PROFIT MARITIME. — C'est la stipulation au profit du prêteur d'une somme en sus du capital avancé. Cette somme représente tout à la fois les intérêts dus pour l'emploi du capital et le prix des risques que la loi met à la charge du prêteur. C'est donc encore là un élément essentiel de notre contrat et quand bien même la convention n'en parlerait pas, il y serait implicitement contenu dès qu'il apparaîtrait bien que les parties n'ont pas voulu faire une donation ou tout autre contrat qu'un prêt à la grosse.

433. — Comme le profit présente, par l'un de ses éléments, une grande analogie avec la prime payée à l'assurance, on lui donne fréquemment dans la pratique le nom de *prime*.

434. — Il n'est pas nécessaire qu'il soit stipulé payable en argent et il peut consister en toute autre chose, par exemple en une part de la cargaison.

Le profit peut consister indifféremment en une somme fixe ou être réglé à raison de tant pour cent par mois, ou de tant pour cent sur les bénéfices éventuels de la vente des marchandises.

435. — Comme les risques dont il représente le prix varient indéfiniment, le profit maritime n'a jamais été, comme l'intérêt, restreint à un taux déterminé. Les parties le fixent comme elles l'entendent. Il n'est jamais réductible pour cause d'excès, puisqu'il représente la chance que court le prêteur de perdre son capital, et que l'appréciation de cette chance est nécessairement arbitraire.

436. — § III. — FORMES ET PREUVES DU CONTRAT A LA GROSSE. — Bien que l'article 311 du Code de commerce semble toujours exiger que le contrat à la grosse soit rédigé par écrit, la rédaction d'un acte n'est pas indispensable à sa validité. La simple remise d'une somme, sous les conditions essentielles que nous venons de parcourir, créerait suffisamment les rapports de donneur et preneur à la grosse.

Toute la portée de l'article 311 C com. a donc été de proscrire, en notre matière, en cas de désaccord des parties ou d'insuffisance de l'aveu et du serment, la preuve testimoniale. C'est uniquement dans le but d'assurer la preuve de l'existence du contrat qu'il a prescrit la rédaction d'un écrit.

Il pourrait encore être suppléé à la rédaction de cet écrit par la production des livres de commerce ou de la correspondance échangée entre les parties; mais il sera toujours extrêmement prudent, et même indispensable pour créer vis-à-vis des tiers le privilège du prêteur, de constater l'existence du prêt par un acte écrit. On désigne communément cet acte par les noms de *contrat de grosse*, *lettre de grosse* ou spécialement, quand il est fait à ordre et transmissible par endossement, *billet de grosse*.

Cet acte peut être rédigé en un seul original, puisque le prêt à la grosse ne fait pas naître des obligations réciproques. (V. n° 417.)

Cependant, dans la pratique, en raison des chances de perte par naufrage ou autrement, le contrat de grosse, à l'imitation de ce qui se passe pour les lettres de change, connaissements, etc., destinés à être transportés sur mer, est dressé en plusieurs exemplaires.

437. — Le contrat de grosse peut être rédigé par les parties elles-mêmes dans un acte sous seings privés. Si cet acte n'est point sous seings privés, l'article 311 C. com. nous dit qu'il doit être dressé par un notaire; alors il a le caractère d'un acte authentique et les constatations du notaire font foi jusqu'à inscription de faux (art. 1317-1319, C. civ.). Mais on peut aussi recourir au ministère des courtiers d'assurances, qui n'ont pas été dépouillés de leur monopole par la loi du 18 juillet 1866 ; et, en fait, c'est aux courtiers, plus souvent qu'aux notaires, qu'on s'adresse pour la rédaction des contrats de grosse.

A l'étranger, les parties, pour donner l'authenticité à leur contrat, devront se présenter devant le chancelier du consulat.

438. — L'article 311 du Code de commerce énumère les énonciations que doit contenir cet acte.

439. — 1° *Le capital prêté et la somme convenue pour le profit maritime*. — L'utilité de ces mentions sera de préciser et d'arrêter, dès le moment du contrat, le montant de la créance du prêteur. Lorsque le capital prêté ou le profit consistera en marchandises ou effets quelconques autres que de l'argent, on ne devra point se contenter d'en faire une simple énumération ; on évitera de graves difficultés ultérieures et on facilitera singulièrement le règlement du contrat en en faisant une estimation dans l'acte même.

440. — 2° *Les objets sur lesquels le prêt est affecté*. — Cette indication doit être donnée d'une façon assez claire et précise pour que le prêteur n'ait aucun doute sur l'objet particulier de sa garantie. Ainsi, en cas de prêt sur corps, la meilleure désignation sera ordinairement, avec le nom du navire exigé par le paragraphe suivant, l'indication de la qualité du navire, afin d'éviter toute confusion entre deux navires de même nom ; mais toute autre désignation écartant le doute suffirait. S'il s'agit d'un prêt sur facultés, les marchandises devront être indiquées par leur espèce et qualité, autant du moins que cela est possible ; car si l'emprunt avait précisément pour but l'achat d'une cargaison à effectuer, il suffirait alors d'indiquer qu'il s'agit d'un prêt sur facultés, en déterminant dans quelle proportion il pèse sur le chargement.

441. — 3° *Les noms du navire et du capitaine*. — S'il s'agit d'un prêt sur corps, l'obligation de déclarer le nom du navire se confond avec celle d'indiquer l'objet affecté au prêt ; mais la désignation du navire dans le prêt sur facultés, et celle du capitaine dans l'un ou l'autre cas, ont une grande importance pour renseigner le prêteur sur l'étendue des risques qu'il va encourir. Cependant le silence gardé sur ces points n'entraînerait, pas plus que le silence sur les précédents, la nullité du contrat ; la jurisprudence ne voit en effet dans cette omission qu'une présomption que le prêteur s'en est rapporté à l'emprunteur sur le choix du navire et du capitaine.

442. — 4° *Les noms du prêteur et de l'emprunteur.* — La lettre de grosse n'est autre chose que la reconnaissance de dette souscrite par l'emprunteur au prêteur ; on ne concevrait donc pas que cette reconnaissance ne désignât pas nommément celui à qui l'on devra s'adresser pour lui demander l'exécution du contrat.

Le bénéficiaire doit, lui aussi, être indiqué, mais non plus d'une façon individuelle, fixe et dès à présent définitivement déterminée ; notre paragraphe a seulement voulu par cette mention faciliter au bénéficiaire la preuve de ses droits, et dans ce but, l'acte devra être rédigé de manière qu'on y trouve la justification que celui qui vient exiger le remboursement est bien, soit le créancier primitif qui a consenti le prêt, soit l'un de ses ayants droit. Autrement dit, le contrat de grosse peut être souscrit soit à personne dénommée, soit à ordre, soit au porteur.

443. — Si le contrat de grosse est fait seulement à personne dénommée, le bénéfice pourra sans doute, comme toute créance, en être transmis à une autre personne. Mais pour rendre cette cession opposable aux tiers, il faudra suivre les formes lentes et compliquées de la cession de créance ordinaire (art. 1690, C. civ.), et, suivant les principes de notre droit civil, le cessionnaire restera exposé à toutes les exceptions opposables au cédant lui-même. Ce sont là des inconvénients incompatibles avec les besoins du commerce et qui ont conduit à faire admettre pour le contrat à la grosse les mêmes modes de transmission que pour les autres valeurs de crédit commercial.

444. — En conséquence, le contrat au porteur se transmettra par la simple tradition.

445. — Le billet à la grosse pourra aussi être libellé à ordre, et alors il deviendra transmissible par la voie de l'endossement (art. 313, C. com.).

446. — *5° Si le prêt a lieu pour un voyage, pour quel voyage et pour quel temps.* — Cette énonciation a la plus grande utilité pour bien préciser les conditions auxquelles le prêt a été consenti. Tel en effet consent un prêt à la grosse pour opérer un voyage déterminé qui s'y refuserait pour tout autre ; et le changement du voyage devrait faire prononcer la nullité du contrat.

En outre, si le prêt est fait pour un temps déterminé, il est encore extrêmement important de le préciser, parce que l'échéance fixée aura pour effet de décharger le prêteur des risques, quand même le voyage ne serait pas encore achevé.

447. — *6° L'époque du remboursement.* — C'est la date qui fixe l'ouverture des droits du prêteur. En cas d'omission de cette mention, on présume que le prêt à la grosse est remboursable dès le moment de la cessation du risque ; mais le plus ordinairement, dans la pratique, les contrats à la grosse accordent pour le remboursement un certain délai après l'arrivée.

448. — Telles sont les mentions énoncées par l'article 311 du Code de commerce comme devant figurer dans le contrat de grosse, et qui appellent deux observations :

A. — Aucune de ces mentions n'est exigée dans l'acte à peine de nullité. Ces énonciations sont donc demandées pour faciliter aux parties les justifications qu'elles seront obligées de fournir lors du règlement du contrat ; mais en cas d'omission de l'une de ces conditions dans l'acte, rien n'empêcherait que la preuve en fût faite par des éléments étrangers.

B. — D'un autre côté, l'article 311 C. com. n'est pas non plus limitatif ; il a voulu seulement signaler les énonciations principales qui doivent figurer dans le contrat de grosse, s'en remettant aux parties pour toutes autres indications qu'elles jugeraient à propos d'y introduire.

Ainsi, bien que le Code n'en parle pas, il est de toute utilité que le contrat de grosse soit daté. Nous avons vu, en effet (nᵒˢ 185 et 190), que l'assurance contractée par le propriétaire d'un objet déjà affecté pour sa totalité à la garantie d'un emprunt à la grosse est nulle, puisque l'assurance suppose des risques courus par l'assuré. En outre, la date servira dans tous les cas à déterminer le rang des prêteurs (V. nᵒˢ 761 et suiv.). Il est donc fort utile que le contrat de grosse en fasse foi lui-même.

Il sera bon également, qu'en même temps que la date, le contrat porte indication du lieu où il a été passé.

Une autre mention fort importante est celle du lieu du remboursement. Si elle a été passée sous silence, on admet ordinairement que ce lieu est celui de la destination du voyage, parce que c'est là que des poursuites pourront être exercées sur la chose affectée au remboursement.

449. — Faut-il mentionner dans le contrat de grosse la cause de l'emprunt ?

Cette question se rattache à celle de savoir s'il est de l'essence du contrat à la grosse qu'il soit contracté en vue d'une expédition maritime, ou si le prêt pourrait être consenti dans un tout autre but. On admet généralement que si le propriétaire de la chose affectée au prêt peut contracter un emprunt à la grosse valable sans qu'on ait à se préoccuper de l'emploi des fonds, du moins l'emprunt contracté par le capitaine ne peut être fait que pour les besoins de l'expédition. Il semble donc, qu'au moins dans ce second cas, le contrat doive mentionner l'origine du prêt.

L'insertion au contrat des circonstances qui ont fait recourir à l'emprunt, aura pour effet de créer cette présomption en faveur du prêteur, qu'il a cru remettre ses fonds au capitaine pour les besoins indiqués de l'expédition, et que, si plus tard ils ont reçu une autre destination, c'est arrière de lui et sans son consentement. Mais cette mention n'est point indispensable et, pour que le donneur à la grosse puisse agir contre le propriétaire des biens affectés et faire valoir sur eux son privilège, il suffira que le prêt ait été fait *de bonne foi* au capitaine, c'est-à-dire qu'il n'y ait ni preuve, ni présomption suffisante de collusion entre le capitaine et lui.

450. — Enfin, parmi les mentions du contrat de grosse, faut-il faire figurer toutes les circonstances qui sont de nature à éclairer le prêteur sur l'étendue et la nature des risques auxquels seront soumis les objets affectés au prêt ? Autrement dit, le contrat à la grosse est-il, comme l'assurance (V. nᵒˢ 173 et suiv.), annulable pour cause de réticence ou fausse déclaration ?

L'analogie entre ces deux contrats, bien qu'aucun texte de loi ne les assimile à ce point de vue, a fait adopter l'affirmative par la jurisprudence ; le contrat à la grosse, comme tout contrat emportant garantie, est *de bonne foi* et oblige celui qui veut se faire garantir à dévoiler à l'autre partie les risques dont elle se charge.

451. — Ce contrat doit être écrit sur timbre.

452. — Enfin l'article 312 du Code de commerce impose une dernière formalité aux contrats de grosse souscrits en France : celle de l'enregistrement.

Remarquons d'abord que la loi ne fait aucune distinction suivant la forme extérieure adoptée pour l'acte, soit la forme sous seings privés, soit la forme authentique, bien que dans ce deuxième cas l'acte ait déjà date certaine et que ce soit là la seule utilité de l'enregistrement. Le prêt par acte notarié comme le prêt sous seings privés sera soumis à notre formalité.

Il n'y a pas davantage de distinction à établir entre l'emprunt sur corps et l'emprunt sur facultés.

Il suffit, pour que la nécessité de l'enregistrement s'impose, que le contrat ait été passé en France ; même s'il était consenti à un étranger et par acte dressé devant son consul, l'enregistrement serait nécessaire pour conférer au prêteur des droits opposables aux créanciers français.

453. — Cet enregistrement, pour être régulier, devra être accompli dans les dix jours de la date de l'acte ; si les parties avaient modifié la date, ou inscrit une date fausse, la preuve de cette fraude pourrait être tentée par tous les moyens possibles.

454. — L'enregistrement a lieu au greffe du tribunal de commerce ; malheureusement la loi, en ne précisant pas quel greffe aurait compétence pour l'opérer, a supprimé un des services que cette formalité eût pu rendre, celui de créer une sorte de publicité. Avec le vague des termes de l'article 312 C. com., l'enregistrement peut se faire au greffe du lieu où le contrat a été passé, à celui du domicile de l'emprunteur et à celui du domicile du prêteur ; de sorte que ce dernier ne peut être par là renseigné sur un prêt qui aurait été antérieurement consenti à propos du même objet.

455. — Quelle est la sanction de cette formalité ? Et qu'adviendrait-il du contrat qui n'y aurait pas été soumis ? Il ne serait pas frappé de nullité, et ce défaut d'enregistrement n'aurait aucun effet entre les parties qui resteraient liées par leurs stipulations. Notre formalité a eu pour but de protéger les tiers, en donnant à l'acte une date certaine ; par suite, le défaut d'enregistrement du contrat de grosse aurait pour effet d'empêcher le prêteur d'opposer sa créance aux tiers, de lui enlever le droit réel et le droit de préférence que la loi lui concède sur la chose affectée au remboursement de l'emprunt. L'enregistrement a donc pour but et pour unique effet la conservation du privilège du donneur à la grosse.

455 *bis*. — En ce qui concerne le règlement et le paiement du prêt à la grosse, voir au retour du navire, n°s 727 et suiv.

CHAPITRE IX

RENTRÉE DU NAVIRE EN FRANCE ET LIQUIDATION

DE L'OPÉRATION

I

ARRIVÉE DU NAVIRE ET PREMIÈRES FORMALITÉS

456. — Entrée au port. — Le capitaine, à la rentrée au port, comme au départ, doit être assisté d'un pilote (V. n° 270). Les pilotes vont au-devant des navires, et le capitaine est tenu de prendre celui qui se présente ; s'il ne le prend pas, il doit le payer comme s'il l'avait pris.

457. — Lorsque le navire est arrivé dans un rayon de 2 myriamètres (4 lieues) de la côte, le capitaine peut recevoir la visite des préposés de la douane, et est tenu de leur remettre, s'il en est requis, une copie de son manifeste (V. n° 257)[1]. Cette visite n'a pas toujours lieu.

458. — Le navire entre au port ; comme diverses formalités doivent êtres accomplies dans les 24 heures, le capitaine agit prudemment en constatant avec soin l'heure exacte de l'entrée[2].

---

1. Ce manifeste est dit manifeste d'entrée, par opposition au manifeste de sortie, qui contient la nomenclature du chargement au départ de France.

2. Les 24 heures ne courent à partir de l'entrée que lorsque le navire est

459. — Visite des autorités sanitaires et de la douane.
— A l'entrée du navire, il est procédé à la visite du service
sanitaire. Le navire, dès qu'il se présente dans l'avant-port,
est accosté par l'embarcation du service sanitaire dont le préposé fait subir au capitaine un interrogatoire sur ce qui s'est
passé pendant le voyage (Décr. 4 janv. 1896, art. 48). Réduit
à un examen sommaire pour les navires notoirement exempts
de suspicion, il constitue la *reconnaissance proprement dite*;
dans les cas qui exigent un examen plus approfondi, il prend
le nom d'*arraisonnement*.

S'il y a des causes de suspicion, le médecin monte à bord
et procède à une visite médicale du navire et de l'équipage.
C'est à la suite de ces opérations que le service sanitaire décide si le navire doit être admis à la libre pratique.

460. — Le service sanitaire est éclairé sur l'étendue des
vérifications qu'il a à faire spécialement par la production de
la patente de santé que le capitaine a dû se faire délivrer au
port de départ, sauf les cas exceptés (V. n°s 259 et 413).

Cette patente peut être brute ou nette. Elle est nette quand
elle constate l'absence de toute maladie pestilentielle dans le
pays d'où provient le navire. Elle est brute dans le cas contraire.

Si la patente est nette, ou si le navire est dispensé d'en
avoir une, le navire est en principe admis à la libre pratique.
Cependant s'il y a eu pendant la traversée des accidents certains ou suspects de maladie pestilentielle, si le navire a eu
pendant la traversée des communications de nature suspecte,
etc., le navire peut être assujetti aux mêmes mesures que s'il
avait une patente brute (même décret, art. 54). Si la patente
est brute, il est pris des mesures que l'on peut voir dans le décret, art. 55 et suivants.

---

admis immédiatement à la libre pratique. S'il est mis en observation, les
21 heures ne commencent à courir que du moment où il est admis à la libre
pratique.

C'est seulement après la visite du service sanitaire qu'a lieu la visite de la douane.

461. — Cette visite est la plupart du temps la première, puisque celle qui est mentionnée au n° 258 n'a presque jamais lieu. C'est alors qu'en réalité le capitaine remet la copie de son manifeste. A ce moment devrait avoir lieu le visa du livre de bord par les préposés de la douane et l'exhibition des connaissements. Mais souvent, en pratique, le visa du livre de bord et la production des connaissements ont lieu plus tard, dans les 24 heures, au bureau des douanes.

462. — Formalités a accomplir par le capitaine a l'arrivée.

463. — *Formalités auprès de la douane.* — 1° Le capitaine doit, dans les 24 heures de son arrivée, faire au bureau des douanes la déclaration, *en gros,* de son chargement. Cette déclaration n'est autre chose que la transcription du manifeste que dépose le capitaine, sur un registre à ce destiné[1]. Cette déclaration doit comprendre les vivres et provisions du bord ;

2° Le capitaine doit, dans le même délai, présenter ses connaissements, sur lesquels, s'ils viennent de l'étranger, les agents des douanes apposent des timbres mobiles ;

3° Le capitaine doit, dans le même délai, remettre son acte de francisation et son congé, qui restent déposés à la douane jusqu'au départ du navire. Il doit y joindre l'inventaire du mobilier du navire ;

4° Il doit, toujours dans le même délai, faire un rapport spécial à la douane sur tout ce qui peut intéresser cette administration, par exemple pour justifier des retards et fortunes de mer qui l'ont empêché de rapporter les acquits-à-caution

---

1. La copie du manifeste était une opération longue qui occasionnait des retards. Aussi depuis longtemps, au moment de la déclaration de gros il est déposé en même temps que le manifeste trois copies de ce manifeste qui, par les soins du service, sont adressées au bureau qui devra recevoir.

dans le délai, pour justifier, en vue de la décharge du manifeste, du jet à la mer pour le salut commun, pour justifier de la perte des objets d'inventaire ; enfin il sert surtout à établir le transport direct et à éviter ainsi la surtaxe d'entrepôt ;

5° Il doit, toujours dans le même délai, faire viser son livre de bord s'il ne l'a été lors de la visite à bord du navire.

463 *bis*. — *Formalités auprès de l'administration de la marine*. — 1° Le capitaine doit, dans les 24 heures de son arrivée, déposer son rôle d'équipage ;

2° Il doit, dans le même délai, déposer une copie de son rapport de mer (V. n° 464) et faire un rapport spécial sur les faits qui peuvent intéresser l'administration de la marine ;

3° Il doit en même temps faire viser son journal de machine (Décr. du 1er février 1893) ainsi que d'autres pièces ;

4° Il doit, dans les 24 heures, présenter au commissaire de l'inscription maritime son registre des traversées (V. n° 260, note), sur lequel le commissaire de l'inscription maritime inscrit la date de l'arrivée. Ce fonctionnaire dresse deux états constatant le voyage, extraits dont un est remis au capitaine (Décr. du 25 juillet 1893).

464. — *Formalités auprès du tribunal de commerce*. — Le capitaine doit, dans les 24 heures de son arrivée :

1° Faire viser son livre de bord par l'autorité compétente pour recevoir le rapport de mer dont il va être parlé (art. 242, C. com.) ;

2° Faire son rapport au greffe du tribunal et devant le président de ce tribunal (art. 243, C. com.). Ce rapport doit énoncer le lieu et le temps du départ, la route tenue, les hasards courus, les désordres arrivés dans le navire et toutes les circonstances de la navigation. Le capitaine doit faire vérifier l'exactitude de son rapport par les marins de son équipage et, s'il est possible, par les passagers, que le président interroge à cet effet[1] (art. 245 et 247, C. com.). Le rapport reste déposé au greffe du tribunal de commerce.

Le rapport vérifié fait foi en justice, mais seulement sauf la preuve contraire (art. 247, C. com.). Le rapport fait après l'expiration des délais ne ferait d'ailleurs pas foi en justice. Dans tous les cas, le rapport, même non vérifié, fait foi contre le capitaine.

Dans les lieux où il n'y a pas de tribunal de commerce, le rapport est fait au juge de paix de l'arrondissement, qui doit l'envoyer sans délai au président du tribunal de commerce le plus voisin, pour être déposé au greffe de ce tribunal (art. 243, C. com.).

C'est seulement après avoir fait son rapport et déposé son manifeste que le capitaine peut procéder à son déchargement (art. 247, C. com.).

II

DÉLIVRANCE DES MARCHANDISES

Mesures préliminaires à la délivrance.

465. — CONSTATATION DE L'ARRIMAGE. — Le capitaine doit, s'il est prudent, avant de procéder au déchargement, faire constater le bon arrimage des marchandises. A cet effet, il présente requête au tribunal de commerce à l'effet de faire nommer des experts chargés de faire cette constatation. Cette constatation élève en sa faveur une présomption que les avaries dont peuvent être atteintes les marchandises ne sont pas

---

1. La vérification du rapport par l'interrogatoire de l'équipage n'est exigée que pour le rapport fait à la suite d'un naufrage, mais la pratique a étendu cette vérification au rapport fait au port de retour.

dues à un vice d'arrimage. Cette présomption est susceptible, d'ailleurs, d'être combattue par la preuve contraire. A défaut de cette constatation, le capitaine n'est pas de plein droit responsable des avaries ; mais alors c'est à lui de prouver qu'elles ne proviennent pas d'un vice d'arrimage.

465 *bis*. — PUBLICATION DU MANIFESTE. — Dans l'usage, le manifeste est publié dans les journaux du port afin de prévenir ceux qui peuvent avoir à se porter réclamateurs.

466. — FORMALITÉS DE DOUANE. — Les formalités de douane et la délivrance des marchandises sont quelque peu enchevêtrées : la délivrance des marchandises suppose une déclaration faite à la douane ; mais après la délivrance des marchandises, la douane peut avoir à intervenir, par exemple si les marchandises doivent être conduites dans un entrepôt. Suivre absolument l'ordre chronologique serait s'exposer à jeter quelque confusion dans l'esprit du lecteur. Nous exposerons donc l'ensemble des formalités de douane à l'arrivée, en y comprenant même celles qui suivent la délivrance de la marchandise. Nous exposerons ensuite les règles relatives à la délivrance proprement dite des marchandises.

467. — *Déclarations de détail*. — Après que le manifeste est déposé en douane, c'est-à-dire après que la déclaration *de gros* a été faite par le capitaine (V. nº 463), les réclamateurs doivent faire, chacun en ce qui le concerne, ce qu'on appelle la déclaration *de détail*, c'est-à-dire que chacun doit faire à la douane la déclaration détaillée des marchandises qu'il se propose d'enlever, et présenter le connaissement à l'appui[1].

Ces déclarations doivent être faites dans les trois jours de

---

1. En matière de cabotage, la déclaration de détail nécessaire pour obtenir le débarquement des marchandises peut se faire au dos des passavants délivrés au port de départ. Bien qu'en droit cette déclaration doive être faite par le réceptionnaire de la marchandise, dans la pratique, ce sont les capitaines ou leur courtier qui la signent et la présentent à la visite, de sorte que le commerce peut enlever les marchandises aussitôt après le débarquement.

l'arrivée, faute de quoi les marchandises peuvent être retenues et déposées dans les magasins de la douane. (Dans la pratique, une grande tolérance est apportée.)

468. — La déclaration doit être faite par écrit et en double ; sa rédaction présente peu de difficulté, parce qu'elle se fait sur des imprimés et qu'il suffit d'en remplir les blancs. (Ces imprimés étaient autrefois délivrés par la douane. En vertu d'un décret du 18 avril 1897, ils peuvent être fournis par le commerce, mais doivent être conformes aux modèles officiels.) La déclaration doit être datée et signée, contenir le nom du navire et du capitaine, les indications nécessaires pour l'application des droits, et par suite, la nature, l'espèce, la qualité des marchandises, leur provenance, leur poids, le nombre des colis. Les marchandises doivent être désignées sous les dénominations admises par le tarif.

469. — C'est sur la feuille même de la déclaration qu'est libellé le permis de débarquement, ainsi d'ailleurs que toutes les constatations de la douane, vérification des marchandises, attestation des préposés qu'ils ont vu, suivant les distinctions qui vont suivre, débarquer la marchandise, conduire cette marchandise à l'entrepôt.

470. — *Les marchandises sont débarquées pour être livrées à la consommation.* — Le destinataire fait à la douane la déclaration de son intention de débarquer de tel navire ayant tel capitaine, telles marchardises qu'il détaille et dont il s'engage à payer les droits.

Le receveur signe le permis de débarquer en spécifiant le nombre de colis débarqués, en spécifiant également qu'ils doivent être immédiatement conduits à la visite, ce qui en fait n'a pas généralement lieu, le vérificateur faisant la plupart du temps sa visite sur le quai même de débarquement. Les préposés constatent par écrit qu'ils ont vu conduire la marchandise à la visite. En même temps qu'il fait sa déclaration, le destinataire a la faculté de consigner le montant des droits auxquels peut donner lieu sa déclaration à la supposer exacte, et alors le receveur signe le bon à enlever, ce qui permet d'enlever les marchandises immédiatement après la visite, si de cette opération il résulte que sa déclaration est exacte. Si les droits n'ont pas été consignés, le destinataire doit aller après la visite les payer pour obtenir le bon à enlever.

471. — *Les marchandises doivent être mises en entrepôt réel*[1] *au lieu même du débarquement.* — Le destinataire fait alors à la douane la déclaration de son intention de mettre en entrepôt réel les marchandises qu'il détaille, venues de tel endroit, par tel navire, ayant tel capitaine, entré dans le port à telle date. Le receveur signe le permis de débarquer tel nombre de colis détaillés à la déclaration, lesquels, dit le permis, seront immédiatement conduits à la visite. Mais, comme précédemment, la visite a lieu sur le quai même du débarquement; puis les colis, si la déclaration est reconnue exacte, sont conduits à l'entrepôt sous l'escorte de préposés de la douane qui constatent avoir vu conduire les colis à l'entrepôt.

472. — *Les marchandises doivent être réexpédiées par mer soit à l'étranger, soit dans un autre port français en franchise de droits.* — C'est l'hypothèse du transbordement qui a été examinée au moment de l'embarquement (V. n° 127 pour la réexpédition à l'étranger, et 131 pour la réexpédition dans un autre port français).

---

1. On a vu au n° 125 ce que c'est que l'entrepôt. L'entrepôt peut être réel ou fictif. L'entrepôt réel est un magasin où les marchandises sont déposées sous la clef de la douane. L'entrepôt fictif est un magasin privé, où certaines marchandises peuvent être déposées avec dispense provisoire du paiement des droits. Comme l'entrepôt fictif présente moins de garanties que l'entrepôt réel, puisque les marchandises peuvent en être facilement enlevées et livrées à la consommation, le réclamateur doit prendre l'engagement, solidairement avec une caution, de conserver la marchandise dans le magasin désigné, de la représenter à toute réquisition des employés des douanes, de la réexporter ou de la livrer à la consommation, en payant les droits dans le délai légal, qui est en principe d'un an.

473. — *Les marchandises doivent être réexpédiées en franchise par toute autre voie que la voie de mer, soit à l'étranger, soit en France dans un entrepôt.* — C'est l'hypothèse du transit. Les formalités diffèrent suivant que la réexpédition doit être faite sous le régime, soit du transit ordinaire, soit du transit international.

Il existe entre le transit international et le transit ordinaire ces différences : 1° que le transit ordinaire peut s'effectuer par toutes les voies, la voie de mer exceptée, tandis que le transit international ne peut avoir lieu que par chemin de fer ; 2° que dans le transit ordinaire, les marchandises voyagent sous la responsabilité des expéditeurs qui se trouvent débiteurs des droits et passibles des amendes encourues, si les marchandises disparaissent en cours de route, tandis que dans le transit international, les marchandises voyagent, au point de vue de la douane, sous la responsabilité des compagnies de chemin de fer. C'est que, dans le transit international, les marchandises peuvent voyager et voyagent dans des wagons plombés par la douane ; il n'est pas à craindre, dès lors, que les expéditeurs puissent les faire retirer en cours de route ; 3° que dans le transit ordinaire l'expéditeur ayant la possibilité de faire retirer la marchandise pendant le trajet, et restant ainsi responsable des droits et amendes, doit prendre l'engagement, garanti par une caution, de faire conduire, sous les peines de droit, la marchandise au bureau frontière qui constatera la sortie, ou au bureau du lieu de l'entrepôt ; 4° qu'à cause de la possibilité d'enlever les marchandises en cours de route, les marchandises voyageant sous le régime du transit ordinaire doivent être plombées afin d'empêcher la substitution, aux marchandises chargées, d'autres marchandises similaires[1] ayant déjà acquitté les droits, tandis que

---

1. Cette substitution permettrait à l'expéditeur de livrer à la consommation sans payer les droits les marchandises chargées.

dans le transit international, les marchandises voyageant dans des wagons plombés, ce qui rend cette substitution pour ainsi dire impossible, les marchandises elles-mêmes ne sont pas plombées.

474. — *Les marchandises sont expédiées sous le régime du transit ordinaire.* — Le réclamateur fait la déclaration à la douane de son intention de faire débarquer de tel navire, ayant tel capitaine, et faire expédier sur tel bureau (bureau frontière, s'il s'agit de marchandises expédiées à l'étranger, bureau du lieu de l'entrepôt, si les marchandises sont expédiées sur un entrepôt de l'intérieur) telles marchandises détaillées. Par sa déclaration, il s'engage solidairement avec une caution à faire conduire au bureau désigné les marchandises dans un certain délai, et à rapporter au bureau où la déclaration est faite cet acquit-à-caution, dans le même délai augmenté de 20 jours[1]. Le receveur signe le permis de débarquer avec l'obligation de conduire immédiatement à la visite qui, en fait, a lieu le long du bord. La visite faite, le vérificateur appose les plombs, puis les marchandises sont conduites sous escorte à la gare. Les préposés constatent qu'ils ont escorté la marchandise.

475. — *La marchandise doit être expédiée sous le régime du transit international.* — Le réclamateur fait à la douane la déclaration de son intention de conduire au chemin de fer, pour être expédiées sur tel entrepôt, ou à l'étranger sur tel bureau, telles marchandises qu'il détaille, venues de tel port, par tel navire, ayant tel capitaine, entré à telle date. Le receveur délivre le permis de débarquer, en présence de préposés désignés, le nombre de colis énoncés dans la déclaration, lesquels doivent être immédiatement conduits à la visite (ainsi qu'il a été dit aux nᵒˢ 470 et 471, la visite a lieu en fait sur

---

1. Malgré la formule de la déclaration, il n'y a pas à rapporter cet acquit-à-caution, qui reste entre les mains de la douane.

le quai), pour être ensuite conduits au chemin de fer. Les préposés escortent la marchandise vérifiée au chemin de fer, et attestent qu'ils l'ont vue conduire à la visite, qu'ils l'ont escortée au chemin de fer, qu'ils l'ont vue entrer en gare, et qu'ils l'ont vue partir de la gare vers le lieu de destination.

Délivrance des marchandises.

476. — A QUI LA MARCHANDISE DOIT ÊTRE DÉLIVRÉE. — Si, ce qui est exceptionnel, il n'a pas été fait de connaissement, les marchandises doivent être délivrées à celui qui justifie y avoir droit.

477. — Dans le cas le plus habituel où il a été fait un connaissement, c'est au *porteur régulier* de ce connaissement que la délivrance doit être faite. Le capitaine doit faire la délivrance au porteur régulier du connaissement, sans avoir à se préoccuper du point de savoir à qui la marchandise appartient. En signant le connaissement, le capitaine s'est obligé, en effet, à faire la délivrance, non au propriétaire du chargement, mais au destinataire; or, le destinataire est le porteur régulier du connaissement.

478. — Pour déterminer qui est porteur régulier du connaissement, diverses distinctions doivent être faites.

On a vu, aux n°s 152 et 153, que le connaissement peut être fait à personne dénommée, à ordre, ou au porteur.

479. — *Connaissement à personne dénommée.* — Si le connaissement est à personne dénommée, il n'est pas transmissible par voie d'endossement. Mais il est cessible par les modes du droit civil, article 1690 du Code civil. Pour en opérer la cession, il doit être fait un acte authentique ou sous seings privés enregistré, signifié par ministère d'huissier au capitaine. Par suite, si le capitaine a reçu une semblable signification, c'est au cessionnaire qu'il doit délivrer la marchandise; mais, à défaut de signification, le capitaine ne peut délivrer la marchandise qu'à la personne dénommée au connaissement. La remise faite à toute autre personne ne serait pas libératoire. Le capitaine doit d'ailleurs s'assurer de l'identité du réclamateur avec la personne dénommée au connaissement.

480. — Le capitaine se libère en remettant la marchandise à la personne dénommée au connaissement, alors même que cette personne ne lui représente pas le connaissement. Cette personne, en effet, ayant seule qualité pour recevoir la marchandise, le capitaine n'a pas à craindre de se trouver en butte aux réclamations subséquentes d'un porteur du connaissement; alors même qu'une cession en aurait été antérieurement faite, elle ne serait pas opposable au capitaine à qui elle n'aurait pas été signifiée.

481. — *Connaissement à ordre.* — Si le connaissement est à ordre, la marchandise doit être délivrée à l'endossataire, c'est-à-dire à celui à l'ordre de qui le connaissement a été endossé. Le Code de commerce ne règle pas la forme de l'endossement du connaissement. Mais on admet qu'il faut appliquer les règles formulées à cet égard pour la lettre de change.

Par suite, l'endossement doit être daté. Il doit exprimer la valeur fournie et le nom de celui à l'ordre de qui il est passé (art. 137, C. com.).

482. — L'endossement régulier, c'est-à-dire conforme aux règles qui précèdent, transmet à l'endossataire la propriété de la marchandise. Mais ce n'est là qu'une présomption susceptible d'être détruite par la preuve contraire. L'endosseur et les tiers peuvent prouver que, dans l'intention des parties, l'endosseur a voulu simplement donner à l'endossataire le mandat de prendre livraison, ou un droit de gage sur la marchandise. C'est l'application pure et simple de la solution admise en matière de lettre de change, mais cette preuve ne peut être faite que contre l'endossataire et non contre les tiers.

483. — L'endossement qui n'est pas conforme aux règles qui précèdent ne transmet pas la propriété de la marchandise, il n'est qu'une procuration d'en prendre livraison. Ici encore on est en présence d'une simple présomption susceptible d'être combattue par la preuve contraire. L'endossataire peut prouver que l'endosseur a entendu lui transférer la propriété. Mais il ne peut faire cette preuve que contre l'endosseur et non contre les tiers qui ont le droit, nonobstant toute preuve contraire offerte, de traiter l'endossement comme constitutif d'un simple mandat, et de faire valoir les droits qu'ils peuvent avoir contre l'endosseur.

483 *bis*. — Il faut remarquer qu'au point de vue qui nous occupe : « à qui le capitaine doit-il faire la délivrance des marchandises », la question de la régularité ou de l'irrégularité de l'endossement, de la transmission ou de la non-transmission de la propriété des marchandises est assez secondaire. L'endossement irrégulier, s'il ne transfère pas la propriété des marchandises, donne incontestablement à l'endossataire le mandat d'en prendre livraison. Le capitaine peut donc et doit délivrer la marchandise même à celui qui détient le connaissement en vertu d'un endossement irrégulier.

484. — Toutefois si, en principe, le capitaine doit délivrer la marchandise à l'endossataire sans avoir à se préoccuper de la question de propriété, de la régularité ou de l'irrégularité de l'endossement, la régularité ou l'irrégularité de l'endossement n'est pas indifférente, même au point de vue de la délivrance de la marchandise ; en effet, celui qui est porteur du connaissement en vertu d'un endossement irrégulier, n'est qu'un mandataire, et le capitaine devrait lui refuser la marchandise si le mandat venait à être révoqué par l'endosseur, et si celui-ci lui faisait défense de délivrer les marchandises.

485. — Plusieurs réclamateurs se présentent, chacun porteur d'un connaissement. — Le connaissement devant être rédigé en quatre exemplaires au moins, il est possible qu'à l'arrivée du navire, plusieurs réclamateurs se présentent porteurs chacun d'un connaissement. Il importe de déterminer dans ce cas auquel de ces différents porteurs du connaissement le capitaine doit délivrer la marchandise[1].

Dans tous les cas, le capitaine agira prudemment en ne se faisant pas juge de la question, et en ne remettant la marchandise qu'à qui sera par justice ordonné. Ne pouvant attendre la solution du procès, il fera ordonner le séquestre de la marchandise pour être ultérieurement remise à qui de droit.

486. — Nous distinguerons quatre hypothèses :

1° Le connaissement est à personne dénommée ;

2° Le connaissement est à l'ordre du chargeur ;

3° Le connaissement est à personne dénommée, mais à l'ordre de cette personne ;

4° Le connaissement est au porteur[2].

487. — 1re HYPOTHÈSE. — LE CONNAISSEMENT EST A PERSONNE DÉNOMMÉE. — Cette hypothèse présente peu de difficulté. Le connaissement à personne dénommée ne peut être transmis que par les modes du droit civil. (V. n° 479.)

Si donc aucune signification de cession n'a été faite au capitaine, celui-ci ne doit délivrer la marchandise qu'à la personne dénommée elle-même, alors même qu'une autre personne se présenterait porteur d'un connaissement. Si une signification de cession lui a été faite, il doit délivrer la marchandise au cessionnaire, alors même que la personne dénommée lui présenterait un autre exemplaire du connaissement.

---

1. Le Code étant muet sur cette hypothèse, la question posée est une des plus compliquées du droit maritime. Nous sommes obligés, dans un livre de vulgarisation, de nous borner à donner quelques idées générales, renvoyant pour les détails à des ouvrages plus complets. Nous avons essayé d'ailleurs de nous référer à des données concrètes, faciles à reconnaître.

2. Le connaissement qui n'indique aucun nom de destinataire, et se borne à indiquer que la marchandise doit être délivrée à ordre, est considéré comme connaissement au porteur, quand il est revêtu de l'endos en blanc du chargeur.

Si plusieurs cessionnaires se présentent simultanément, celui-là doit être préféré dont la cession a été signifiée la première (art 1690, C. civ.).

488. — 2e Hypothèse. — Le connaissement est a l'ordre du chargeur. — Le connaissement, a-t-on vu, est rédigé en quatre originaux dont un pour l'armateur, un pour le capitaine, un pour le chargeur, le quatrième enfin pour le destinataire. Les deux premiers restent entre les mains du capitaine; il n'est pas à craindre qu'ils soient présentés au débarquement par une personne se portant réclamateur, car ils ne peuvent être présentés revêtus de l'endossement du chargeur entre les mains de qui ils ne passent pas, et le simple porteur d'un connaissement à ordre non endossé n'a pas droit à la délivrance de la marchandise. Les deux autres exemplaires sont remis au chargeur qui a à faire parvenir au destinataire l'exemplaire nécessaire pour retirer la marchandise. Quelquefois même, le connaissement est rédigé à plus de quatre exemplaires dont plusieurs pour le destinataire.

Si les choses se passaient régulièrement, le connaissement du chargeur demeurerait entre les mains de ce dernier; il ne resterait alors en circulation qu'un seul exemplaire, celui du destinataire. A supposer que le connaissement soit rédigé à plus de quatre exemplaires, les originaux réservés au destinataire devraient demeurer concentrés entre ses mains ou être endossés tous ensemble par lui au profit de la même personne.

Mais il peut arriver que le chargeur endosse au profit de personnes différentes les exemplaires qui lui sont remis par le capitaine et que le destinataire lui-même disperse les exemplaires qu'il reçoit du chargeur.

Plusieurs cas peuvent se présenter :

489. — 1er Cas. — *Le chargeur resté détenteur de l'un des connaissements qui lui ont été remis se présente comme réclamateur concurremment avec celui à qui il a endossé un autre exem-*

plaire[1]. — Dans ce cas, c'est l'endossataire qui doit être préféré, car le chargeur s'est desaisi de ses droits en sa faveur. Il en serait toutefois autrement si le connaissement n'avait été endossé qu'à titre de mandat, car le mandat peut être révoqué, et le chargeur le révoque en se présentant lui-même comme réclamateur[2].

490. — *2ᵉ Cas.* — *Le chargeur se présente en concurrence, non avec celui à qui il a endossé le connaissement, mais avec un tiers à qui ce dernier a lui-même endossé ce connaissement.* — C'est ce tiers qui doit avoir la préférence, alors même que le chargeur n'aurait endossé le connaissement qu'à titre de mandat. Sans doute il y aurait alors de la part du mandataire abus de confiance, mais le caractère frauduleux de la négociation d'un titre à ordre ne l'empêche pas de produire ses effets en faveur du bénéficiaire, *pourvu toutefois que celui-ci soit de bonne foi.*

491. — *3ᵉ Cas.* — *Conflit entre plusieurs réclamateurs, tous porteurs d'un connaissement qui leur a été directement endossé par le chargeur.* — Celui-là doit être préféré dont l'endossement est antérieur à celui des autres. Toutefois, celui qui est porteur d'un endossement translatif est toujours préféré au porteur d'un endossement à titre de mandat même antérieur au sien ; le porteur de cet endossement ne saurait en effet avoir plus de droits que le chargeur son mandant.

492. — *4ᵉ Cas.* — *Conflit entre plusieurs réclamateurs tous porteurs d'un connaissement endossé par le chargeur, mais dont aucun n'est l'endossataire direct de ce dernier.* — Dans ce cas,

---

1. L'hypothèse du chargeur se portant réclamateur est assez difficile à concevoir, car le chargeur se trouvera bien rarement au lieu d'arrivée du navire, et nul autre que lui ne peut réclamer en son nom la marchandise s'il n'est porteur d'un connaissement endossé. Cependant cela pourra se produire si le chargeur a maison de commerce au port d'embarquement et au port de débarquement.

2. L'endossement sera réputé à titre de mandat s'il est irrégulier, à titre translatif de propriété s'il est régulier. Mais la preuve contraire peut être faite dans les conditions indiquées au n° 483.

la préférence doit être accordée à celui qui, parmi les endossements dont son titre est revêtu, peut invoquer en sa faveur l'endossement translatif le plus ancien. Exemple : le chargeur endosse un connaissement à l'ordre de Pierre le 1er février et un autre à l'ordre de Paul le 2 février. Pierre transmet par endossement le 3 février son exemplaire à Jacques, qui lui-même le transmet à Philippe ; Paul de son côté transmet par endossement son exemplaire à Henri, qui lui-même le transmet à Bernard, Philippe et Bernard se présentent comme réclamateurs.

```
                CHARGEUR.
          ________/\________
         |                  |
    1er février.        2 février.
      PIERRE.             PAUL.
         |                  |
    3 février.
      JACQUES.           HENRI.
         |                  |
    PHILIPPE.           BERNARD.
```

La préférence doit être accordée à Philippe si l'endossement du chargeur à l'ordre de Pierre son endosseur médiat, est translatif, car alors Bernard ne peut invoquer comme titre qu'un endossement daté du 2. Mais si l'endossement au profit de Pierre est simplement à titre de mandat, c'est Bernard qui doit être préféré, car son titre est l'endossement du chargeur à Paul en date du 2 février, tandis que le titre de Philippe est l'endossement translatif du 3 février de Pierre à Jacques.

493. — *5e Cas.* — *Conflit du destinataire demeuré porteur d'un exemplaire avec un tiers à qui il a endossé un autre exemplaire.* — Même solution que dans le premier cas en appliquant au destinataire ce qui dans ce cas est dit du chargeur.

494. — *6e Cas.* — *Conflit du destinataire demeuré porteur d'un exemplaire, non avec celui à qui il a endossé un autre exemplaire, mais avec un tiers à qui cet endossataire a transmis le connaissement.* — Même solution qu'au 2e cas en appliquant au destinataire ce qui y est dit du chargeur.

495. — *7e Cas.* — *Conflit entre plusieurs réclamateurs tous porteurs d'un connaissement endossé par le destinataire.* — Même solution qu'au 3e cas en appliquant au destinataire ce qui y est dit du chargeur.

496. — *8ᵉ Cas.* — *Conflit entre plusieurs réclamateurs tous porteurs d'un connaissement endossé par le destinataire, mais dont aucun n'est l'endossataire direct de ce dernier.* — Même solution qu'au 4ᵉ cas, toujours en appliquant au destinataire ce qui y est dit du chargeur.

497. — 3ᵉ Hypothèse. — Connaissement a personne dénommée, mais a l'ordre de cette personne. — Dans cette hypothèse, les cas possibles de conflit sont moins nombreux que dans l'hypothèse précédente. Ne peuvent en effet se porter réclamateurs ni le chargeur, ni des tiers auxquels ce dernier aurait endossé un exemplaire du connaissement[1]. Les divers exemplaires ne peuvent être dispersés que du fait du destinataire. On ne peut donc rencontrer que les 4ᵉ, 5ᵉ, 6ᵉ, 7ᵉ et 8ᵉ cas de conflit de la 2ᵉ hypothèse et la même solution doit leur être donnée.

498. — 4ᵉ Hypothèse. — Le connaissement est au porteur. — Les mêmes conflits peuvent se présenter que pour le connaissement à ordre ; il y a lieu de leur donner la même solution, en observant toutefois que les effets attribués à l'endossement résultent alors de la tradition.

499. — Quelles choses doivent être livrées, en quel état elles doivent l'être, etc. — Tous ces points sont réglés par le connaissement et la charte-partie ; mais dans les rapports entre le capitaine et le destinataire il n'y a lieu de s'attacher qu'au connaissement. Les clauses de la charte-partie ne sont pas opposables au destinataire. Cependant il en serait autrement si, ainsi que cela arrive quelquefois, le connaissement se reportait à la charte-partie et déclarait que la délivrance doit être faite conformément à ce titre.

Le réclamateur est en droit de prouver la fausseté du connaissement, de prouver, par exemple, qu'il a été en réalité

---

1. Car, dans ce cas, il ne peut exister d'endossement valable que celui qui émane du destinataire.

chargé plus de marchandises qu'il n'en est porté sur le connaissement. Mais *en principe,* le capitaine n'est pas admis à prouver contre le destinataire l'inexactitude du connaissement, à moins qu'il n'ait été amené par fraude à signer un connaissement inexact.

500. — Choses qui doivent être délivrées.

501. — 1re *Hypothèse.* — *Le connaissement ne contient aucune clause facultative* et se borne à énoncer, conformément à l'article 281 C. com., la nature et la quantité, ainsi que les espèces ou qualités des objets à transporter, en marge, les marques et numéros de route.

Le capitaine doit délivrer tout ce qui est porté au connaissement. Il doit délivrer des choses de la nature et de la qualité que mentionne le connaissement; mais, ainsi qu'il a été dit plus haut, il ne s'agit que de la qualité extérieure et apparente. Toutes autres marchandises offertes par lui peuvent lui être laissées pour compte.

Enfin le capitaine doit délivrer des marchandises portant les marques qui figurent sur le connaissement. Le réclamateur peut refuser et laisser pour compte au capitaine toutes marchandises sans marques ou portant des marques différentes. Toutefois, le réclamateur ne peut refuser les marchandises dont les marques auraient disparu par suite d'avaries. Dans ce cas, lorsqu'une certaine quantité de marchandises de même nature sont adressées à des personnes différentes, il y a lieu de les leur répartir par un tirage au sort ou de les vendre aux enchères pour le prix en être réparti entre elles au prorata de leurs droits.

502. — 2e *Hypothèse.* — *Le connaissement contient des clauses restreignant les obligations et la responsabilité du fréteur.* — « Il s'agit ici de clauses par lesquelles le capitaine décline toute responsabilité, à raison des déclarations du chargeur relatives à la marchandise. Elles sont nées des nécessités de la pratique, de l'impossibilité où le capitaine se trouve le plus souvent, vu la rapidité des transports maritimes, de vérifier l'état des nombreux objets embarqués dans les divers ports de chargement, et de contrôler l'exactitude des poids, quantité, qualité et déclarés par l'expéditeur[1]. »

503. — Une observation commune doit être faite au sujet de ces diverses clauses : elles ne sauraient affranchir le capitaine et l'armateur de la responsabilité de leurs fautes ; une clause par laquelle une partie décline la responsabilité de ses fautes est nulle comme contraire à l'ordre public. Par conséquent, le réclamateur peut toujours, en démontrant que le déficit provient d'une faute du capitaine, rendre celui-ci responsable. Les clauses restrictives ne font donc que déplacer le fardeau de la preuve, car sans elles, ce serait au capitaine à démontrer qu'il n'a pas commis de faute.

Voici les principales de ces clauses :

504. — « *Clause poids inconnu.* » — Elle exonère le capitaine du déficit au débarquement. Toutefois, il a été jugé que cette clause n'exonère pas le capitaine quand le déficit est considérable et n'a pu lui échapper. Le capitaine, conformément à ce qui vient d'être dit, demeure responsable du déficit malgré cette clause lorsqu'une faute est démontrée à sa charge, par exemple lorsque ayant signé le connaissement avant d'avoir terminé son chargement, et qu'ayant laissé une partie à terre, il a négligé de faire modifier le chiffre porté au connaissement ; lorsqu'il a dénaturé le conditionnement de la marchandise, comme s'il a vidé dans la cale et mis en grenier du blé qui lui avait été livré en sacs ; lorsque la quantité déclarée excède la portée, connue de lui, de son navire ; lorsque les marchandises reçues en bon état de conditionnement extérieur portent les traces d'effraction ou d'ouverture, etc.

505. — « *Clause marques inconnues.* » — Les tribunaux refusent en général de sanctionner cette clause.

---

1. V. F. Basset.

506. — « *Clause que dit être* », c'est-à-dire que dit être de telle qualité et quantité. — Elle affranchit le capitaine de la responsabilité du poids, mais non en principe du nombre des colis. Le chargeur ne peut s'opposer à l'insertion de la clause que dit être, qu'en offrant de vérifier à ses frais, en présence du capitaine, les poids, qualité ou mesure.

507. — En quel état la marchandise doit être livrée. — Elle doit être délivrée dans l'état où elle a été embarquée, et elle est présumée avoir été délivrée en bon état au capitaine, si le connaissement ne contient pas de réserves à cet égard. Le capitaine se trouve donc responsable des avaries antérieures à l'embarquement, lorsqu'il n'a pas eu soin de faire insérer ces réserves, mais seulement si l'avarie est apparente.

508. — *Clauses restrictives du connaissement.* — Le connaissement contient souvent, en ce qui touche l'état de la marchandise au débarquement, des clauses restrictives de la responsabilité du capitaine. Telles sont les clauses : « *franc de bris ou de casse* », « *franc de mouille* », « *franc de coulage* », destinées à exonérer le capitaine de la responsabilité de la casse, de la mouille, du coulage.

Ces clauses n'exonèrent pas le capitaine de la responsabilité de la casse, de la mouille ou du coulage *provenant de sa faute* ; mais elles ont pour résultat d'intervertir le fardeau de la preuve. Tandis qu'en l'absence de ces clauses, le capitaine serait de plein droit responsable du mauvais état de la marchandise, sauf à prouver que ce mauvais état est le résultat d'une fortune de mer, ces clauses ont pour résultat de ne rendre le capitaine responsable qu'autant qu'une faute est prouvée contre lui.

509. — Droits de l'affréteur ou du réclamateur lorsque les marchandises ne peuvent être délivrées. — En principe, l'affréteur ou le réclamateur en dehors du cas où les marchandises ont péri par fortune de mer, a droit à une somme représentative de leur valeur. Plusieurs distinctions doivent être faites à ce sujet.

510. — 1° *Les marchandises ont péri par fortune de mer ou par vice propre.* — Le capitaine est libéré. L'affréteur ou le destinataire n'a droit à aucune indemnité. Mais par contre, ainsi qu'on le verra plus loin, il est affranchi de l'obligation de payer le fret. C'est au capitaine qu'il incombe de prouver la fortune de mer (art. 230, C. com.).

511. — 2° *Les marchandises ont péri ou disparu par la faute du capitaine,* ce qui devra être présumé jusqu'à preuve contraire. Dans ce cas, le capitaine doit la valeur que ces marchandises auraient eue au port de débarquement, à l'époque où la délivrance aurait dû en être faite. Si, avant l'arrivée du navire, le destinataire avait vendu ces marchandises à un prix plus élevé, est-ce ce prix ou la valeur à l'époque où la délivrance aurait dû être faite qui doit être remboursé ? La question a été à plusieurs reprises résolue par les tribunaux dans les deux sens.

512. — 3° *Les marchandises ont été jetées à la mer ou sacrifiées de toute autre manière pour le salut commun du navire et de la cargaison.* — L'affréteur ou le destinataire est indemnisé d'après des règles qui seront exposées à propos des règlements d'avaries (V. n°ˢ 704 et suiv.).

513. — 4° *Le capitaine a vendu les marchandises en cours de voyage dans l'intérêt de l'affréteur ou du destinataire, parce qu'elles étaient tellement avariées qu'elles auraient totalement péri.* — Le capitaine doit purement et simplement le montant du prix de vente[1]. Toutefois, si l'avarie qui a motivé la vente était due à une faute du capitaine, celui-ci devrait la valeur intégrale, établie comme dans le numéro précédent (V. n° 511).

---

1. Dans ce cas, en effet, la vente des marchandises est un acte d'administration dans l'intérêt et pour le compte du propriétaire.

514. — *5° Le capitaine a vendu les marchandises en cours de voyage ainsi que l'article 234 du Code de commerce lui en donne le droit, afin de se procurer les fonds dont il a besoin pour faire radouber le navire ou pour acheter des victuailles.* — Dans ce cas (art. 234 et 298, C. com.), le capitaine doit la valeur qu'auraient eue les marchandises au port de destination à l'époque de la délivrance. Pourtant, si cette valeur est inférieure au prix qu'en a retiré le capitaine, l'affréteur ou le destinataire a le droit d'exiger ce prix. Naturellement il choisira toujours le plus élevé de ces deux prix. Telle est la solution si le navire arrive à bon port. Si, au contraire, le navire périt, le capitaine ne doit jamais que la somme qu'il a retirée de la vente, fût-elle inférieure à la valeur que les marchandises auraient eue au port de débarquement. En effet, sans la vente, la marchandise eût vraisemblablement péri avec le navire et l'affréteur ne perd pas la valeur au port de débarquement.

515. — L'article 298 C. com. a soin de déclarer, ce qui n'est d'ailleurs que l'application du droit commun, que le propriétaire du navire a le droit de se libérer, par l'abandon du navire et de son fret (V. n° 798), de l'obligation qu'il a d'indemniser le propriétaire des marchandises vendues par le capitaine pour les besoins du navire.

Lorsque le propriétaire du navire fait ainsi abandon du bâtiment et de son fret, c'est que la valeur qu'il abandonne est inférieure à celle qu'il aurait eue à payer. De là une perte pour l'affréteur ; mais cette perte n'est pas supportée par l'affréteur seul ; elle est répartie entre l'affréteur et les propriétaires des marchandises arrivées à bon port ou sauvées du naufrage postérieurement aux événements de mer qui ont rendu la vente nécessaire, propriétaires qui ont profité de la vente sans laquelle le voyage n'aurait pu être achevé. Les propriétaires des marchandises vendues et les propriétaires des marchandises arrivées à bon port supportent la perte au prorata de la valeur respective de leurs marchandises.

516. — Aucun réclamateur ne se présente. — Le capitaine peut faire ordonner par le tribunal de commerce le dépôt de la marchandise.

Si le connaissement est à ordre ou au porteur, le capitaine peut faire ordonner le dépôt en mains tierces sur simple requête. Si le connaissement est à personne dénommée, le capitaine connaissant le destinataire agira prudemment en n'agissant pas par voie de simple requête, mais en assignant celui-ci en nomination de séquestre.

517. — Refus des marchandises par le destinataire. — Le refus du destinataire peut se manifester dans deux circonstances différentes :

518. — 1° *Le destinataire refuse de se porter réclamateur.* — Il refuse par suite le mandat qui lui est donné par le chargeur de retirer la marchandise ou la stipulation faite à son profit. Ce refus ne peut guère se comprendre que si le connaissement est à personne dénommée et si le capitaine fait des instances auprès du destinataire pour obtenir qu'il se porte réclamateur. Car, si le connaissement est à ordre ou au porteur, le destinataire qui ne veut pas se porter réclamateur n'a qu'à rester inconnu, et alors ce cas se confond avec le précédent.

Dans le cas qui nous occupe, le capitaine n'a aucun moyen de contraindre le destinataire à se faire livrer la marchandise. Il ne peut que faire nommer un séquestre comme dans l'hypothèse prévue au n° 516, et comme le destinataire lui est connu, il agira prudemment en procédant par voie d'assignation.

519. — 2° *Le destinataire se porte réclamateur, mais refuse la marchandise.* — En principe alors, le capitaine peut le forcer à prendre livraison, car en se portant réclamateur le destinataire accepte la stipulation faite à son profit dans la charte-partie ou le connaissement, à moins qu'il n'ait un juste sujet de refus tiré des règles mêmes du contrat d'affrètement, par exemple si les marchandises ne portent pas les marques énon-cées au connaissement, etc. En général, l'avarie de la marchandise, lorsque le capitaine en est responsable, n'est pas une cause de refus ; le réclamateur a droit à de simples dommages-intérêts. Toutefois l'importance considérable de l'avarie pourrait justifier le refus.

Lorsque la marchandise est ainsi laissée pour compte au capitaine, on retombe dans l'hypothèse où la marchandise n'est pas délivrée, et le capitaine est alors débiteur de la valeur.

En attendant que le tribunal ait statué sur la contestation soulevée par le réclamateur, le capitaine peut faire nommer un séquestre, et comme précédemment, il agira prudemment en procédant par voie d'assignation.

520. — Maintenant quand peut-on dire que le destinataire s'est porté réclamateur? Quand, par exemple, il a rempli les formalités nécessaires pour le débarquement de la cargaison et fait, d'une manière quelconque, acte de maître sur la marchandise.

521. — Garanties de la délivrance des marchandises. — L'affréteur a un privilège sur le navire et sur le fret à raison de l'indemnité à laquelle il peut avoir droit pour défaut de délivrance des marchandises (art. 280 et 191, 11°, C. com.)

Mais pour faire valoir ce privilège, l'affréteur doit établir sa créance d'indemnité par un jugement du tribunal de commerce ou par une sentence arbitrale (art. 192, 9°, C. com.).

522. — Constatation de la délivrance des marchandises. — Le réclamateur qui a reçu la marchandise est tenu d'en donner décharge au capitaine qui le demande (art. 285, C. com.), à peine de tous dépens, dommages-intérêts, même ceux de retardement. En général, le réclamateur appose son reçu sur le connaissement qu'il remet au capitaine. Si le reçu est donné par un écrit distinct, le capitaine agira toujours prudemment en exigeant en même temps la remise du connaissement.

523. — Prescription de l'action en délivrance de la
marchandise. — La demande en délivrance des marchandises
se prescrit par un an après l'arrivée du navire (art. 433,
C. com.). Il faut considérer comme une demande en délivrance de la marchandise la demande en indemnité à raison
de la perte ou de la non-représentation des marchandises.

Est soumise à la même prescription (art. 433 modifié par
la loi du 14 décembre 1897), l'action en indemnité pour
avaries ou retard dans le transport.

Mais lorsque le capitaine a vendu la marchandise, soit
dans l'intérêt de l'affréteur pour en empêcher la perte totale,
soit pour le besoins de l'armement, la demande en paiement
du prix de vente n'est pas soumise à la courte prescription
d'un an, mais à la prescription de 30 ans. Cette demande,
en effet, n'est pas une demande en délivance, mais une demande en reddition de compte de gestion d'affaires dans le
premier cas, une demande en répétition d'avances dans le
second.

La prescription d'un an n'est pas non plus applicable même
à la demande en délivance des marchandises, lorsqu'il n'a
pas été délivré de connaissement ou lorsque le voyage est terminé par cas de force majeure, ailleurs qu'au port de destination. Mais la prescription d'un an, en vertu d'un nouvel
alinéa, ajouté à l'art. 433 C. com. par la loi du 14 déc. 1897,
est applicable à l'action des passagers contre le capitaine et
les propriétaires du navire, ayant pour cause un dommage ou
un retard éprouvé pendant le voyage.

524. — La prescription est interrompue par la reconnais-
sance écrite du fréteur ou par une demande en justice (art. 434,
C. com.), par un commandement ou par une saisie (art. 2244,
C. civ.)[1]. La demande en justice interrompt la prescription,

---

1. L'article 434 dit : La prescription ne peut avoir lieu s'il y a cédule, obligation, arrêté de compte ou interpellation judiciaire. Le mot cédule désigne

mais sans en changer la nature ; c'est toujours la prescription
d'un an qui recommence à courir à compter de la demande ;
au contraire, la reconnaissance écrite a pour résultat de modifier la prescription ; l'action en délivrance ne se prescrit
plus que par 30 ans. Il en est de même d'un jugement de
condamnation.

525. — PRÉCAUTIONS A PRENDRE A LA DÉLIVRANCE DES MAR-
CHANDISES POUR ÉVITER CERTAINES DÉCHÉANCES. — Le fait
par le capitaine de faire et par le réclamateur de recevoir purement et simplement livraison de la marchandise, peut entraîner la déchéance de certains droits. Il importe donc à
chacune des parties de ne pas s'exposer à encourir ces déchéances.

526. — *Marchandises avariées par le fait du capitaine.* — On
a vu que, dans ce cas, le capitaine est responsable de l'avarie,
mais l'action en responsabilité n'est recevable, dit la Cour de
cassation, qu'à une triple condition : 1° que la marchandise
n'ait pas été reçue sans protestation ; 2° que les protestations
et réclamations aient été faites et signifiées dans les 24 heures ;
3° qu'elles aient été, dans le mois, suivies d'une demande en
justice (art. 435, C. com.)[1].

Cette fin de non-recevoir s'applique non seulement à l'action pour avaries, mais encore, bien que les termes de l'article 435 C. com. ne semblent pas l'indiquer, à l'action pour
déficit dans le poids et la quantité. Elle ne s'applique pas à
l'action pour défaut de délivrance[2].

---

spécialement la reconnaissance sous seing privé et le mot obligation la reconnaissance notariée. L'arrêté de compte peut consister dans un écrit séparé ou
dans l'approbation mise au bas d'une facture ou d'un mémoire.

1. Ce délai est de 48 heures en Allemagne, de 8 jours en Portugal. — Voir
Cohendy, *Code de commerce*, art. 435.

2. S'il s'agit d'une réclamation pour déficit dans le poids, cette solution se
comprend aisément. Mais quand il y a déficit dans la quantité, ne peut-on pas
dire qu'il y a alors défaut de délivrance et que la fin de non-recevoir n'est
pas applicable ? Il faut faire une distinction et n'appliquer la fin de non-recevoir
qu'autant qu'on peut dire que, d'après l'ensemble des circonstances, il y a eu

527. — La marchandise doit être considérée comme reçue, au point de vue qui nous occupe, lorsqu'elle est parvenue à destination et qu'elle est régulièrement délivrée au destinataire. L'absence de protestation ne rend donc pas l'action non recevable quand la marchandise a été retirée par le chargeur avant le départ du navire ou en cours de voyage, lorsqu'elle est sauvée par les soins d'un consul ou de l'administration de la marine, quand elle est remise à un séquestre, quand elle est transbordée d'un navire sur un autre, etc.[1].

528. — Les 24 heures dans lesquelles les protestations doivent être signifiées courent de l'instant où la réception est terminée. Les heures comprises dans un jour férié ne sont pas comptées dans ces 24 heures.

529. — Le Code n'impose aucune forme pour la signification des protestations. Le plus prudent est de les faire signifier par ministère d'huissier. L'insertion de réserves sur le reçu de la marchandise que le réclamateur délivre au capitaine équivaudrait, dans l'opinion générale, à une signification des protestations. Une simple lettre est même considérée comme suffisante.

530. — Aucune déchéance n'est d'ailleurs encourue pour défaut de protestation lorsqu'au moment où cette protestation aurait dû être faite, des pourparlers sérieux étaient engagés entre les parties.

On ne saurait considérer comme pourparlers sérieux une simple proposition d'arrangement faite par l'une des parties

---

réception. Ainsi le réclamateur de 100 sacs de café n'en reçoit que 99 ; il ne proteste pas ; la fin de non-recevoir est encourue, car l'absence d'un sac ne fait pas qu'il n'ait pas reçu la marchandise. Une personne est réclamateur de 100 sacs de café et de 20 barriques de vin. On ne devra pas considérer comme réception de la marchandise, réception devant être suivie de protestation, la réception du café sans le vin, du vin sans le café. Dans ce cas, il y a bien défaut de délivrance.

1. Dans ce dernier cas, la réception n'a lieu qu'à l'arrivée du deuxième navire, et c'est seulement dans les vingt-quatre heures de cette réception que le destinataire est tenu de protester.

à l'autre sans acceptation de celle-ci. Il faut que les pourparlers portent sur ce qui aurait dû faire l'objet de l'assignation en justice, c'est-à-dire sur la question de responsabilité.

531. — Les protestations ne suffisent pas pour conserver le recours contre le capitaine. Le réclamateur doit en outre assigner le capitaine dans le délai d'un mois à partir de la protestation[1]. « Les protestations sont nulles, dit l'article 435 C. com., si elles ne sont suivies, dans le mois de leur date, d'une demande en justice. » Bien entendu, la demande en justice devient inutile si, avant l'expiration du délai, les parties sont tombées d'accord. Le délai d'un mois pour introduire l'action en justice est d'ailleurs suspendu comme le délai de 24 heures par l'existence de pourparlers sérieux entre les parties. Lorsque, à raison de pourparlers entamés, il n'a pas été fait de protestation, le délai d'un mois imparti pour l'introduction de la demande en justice court de la rupture des pourparlers; il sera donc toujours prudent de marquer la rupture des pourparlers par la signification d'une protestation. Le délai d'un mois doit d'ailleurs être augmenté, conformément à l'article 1033 du Code de procédure civile, d'un jour par 5 myriamètres de distance, entre le lieu où l'avarie est constatée et le siège du tribunal saisi de la demande en justice.

532. — La fin de non-recevoir résultant du défaut de protestation peut être opposée par le capitaine (ou l'armateur) au destinataire ; c'est le cas même prévu par la loi ; mais elle peut aussi être opposée à l'action de l'expéditeur, contre le capitaine, bien que le défaut de protestation ne provienne pas de son fait. Mais elle n'est pas opposable à l'armateur agissant contre le capitaine à raison du préjudice que lui cause la responsabilité de l'avarie, ou au destinataire agissant contre

---

1. Si la protestation est faite avant la fin de la réception, des auteurs estiment que le délai d'un mois court, non de la protestation, mais de la réception achevée. Mais il sera toujours prudent, pour éviter toute difficulté, d'agir comme si le délai courait du jour de la protestation.

l'expéditeur à raison de ce que ce dernier n'a pas expédié
ce qu'il aurait dû expédier. La fin de non-recevoir édictée
par l'article 435 du Code de commerce atteint seulement les
actions nées du contrat de transport passé entre le fréteur et
l'affréteur ; or, les actions de l'armateur contre le capitaine,
ou du destinataire contre l'expéditeur, ne dérivent pas de ce
contrat.

533. — *Marchandises avariées par la faute du capitaine et
assurées*. — Lorsque les marchandises arrivées en état d'avarie
ont fait l'objet d'une assurance, le réclamateur doit, pour
conserver le recours que sa police peut lui donner contre l'assurance, suivre contre cette dernière la même procédure que
contre le capitaine dans l'hypothèse précédente. La protestation signifiée au capitaine ne dispense pas le réclamateur
d'en signifier une à l'assureur ; le réclamateur qui n'a pas
protesté contre l'assureur est déchu de son droit contre ce
dernier, alors même qu'il a protesté contre le capitaine ; ce
dernier en effet n'est pas le représentant des assureurs. Mais
les assureurs, contre qui la protestation a été faite, ne peuvent
opposer la déchéance sous prétexte que le destinataire, n'ayant
pas protesté contre le capitaine, leur a ainsi enlevé toute action récursoire contre ce dernier, désormais libéré.

Si l'assureur n'a pas de représentants sur les lieux, le destinataire peut protester par télégramme. Mais si l'assureur
est inconnu, il semble difficile d'exiger une protestation.

534. — *Avaries réclamées par le capitaine à l'affréteur ou au
destinataire*. — Le capitaine peut avoir à réclamer à l'affréteur
ou au destinataire : 1° une indemnité à raison du dommage
causé au navire par la marchandise ; 2° sa contribution dans
les avaries grosses. Toute réclamation de ce chef est non recevable si le capitaine a livré la marchandise et reçu son fret
sans avoir protesté dans les 24 heures (art. 435, C. com.). Les
protestations sont nulles si elles ne sont suivies, dans le mois
de leur date, d'une demande en justice.

Appliquer à ces protestations ce qui a été dit dans les hypothèses précédentes, avec cette observation toutefois que le Code attachant cette fin de non-recevoir à la double circonstance du paiement du fret et de la délivrance des marchandises, le délai de 24 heures court du dernier de ces faits.

III

PAIEMENT DU FRET

535. — OBSERVATION PRÉLIMINAIRE.— Nous nous placerons d'abord dans l'hypothèse de marchandises arrivant normalement à destination, puis nous passerons en revue les hypothèses particulières qui peuvent se présenter.

C'est en général au port de débarquement que le fret est payé ; mais quelquefois il est stipulé payable à l'embarquement et est alors payé par l'affréteur ou le chargeur.

Nous nous occuperons spécialement du fret payé au débarquement.

536. — QUI DOIT PAYER LE FRET. — C'est l'affréteur qui est débiteur du fret ; mais hors le cas où le fret est stipulé payable d'avance, ce sera rarement lui qui le paiera, ce sera le destinataire à la réception de la marchandise. Le capitaine a-t-il une action contre le destinataire pour le forcer à payer le fret ? Le capitaine a une action contre le destinataire, d'abord quand celui-ci a pris livraison de la marchandise, et même lorsque le destinataire refuse la marchandise, toutes les fois que celui-ci peut être contraint d'en prendre possession. (V. au n° 519, quand le capitaine peut forcer le destinataire à prendre livraison.)

537. — A QUI LE FRET EST PAYÉ. — C'est le fréteur qui est créancier du fret ; il a donc qualité pour le toucher. Mais le même droit appartient au capitaine, au moins hors le lieu de la demeure de l'armateur.

538. — Montant du fret. — Le montant du fret est déterminé par la charte-partie ou le connaissement. En cas de diversité entre ces documents, le destinataire est en droit de ne payer que le fret mentionné au connaissement. Mais dans les rapports entre le fréteur et l'affréteur, quand celui-ci est poursuivi en paiement du fret, c'est la charte-partie qui l'emporte, à moins qu'il ne soit démontré que les parties ont entendu, en rédigeant le connaissement, déroger à la charte-partie.

Lorsque, par la charte-partie, l'affréteur s'est engagé à charger une certaine quantité de marchandises, le fréteur a droit au fret entier, alors même que l'affréteur n'a pas chargé la quantité convenue ; si celui-ci charge davantage, il doit un supplément (art. 288, C. com.)[1].

539. — Sauf quand l'affrètement est total, le connaissement ou la charte-partie énonce rarement en bloc le montant du fret. Ces documents se bornent à poser les bases sur lesquelles le fret doit être calculé, tant par mois, tant par tonneau, tant par quintal. De là une série de questions qu'il faut résoudre.

540. — *Fret au mois.* — Il faut d'abord fixer le point de départ et le jour de la cessation du cours du fret. On doit, en premier lieu, suivre la convention des parties ; à défaut de convention particulière, le fret court du jour où le navire a fait voile, c'est-à-dire depuis son départ (art. 275, C. com.). Le Code ne dit pas quand il cesse de courir ; mais il est logique de décider qu'il cesse de courir à l'arrivée du navire. Il ne faut pas considérer comme date de l'arrivée du navire la

---

1. En cas de chargement clandestin de marchandises, le capitaine qui n'a pas usé de la faculté qui lui est accordée de mettre ces marchandises à terre, peut réclamer le plus haut fret payé dans le même lieu pour les marchandises de même nature (art. 292, C. civ.).

date de l'entrée dans le port si le navire est mis en quarantaine et ne peut immédiatement débarquer ses marchandises. Le navire n'est censé arrivé que lorsque, admis à la libre pratique, il a la possibilité de décharger.

541. — Le cours du fret se trouve quelquefois suspendu; c'est ce qui a lieu lorsque le navire (art. 300, C. com.) se trouve arrêté au cours du voyage par l'ordre d'une puissance. Il n'est alors dû aucun fret pendant le temps de la détention.

542. — *Fret au tonneau, au quintal,* d'une manière générale au poids. — A moins de convention contraire, le fret est dû sur le poids énoncé au connaissement, alors même que le poids au débarquement est inférieur. Il en serait autrement toutefois si le déficit était imputable au capitaine, qui non seulement n'aurait droit à aucun fret pour le déficit, mais qui devrait même des dommages-intérêts. Au contraire, s'il est débarqué un poids plus considérable que n'énonce le connaissement, c'est sur le poids débarqué que le fret doit être calculé. Quelquefois, le connaissement porte que le fret doit être réglé sur le poids débarqué; il y a lieu alors à un pesage contradictoire entre le capitaine et le réclamateur. Lorsque le fret doit être calculé sur le poids au débarquement, il n'y a pas lieu de tenir compte de la surmesure par échauffement, c'est-à-dire de la quantité dont le poids de la marchandise a pu se trouver augmenté par suite de son échauffement.

543. — *Le fret stipulé ne peut en principe être augmenté ou diminué.* — Le montant du fret une fois déterminé d'après les règles qui précèdent, n'est susceptible ni d'augmentation ni de diminution. D'une part, le fréteur ne peut exiger d'augmentation soit à cause des arrêts forcés qu'a pu subir le navire (art. 277 et 300, C. com.), soit parce que depuis le départ du navire le cours du fret s'est élevé par suite d'une déclaration de guerre, etc. (voir toutefois ce qui sera dit au n° 555).

D'autre part, l'affréteur ou le réclamateur ne peut réclamer aucune diminution de fret à raison de la détérioration de la marchandise provenant de fortune de mer ou de vice propre (art. 310, C. com.).

Mais si la détérioration provenait d'une faute du capitaine (et elle est présumée jusqu'à preuve contraire en provenir), le capitaine devrait une indemnité qui se compenserait jusqu'à due concurrence avec le fret. La marchandise pourrait même, si l'avarie était par trop considérable, être laissée pour compte et, dans ce cas, le capitaine n'aurait droit à aucun fret.

544. — Si aucune diminution sur le fret ne peut être demandée pour cause de détérioration de la marchandise, la marchandise ne peut pas non plus être abandonnée en paiement du fret. Il en est toutefois autrement lorsque la marchandise consiste en liquides *transportés en futailles*. Lorsque ces futailles ont tellement coulé qu'elles sont vides ou presque vides, elles peuvent être abandonnées en paiement du fret (art. 310, C. com.). Le Code cite à titre d'exemple le vin, l'huile, le miel; mais cette énumération n'a rien de limitatif, car le texte ajoute « et autres liquides ». Il n'est même pas nécessaire qu'il s'agisse d'un liquide proprement dit; il suffit qu'il s'agisse d'une marchandise susceptible de se liquéfier facilement, comme certains sucres. Cette faculté d'abandon existe, quelle que soit la cause du coulage[1]; mais il importe cependant de rechercher s'il est dû à une faute du capitaine. Dans ce cas, en effet, non seulement le réclamateur peut abondonner la marchandise en paiement du fret, mais il a en outre droit à une indemnité.

545. — QUAND LE FRET N'EST PAS DU. — Il existe un cas où, bien que les marchandises soient parvenues à destination en parfait état, etc., le fret cependant n'est pas dû; c'est lorsqu'il est démontré qu'au moment où il a fait voile, le navire était hors d'état de naviguer (art. 297, C. com.)[2].

---

1. S'il provient du mauvais état des fûts, l'abandon peut être fait par le réclamateur, mais non par le chargeur.

2. Cette solution est controversée.

L'hypothèse d'un navire hors d'état de naviguer et conduisant néanmoins les marchandises à destination peut paraître paradoxale. Il n'en est rien. L'innavigabilité est quelque chose de relatif; il n'est pas nécessaire, pour qu'un navire soit considéré comme innavigable qu'il ne puisse effectuer une traversée quelconque, il suffit qu'il ne soit pas susceptible d'effectuer la traversée en vue de laquelle il a été affrété. Or, à force de relâches, de réparations, un navire innavigable peut parvenir à destination ; d'un autre côté, il est possible que le capitaine, ne pouvant faire radouber son navire innavigable dans un port d'escale ou de relâche, loue un autre navire pour achever le transport des marchandises (art. 296, C. com.).

La preuve de l'innavigabilité du navire au départ pourrait être faite nonobstant et contre tous certificats de visite au départ (art. 297, C. com.). [Sur le certificat de visite, V. n° 106.]

546. — Navire arrivant a destination sans les marchandises chargées. — La circonstance que le navire arrive à destination sans les marchandises chargées ne supprime pas nécessairement l'obligation de payer le fret. Il faut à cet égard distinguer entre les causes qui ont empêché de parvenir à destination des marchandises.

547. — 1° *Les marchandises sont perdues par fortune de mer, pillées par l'ennemi ou les pirates, etc.* — Dans ce cas (art. 302, C. com.), il n'est dû aucun fret; le capitaine est même tenu de restituer le fret payé d'avance, à moins qu'il n'y ait eu convention contraire [1].

2° *Les marchandises ont péri par vice propre ou par la faute de l'affréteur.* — Dans ce cas, le fret est dû au capitaine. Comme exemple de marchandises péries par le fait de l'affréteur, on peut citer les marchandises de contrebande chargées sous une fausse dénomination et confisquées.

---

1. Les questions qui se réfèrent à cette hypothèse se passeront plutôt entre l'affréteur et le fréteur qu'entre ce dernier et le destinataire.

548. — 3° *La perte des marchandises est due à une faute du fréteur ou du capitaine dont celui-ci répond.* — Non seulement il n'est dû aucun fret, mais encore le fréteur est passible de dommages-intérêts.

549. — 4° *Les marchandises étant avariées et menaçant de se perdre entièrement, le capitaine les vend en cours de voyage.* — Comme il s'agit là d'une mesure prise dans l'intérêt de l'affréteur et que le prix de vente lui revient, le fret est dû.

550. — 5° *Les marchandises ont été vendues par le capitaine en cours de voyage en vertu de l'article 234 C. com. pour se procurer les fonds nécessaires au radoub du bâtiment ou de l'achat de victuailles.* — Le fret est dû ; cela est juste, car si le destinataire ne reçoit pas les marchandises, il en reçoit la valeur (art. 298, C. com.) [V. n° 514].

551. — 6° *Les marchandises sont jetées à la mer pour le salut commun.* — Le fret est dû, car l'affréteur ou le destinataire, s'il ne reçoit pas la marchandise, en reçoit la valeur, moins sa contribution aux avaries (V. 704 et suiv.) [art. 301, C. com.]. Mais aucun fret ne serait dû si le jet ne sauvait pas le navire, ou même si le navire venait à périr après le jet (ce dernier point est controversé). Si, en cas de jet à la mer, le fret est dû, c'est parce que l'affréteur ou le destinataire est indemnisé par le règlement d'avaries. Le fret cesse d'être dû lorsque le jet ne donne pas lieu à contribution (V. n° 336), notamment lorsque les marchandises jetées avaient été chargées sans connaissement, ou chargées sur le pont (art. 420 et 421, C. com.).

551 *bis.* — Le navire ne conduit pas les marchandises jusqu'à destination.

552. — 1° *Le navire fait naufrage et les marchandises périssent.* — Dans ce cas, aucun fret n'est dû (art. 302, C. com.) [V. n° 547].

552 *bis.* — 2° *Le navire fait naufrage, mais les marchandises sont sauvées.* — Le capitaine a l'obligation de louer un autre navire pour conduire les marchandises à destination (arg. de l'art. 296, C. com.). S'il en trouve un, il a droit au fret entier. S'il n'en trouve pas, il a droit seulement au fret à raison du chemin parcouru jusqu'au lieu du naufrage[1]. Le fret est dû, conformément à la distinction qui précède, quelle que soit la détérioration des marchandises ; toutefois, le fret cesserait d'être dû s'il n'était sauvé que des débris informes. Lorsque les marchandises contenues dans un navire coulé sont susceptibles d'être sauvées, mais que le capitaine n'en a pas les moyens, il les vend sous l'eau. Ces marchandises doivent être alors considérées comme sauvées, jusqu'à concurrence du prix de vente, et le fret est dû en proportion de la valeur sauvée.

553. — 3° *Les marchandises sont prises par l'ennemi et rachetées.* — Il est dû le fret de distance si le capitaine ne conduit pas les marchandises à destination. Le capitaine a droit au fret entier en contribuant au rachat s'il conduit les marchandises à destination (art. 303, C. com.).

554. — 4° *Le navire ne peut terminer son voyage pour cause d'innavigabilité.* — Le capitaine est tenu d'en louer un autre pour conduire les marchandises à destination. S'il en trouve un, il a droit au fret entier, sinon au fret proportionnel au parcours effectué (art. 296, C. com.)[2].

555. — Lorsque, dans les trois hypothèses qui précèdent, le fréteur a droit au fret proportionnel à la distance parcourue, il doit imputer sur ce fret les avances qu'il a reçues. Par exemple, le capitaine a reçu 500 fr. d'avances, le fret proportionnel est de 1,000 fr. ; le capitaine ne pourra exiger que 500 fr.

Il faut ajouter également, dans les hypothèses qui précèdent, que si le fret exigé par le navire que loue le capitaine

---

1. Mais si le naufrage était dû au mauvais état de navigabilité du navire au moment du départ, aucun fret ne serait dû (art. 297, C. com.).

2. Il faut supposer que l'innavigabilité n'existait pas au moment du départ, car dans ce cas aucun fret n'est dû (art. 297, C. com.).

est plus élevé que ce qu'eût coûté le transport par le navire primitif, l'excédent est à la charge de l'affréteur ou du destinataire. Mais si, au contraire, il est moins élevé, il ne pourrait être demandé aucune diminution sur le fret stipulé.

556. — 5° *Le navire transborde la marchandise.* — Sauf les cas de force majeure qui viennent d'être exposés, le capitaine n'a pas le droit de transborder la marchandise sur un autre navire, à moins que cette faculté ne lui soit réservée par la charte-partie ou le connaissement. Si néanmoins le transbordement a lieu, le destinataire a le droit de refuser la marchandise, et dans ce cas, aucun fret n'est dû. Mais si le destinataire prend livraison de la marchandise, le fret est dû, sauf dommages-intérêts de la part du fréteur pour retard, etc.

557. — 6° *Pendant le voyage, il survient une interdiction de commerce avec la nation à laquelle appartient le port de destination, de sorte que le capitaine est obligé de revenir avec son chargement.* — Dans ce cas (art. 299, C. com.), le fret n'en est pas moins dû. Mais le capitaine n'a droit qu'au fret stipulé pour le transport des marchandises au port de destination : il n'a droit à aucun fret à raison de son voyage de retour au port de chargement, alors même qu'il serait parvenu jusqu'en vue du port de destination et n'aurait appris que là l'interdiction de commerce. Il en serait ainsi même si le navire avait été frété pour l'aller et le retour. Toutefois, si l'interdiction n'atteignait pas le navire, mais seulement la marchandise ; si le navire ayant la possibilité d'entrer au port de destination ne pouvait y débarquer la cargaison frappée de prohibition, le capitaine aurait droit au fret de retour, ne devant pas souffrir d'une mesure qui ne concerne que la cargaison.

558. — Notre article 299 C. com. ne s'applique qu'au cas où le navire, parti avec son chargement, revient avec lui, mais non au cas où, d'après la charte-partie, le navire affrété dans un port, doit prendre son chargement dans un autre port où il ne peut entrer par suite d'interdiction de commerce. Si, dans ce cas, il revient sur lest au port de départ, il n'est dû alors aucun fret. Le capitaine, en effet, en se rendant au port de charge, « n'exécute pas encore le contrat d'affrétement, mais se met simplement à même de l'exécuter[1] ».

559. — *Le navire est affrété pour l'aller et le retour, touche au port destination, mais revient sans chargement ou avec un chargement incomplet.* — Cela suppose un affrétement total. Dans ce cas, le fret entier, tel qu'il a été stipulé pour l'aller et le retour, est dû au capitaine (art. 294, C. com.). Lorsque l'affréteur, tout en chargeant des marchandises, ne complète pas le chargement de retour, il ne doit le fret entier qu'autant que le capitaine n'a pas trouvé à compléter son chargement et qu'à proportion de ce qui y manque.

560. — PRESCRIPTION DU FRET. — L'action en paiement du fret se prescrit par un an après le voyage fini (art. 433, C. com.). Le voyage doit être considéré comme fini lorsque le navire est entré au port d'arrivée et *déchargé*. Si le navire est devenu innavigable en cours de route, il faut, pour déterminer quand le voyage est réputé fini, faire une distinction : si le capitaine a loué un autre navire pour conduire les marchandises à destination, le voyage est fini lorsque les marchandises ont été débarquées du navire sur lequel elles ont été transbordées ; lorsque le capitaine n'a pu louer un autre navire, le voyage est fini lorsqu'elles ont été débarquées de ce navire.

Si un terme a été stipulé pour le paiement du fret, la prescription ne commence à courir que du jour de l'échéance.

La prescription annale atteint non seulement le fret proprement dit, mais encore le *faux fret* (V. n° 564), et les créances accessoires du fret, surestaries, etc. ; mais elle n'atteint pas l'action du capitaine en contribution aux avaries grosses.

---

1. Desjardins.

En ce qui touche l'interruption de la prescription, appliquer ce qui a été dit à propos de la délivrance des marchandises (n° 524).

561. — Garanties du paiement du fret. — Le capitaine, pour assurer le paiement du fret, a un privilège sur la marchandise transportée, mais il n'a pas de droit de rétention.

Le capitaine n'a pas de droit de rétention[1]. — Il ne peut, dit l'article 306 C. com., retenir les marchandises sur son navire faute de paiement du fret. Le capitaine ne saurait en effet contraindre le réclamateur à payer le fret avant qu'il ait pu vérifier la marchandise au point de vue de son état, de sa conformité avec celle que désigne le connaissement. C'est donc une obligation pour le capitaine de débarquer tout d'abord les marchandises.

562. — Mais si le capitaine est tenu de débarquer les marchandises, il n'est pas tenu de les laisser enlever tant qu'il n'est pas payé de son fret: il peut donc demander et faire ordonner par justice le dépôt en mains tierces. L'intervention de la justice serait même inutile si le capitaine et le réclamateur tombaient d'accord sur le choix du dépositaire. Mais si cet accord n'intervient pas, comment le capitaine doit-il procéder pour faire nommer le dépositaire? « Il paraît bien difficile que le capitaine puisse faire nommer un dépositaire-séquestre en dehors du destinataire, sauf le cas d'extrême urgence[2]. » Le capitaine doit donc assigner le réclamateur devant le tribunal de commerce en nomination d'un séquestre, à moins que le destinataire ne soit inconnu, auquel cas il peut agir par requête (V. n° 516).

563. — *Le capitaine a, pour assurer le paiement de son fret, un privilège sur la marchandise,* c'est-à-dire le droit de la faire

---

1. La législation anglaise et la législation allemande accordent au capitaine un droit de rétention (V. Cohendy, *Code de commerce*, art. 306).

2. De Valroger.

vendre et de se faire payer par préférence aux autres créanciers (art. 307, C. com.)... à *tous* les créanciers, ajoute l'article 308 (C. com.). Cette formule est exagérée, certaines créances passent avant la créance du fret.

564. — Le privilège garantit non seulement le fret, mais encore les créances accessoires du fret qui font corps avec lui, c'est-à-dire le chapeau, le tant pour cent aux avaries, les frais faits pour la marchandise, les surestaries[1], les avaries grosses à la charge de la marchandise, etc. Mais le privilège ne garantit pas ce qu'on appelle le *faux fret,* c'est-à-dire le demi-fret dû en vertu de l'article 288 C. com. par le chargeur qui rompt le voyage, ni le demi-fret dû en vertu de l'article 291 C. com. par le chargeur à cueillette qui retire ses marchandises, ni la partie du fret qui, en vertu de l'article 293 C. com., est dû en cas de retrait de marchandises pendant le cours du voyage pour la partie du voyage non accomplie.

565. — *Le privilège s'exerce connaissement par connaissement.* — Cela veut dire que le capitaine non payé du fret des marchandises désignées dans un connaissement, ne peut exercer son privilège sur les marchandises énoncées dans un autre connaissement, même quand ces connaissements ont un destinataire unique. Mais les marchandises contenues dans un connaissement répondent du fret des autres marchandises contenues au même connaissement. Les marchandises contenues dans un même connaissement sont, dit Vallin, solidairement affectées au paiement du fret.

566. — *Le privilège du fréteur peut être exercé tant que la délivrance de la marchandise n'a pas été faite,* tant que la mar-

---

1. Mais en vertu du principe que le destinataire n'est tenu de payer que ce que le connaissement met à sa charge, le capitaine ne peut se faire payer par privilège sur la marchandise *contre le destinataire* les surestaries encourues au port de chargement par le fait du chargeur, à moins que le connaissement n'impose au destinataire l'obligation de les payer. Il n'a donc privilège contre le destinataire que pour le paiement des surestaries encourues au port de déchargement. Pour les autres, il ne peut que recourir contre le chargeur.

chandise n'est pas entrée en la possession du destinataire, ce qui a lieu notamment lorsque le capitaine a fait ordonner son dépôt en mains tierces. Mais lorsqu'il y a eu délivrance, le privilège ne dure que 15 jours à compter de cette délivrance. La faillite du chargeur ou du réclamateur n'étendrait pas ce privilège. Passé le délai de quinzaine, le capitaine tombe dans la catégorie des créanciers chirographaires (art. 307, C. com.)[1]. Lorsque la créance du fret est prescrite, il ne peut être question du privilège.

567. — *Le privilège prend fin même avant l'expiration du délai de quinzaine, lorsque la marchandise est passée en mains tierces,* c'est-à-dire quand elle est entrée en la possession d'un tiers, qui a acquis sur elle un droit propre, par exemple un tiers à qui le destinataire a vendu ou donné en gage la marchandise. Une simple vente non suivie de livraison ne suffirait pas pour faire disparaître le privilège ; une mise en possession effective est nécessaire. La simple mise en possession d'un tiers serait également insuffisante : il faut tout à la fois mise en possession d'un tiers, et constitution à son profit d'un droit sur la marchandise ; le privilège subsisterait si le tiers mis en possession détenait la marchandise pour le compte du destinataire.

568. — *Le privilège est encore perdu si la marchandise n'est plus reconnaissable,* soit parce qu'elle a été dénaturée (blé converti en farine, sucre en sirop, etc.), soit parce qu'elle a été confondue avec d'autres marchandises au milieu desquelles on ne peut la reconnaître[2].

569. — *Le capitaine exerce son privilège en faisant vendre la marchandise.* — Cette vente doit être faite par autorité de

---

1. Les législations étrangères n'accordent également le privilège que pendant un certain délai ; mais ce délai est variable suivant les pays (V. Cohendy, C. com., art. 307).

2. Cependant, si la marchandise transportée était *absolument identique* à celles au milieu desquelles elle est confondue, le capitaine pourrait peut-être exercer son privilège sur l'ensemble jusqu'à concurrence de la quantité à laquelle s'élève le chargement.

justice. Comment le capitaine parviendra-t-il à la vente ? Il nous semble que des distinctions doivent être faites.

569 *bis*. — 1° *Aucun réclamateur ne s'est présenté*. — Le capitaine peut faire ordonner la vente par le tribunal de commerce sur simple requête.

569 *ter*. — 2° *Un réclamateur s'est présenté, mais a refusé la marchandise*. — Dans ce cas, le capitaine ne peut plus faire ordonner la vente par simple requête : il doit assigner le réclamateur devant le tribunal pour faire ordonner la vente. Dans l'une et l'autre hypothèse, la vente est faite aux enchères publiques, conformément à la loi du 3 juillet 1861[1], c'est-à-dire par ministère de courtiers, à moins que le tribunal ne désigne pour y procéder une autre classe d'officiers publics. La vente a en effet, dans ces deux hypothèses, le caractère d'une mesure conservatoire.

569 *quater*. — 3° *Un réclamateur s'est présenté et a pris possession de la marchandise*. — Alors la vente a le caractère d'une mesure d'exécution. Le capitaine doit obtenir un jugement condamnant le réclamateur à payer le fret, et procéder par voie de saisie-exécution. Il peut d'ailleurs, sans attendre le jugement, se faire autoriser par le président du tribunal de commerce à pratiquer une saisie conservatoire (art. 417, Pr. civ.).

570. — Si le prix de la vente est insuffisant pour couvrir le capitaine du fret qui lui est dû, ce dernier à un recours contre l'affréteur ; mais ce recours disparaîtrait si la vente n'avait pas été faite en justice.

570 *bis*. — Précautions a prendre par le capitaine qui reçoit son fret pour éviter certaines déchéances. — Le capitaine qui livre les marchandises et reçoit son fret sans protestation se rend non recevable à réclamer contre l'affréteur des avaries grosses. (Sur les protestations, leur forme, leur délai, leurs suites, voir n°s 526 et suiv.)

---

1. Paulet, *Code annoté du commerce et de l'industrie*, p. 375.

IV

PAIEMENT DE L'ÉQUIPAGE[1]

571. — L'ÉQUIPAGE N'EST PAYÉ QU'AU RETOUR. — On a vu qu'en principe, les salaires ne peuvent être payés qu'à la fin du voyage, sauf la faculté qu'ont les commissaires de l'inscription maritime et les consuls d'autoriser le paiement d'avances et acomptes, pour subvenir à des besoins urgents. Le législateur a voulu ainsi protéger les marins (et surtout leur famille) contre leur imprévoyance, et les empêcher de dissiper leurs salaires.

572. — A l'arrivée au port d'armement[2], le capitaine doit présenter son équipage au commissaire de l'inscription maritime (Ord. 31 oct. 1784, art. 14 et 18) qui, après l'avoir passé en revue, dresse le rôle de désarmement ou état nominatif de l'équipage contenant le décompte des appointements, suppléments, traitements et salaires (Règl. 17 juillet 1866, art. 17). L'armateur ou le capitaine est obligé ensuite de payer en présence du commissaire de l'inscription maritime.

573. — MONTANT DES GAGES. — Les marins ont droit à la somme stipulée s'ils sont engagés au voyage ; s'ils sont engagés au mois, à autant de fois la somme convenue par mois que le voyage a duré de mois ; s'ils sont engagés au profit ou au fret, à la fraction stipulée du fret ou du profit. Mais certaines circonstances peuvent modifier le montant de leurs gages.

---

1. Voir, pour plus de détails, l'ouvrage de M. Champenois, *les Armements maritimes,* nᵒˢ 61 et suiv.

2. En parlant du port d'armement, nous parlons de ce qui a lieu le plus généralement, car le navire peut effectuer son retour dans un autre port que le port d'armement.

574. — Le voyage est rompu après le départ par le fait des propriétaires, capitaine ou affréteur[1]. — Les matelots engagés au voyage ont droit à leurs salaires entiers ; ceux qui sont engagés au mois ont droit à leurs loyers stipulés, pour le temps qu'ils ont servi, en outre à une indemnité qui s'élève à la moitié de leurs gages pour la durée présumée du voyage (art. 252, C. com.). Les matelots engagés au fret ou au profit ont droit à une indemnité qui est arbitrée par les tribunaux si la rupture provient du fait du propriétaire du navire ou du capitaine ; si le voyage est rompu par le fait de l'affréteur, comme celui-ci doit une indemnité au capitaine, les matelots engagés au fret ont droit sur le montant de cette indemnité à la part qu'ils auraient eue sur le fret (art. 257, C. com.).

Les droits de l'équipage différant suivant que la rupture du voyage a eu lieu avant le départ du navire ou après le voyage commencé, de graves divergences se sont produites sur le point de savoir quel moment précis doit être considéré comme celui du départ du navire. Est-ce le moment où le navire commence ses mouvements ? Est-ce le moment où il sort des jetées, etc. ? Aucune de ces opinions ne s'imposant, nous estimons que le voyage doit être considéré comme commencé dès que le navire a commencé à naviguer en pleine mer. Jusque-là, il y a plutôt préparatifs de départ que départ proprement dits. (Sur le rapatriement, voir n° 297.)

575. — Le voyage est rompu après le départ par suite d'interdiction de commerce[2]. — Les matelots sont payés en proportion du temps qu'ils ont servi (art. 254, C. com.). Cette règle est applicable même aux matelots engagés au voyage, bien qu'on puisse considérer la somme qui leur est allouée comme un forfait. On compare donc le temps qu'ils

---

1. La rupture avant le voyage commencé a été examinée aux n°s 276 et suivants.

2. Si l'interdiction de commerce a eu lieu avant le départ, voir n° 279.

ont servi à la durée présumée du voyage et, suivant que ce temps est d'un tiers, d'un quart du voyage total, on leur alloue le tiers ou le quart de leurs gages stipulés. Quant aux marins engagés au fret, ils reçoivent dans le fret dû au navire la part convenue.

576. — LE NAVIRE EST ARRÊTÉ. — Si le navire est arrêté temporairement dans un port par ordre d'un gouvernement, les marins engagés au mois ne reçoivent que la moitié de leurs gages pendant la durée de l'arrêt (art. 254, C. com.); quant aux marins engagés au voyage ou au fret, leurs salaires n'éprouvent aucun changement. Aux termes de l'article 27 de l'ordonnance du 29 octobre 1833, lorsque des navires auront été retenus ou séquestrés, les consuls de France doivent employer les moyens convenables pour obtenir leur relaxation ou des indemnités. Les marins peuvent-ils élever une prétention sur ces indemnités? Pas de doute pour les marins engagés au fret (art. 257, C. com.); mais nous pensons que même les autres ont droit à une part de ces indemnités, car l'ordonnance ne déterminant pas au profit de qui elles sont obtenues, il paraît logique de décider que c'est au profit de tous les intéressés.

577. — LE VOYAGE EST PROLONGÉ. — Il ne faut pas confondre la prolongation avec le retardement. Il y a prolongation lorsque le navire est conduit dans un port plus éloigné que le port primitivement désigné, ou même lorsqu'il est conduit dans le port de destination par une route plus longue que la route normale.

En cas de prolongation, les marins engagés au voyage ont droit à une augmentation de salaire proportionnelle à la prolongation sans qu'il y ait à distinguer, suivant que la prolongation est volontaire ou le résultat d'un cas de force majeure (art. 255, C. com.). Les marins engagés au mois sont payés à raison de la durée du voyage; le salaire des marins engagés au fret ne subit aucun changement. Mais comme l'armateur ne prolongera vraisemblablement le voyage que pour obtenir un supplément de fret, les marins engagés au fret seront souvent indirectement dédommagés.

578. — Le voyage est raccourci. — Cette hypothèse est l'inverse de la précédente. Le navire fait sa décharge dans un lieu plus rapproché que celui qui était fixé par le contrat d'affrètement.

Si le raccourcissement est volontaire, les salaires des marins engagés au voyage ne subissent aucune diminution (art. 256, C. com.). Quant aux marins engagés au mois, ils ont droit, bien entendu, à leurs salaires à raison du temps qu'ils ont servi ; mais il est généralement admis, par analogie de l'article 252, qu'ils ont droit à la moitié de leurs salaires pour la durée dont le voyage a été raccourci.

Si le raccourcissement est dû à un cas de force majeure, il paraît bien résulter du mot volontairement employé par l'article 256 que les marins engagés au voyage subissent une réduction proportionnelle et que les marins au mois ne sont payés qu'à raison du temps qu'ils ont servi.

Quant aux marins engagés au fret, ils souffrent ou ne souffrent pas du raccourcissement, suivant que le raccourcissement entraîne ou n'entraîne pas une diminution de fret.

579. — Le navire est pris, fait naufrage ou devient innavigable. — En cas de naufrage, le Code était très rigoureux pour les marins. L'article 258, afin de les intéresser à la conservation du navire, les privait absolument de leurs salaires, même de ceux acquis antérieurement au naufrage, etc. Ils avaient simplement le droit de conserver les avances reçues. Mais une loi du 12 août 1885 est venue modifier sur ce point les dispositions des articles 258 et 259 du Code de commerce, faire aux marins une situation plus avantageuse, et trancher certaines questions controversées. Désormais (art. 258, C. com.) les marins, s'ils sont engagés au mois ou au voyage, sont en principe payés de leurs loyers jusqu'au jour de la cessation de leurs services. La détermination des salaires ainsi dus ne présente aucune difficulté quand les marins sont engagés au mois ; quand ils sont engagés au voyage, il suffit de comparer le temps qu'a duré le voyage à ce qu'il eût duré sans le naufrage et faire une règle de proportion.

Les marins qui ont reçu des avances doivent les imputer sur ce qui leur revient d'après cette règle ; mais si ces avances excèdent ce à quoi ils auraient droit, s'ils n'avaient rien reçu, ils ne sont pas obligés de restituer l'excédent.

Quant aux marins engagés au fret, liés aux résultats pécuniaires de l'opération, véritables associés, ils reçoivent sur le fret qui peut revenir à l'armateur la part prévue par leur contrat d'engagement ; par suite, s'il n'est dû aucun fret, ils n'ont droit à rien.

580. — Sous l'ancienne rédaction, la situation de l'équipage d'un navire perdu sans nouvelles, ou plutôt les droits des héritiers des marins composant l'équipage, faisait difficulté. Le nouvel article 258 a tranché la question. Il ne pouvait être question d'accorder à ces héritiers les salaires courus jusqu'au jour du naufrage, puisque la date du naufrage est inconnue ; le législateur recourt donc à un forfait. Si les marins étaient engagés au mois, l'article 258 accorde aux héritiers les salaires échus jusqu'au jour des dernières nouvelles, et en outre un mois en sus. Si les marins étaient engagés au voyage, la loi distingue : le voyage était-il un voyage simple, soit d'aller, soit de retour ? la succession a droit à la moitié des loyers du voyage. Les marins étaient-ils engagés pour un voyage d'aller et de retour ? la succession a droit au quart de la somme convenue si le navire a péri au cours du voyage d'aller, aux trois quarts si c'est pendant le voyage de retour que le sinistre a eu lieu [1]. De quelque manière que les marins

----

1. Le tout à moins de conventions contraires.

soient loués, au mois, au voyage ou au fret, ils sont payés des journées par eux passées à sauver les débris et objets naufragés.

581. — Si le législateur de 1885 n'a pas voulu priver, en cas de naufrage, les marins de tout salaire, il n'a pas voulu non plus les désintéresser du sort du navire, et leur retirer tout intérêt à empêcher le naufrage ou à en rendre les conséquences moins préjudiciables ; aussi permet-il aux tribunaux de priver de leurs loyers les marins convaincus d'être par leur faute ou leur négligence la cause du naufrage, en ne faisant pas tout ce qui était en leur pouvoir pour sauver le navire, les passagers et les marchandises ou pour en recueillir les débris.

582. — Un matelot est malade ou blessé. — On a vu au n° 408 que le matelot doit dans ce cas être traité et pansé aux frais du navire ; que s'il est laissé à terre, il doit être rapatrié (V. n° 408). Nous n'avons à nous occuper ici que des salaires qui lui sont dus, la question des frais de traitement, de pansement et de rapatriement ayant été déjà examinée aux n°ˢ 297 et 408.

Ce matelot a droit à ses loyers jusqu'à ce qu'il ait contracté un nouvel engagement ou qu'il ait été rapatrié. Si au moment du rapatriement le marin n'est pas encore rétabli, il est payé jusqu'à son rétablissement, mais la période pendant laquelle les loyers du matelot lui sont alloués ne peut en aucun cas excéder quatre mois à partir du jour où il est laissé à terre. L'application de cette règle suppose que le matelot a été blessé par cas fortuit. Si sa blessure est due à une faute du capitaine ou de l'armateur, il a droit à une indemnité à arbitrer par les tribunaux.

Si le matelot, sorti du navire sans autorisation, est blessé à terre, les frais de traitement et de pansement sont à sa charge ; il peut même être congédié par le capitaine. Ses loyers, en ce cas, ne lui sont dus qu'en proportion du temps qu'il a servi.

583 et 584. — Un marin décède en cours de voyage. —
Il faut distinguer suivant la cause du décès.

Si le marin a été tué en défendant le navire, ses héritiers
ont droit à la totalité de ses salaires, si le navire arrive à bon
port ; et en cas de prise, naufrage ou déclaration d'innavigabilité, à ses salaires calculés jusqu'au jour de la cessation des
services de l'équipage. Si le marin est décédé par toute autre
cause, il est dû à sa succession, en cas d'engagement au mois,
les salaires courus jusqu'au jour du décès, et en cas d'engagement au voyage ou au fret, la totalité des loyers ou de la
part lorsque le marin est engagé pour un voyage simple (aller
ou retour). A supposer que le marin soit engagé pour l'aller
et le retour, il est dû à sa succession la moitié des loyers ou
de la part lorsqu'il meurt en allant ou au port d'arrivée, la
totalité lorsqu'il meurt en revenant.

585 et 586. — Un marin est fait esclave. — Depuis la
conquête d'Alger et la suppression de la piraterie barbaresque,
cette hypothèse ne peut guère se rencontrer en pratique.

Plusieurs cas peuvent se présenter :

1º Le marin a été pris à bord du navire. Il est payé de ses
loyers jusqu'au jour de la prise (art. 266, C. com.)[1] ;

2º Le matelot a été pris non sur le navire, mais alors qu'il
était envoyé en mer ou à terre pour le service du navire.

Il a droit à l'entier paiement de ses loyers[2].

587. — Un marin est congédié. — On a étudié au nº 75
ce qui concerne le marin congédié avant le départ du navire.

---

1. Il ne peut exiger du capitaine, des armateurs ou des affréteurs le paiement de son rachat (art. 266, C. com.).

2. Il a droit en outre au paiement d'une indemnité pour son rachat (art. 267),
mais seulement si le navire arrive à bon port. Cette indemnité, fixée à 600 fr.
(art. 269, C. com.), est à la charge de l'armateur seul, si le marin est pris en
mer ou à terre, alors qu'il y était envoyé pour le service du navire ; à la
charge du navire ou du chargement, s'il y était envoyé pour le service du
navire et du chargement (art. 266, C. com.). Il faut supposer, pour l'application de ces règles, que le navire lui-même n'est pas capturé ; car alors on
retomberait dans le cas de prise examiné au nº 579.

Il ne sera question ici que du marin congédié après le départ du navire.

Si le matelot est congédié pour des motifs légitimes, il a droit à ses salaires jusqu'au jour du congédiement; s'il est congédié sans motifs légitimes, il a droit à la totalité de ses loyers (art. 270).

588 et 589. — Loyers du capitaine. — Il faut appliquer les règles posées à l'égard des matelots (art. 272, C. com.). Mais il ne peut être question, pour le capitaine congédié, du droit à une indemnité, à moins de conventions contraires (art. 218, C. com.).

590 et 591. — Ou et a qui les salaires sont payés. — En principe, les loyers ne sont payables que dans le quartier maritime où les matelots sont inscrits. Si donc le port de désarmement n'est pas dans ce quartier, les matelots reçoivent simplement une indemnité de route pour s'y rendre, et y toucher leurs gages. Cette disposition de l'arrêté de 1728 n'est pas suivie rigoureusement dans la pratique. Les salaires doivent être payés aux marins eux-mêmes; il n'est admis de procuration ou cession que celle qui est faite au profit de la famille.

592 et 593. — Droit de conduite. — Lorsque les marins ne sont pas ramenés au port d'armement, ils ont droit à une indemnité de route pour se rendre dans leurs quartiers. On a vu précédemment que les marins rapatriés ont droit à cette conduite même lorsqu'ils sont ramenés au port d'armement (Décr. 7 avril 1860, art. 11)[1].

594. — Les gages des marins sont insaisissables. — Les loyers des gens de mer, capitaine compris, sont incessibles et insaisissables, excepté en cas de débet envers l'État, pour cause d'aliments dus aux ascendants et descendants, ou enfin pour dettes contractées par eux ou leur famille à titre de

---

1. Paulet, *Code annoté du commerce et de l'industrie,* p. 304.

loyer, habillement et nourriture, mais sous le contrôle du commissaire de l'inscription maritime qui doit en faire préalablement apostille sur les matricules et le rôle d'équipage.

595. — PRIVILÈGE DES MARINS. — Les marins ont pour assurer le paiement de leurs salaires et accessoires, et quel que soit le mode de rémunération adopté, un privilège : 1° sur le navire (art. 191, C. com.); 2° sur le fret (art. 271, C. com.). Ce privilège ne garantit que les loyers du dernier voyage (art. 191, C. com.), et par ces mots, il faut entendre l'ensemble des traversées effectuées depuis la sortie du port d'armement jusqu'à sa rentrée au port de désarmement. Le chapeau du capitaine est privilégié au même titre que ses loyers.

596. — PRESCRIPTION DES SALAIRES. — Les salaires des gens de mer se prescrivent par un an après le voyage fini, ce qui signifie après que le rôle de désarmement a été dressé, car jusque-là leur créance n'est ni liquide ni exigible (art. 433, C. com.).

Sur l'interruption de la prescription, appliquer ce qui a été dit au n° 524 de l'interruption de la prescription de l'action en délivrance des marchandises.

V

RÈGLEMENT DES ASSURANCES

597. — Le règlement du contrat d'assurance comporte l'exécution des obligations mises par le contrat, tel que nous l'avons vu se former (V. chapitre V), à la charge de chacune des parties. L'assuré a pour principale obligation de *payer la prime* stipulée; il est en outre tenu de *donner avis* à l'assureur de tous les événements qui peuvent engager sa responsabilité et de prendre, s'il y a lieu, toutes *mesures conservatoires* de ses intérêts. L'assureur, de son côté, est tenu d'indemniser l'assuré de la perte occasionnée par tout événement dont il a répondu : l'assuré peut dans certains cas exiger de l'assureur le paiement intégral de la somme assurée — et c'est l'objet du *délaissement,* — ou bien il peut réclamer simplement par l'*action d'avarie* une indemnité proportionnelle au dommage souffert par sa chose.

598. — § I. Paiement de la prime. — *Quand la prime est-elle due ?* — La prime est due à l'assureur dès que les risques on commencé à courir, mais seulement s'ils ont commencé à courir. Si donc le voyage vient à être rompu avant d'avoir commencé, même par la faute de l'assuré, celui-ci ne paiera pas la prime, et devra seulement, à titre d'indemnité de dédit, demi pour 100 de la somme assurée (art. 349, C. com.).

599. — Mais lorsque les risques ont commencé, la prime est due tout entière, sans diminution, quand même le voyage viendrait à être raccourci (art. 364-2°, C. com.).

Une exception toutefois est apportée à cette règle, dans le cas d'assurance à prime liée (V. n° 230), s'il n'y a pas de retour (art. 356, C. com.). Dans ce cas en effet, et sauf conventions contraires, soit qu'il ne soit point fait du tout de chargement de retour, soit que ce chargement soit incomplet, l'assureur n'aura pas droit à la totalité de la prime convenue, mais seulement aux deux tiers.

600. — *Quand la prime doit-elle être payée ?* (V. n° 231.) — Si cette prime n'a pas été payée au moment de la signature du contrat, l'assureur pourra en demander le versement à toute époque, à moins qu'il n'ait été fixé un terme pour le paiement, par exemple par l'acceptation d'un billet de prime à date indiquée.

601. — *Défaut de paiement.* — Le défaut de paiement de la prime n'entraînerait pas de plein droit l'annulation de l'as-

surance. L'assureur ne pourrait se soustraire aux conséquences d'un sinistre sous le prétexte qu'il n'a pas touché la
prime. Il aurait seulement le droit de demander judiciaire-
ment la résolution du contrat pour non-exécution de l'obligation de l'assuré dans un contrat synallagmatique. Une
sommation préliminaire d'avoir à payer la prime sous menace
de résolution du contrat aurait pour résultat d'en suspendre
les effets.

602. — *Garantie du paiement.* — Comme garantie du paiement de la prime, l'article 191-10° du Code de commerce
accorde aux assureurs sur corps un privilège qui porte sur le
navire. Ce privilège ne garantit que le paiement des primes
dues pour le dernier voyage. La jurisprudence entend cette
expression, non dans le sens du dernier voyage réel, mais du
dernier voyage assuré. Si donc un navire est assuré à deux
compagnies distinctes pour le voyage d'aller et pour le voyage
de retour, le privilège du premier assureur cessera au moment du retour, bien que l'aller et le retour ne constituent
réellement qu'un seul et même voyage. Au contraire, si une
assurance a été contractée sur un navire pour un temps limité,
quand même dans le cours de l'assurance le navire aurait
fait plusieurs voyages, aurait été désarmé et réarmé, le privilège subsisterait pour tout le temps de l'assurance, jusqu'au
prochain voyage qui suit l'expiration du contrat. Les divers
voyages accomplis pendant le cours d'une assurance à temps
sont considérés comme ne formant qu'un tout indivisible.

603. — *Faillite de l'assuré.* — La faillite, soit de l'assureur,
soit de l'assuré, survenue avant la fin des risques, autorise à
demander la résiliation du contrat (V. n° 167 *ter*). Quand l'assurance est résiliée contre l'assureur, aucune prime ne lui est
due ; et si elle a été payée, l'assuré pourra la répéter tout entière. En cas de faillite de l'assuré, au contraire, il ne paraî-
trait pas juste de priver l'assureur des primes correspondant au temps pendant lequel il a réellement couru les

risques et garanti l'assuré ; il aura donc droit, malgré la résiliation, et à moins de stipulation contraire, à une part de la
prime proportionnelle au temps pendant lequel l'assurance a
subsisté.

604. — L'action de l'assureur en paiement de la prime
se prescrit par cinq ans, à compter de la date de la police
(art. 432, C. com.)[1].

605. — § II. Obligation de transmettre les nouvelles.
— On comprend l'intérêt que l'assureur peut avoir à être
toujours exactement renseigné sur la situation de l'objet du
risque et sur les événements qui l'ont atteint. Aussi la loi
fait-elle à l'assuré une obligation stricte de signifier à l'assureur les avis qu'il a reçus, soit dans le cas où le délaissement peut être fait, soit dans le cas de tous autres accidents
(art. 374, C. com.), et l'article 387 du même Code renou-
velle cette prescription pour le cas d'arrêt de la part d'une
puissance.

606. — *Quel doit être le caractère de ces nouvelles ?* — L'assuré n'a pas à se faire juge de l'exactitude ou de la fausseté
des renseignements qui lui sont parvenus, et il doit dans
tous les cas les signifier ; toutefois, des bruits vagues, sans
précision ne constitueraient pas des avis, et pour que l'assuré
fût tenu à signification, il faudrait du moins qu'il lui fût an-
noncé un fait clair et positif.

Il faut en outre que la nouvelle ait été portée à la connaissance personnelle de l'assuré ; il importe peu qu'elle ait
acquis une certaine notoriété dans le lieu qu'il habite, même
qu'elle ait été annoncée dans les journaux. L'assuré n'est
tenu de signifier que les avis qu'il a reçus, et tant qu'il
n'aura pas fait lui-même d'acte révélant qu'il a eu réellement
connaissance des nouvelles, il sera facilement excusé.

---

[1]. La prescription est généralement plus courte dans les législations étrangères. (V. Cohendy, C. com., art. 433.)

607. — *Forme de la signification.* — Cette signification pourra être faite dans la forme ordinaire d'un exploit d'huissier ; mais elle pourra aussi bien être faite plus simplement et suivant les habitudes du commerce, par une lettre, un télégramme, même par téléphone. Seulement, dans ce cas, il sera bon, pour éviter une contestation ultérieure, soit de recommander la lettre, soit de s'assurer un accusé de réception de l'avis donné.

608. — *Délai de la signification.* — Le délai dans lequel cet avis doit être signifié est de trois jours (art. 374, C. com.). L'avis devra non seulement être envoyé, mais être parvenu à l'assureur dans ces trois jours. Mais comme l'assureur peut être fort éloigné de l'assuré, ce délai est augmenté, à raison des distances, d'un jour par cinq myriamètres, conformément à l'article 1033 du Code de procédure civile.

609. — *Sanction de cette obligation.* — Le défaut de notification ou le retard dans la transmission des avis reçus n'aurait pas pour conséquence la nullité du contrat d'assurance.

L'inexécution de son obligation exposerait seulement l'assuré à une action en dommages-intérêts de la part de l'assureur qui en aurait éprouvé un préjudice ; et les tribunaux pourraient apprécier si, dans certains cas, les dommages-intérêts dus sont égaux à la somme assurée.

610. — § III. OBLIGATION DE TRAVAILLER AU SAUVETAGE. — Par une suite du caractère de bonne foi qui doit dominer dans notre contrat, l'assuré est en quelque sorte le représentant et le gérant d'affaires de l'assureur. Aussi, en cas de naufrage ou d'échouement avec bris, il est tenu, sans préjudice du délaissement qu'il pourra opérer en temps et lieu, de travailler au recouvrement des objets naufragés (art. 381, C. com.).

611. — *Frais de sauvetage.* — Les frais qu'il aura exposés pour le sauvetage sont à la charge des assureurs, et ils seront remboursés à l'assuré sur son affirmation d'en avoir fait l'a-

vance. Ce remboursemsnt lui est garanti de deux manières :
par un droit de rétention qui lui permet de ne point se des-
saisir des objets sauvetés avant d'avoir été dédommagé, et par
un privilège sur le prix à provenir de leur vente (art. 191,
C. com).

612. — En principe, l'assuré ne peut demander le remboursement des dépenses de sauvetage que jusqu'à concurrence de la valeur des objet recouvrés. La loi n'a pas voulu
qu'en cas de sinistre l'assuré pût encore aggraver la position
de l'assureur par des dépenses maladroitement exposées. Mais
comme cette disposition pourrait se retourner contre les assureurs, en empêchant les assurés de tenter un sauvetage hasar-
deux, la police peut modifier cette disposition de l'article 381
du Code de commerce, en donnant à l'assuré un pouvoir spécial de travailler au sauvetage. Ce mandat formel entraînera
de droit pour l'assureur obligation de rembourser toutes les
dépenses faites en vue du sauvetage, à quelque somme qu'elles
s'élèvent, sans limitation ni égard à la valeur des effets
sauvés.

613. — *Sanction de cette obligation.* — Si l'assuré s'était
soustrait à l'obligation que lui impose notre article 381, il ne
serait pas pour cela déchu de ses droits contre l'assureur;
mais celui-ci pourrait, au moyen d'une demande de dommages-intérêts, le rendre responsable de tout le préjudice que
son inaction lui aurait causé.

614. — Il est des cas cependant où, le résultat présumé
du sauvetage ne devant pas couvrir les dépenses à exposer, il
sera sage à l'assuré de s'abstenir. Seulement, pour sa garantie, il devra faire constater par les autorités locales les
circonstances particulières où se trouve l'objet naufragé et se
munir des documents qui lui permettront plus tard de rétablir
les faits.

615. — § IV. Délaissement. — Après avoir indiqué les
obligations que l'exécution du contrat d'assurance impose à

l'assuré, nous arrivons à celles que ce même contrat met à la charge de l'assureur. Le délaissement est le premier des deux modes de règlement imposés à l'assureur (V. n° 597) et par lesquels l'assuré demandera à l'assureur de lui fournir les indemnités qui lui ont été promises par le contrat.

Le délaissement est l'acte par lequel l'assuré, après un risque subi par la chose assurée, abandonne et transfère à l'assureur la propriété de ce qui peut subsister de cette chose, et exige de lui en échange le paiement intégral de la somme assurée.

615 *bis*. — Cette solution du contrat d'assurance n'est jamais obligatoire pour l'assuré ; elle n'est pour lui qu'une faculté, à laquelle il peut renoncer soit expressément, soit tacitement ; il peut toujours, s'il le préfère, garder ce qui a été préservé de sa chose, en réclamant seulement de l'assureur une indemnité pour la perte partielle.

616. — *Le délaissement doit être pur et simple et complet.* — Le délaissement ne peut pas être conditionnel ; il faut que les droits des parties soient fixés immédiatement dans le délai imparti par la loi, pour que chacune d'elles puisse les faire valoir comme elle l'entend et sauvegarder ses intérêts (art. 372, C. com.).

617. — Le délaissement ne peut pas davantage être partiel (art. 372, C. com.) ; il doit comprendre tous les objets assurés conjointement, sauvés ou non. L'équité ne permet pas que l'assuré garde pour lui la partie encore intacte ou plus ou moins bonne de la chose et laisse à l'assureur celle qui ne vaut plus rien.

Si, néanmoins, un même propriétaire avait fait assurer divisément diverses catégories de marchandises, il pourrait, comme s'il y avait eu plusieurs assurances distinctes, délaisser séparément ou conserver chacune de ces catégories.

Obligé de faire un délaissement total, l'assuré doit abandonner, avec l'objet assuré, tous ses accessoires. Le Code de commerce, dans son article 386, avait tiré de là cette conséquence qu'en abandonnant le navire, l'assuré doit abandonner aussi le fret des marchandises sauvées, quand même il l'aurait reçu par avance avec stipulation qu'il ne serait pas restitué. Mais cet article a été abrogé par la loi du 12 août 1885.

618. — *Cas dans lesquels il peut être opéré.* — Le délaissement fait peser sur l'assureur une obligation rigoureuse ; aussi n'est-il permis que dans des cas exceptionnels.

L'idée dominante de la loi, en autorisant le délaissement, a été de donner à l'assuré, que l'éloignement empêche d'être renseigné d'une façon très exacte sur l'étendue du sinistre, sur la valeur et l'état de ce qui subsiste de sa chose, un moyen commode de se faire rembourser de sa perte, sans avoir besoin de discuter l'étendue de son préjudice. Mais lorsqu'il est permis de penser que l'assuré pourra être exactement renseigné, par conséquent discuter l'importance des avaries éprouvées par son navire ou par ses marchandises, la loi ne lui laisse plus que le droit de réclamer le montant de ces avaries.

C'est pourquoi l'article 370 du Code de commerce, présumant que l'assuré est, au moment où il contracte, dans le lieu même de la chose assurée ou du moins qu'il y a des représentants, décide que, si le sinistre se produit avant le voyage commencé, il n'y a point lieu à délaissement.

618 bis. — Bien plus, et dans le cas d'un accident en cours de route, le dommage de la chose assurée ne donnera ouverture au délaissement que s'il a été la conséquence de l'un de ces événements maritimes qu'on nomme cas de *sinistres majeurs*.

Ces cas peuvent être déterminés par la convention des parties ; en général, les polices ont une tendance à restreindre les causes de délaissement.

Pour le cas où les parties n'auraient pas pris le soin de les déterminer elles-mêmes, le Code a limitativement indiqué les cas où l'assuré pourra user de cette faculté ; ils sont au nombre de huit ; chacun d'eux demande quelques explications.

619. — 1° *Prise*. — Il importe peu que la prise soit légale par temps de guerre ou illégale comme dans le cas de piraterie. Dans l'une ou l'autre hypothèse, l'effet est le même pour l'assuré qui se trouve privé de sa chose, comme si elle avait péri en totalité ; il a donc la faculté d'en opérer le délaissement à l'assureur et ce droit subsiste quand même, par un événement postérieur, la chose aurait fait retour à son propriétaire.

620. — Si l'assuré peut donner avis de la prise à l'assureur, il doit le faire immédiatement et avant de rien tenter pour racheter les effets pris, sans en avoir reçu l'ordre. Mais si les circonstances ne permettent pas d'aviser l'assureur, si le capitaine a la possibilité de racheter la prise en mer au moment même de la capture, le rachat est possible sans attendre l'ordre de l'assureur. Seulement, dans ce cas, l'assuré est tenu de signifier à l'assureur la composition qu'il aura faite, aussitôt qu'il en aura les moyens (art. 395, C. com.).

621. — L'assureur a le choix de prendre la composition à son compte ou d'y renoncer. Son option doit être notifiée à l'assuré dans un délai de 24 heures après la signification de la composition, augmenté, à raison des distances, d'un jour par cinq myriamètres (art. 1033, C. Proc. civ.). Ce délai passé sans avoir signifié son choix, l'assureur sera censé avoir renoncé au profit de la composition. S'il a déclaré prendre la composition à son compte, il est tenu de contribuer sans délai, c'est-à-dire en fournissant immédiatement garantie à l'assuré pour l'acquit des traites de rançon, au paiement du rachat dans les termes de la convention et à proportion de son intérêt ; après quoi, l'exécution du contrat se poursuit, et l'assureur continue de courir les risques du voyage. Si, au contraire, il déclare renoncer au profit de la composition, l'assuré peut lui faire le délaissement et lui réclamer le paiement de la somme assurée, sans qu'il puisse rien prétendre aux effets rachetés, qui constituent une propriété nouvelle, distincte de celle formant antérieurement l'objet du contrat (art. 396, C. com.).

622. — 2° *Naufrage.* — Il y a naufrage donnant ouverture au délaissement quand, par l'effet de l'agitation violente des eaux ou des vents, par l'effet de l'orage ou de la foudre, le navire est submergé de manière qu'il s'abîme entièrement ou que du moins il n'en surnage que de simples débris. Mais il est clair que le naufrage ne saurait être une cause de délaissement que pour les choses naufragées. Si donc les marchandises, malgré le naufrage du navire, avaient été sauvées auparavant, elles ne pourraient pas faire l'objet d'un délaissement que leur propriétaire pourrait désirer en vue d'éviter les conséquences d'une spéculation mal calculée.

623. — 3° *Échouement avec bris.* — Il y a échouement quand un navire touche un bas-fond, un rocher, un rivage et s'y trouve arrêté par le retirement de l'eau. Quand, à la suite d'un accident de ce genre, le navire se brise, c'est-à-dire est endommagé dans ses parties maîtresses, de telle sorte qu'il ne puisse plus naviguer, il y a lieu à délaissement.

La jurisprudence admet que cet événement donne de plein droit ouverture au délaissement des marchandises, quand même elles viendraient à être sauvées.

624. — 4° *Innavigabilité par fortune de mer.* — En dehors des cas de naufrage et d'échouement, le navire peut éprouver à la suite d'une tempête ou autre fortune de mer, de telles fatigues qu'il ne soit plus en état de reprendre la mer. Si cet état ne provient pas de la vétusté du navire ou d'un vice propre, mais seulement d'un accident de mer, le bâtiment pourra, étant déclaré innavigable, faire l'objet d'un délaissement.

L'innavigabilité peut être absolue quand le navire est tellement disloqué qu'aucune réparation ne pourrait jamais permettre de le faire naviguer avec sécurité. Elle est parfois simplement relative, quand, après tout et à ne considérer que l'état matériel du navire, il serait encore réparable, mais que des circonstances extrinsèques mettent obstacle à cette réparation ; par exemple, les travaux de réparation demanderaient autant de temps et d'argent que la construction d'un navire neuf, ou bien le capitaine ne trouve point dans le lieu de la relâche l'argent ou le matériel nécessaires pour effectuer la réparation. Ces circonstances donneront ouverture au délaissement pour cause d'innavigabilité.

625. — Dans la pratique, les capitaines font constater cet état d'innavigabilité par le consul ou l'autorité étrangère du lieu de la relâche, et le navire est alors dit condamné. Mais cette formalité n'est obligatoire pour aucune des parties, et les tribunaux, saisis d'une action en délaissement pour innavigabilité, statueront d'après tous renseignements qui pourront être fournis soit par une expertise, soit par tout autre moyen.

626. — L'innavigabilité du navire n'est pas de plein droit une cause de délaissement pour les marchandises. L'assureur sur facultés n'a en effet garanti que leur bonne arrivée, et il importe peu au chargeur que le navire auquel ses marchandises avaient d'abord été confiées soit devenu innavigable, si néanmoins elles parviennent à leur destination.

627. — Quand le navire est déclaré innavigable, l'assuré sur facultés est tenu d'en aviser l'assureur dans le délai de trois jours à compter de la réception de la nouvelle (art. 390, C. com.). Le capitaine doit alors faire toutes diligences pour se procurer un autre navire (art. 391, C. com.) et l'assureur peut s'entendre avec lui à l'effet de transporter les marchandises au lieu de leur destination. Si l'on parvient à trouver un navire pour terminer le voyage, les marchandises y sont transbordées. L'assureur court les risques de ces marchandises jusqu'à leur déchargement définitif (art. 392, C. com.).

En effet, le changement de navire, étant alors forcé, ne saurait rompre le contrat.

En outre, l'assureur sur facultés est tenu des avaries qu'ont pu subir les marchandises, des frais de déchargement, magasinage et réembarquement, de l'excédent du fret à raison du nouvel affrètement, enfin de tous autres frais de sauvetage jusqu'à concurrence de la somme assurée. Et ce n'est qu'au cas où il n'a point été trouvé de navire pour recharger les marchandises que l'assuré peut en faire le délaissement (art. 394, C. com.).

628. — Le délai accordé au capitaine pour trouver ce navire est de six mois ou d'un an (art. 387 et 394, C. com.).

Il peut être réduit à six semaines ou trois mois si les marchandises sont de nature à se détériorer[1].

629. — 5° *Arrêt d'une puissance étrangère.* — L'arrêt est distinct de la prise. La prise suppose toujours un fait de guerre ou de déprédation et l'intention de s'emparer à titre définitif de la propriété d'autrui. L'arrêt, au contraire, est l'acte d'un prince non belligérant qui, hors le fait de guerre, mais, par raison d'utilité publique, détient une chose pendant un certain temps, mais avec l'intention de la relâcher ensuite ou du moins d'en rendre la valeur. Tel est, par exemple, le cas d'embargo ou d'angarie (V. n° 280).

On comprend dès lors que l'arrêt ne dessaisissant pas, comme la prise, l'assuré de sa propriété, ne doit pas donner immédiatement et de plein droit ouverture au délaissement. Mais s'il se prolonge pendant un long temps, il amènera pour l'assuré une situation équivalente à la perte, et le délaissement peut être opéré.

630. — Au bout de combien de temps ?

L'assuré doit signifier à l'assureur la nouvelle de l'arrêt de

---

1. Sur le point de savoir quand le délai est d'un an et quand il est de six mois, voir n° 630.

puissance, comme, en général, tous les sinistres majeurs, dans les trois jours de sa réception (art. 374 et 387, C. com.). C'est à partir de ce moment que courra le délai à l'expiration duquel le délaissement pourra être valablement opéré.

Ce délai est celui fixé par l'article 387 du Code de commerce : six mois si l'arrêt a lieu dans les mers d'Europe, dans la Méditerranée ou dans la Baltique ; un an s'il a lieu en pays plus éloigné. Si l'arrêt frappe les marchandises de nature périssable, il sera réduit à un mois et demi dans le premier cas et à trois mois dans le second. Pendant ces délais, les assurés devront, de concert avec les assureurs, faire toutes diligences qui dépendront d'eux à l'effet d'obtenir la mainlevée de l'arrêt (art. 388, C. com.).

631. — 6° *Perte ou détérioration des trois quarts.* — Il y a perte quand une partie des objets assurés ne parviennent pas à destination ; par exemple, une partie de la cargaison a dû être jetée à la mer ou bien a été vendue par le capitaine en cours de voyage pour les besoins du navire. Il y a détérioration lorsque, sans qu'il existe de manquants dans ces mêmes objets, ils ont subi des avaries ayant diminué leur valeur vénale. La perte s'apprécie dans la quantité, la détérioration s'apprécie dans la qualité.

Quand cette perte ou détérioration a été considérable et porte au moins sur les trois quarts des objets assurés, leur propriétaire, n'en pouvant plus tirer le parti en vue duquel il avait entrepris l'opération maritime, éprouve un préjudice analogue à la perte totale de ces mêmes objets, et le législateur assimile les deux cas l'un à l'autre en permettant à l'assuré de faire à l'assureur le délaissement.

632. — Comment sera déterminée l'importance de la perte ou détérioration ?

Pour le cas de perte de marchandises il sera facile de constater une différence de leur poids ou de leur nombre. Leur détérioration s'appréciera en comparant, au moyen d'une expertise, la chose assurée à une autre de même qualité, sans tenir compte des variations de prix suivant les lieux où se trouve la marchandise, ni des frais de transport, sauvetage et autres dont elle a été grevée. Quelquefois on s'est contenté, dans la pratique, de comparer la valeur de la chose au départ (valeur indiquée le plus souvent dans la police) avec le produit de la vente qui en a été opérée. Mais ce procédé, qui a l'avantage incontestable d'être très simple, ne donne pas au juste la quotité de la détérioration, car le prix de vente peut varier pour des causes tout à fait étrangères à la détérioration elle-même.

Quant à la détérioration du navire, elle s'apprécie en comparant la valeur qui lui a été donnée dans la police et qui est réputée réprésenter l'intérêt du propriétaire, avec le montant des dépenses nécessaires pour le réparer. Elle arrive ainsi à se confondre avec le cas d'innavigabilité, et il peut se faire ainsi qu'un même objet assuré soit susceptible de délaissement pour plusieurs des causes prévues à l'article 369 du Code de commerce.

633. — 7° *Arrêt de la part du Gouvernement.* — Cette cause de délaissement présente la plus grande analogie avec le cas que nous avons étudié sous le n° 629. Que l'arrêt provienne d'un prince étranger ou qu'il soit le fait du gouvernement français, les conditions du délaissement sont identiquement les mêmes. Mais en outre des conditions que nous avons indiquées sous le n° 629 et qui s'appliqueront ici, l'article 369 spécifie, à l'occasion de l'arrêt de la part du Gouvernement, que le délaissement ne peut être opéré que si l'arrêt intervient après le commencement du voyage. Or, cette condition ne constitue pas une différence avec l'hypothèse de l'arrêt par une puissance étrangère. Dans l'un et l'autre cas, il faut, pour que le délaissement soit possible, que le voyage soit commencé, ce qui veut dire que les risques doivent avoir commencé à courir, et à être à la charge des assureurs.

634. — 8° *Défaut de nouvelles.* — Les différentes causes de délaissement que nous venons d'examiner supposent que l'assuré a fourni à l'assureur la justification du sinistre à raison duquel il réclame l'indemnité promise au contrat. Mais il peut arriver que le navire se perde en pleine mer et qu'aucune nouvelle ne parvienne jamais à l'assuré. Celui-ci, parce qu'il ne pourra pas établir la preuve certaine de la perte, sera-t-il dépourvu de tout recours contre l'assureur? Non, l'article 375 du Code de commerce, modifié par la loi du 3 mai 1862, vient à son secours au moyen d'une présomption. Après six mois pour les voyages au cabotage et après un an pour les voyages au long cours, le navire est également considéré comme perdu.

La distinction entre les voyages au cabotage et les voyages au long cours est établie par l'article 377 modifié (V. n°ˢ 40 et suiv.).

635. — Mais les parties peuvent modifier à leur gré le temps pendant lequel doit avoir duré l'absence de nouvelles. C'est ainsi que, d'après la police de Paris (art. 8), les délais sont : six mois pour tous voyages de cabotage ; huit mois pour tous voyages de long cours en deçà des caps Horn et de Bonne-Espérance ; douze mois pour tous voyages au delà de ces caps, avec réduction du quart pour les bateaux à vapeur.

Ces délais se calculent à compter du jour du départ du navire ou du jour auquel se rapportent les dernières nouvelles reçues.

636. — Leur expiration crée une présomption légale en faveur de l'assuré et lui permet *ipso facto,* sur sa simple déclaration qu'il n'a pas reçu de nouvelles, d'opérer le délaissement pendant le temps (à partir de l'expiration de ces premiers délais) fixé par l'article 373 (V. n° 638). L'assureur pourra faire tomber cette présomption en fournissant la preuve que l'assuré, que des tiers ou que lui-même ont reçu des nouvelles non pas vagues et incertaines, mais des nouvelles sûres et de nature à lever tous les doutes sur l'existence du navire.

637. — Notre présomption mettra toujours l'assuré à couvert dans le cas d'une assurance au voyage. Mais elle serait insuffisante dans le cas d'une assurance pour un temps limité, parce que l'assureur pourrait prétendre que la perte est survenue après le terme de l'assurance. C'est pourquoi l'article 376 du Code de commerce présume que la perte s'est produite pendant le temps des risques et en laisse encore la responsabilité à l'assureur, à moins, bien entendu, qu'il ne puisse établir l'exactitude de son affirmation.

Telles sont les causes qui, à défaut de convention spéciale des parties, pourront autoriser l'assuré à faire le délaissement à l'assureur.

638. — Délai dans lequel le délaissement doit être opéré. — Le droit au délaissement doit être exercé sous peine de déchéance dans un délai assez court et est strictement limité par les articles 373 et 431 du Code de commerce (modifiés par la loi du 3 mai 1862 qui a abrégé les délais primitivement accordés). Ce délai varie, suivant les circonstances, de six mois à un an ou à dix-huit mois [1].

639. — Quel sera le point de départ de cette courte prescription ?

Le délai accordé à l'assuré pour opérer le délaissement ne se compte pas du jour de la perte y donnant ouverture, mais en général de la réception de la nouvelle du sinistre majeur. Il faut toutefois combiner cette règle avec d'autres dispositions qui ne donnent elles-mêmes ouverture au délaissement qu'après un certain délai, de façon que l'action ne puisse se trouver prescrite avant d'être ouverte. Ainsi, dans le cas d'arrêt, les délais de l'article 373 ne courent qu'à partir de

---

1. Ces délais sont abrégés par la plupart des législations étrangères. (V. Cohendy, *C. com.*, art. 373.)

l'expiration des délais de l'article 387 (V. n° 630) ; il en est de même en ce qui concerne le délaissement des marchandises en cas d'innavigabilité (V. n° 628) ; enfin, en cas de défaut de nouvelles, les délais de l'article 373 ne courent qu'à l'expiration de ceux de l'article 375 (V. n° 634).

640. — A compter de ce moment, il est accordé à l'assuré six mois dans le cas de perte arrivée aux ports ou côtes d'Europe ou sur celles d'Asie ou d'Afrique dans la Méditerranée ; six mois encore dans le cas de prise et de conduite dans les mêmes ports : un an dans le cas de perte ou de conduite en Afrique en deçà du cap de Bonne-Espérance, ou en Amérique en deçà du cap Horn ; et dix-huit mois pour les mêmes événements dans les autres parties du monde.

641. — En accordant à l'assuré ces délais et en les augmentant avec la distance, la loi a voulu lui procurer les moyens de se renseigner et de prendre un parti en connaissance de cause. Aussi, n'est-il point obligé d'attendre leur expiration pour effectuer son option ; mais il sera forclos s'il les laisse s'écouler sans avoir fait le délaissement. Il faut entendre par là que l'assuré doit, avant l'expiration du délai, exercer l'action en délaissement, c'est-à-dire non seulement avoir signifié le délaissement, mais encore avoir introduit contre l'assureur une action en paiement de la somme totale assurée avec offre de délaissement, à moins que l'assureur n'ait accepté le délaissement.

642. — Forme du délaissement. — Nous avons vu (n° 605) que l'assuré est tenu de signifier à l'assureur les avis qu'il a reçus de tous accidents ayant atteint la chose assurée. Le délaissement peut être fait par le même acte qui contient signification de ces nouvelles. Cette acte fait alors sommation à l'assureur d'avoir à payer la somme assurée dans le délai fixé par le contrat ou par la loi. Mais cet acte peut se borner à faire des réserves d'opérer le délaissement dans les délais de droit.

Dans ce second cas, le délaissement sera signifié à l'assureur par un acte postérieur contenant la même sommation (art. 378, C. com.). Cet acte·séparé aura la forme d'un exploit d'huissier si l'assureur ne consent pas à accepter le délaissement par correspondance.

643. — Le délaissement doit être accepté par l'assureur, et, à défaut d'acceptation, il devra être validé par le tribunal (art. 385, C. com.).

L'assuré devra donc, à défaut d'acceptation, assigner l'assureur en validité à l'expiration des délais légaux (V. n⁰ˢ 638 et suiv.).

Le tribunal compétent à cet effet serait, suivant la règle générale en matière de compétence, celui du domicile de l'assureur.

644. — *Notification des actes justificatifs.* — En faisant le délaissement, et avant de pouvoir poursuivre le recouvrement des sommes assurées, l'assuré doit notifier à l'assureur les actes justificatifs du chargement et de la perte. Toutefois, il n'est pas nécessaire que ces actes justificatifs accompagnent la signification du désistement ; car ils peuvent bien n'être pas à temps voulu en sa possession ; il suffira qu'ils soient produits devant le tribunal lors du débat sur la recevabilité du délaissement (art. 383, C. com.).

645. — *Dénonciation des assurances.* — Enfin, en faisant le délaissement, l'assuré est tenu de déclarer toutes les assurances qu'il a faites ou fait faire, même celles qu'il a ordonnées, alors même qu'il ignore si ces instructions ont été suivies. Il doit déclarer de même le montant des emprunts à la grosse qu'il a contractés, soit sur le navire, soit sur les marchandises (art. 379, C. com.). Cette déclaration a pour but de permettre à l'assureur de vérifier si les assurances n'ont point excédé la valeur de ce qui restait libre des choses déjà affectées à des emprunts et, par suite, de demander la ristourne.

Si les objets délaissés sont couverts par une assurance unique, l'assuré doit faire la déclaration qu'il n'en existe pas d'autre; son silence sur l'existence d'autres assurances ne saurait équivaloir à cette déclaration et il encourrait alors les conséquences du défaut de déclaration.

646. — *Sanction.* — L'absence de déclaration sur l'existence d'autres assurances n'entache pas le délaissement de nullité; mais le délai de paiement qui doit commencer à courir du jour du délaissement sera suspendu jusqu'à la notification de cette déclaration, et cela sans prorogation du délai établi pour former le délaissement (art. 379, C. com.), de sorte que si l'assuré ne fait pas cette déclaration, il devra néanmoins intenter dans les délais, sous peine de forclusion, l'action en paiement, qui ne pourra recevoir solution qu'après la déclaration.

647. — La déclaration frauduleuse aurait des conséquences plus graves en privant l'assuré des effets de l'assurance (art. 380, C. com.), et cela dans tous les cas, quand bien même les assurances dissimulées réunies aux autres n'excéderaient pas la valeur de l'objet.

Une omission n'emporterait pas la même déchéance, pourvu toutefois que l'assuré auquel incomberait le fardeau de la preuve pût prouver qu'il y a eu simple erreur et non fraude de sa part.

648. — Preuves a faire. — L'assuré qui veut, en exécution du contrat d'assurance, exiger, par l'action de délaissement, le paiement de la somme par lui assurée, doit, comme tout demandeur pour réussir dans sa prétention, prouver les faits qui donnent ouverture à son droit.

Il a ainsi à établir, outre sa qualité pour réclamer : 1° la mise en risque; 2° le sinistre; 3° la valeur de la chose assurée.

649. — 1° *Preuve de la mise en risque.* — Dans le cas d'assurance sur corps, la preuve de la mise en risque sera suffisamment faite par la notoriété de l'événement maritime; en cas de contestation, il y sera suppléé par les papiers du bord et par les expéditions délivrées au port de départ.

Dans les assurances sur facultés, il faudra prouver le chargement des marchandises à bord du navire naufragé, c'est ce que l'on appelle la *preuve du chargé*. Elle se fait ordinairement par la production du connaissement. S'il est régulier en la forme, suivant l'article 281 du Code de commerce, il fait foi contre l'assureur, qui conserve cependant de son côté le droit de démontrer sa fausseté. A défaut de connaissement régulier, il pourra y être suppléé par tous actes justificatifs, expéditions des douanes, manifestes, factures, correspondance, attestations de l'équipage ou de ceux qui ont présidé au chargement ; ce sont là des éléments de preuve qui sont laissés à l'appréciation des tribunaux.

649 *bis*. — *Marchandises du capitaine*. — La loi, dans deux cas, a assujetti la preuve du chargé à des formalités particulières. D'abord, lorsque les marchandises ont été chargées pour le compte du capitaine lui-même sur le navire qu'il commande, le connaissement signé de lui n'en fournirait pas une preuve suffisante, car il ne saurait se créer un titre à lui-même. Il devra alors justifier aux assureurs l'achat des marchandises et en fournir un connaissement signé par deux des principaux de l'équipage (art. 344, C. com.).

649 *ter*. — *Chargements pris à l'étranger*. — Puis si, pour les marchandises chargées en France, les formalités à remplir en douane avant le départ sont de nature à empêcher la fabrication de faux connaissements, il n'en est pas de même pour les marchandises apportées de l'étranger. Aussi l'article 345 du Code de commerce prescrit-il à tout homme de l'équipage et à tout passager qui apportent des pays étrangers des marchandises assurées en France, d'en laisser un connaissement, dans les lieux où le chargement s'effectue, entre les mains du consul de France et, à défaut, entre les mains d'un Français notable commerçant, ou du magistrat du lieu.

649 *quater*. — *Chargement connu de l'assureur.* — Quelque-fois, la police constate que l'assureur a pris connaissance du chargement. Cette clause a pour effet de constituer une présomption en faveur de l'assuré qui est dispensé momentané-ment de fournir une autre preuve de la réalité du charge-ment. Si l'assureur veut alors le contester, il le peut encore, mais le fardeau de la preuve se trouvant déplacé, c'est à lui qu'il incombera d'établir la fausseté de la présomption résul-tant de la clause insérée à la police.

650. — 2° *Preuve du sinistre.* — Ici, les modes de preuve varient avec la nature de l'accident qui donne ouverture au délaissement. La prise, le naufrage, l'échouement n'ont pres-que jamais pour témoins que le capitaine, l'équipage et les passagers; le plus souvent, la preuve en est fournie par le journal du bord et le rapport du capitaine, auxquels il peut encore être suppléé par tous autres éléments de décision que les tribunaux ont un pouvoir discrétionnaire pour admettre ou rejeter.

L'innavigabilité doit, pour donner lieu au délaissement, être déclarée par l'autorité judiciaire qui est complètement libre dans le choix des preuves. Elle pourra être établie par des attestations, sous quelque forme qu'elles soient données ou de quelque personne qu'elles émanent, et qui seront appréciées par le tribunal chargé de statuer sur l'innavi-gabilité.

L'arrêt de prince se prouvera par la production de l'ordre ou de la déclaration qui a mis l'embargo sur le navire.

Dans le cas de défaut de nouvelles, l'assuré n'est tenu de prouver que le départ du navire, au moyen d'extraits des registres de l'administration du port constatant la sortie, et c'est ensuite à l'assureur qu'il appartiendra de justifier, de-puis ce moment, de la réception de nouvelles.

Enfin, la perte ou détérioration des trois quarts est justifiée par procès-verbal d'expertise ou par la vente publique.

651. — On présume que ces différentes causes de perte proviennent bien d'un risque maritime ; l'assureur qui soutiendrait que l'accident a eu une autre cause, telle que le vice propre, ou la faute de l'assuré, devrait justifier de la fin de non-recevoir qu'il voudrait opposer à l'assuré. Il n'y a d'exception à cette règle que dans une seule hypothèse. En cas d'innavigabilité pendant un voyage au long cours, le défaut de production des procès-verbaux de visite, qui doivent être dressés avant le départ pour constater que le navire est en état de prendre la mer, aurait pour effet d'établir la présomption que l'innavigabilité doit être attribuée au vice propre (V. n° 108).

652. — 3° *Preuve de la valeur de la chose assurée.* — Le plus souvent, cette valeur se trouve indiquée dans la police et l'assuré se trouve ainsi dispensé d'en rapporter la preuve. Mais, même dans ce cas, l'indication de la police n'est qu'une présomption en faveur de l'assuré, et l'assureur conserve le droit de prouver qu'il a été induit en erreur lors de la conclusion du contrat et que la chose assurée avait une valeur moindre que celle que lui avaient attribuée les parties.

Dans le silence de la police, la valeur des objets assurés sera établie par la facture, par les livres ou par une expertise (art. 339, C. com.).

652 bis. — *La valeur de l'objet assuré a été exagérée.* — Supposons que l'assureur soutienne que l'estimation des objets assurés est erronée et que leur valeur a été exagérée (art. 336, C. com.) ; il pourra faire procéder à toute vérification et estimation. S'il ressort de cette vérification la preuve d'une exagération, quelle en sera la conséquence ? Il faut établir une distinction suivant que l'assuré a été de bonne foi ou qu'il y a eu fraude de sa part.

a) L'assuré a été de bonne foi, soit qu'il se soit trompé lui-même sur la valeur de ses marchandises, soit qu'il n'ait pu embarquer toute la quantité entière pour laquelle il avait contracté l'assurance. Dans cette hypothèse, le contrat demeure valable jusqu'à concurrence de la valeur réelle des choses assurées, et pour l'excédent il y a ristourne. La responsabilité de l'assureur sera donc réduite dans la même proportion que la valeur de la chose ; en revanche, il ne touchera que la prime correspondante à la partie du contrat qui subsiste et sur la partie ristournée, il ne touchera qu'une indemnité de demi pour cent (art. 358, C. com.).

S'il y avait plusieurs assureurs pour une même assurance, la règle serait la même, et, en cas de sinistre, chacun d'eux y devrait contribuer à raison des sommes par eux assurées (art. 358-2°).

b) Au contraire, il y a eu fraude de l'assuré ; son estimation a été sciemment exagérée. L'article 357 du Code de commerce nous dit qu'alors l'assurance est nulle à l'égard de l'assuré seulement, c'est-à-dire que l'assureur dans cette hypothèse aura un droit d'option ; il lui sera loisible, ou de tenir l'assurance pour bonne et valable et d'en demander l'exécution en exigeant le paiement de la prime, ou bien, au contraire, de faire annuler le contrat, mais sans avoir, dans ce cas, le droit de retenir la prime dont le paiement serait sans cause. Il devra donc se contenter de l'indemnité de demi pour cent prévue pour le cas de ristourne.

Il pourra en outre y avoir lieu contre l'assuré à des poursuites pénales (art. 336, C. com.), s'il a, pour tromper l'assureur, employé des manœuvres constitutives d'un délit.

652 *ter.* — *Assurances successives.* — Si l'exagération de la valeur assurée provient d'assurances successives sur un même objet et que le premier contrat assure l'entière valeur des effets chargés, les autres contrats passés de bonne foi seront ristournés, moyennant le paiement de l'indemnité de demi pour cent de la somme assurée.

Si, au contraire, l'entière valeur des effets chargés n'était pas assurée par le premier contrat, les assureurs qui auraient signé les contrats subséquents répondraient de l'excédent en suivant l'ordre de date des contrats (art. 359, C. com.).

653. — *Preuve contraire réservée à l'assureur.* — Telles sont les principales preuves ou justifications que l'assuré doit produire et après l'administration desquelles il peut poursuivre le paiement des sommes assurées. Avant de s'y résoudre, l'assureur, de son côté, peut demander à faire la preuve des faits contraires à ceux qui sont consignés dans les actes justificatifs de l'assuré, et il pourra y être admis par le tribunal qui, suivant les circonstances, lui accordera un sursis. Mais l'assuré ne sera pas tenu d'attendre pour se faire payer que l'assureur ait recueilli les éléments de sa contestation. L'assuré fera condamner provisoirement l'assureur à lui payer le montant de la somme assurée, et il le touchera à la charge de fournir une caution devant garantir le remboursement de cette somme pour le cas où l'assureur réussirait finalement à démontrer la fausseté des attestations produites par l'assuré. Cette caution sera libérée après quatre années révolues, s'il n'y a pas eu de poursuites (art. 384, C. com.).

654. — Effets du délaissement. — Le délaissement, opéré et validé dans les formes que nous avons ci-dessus indiquées, produit deux effets principaux : 1° il dépouille irrévocablement l'assuré des droits qu'il avait sur la chose délaissée et subroge l'assureur en son lieu et place ;

2° Il autorise l'assuré à exiger le paiement de la somme assurée.

655. — 1° *Transmission des droits de l'assuré à l'assureur.* — Ce n'est pas seulement ce qui peut subsister des effets assurés qui est transmis à l'assureur à partir du délaissement, mais encore tous les droits et toutes les actions qui peuvent se rattacher à ces effets (V. n° 617). Par conséquent, l'assureur peut d'abord disposer de la chose délaissée comme de la sienne propre ; il peut, en outre, réclamer toute indemnité qui pourrait être due à l'assuré à l'occasion de la chose délaissée, soit pour le cas de prise, soit pour avaries précédemment souffertes ; il peut enfin se faire rembourser toute somme que l'assuré aurait déjà reçue pour dommages antérieurement subis par la chose assurée. En un mot, l'assureur se trouve entièrement substitué aux droits de l'assuré. Cependant, l'assuré, quoique dépouillé de sa propriété au profit de l'assureur, conserve encore le droit d'abandonner le même navire et le fret pour échapper à la responsabilité civile des faits du capitaine (art. 216, C. com.) [V. n°ˢ 798 et suiv.]; car, du moment que l'assureur prend la chose délaissée avec tous ses avantages, il est équitable qu'il supporte aussi les obligations qui sont inhérentes à cette chose.

656. — 2° *Paiement de la somme assurée.* — La conséquence forcée du délaissement est d'obliger l'assureur à verser à l'assuré la somme stipulée dans la police.

Ce paiement devra être effectué dans le délai accordé par le contrat, et si la police est muette sur cette date, l'article 382 du Code de commerce dispose que le paiement devra être effectué trois mois après la signification du délaissement.

657. — § V. Règlement par avaries. — Le délaissement n'est qu'un mode exceptionnel de règlement du contrat d'assurance, qui ne peut recevoir application que dans les cas spécialement et limitativement indiqués par la loi ou par les parties. En dehors de ces cas, le droit de l'assuré se borne à se faire indemniser de sa perte (art. 371, C. com.), c'est-à-dire qu'en gardant ce qui subsiste de la chose, l'assuré a seulement le droit de demander à l'assureur une indemnité proportionnelle au préjudice subi. Dans ce but, il pourra exercer l'action d'avarie.

658. — Dans quels cas l'action peut-elle être intentée ? — En principe, tout dommage éprouvé, toute dépense faite par l'assuré à l'occasion des choses assurées et par suite d'un événement dont l'assureur est tenu de répondre, donne ouverture à l'action d'avarie.

Cependant, pour que la demande soit recevable, il faut que l'avarie commune (V. n°s 306 et suiv.) excède 1 p. 100 de la valeur cumulée du navire et des marchandises et que l'avarie particulière (V. n°s 306 et suiv.) excède 1 p. 100 de la valeur de la chose avariée (art. 408, C. com.). La loi semble être partie de cette considération qu'il n'y a pas lieu d'autoriser une action qui nécessiterait des frais plus considérables que l'intérêt en jeu. Du reste, les frais de réclamation ne peuvent pas être compris dans le calcul de l'avarie. Mais du moment que l'avarie excède la proportion de 1 p. 100 calculée comme nous venons de le dire, les assureurs doivent la payer dans son intégralité et sans aucune déduction ou franchise, sauf convention contraire.

Les conventions des parties sont en effet ici encore toutes-puissantes. D'abord les contractants pourraient convenir valablement que toute avarie, quelque modique qu'elle soit, devra être réparée par l'assureur.

658 *bis*. — *Clause franc d'avaries*. — Ils pourraient au contraire convenir aussi valablement d'une franchise complète d'avaries, par la clause *franc d'avaries*. L'effet de cette clause est de ne permettre à l'assuré d'agir contre l'assureur que dans les cas de sinistres majeurs, c'est-à-dire dans les cas où le délaissement est admis. D'ailleurs, si l'un de ces cas s'était réalisé, l'assuré ne serait point tenu au délaissement ; il aurait la faculté d'exercer l'action d'avarie (art. 409, C. com.[1]).

658 *ter*. — *Franchise partielle*. — Cette clause de franchise, au lieu d'être complète, se borne bien souvent à fixer un *quantum* d'avaries dont l'assureur ne répondra pas et qui restera à la charge de l'assuré.

Au moyen de cette clause on arrive, sans cataloguer les

---

1. Arrêt de la Cour de Paris du 18 février 1857, *Recueil de jurisprudence du Havre*, année 1857, II, 69.

diverses espèces de marchandises, et en fixant les primes à un taux uniforme pour toutes, à raison des risques généraux qu'elles courent, à compenser les chances plus nombreuses de perte ou de détérioration que présentent certaines d'entre elles comparativement à d'autres, soit à raison de leur nature, soit à raison de leur emballage ou du mode d'expédition choisi.

La franchise, fixée suivant ces diverses circonstances à un certain *quantum*, produit un double effet. Elle permet à l'assureur de se soustraire au paiement des avaries si elles n'excèdent pas la franchise indiquée, et même, lorsque le *quantum* est atteint, de ne payer que les dommages qui excèdent ce *quantum* en laissant à la charge de l'assuré le montant de la franchise.

658 *quater*. — *Règlement par séries*. — La perte ainsi laissée à la charge de l'assuré pourrait parfois se trouver assez lourde, et la franchise pourrait même avoir pour effet de faire supporter tout entière par l'assuré la détérioration frappant une partie même importante des objets assurés, puisqu'elle serait calculée sur l'ensemble de l'expédition. — Pour parer à ces inconvénients, on peut diviser les marchandises comprises dans une même police en plusieurs séries distinctes, et c'est alors sur chacune de ces séries prises séparément que se fera l'application de la franchise. Soit 500,000 fr. de marchandises assurées avec une franchise de 50 p. 100. S'il advient qu'une partie de ces marchandises soit détruite ou subisse une détérioration pour une valeur de 50,000 fr., l'assureur n'aura rien à payer ; mais si les mêmes marchandises ont été divisées en cinq séries, l'assuré aura droit de se faire rembourser toute perte ou détérioration qui, pour un groupe de marchandises mises dans une même série, excédera 2,000 fr. C'est ce que l'on appelle le *règlement par séries*.

658 *quinquies*. — En un mot, les parties peuvent régler l'étendue de leur contrat comme elles l'entendent et, suivant leurs désirs, étendre ou restreindre la responsabilité de l'assureur. Toutefois, l'action d'avarie est de l'essence du contrat d'assurance et nécessaire à sa validité. On ne saurait concevoir une assurance sans obligation pour l'assureur de supporter les conséquences de certaines avaries.

659. — *Droit d'option réservé à l'assuré.* — Lorsque l'avarie qui a atteint la chose assurée est une avarie majeure, l'assuré, pour faire valoir sa réclamation, a l'option entre le délaissement ou l'exercice de l'action d'avarie. Lorsqu'il a fait son choix, son option est définitive et irrévocable ; il ne saurait abandonner l'action par lui intentée pour revenir à l'autre.

A fortiori, l'assuré ne peut pas cumuler les deux actions ; il ne peut pas, par exemple, réclamer, en vertu du délaissement, la valeur de la chose assurée et en même temps demander par l'action d'avarie le remboursement des dépenses qu'il aurait faites à son occasion avant le dernier sinistre. De cette façon, en effet, on arriverait à une conséquence absolument contraire à l'équité et à l'esprit de la loi et qui serait de faire payer à l'assureur une somme supérieure à celle qu'il a déterminée comme la limite de ses engagements et pour laquelle a été calculée la prime payée.

Cependant, il n'est pas interdit aux parties de déroger à ces principes ; l'assureur peut se charger de la responsabilité des risques d'une manière illimitée, et pour se mettre entièrement au lieu et place de l'assuré, accepter le cumul de l'action en délaissement et de celle d'avarie. Telle est la portée que la jurisprudence a donnée à la clause par laquelle l'assureur déclare prendre à sa charge *tous les périls généralement quelconques*.

660. — Délais et formes de l'action d'avarie. — *A quel moment l'action d'avarie pourra-t-elle être formée ?* — Il n'est pas nécessaire d'attendre le terme fixé par la police pour l'expiration du contrat, et l'action sera recevable dès l'événement qui donne ouverture à l'action. L'assuré peut de cette manière faire régler séparément, sans attendre la fin du contrat, des sinistres successifs jusqu'à concurrence de la somme assurée. Il peut, s'il le préfère, attendre l'expiration du contrat pour faire liquider et régler en une seule fois toutes les avaries éprouvées.

L'assuré aurait encore le choix entre ces deux façons de procéder, même si une clause de son contrat ménageait à l'assureur un délai pour payer le montant du sinistre ; cette clause n'empêcherait pas la recevabilité de l'action et obligerait seulement l'assuré à ne demander condamnation pour les sommes auxquelles il a droit que pour l'époque fixée par la police.

661. — *Devant quel tribunal devra être portée cette action ?* — D'après la règle générale, qui veut que toute demande personnelle soit portée devant le tribunal du défendeur, c'est le tribunal du domicile des assureurs qui devra être saisi de l'action en règlement par avaries du contrat d'assurance.

662. — Les formes de cette action sont analogues à celles de l'action en délaissement que nous avons indiquées aux n⁰ˢ 642 et suivants.

L'assuré doit avoir soin de notifier à l'assureur les avis qu'il a reçus dans les trois jours de leur réception.

Preuves à faire. — Quant aux preuves et justifications à faire, elles sont aussi les mêmes qu'en cas de délaissement (V. n⁰ˢ 648 et suiv.). L'assuré devra donc prouver le chargement des marchandises et leur valeur, puis l'accident qui donne lieu à sa réclamation.

Mais, par une anomalie inexplicable, nous ne retrouvons plus ici l'obligation, imposée à l'assuré en cas de délaissement, de déclarer toutes les autres assurances ou les contrats à la grosse qu'il aurait contractés sur les mêmes objets.

663. — FIXATION DE L'INDEMNITÉ. — La détermination de l'indemnité due à l'assuré ne présente aucune difficulté dans le cas de délaissement : elle est toujours de la totalité de la somme assurée. Mais la règle est loin d'être aussi simple dans le cas de règlement par avaries ; il y a lieu alors de faire une distinction entre les avaries particulières et les avaries communes et de rechercher ensuite pour chacune d'elles comment sera fixée l'indemnité dans les assurances sur corps et dans les assurances de facultés.

664. — *Avaries particulières : assurance sur corps.* — Quand le navire subit des avaries particulières, la réparation des avaries consiste ordinairement dans le remboursement des dépenses faites pour remédier aux dommages causés par fortune de mer. Ce remboursement ne peut toutefois être exigé que dans les limites de la somme assurée.

664 *bis.* — En outre, ce remboursement n'est pas intégral. L'assurance ne peut jamais en effet être une source de bénéfices pour l'assuré. Or, l'armateur, dont le navire va recevoir un certain nombre de pièces neuves en remplacement d'autres déjà fatiguées et usées au moment de l'avarie, trouverait dans ce remplacement un avantage évident s'il ne tenait pas compte à l'assureur de la différence de valeur donnée à son navire par la réparation et le renouvellement de certaines parties. Aussi, devra-t-il déduire de sa réclamation une certaine valeur pour différence du *neuf au vieux*. Cette différence est le plus souvent déterminée par la police ; mais l'usage, même à défaut de stipulation, devra faire admettre le principe d'une déduction, dont l'importance serait arbitrée par les tribunaux.

Il faut encore déduire du montant des dépenses dont le remboursement peut être demandé, la valeur des débris provenant de la réparation : vieux cuivres, pièces endommagées ou détériorées, dont le prix diminue d'autant le montant des dépenses réellement faites.

D'un autre côté, l'armateur peut exiger, par l'action d'avarie, en sus des frais de réparation proprement dite, certaines dépenses accessoires qui sont une conséquence inéluctable de l'avarie, telles que la nourriture, les salaires des gens de l'équipage pendant la durée des travaux, les frais extraordinaires qui sont la conséquence d'une fortune de mer, droit de pilotage, d'entrée ou autres qui résulteraient de la relâche. L'article 354 du Code de commerce n'exempte les assureurs que de tous les frais et droits qui sont une charge ordinaire de la navigation.

664 *ter*. — Le navire, au lieu d'être réparé, peut être déclaré innavigable, soit faute de trouver sur le lieu les moyens de réparation nécessaires, soit parce que cette réparation serait trop onéreuse pour le propriétaire. Celui-ci peut ne pas recourir au délaissement et opter pour le règlement par avarie de l'indemnité qui lui est due. Dans ce cas, l'indemnité ne saurait plus être calculée comme dans le cas précédent sur le montant des réparations à effectuer. Elle sera de la différence entre la valeur du navire déterminée par la police et le prix de vente du même navire avarié. C'est là en effet le véritable résultat de la fortune de mer.

Mais ici il n'y a plus lieu de détruire la différence du neuf au vieux. En effet, l'usage de cette déduction est basé sur l'idée du bénéfice que tirerait le propriétaire de la substitution d'un objet neuf à un vieux; et ce bénéfice ne peut être réalisé dans notre hypothèse, puisque le navire n'est pas réparé.

665. — *Avaries particulières : assurances sur facultés.* — En ce qui concerne les marchandises assurées, il peut y avoir lieu à un règlement d'avaries dans trois hypothèses, soit qu'elles aient été perdues en totalité, soit qu'une partie seulement ait péri, soit enfin que les avaries ne consistent que dans une détérioration des objets assurés.

666. — *a) Perte totale.* — En cas de perte totale, l'assureur doit payer l'intégralité de la somme assurée, si l'assurance est limitée; son obligation ne pourrait être réduite qu'en prouvant que le prix des marchandises a subi lors du contrat une surélévation non agréée par lui comme l'équivalent du profit espéré.

Si l'assurance est illimitée, l'assuré pourra réclamer le prix des marchandises évalué au départ, conformément à l'article 339 du Code de commerce, et même, en outre, une plus-value pour le profit espéré, s'il était démontré que cette surélévation était dans l'intention des parties.

667. — *b*) *Perte partielle.* — Lorsqu'une partie des marchandises, le tiers, le cinquième, etc., a péri, l'assureur doit payer à l'assuré une somme proportionnelle aux quantités perdues. Cette indemnité proportionnelle se calcule d'après les mêmes principes que dans le cas de perte totale, et, par suite, l'assureur paie le tiers, le cinquième, etc., de ce qu'il aurait payé dans ce cas suivant que l'assurance est limitée ou illimitée.

667 bis. — S'il y avait plusieurs assureurs qui se fussent partagé les risques, chacun d'eux devrait contribuer au paiement de l'indemnité au marc le franc de son intérêt (art. 360, C. com.).

668. — *c*) *Détérioration.* — Le dommage résultant d'une détérioration survenue en cours de route à l'objet assuré peut être déterminé d'une manière assez simple, au moins quand l'assurance comprend avec les marchandises le profit espéré. Il suffit de comparer, soit au moyen d'une vente, soit au moyen d'une expertise, ou par tout autre moyen de justification, la valeur que la marchandise aurait eue en bon état au lieu de destination et celle qu'elle a réellement dans son état d'avarie. La différence entre ces deux estimations correspond précisément à l'indemnité que l'assureur doit verser à l'assuré.

Ce mode de règlement, dit *règlement par différence*, tient compte du profit espéré ; il met l'assuré dans la même situation que si la marchandise était arrivée en bon état au port de destination et y avait été vendue dans de bonnes conditions.

A cause de cela, il n'est possible que s'il y a assurance du profit espéré. Sinon, il faudra recourir au *règlement par qualité*, qui fut seul employé jusqu'à la loi du 12 août 1885.

Avec ce mode de règlement, on recherchera encore la différence de valeur entre la marchandise à l'état sain et la marchandise à l'état d'avarie au port de destination. Seulement, au lieu de déterminer par cette comparaison le montant de l'indemnité, on en tirera seulement la proportion entre l'indemnité à payer et la valeur des marchandises, et c'est par cette fraction ainsi obtenue qu'on fixera l'indemnité, en l'appliquant à la valeur de la marchandise au départ indiquée dans la police ou calculée d'après l'article 339 du Code de commerce. Supposons que la cargaison à l'état sain eût produit à l'arrivée 200,000 fr., alors qu'elle ne se vend, après détérioration, que 50,000 fr. ; la perte équivaut alors aux trois quarts. Si la somme assurée ou la valeur des marchandises au départ est de 80,000 fr., l'assureur devra les trois quarts de cette somme, soit 60,000 fr.

669. — *Avaries communes.* — Dans le cas d'avaries communes, l'assureur est tenu non seulement envers celui dont le bâtiment ou les marchandises ont été atteints par le sacrifice, mais encore envers celui dont la perte consiste dans la contribution au règlement d'avaries grosses.

669 bis. — *Force probante du règlement d'avaries grosses vis-à-vis des assureurs.* — Les assureurs sont donc directement intéressés à ce règlement ; nul doute par conséquent qu'ils y puissent intervenir et ils y sont d'ailleurs généralement appelés. Mais si, par suite d'éloignement ou pour toute autre cause, il était procédé en leur absence, le règlement d'avaries grosses leur serait-il opposable ? C'est un usage constant que le règlement dressé dans un port de destination et entouré d'ailleurs des formes légales (art. 414, C. com.), lie les assureurs même absents comme s'ils y avaient été parties. Toutefois, si l'assuré avait accepté par fraude ou même par simple négligence un règlement erroné, sa responsabilité serait par là engagée vis-à-vis de l'assureur, qui pourrait retenir sur l'indemnité par lui due des dommages-intérêts équivalents au préjudice que lui causerait l'inexactitude du règlement.

669 *ter*. — *Cas où la chose assurée a été sacrifiée*. — Lorsque la chose assurée a été sacrifiée, l'assureur est tenu d'indemniser l'assuré comme au cas de perte totale, et l'assureur est alors substitué à l'assuré dans les droits qu'il a contre ses coïntéressés pour le paiement de leur part contributive. Par suite, lorsqu'il se trouve parmi les coïntéressés des insolvables, la perte qui doit en résulter incombe à l'assureur. Dans la pratique, on déduit de l'indemnité demandée à l'assureur le montant des contributions dues, et l'assuré ne réclame à l'assureur que les parts de contribution dues par les insolvables.

670. — Date du paiement de l'indemnité. — Quand l'assuré pourra-t-il exiger le paiement de l'indemnité fixée ?

La loi n'indique aucun délai.

Par conséquent, si la police ne contient aucune clause relative à l'époque du paiement, l'assureur est tenu de s'exécuter aussitôt que le règlement est terminé.

Mais il ne saurait jamais être obligé de faire aucune avance pour la réparation des avaries, et sa dette n'est jamais exigible avant qu'une liquidation régulière ait déterminé le montant des sommes qu'il est tenu de rembourser.

671. — Prescription de l'action. — L'action en règlement du contrat d'assurance par avaries est soumise à la prescription de 5 ans que l'article 432 du Code de commerce porte contre toute action dérivant d'un contrat à la grosse ou d'une police d'assurance.

VI

RÈGLEMENT DES ABORDAGES

672. — On a vu au chapitre VII, n° 290, énoncées d'une manière sommaire, les règles prescrites pour prévenir les abordages. Il faut supposer ici que, malgré l'observation de ces règles ou à raison de leur inobservation, l'abordage s'est produit. Il s'agit dès lors de faire connaître les conséquences de l'abordage et de déterminer sur qui retombe le préjudice causé.

673. — CE QU'IL FAUT ENTENDRE PAR ABORDAGE. — L'abordage est d'une manière générale le choc d'un navire contre un corps quelconque, navire, jetée, estacade, épave, etc. Mais au point de vue de l'application des règles du Code de commerce (art. 407), le mot abordage désigne exclusivement le choc entre deux navires.

674. — L'ABORDAGE A POUR CAUSE LA FAUTE D'UN DES DEUX CAPITAINES. — Dans ce cas, tout le dommage éprouvé par l'un et l'autre navire est à la charge du capitaine en faute. Mais en vertu de l'article 216 du Code de commerce, le propriétaire de ce navire est responsable vis-à-vis des tiers[1] des fautes de son capitaine, sauf son recours contre ce dernier (V. n° 793), et sauf la faculté de faire abandon (V. n° 798).

675 et **676.** — La faute ne se présume pas et doit être prouvée par celui qui l'invoque. La question de savoir quand un capitaine est en faute est une question de fait qui ne saurait faire l'objet de développements théoriques. Nous nous

---

1. Propriétaire de l'autre navire, propriétaire des marchandises chargées à bord de l'un et l'autre navire.

bornerons à faire observer que la faute qui doit être prise ici en considération est la faute qui a déterminé l'abordage. Il ne suffirait donc pas, pour rendre un capitaine responsable d'un abordage, de démontrer qu'il y a eu de sa part inobservation des règles prescrites pour éviter les abordages, si en fait l'abordage se fût produit, même dans le cas où ces règles eussent été observées[1].

677 et **678**. — Le dommage qui est mis à la charge du capitaine reconnu en faute est tout le dommage résultant directement de l'abordage. Le capitaine abordeur n'est pas tenu de réparer le dommage qui n'en est qu'une conséquence éloignée et indirecte. Le capitaine en faute doit réparer tout le dommage direct occasionné par l'abordage, quelle que soit la personne qui l'a subi, propriétaire du navire endommagé, propriétaire de l'autre navire, propriétaire de marchandises, hommes de l'équipage, etc.

679. — Le capitaine en faute n'est pas seulement tenu de réparer le préjudice éprouvé; il doit encore, conformément aux principes du droit commun, tenir compte du gain manqué, par exemple du fret que l'abordage a empêché le propriétaire de l'autre navire de réaliser à cause du chômage occasionné par les réparations.

680. — L'abordage a pour cause une faute commune des deux capitaines. — Le Code ne prévoit pas cette hypothèse qui se trouve ainsi régie par les principes du droit commun. Les deux capitaines doivent être tous deux déclarés responsables des suites de l'abordage, et le tribunal doit partager entre eux la réparation du dommage, proportionnellement à la gravité de la faute commise par chacun d'eux. D'ailleurs, ce partage n'a trait qu'aux rapports entre les deux

---

1. Par exemple, un navire désemparé et ne gouvernant plus est poussé la nuit contre un autre navire à l'ancre qui n'a pas les feux réglementaires. Le navire abordeur ne pouvant gouverner, l'existence des feux sur le navire abordé n'aurait pas empêché l'abordage.

capitaines, car, vis-à-vis des tiers, chacun des deux capitaines est solidairement avec l'autre responsable du dommage, conformément au droit commun.

Quant aux dommages qui doivent être mis à la charge des deux capitaines, il faut appliquer ce qui a été dit au numéro précédent.

681. — IL Y A DOUTE SUR LES CAUSES DE L'ABORDAGE. — Cela suppose qu'aucun des deux capitaines ne peut démontrer que l'abordage est purement fortuit, et qu'en même temps il est impossible en fait de déterminer auquel des deux il est imputable.

Dans ce cas (art. 407, C. com.), le dommage subi par les deux navires est réparé à frais communs, par égale portion entre eux. Par exemple, un des deux navires a éprouvé 20,000 fr. d'avaries, l'autre 30,000 fr., chacun supportera 25,000 fr.

682. — Plusieurs observations doivent être faites sur cette règle : 1° d'abord l'article 407 du Code de commerce ne répartit ainsi entre les deux navires que les dommages éprouvés par les navires. Les autres dommages éprouvés par d'autres que les propriétaires de navires (gens de l'équipage, passagers, propriétaires de marchandises) restent à la charge de ceux qui les ont subis, sans répétition contre les propriétaires des navires[1];

2° Aucune responsabilité ne pèse sur les deux capitaines personnellement, puisque aucune faute n'est démontrée contre aucun d'eux.

683. — L'ABORDAGE EST FORTUIT. — Il faut considérer comme fortuit l'abordage qui s'est produit, bien que toutes les précautions utiles pour l'éviter aient été prises (Lyon-Caen et Renault). Par exemple, deux navires étant bien ancrés dans une rade, un cyclone les jette l'un sur l'autre. Le

---

1. Mais sauf peut-être recours contre l'assureur, s'il y en a un.

cas d'abordage fortuit ne donne lieu à aucun recours, à aucune responsabilité.

Propriétaires des navires, chargeurs, etc., chacun supporte seul le préjudice subi par lui.

Le cas fortuit ne se présume pas et doit être prouvé. Lorsque la cause d'un abordage ne peut être découverte, on ne doit pas l'attribuer à un cas fortuit. L'abordage doit être considéré comme douteux et ses conséquences se règlent comme dans le numéro précédent.

684. — Par quel laps de temps se prescrit l'action en responsabilité d'abordage. — Toutes actions en indemnité pour dommages provenant d'abordage sont non recevables si elles ne sont intentées dans le délai d'un an à compter de l'abordage (art. 436, C. com.).

685. — Devant quel tribunal l'action doit être portée. — En principe, le tribunal compétent pour connaître d'un abordage est le tribunal de commerce. Cependant ce principe comporte des exceptions : 1° si l'action est intentée contre le propriétaire d'un bâtiment de plaisance qui n'a aucun caractère commercial, c'est le tribunal civil qui est compétent ; 2° si l'action est intentée contre l'État (l'abordage étant imputé, par exemple, à un bâtiment de guerre), elle doit être portée devant la juridiction administrative.

686. — A supposer que le tribunal de commerce soit compétent, devant quel tribunal de commerce l'action doit-elle être portée ? Dans le silence de la loi, les décisions judiciaires attribuaient compétence au tribunal du domicile du défendeur, au tribunal le plus voisin du sinistre ou du port où le navire abordé s'est réfugié après l'accident, à celui du port de destination et de déchargement du navire abordé, au tribunal du port où le navire responsable peut être saisi. De plus, si le navire responsable est un navire appartenant à un étranger, le demandeur pouvait, en vertu de l'article 14 du

Code de commerce, porter l'affaire devant le tribunal de son propre domicile.

Toutes ces solutions se justifiaient plutôt par des considérations d'utilité pratique que par des arguments bien puissants.

Par un alinéa ajouté à l'article 407 du Code de commerce, la loi du 19 déc. 1897 est venue donner à la question une solution législative : « En cas d'abordage, le demandeur pourra, à son choix, assigner devant le tribunal du domicile du défendeur, ou devant celui du port français dans lequel, en premier lieu, soit l'un, soit l'autre des deux navires s'est réfugié. Si l'abordage est survenu dans la limite des eaux soumises à la juridiction française, l'assignation pourra être également donnée devant le tribunal dans le ressort duquel la collision s'est produite. »

VII

RÈGLEMENT DES AVARIES

687. — CE QUE C'EST QUE LE RÈGLEMENT D'AVARIES. — Le règlement d'avaries est l'opération qui consiste à répartir entre les divers intéressés les avaries grosses qui doivent être supportées en commun.

688. — EN QUEL LIEU SE FAIT LE RÈGLEMENT D'AVARIES. — Le règlement d'avaries doit se faire dans le lieu du déchargement (art. 414, C. com.). Par lieu du déchargement, il ne faut pas entendre précisément le lieu où les marchandises ont été débarquées du navire sur lequel elles avaient été chargées au port de départ, mais le lieu où elles ont achevé leur voyage maritime. Ainsi, un navire ayant subi des avaries grosses relâche dans un port; le navire est déclaré innavigable, et les marchandises sont débarquées. Ce port de relâche doit être considéré comme le port de déchargement si les marchandises ne peuvent être réembarquées sur un autre navire pour être conduites au port de destination. Mais si les marchandises ont pu être rechargées sur un autre navire et conduites par mer au port de destination, c'est ce port qui doit être considéré comme le lieu du déchargement.

689. — Cependant, s'il était impossible de procéder au règlement d'avaries au port de déchargement, il pourrait y être procédé dans un autre port. Ainsi, quelquefois, il est indispensable de procéder à un règlement d'avaries dans un port intermédiaire. C'est ce qui a lieu, par exemple, quand un chargeur retire ses marchandises pendant le voyage ; il faut bien alors procéder à un règlement d'avaries pour déterminer la part qui lui incombe. Mais ces règlements d'avaries ont un caractère provisoire.

690. — PAR QUELLE LOI EST RÉGI LE RÈGLEMENT DES AVARIES. — Le règlement d'avaries est régi par la loi du pays dans lequel il est fait, quelle que soit la nationalité du navire ; ainsi, quand un navire français éprouve des avaries grosses et que le port de destination est un port italien, c'est la loi italienne qui est applicable, de même les règlements d'avaries se font en France conformément à la loi française. Cependant, quand un règlement d'avaries se fait à l'étranger, devant le consul de la nation à laquelle appartient le navire, le règlement se fait conformément à la législation de cette nation. Il est très important de déterminer la loi applicable, car ce qui est avarie grosse dans un pays est quelquefois avarie particulière dans un autre, etc.

691. — QUI PROVOQUE LE RÈGLEMENT D'AVARIES. — C'est le capitaine qui en principe doit provoquer le règlement d'avaries (art. 414, C. com.) ; mais, s'il néglige de le faire, tout intéressé peut prendre l'initiative.

692. — MESURES PRÉLIMINAIRES, PROTESTATIONS. — En vue du règlement d'avaries, le capitaine, qui a dû transcrire sur son registre la délibération qui a précédé le sacrifice, est tenu, au premier port où il aborde, d'affirmer dans les 24 heures les faits contenus dans la délibération (art. 413, C. com.). Cette affirmation est faite devant l'autorité compétente pour recevoir les rapports de mer, c'est-à-dire dans les ports français, au greffe du tribunal de commerce, devant le président de ce tribunal, ou, à défaut de tribunal de commerce, devant le juge de paix du canton (art. 243, C. com.), à l'étranger devant le consul de France (art. 244, C. com.).

693. — Arrivé au port de déchargement, le capitaine doit provoquer le règlement d'avaries. Si les avaries grosses ont atteint le navire, le capitaine doit avoir soin de ne pas livrer les marchandises et de ne pas recevoir son fret sans protestation. Le capitaine qui livre les marchandises et reçoit son fret sans protestation est en effet non recevable à agir en contribution contre les affréteurs (V. n° 570).

694. — De leur côté, les réclamateurs sont non recevables à provoquer un règlement d'avaries contre le capitaine lorsqu'ils ont reçu la marchandise sans protestation (V. n° 526). Toutefois, la protestation serait inutile de la part des réclamateurs, si le capitaine avait pris l'initiative d'une expertise destinée à faire constater l'état des marchandises, et reconnu ainsi l'existence des avaries.

695. — Ces protestations doivent être faites dans les 24 heures de la réception des marchandises, s'il s'agit de la protestation des réclamateurs, dans les 24 heures de la réception de la marchandise et du paiement du fret, c'est-à-dire dans les 24 heures du dernier de ces deux faits s'il s'agit de la protestation du capitaine (les heures comprises dans un jour férié ne comptant pas). Ces protestations doivent être individuellement faites. Elles ne sont assujetties à aucune forme particulière et peuvent être faites par simple lettre; mais il est plus prudent de les faire par ministère d'huissier. Elles peuvent être remplacées, pour le capitaine, par des réserves formulées dans la quittance du fret, pour les réclamateurs, par des réserves formulées dans le reçu des marchandises. Aucune déchéance pour défaut de protestation n'est encourue lorsque, au moment où elles auraient dû être faites, des pourparlers sérieux d'arrangement existaient entre les parties. Mais alors, si les pourparlers n'aboutissent pas, il est, sinon indispensable, au moins très prudent, de protester dans les 24 heures de leur rupture.

696. — Les protestations sont d'ailleurs inefficaces si elles ne sont pas suivies, dans le délai d'un mois, d'une demande en justice. Lorsque les protestations ont été remplacées par des équivalents, pourparlers, expertises, le délai d'un mois court de la rupture des pourparlers ou de la fin de l'expertise. Le délai d'un mois est augmenté d'un jour par cinq myriamètres de distance entre le lieu de l'avarie et le tribunal saisi.

697. — Marche d'un règlement d'avaries. — Voici maintenant la marche du règlement d'avaries. Le capitaine assigne les réclamateurs devant le tribunal de commerce du port de . déchargement, pour entendre dire qu'il sera procédé au règlement des avaries et entendre nommer les experts chargés de faire ce règlement [1] (art. 414, C. com.). Ces experts sont généralement au nombre de trois, l'un chargé d'estimer le navire, l'autre chargé d'estimer les marchandises (on verra

---

1. Les experts pourraient être aussi nommés sur requête, mais il est préférable de procéder par voie d'assignation. Dans les ports où il n'existe pas de tribunal de commerce ou de tribunal civil pouvant juger commercialement, les experts sont nommés par le juge de paix (art. 414, C. com.). Mais l'action en contribution doit être portée devant le tribunal de commerce ou devant le tribunal civil jugeant commercialement. A l'étranger, les experts devraient, d'après l'article 414 du Code de commerce, être nommés par le consul de France, mais cela n'est possible que si tous les intéressés sont Français, les étrangers ne pouvant être tenus d'accepter la juridiction de nos consuls. Lorsque le navire qui règle des avaries en France est un navire étranger, le capitaine peut, si tous les intéressés sont de sa nationalité, procéder devant le consul de sa nation.

plus loin l'utilité de ces estimations) ; un troisième enfin, nommé expert répartiteur ou *dispacheur*, chargé de faire la répartition des pertes et dommages.

Ces experts prêtent serment devant le président du tribunal de commerce avant de commencer leurs opérations [1]. Puis ils procèdent au règlement d'avaries de la manière suivante :

698. — Les avaries grosses sont supportées en commun par les divers intéressés, propriétaires du navire, propriétaires des marchandises, chacun en proportion de son intérêt, c'est-à-dire en proportion de la valeur des choses lui appartenant qui, sans le sacrifice, auraient péri [2]. Ces choses sont d'abord le navire, puis son fret, car, en cas de naufrage, l'armateur n'a droit à aucun fret, enfin, les marchandises. Ceux qui ont fait la dépense, ou dont la chose a été volontairement détruite ou endommagée, contribuent aussi aux avaries grosses (art. 417, C. com.) en subissant une déduction sur le montant de l'indemnité qui doit leur être attribuée, car s'ils étaient intégralement indemnisés, ils auraient une situation privilégiée et seraient seuls à ne pas souffrir du sacrifice fait pour le salut commun.

699. — LE RÈGLEMENT D'AVARIES COMPREND PLUSIEURS OPÉRATIONS. — Ces opérations sont les suivantes :

1° Détermination des sommes à payer en commun. Ces sommes forment ce que nous appellerons la masse *prenante*, mais qui est plus généralement appelée masse *active* ;

2° Détermination de la valeur des choses à raison desquelles la contribution est due. Ces choses forment la masse *contribuable*, plus généralement appelée masse *passive* [3] ;

---

1. Dans l'opinion de ceux qui voient dans le dispacheur non un expert, mais un arbitre-rapporteur, ce dernier n'aurait pas à prêter serment.

2. On verra toutefois que l'armateur ne contribue aux avaries grosses que proportionnellement à la moitié de la valeur du navire et du fret.

3. Les expressions « masse active », « masse passive » sont équivoques. La preuve en est que M. Desjardins appelle masse passive celle que les autres

3° Détermination de la part que chacun des intéressés doit supporter.

700. — DÉTERMINATION DE LA MASSE PRENANTE. — Cett·' masse comprend les marchandises sacrifiées, les dommages volontairement imposés au navire, les dépenses extraordinaires faites pour le bien et le salut commun.

La détermination de la masse prenante est la partie délicate du règlement d'avaries, car, pour la faire, il faut apprécier le caractère des avaries, ce qui se fera d'après les principes précédemment posés (V. n° 308).

701. — *Dépenses.* — La détermination des dépenses ou *avaries-frais* ne présente pas de difficultés ; elle résulte des factures, reçus, etc.

702. — *Dommages éprouvés par le navire.* — Leur évaluation sera déterminée par le coût des réparations ou par le prix des objets achetés en remplacement de ceux qui ont été détruits, ou tellement endommagés qu'il est impossible de les réparer. On devra, bien entendu, déduire la valeur des débris qui peuvent en rester. Cette déduction d'ailleurs n'est pas la seule qui doive être faite Un règlement d'avaries ne doit être pour personne une source de bénéfices. Or, l'armateur réaliserait un bénéfice si, le capitaine ayant, par exemple, sacrifié un mât usé, il pouvait s'en faire payer un neuf par l'ensemble des intéressés. On déduira donc du coût des réparations ou du prix des objets achetés en remplacement, une somme représentant la différence du *neuf au vieux.* Cette somme est fixée par un usage constant au tiers de la dépense. Cette déduction d'ailleurs ne se fait pas sur la valeur des objets, tels que les ancres, etc., qui ne sont pas susceptibles d'usure ;

---

auteurs appellent masse active. Les deux expressions sont justes ; tout dépend du point de vue auquel on se place : les sommes à rembourser constituent en effet un actif pour ceux qui doivent les toucher, un passif pour ceux qui doivent les payer. On échappe à cette équivoque en employant les expressions « masse prenante », « masse contribuable ».

on ne devrait pas non plus la faire s'il était démontré que les objets sacrifiés étaient entièrement neufs.

703. — Les réparations sont, dans certains ports, particulièrement coûteuses. Un capitaine ayant dû relâcher à Algoa-Bay pour faire remplacer des objets indispensables sacrifiés pour le bien et le salut commun dut dépenser une somme de 121,152 fr., alors que ce remplacement au port de déchargement n'aurait coûté que 22,000 fr. Dans ce cas et dans les autres cas semblables, la déduction doit-elle s'opérer sur la dépense réellement faite, ou sur la dépense qu'auraient entraînée les réparations au port du déchargement? Il a été jugé que la déduction doit s'opérer sur le coût des réparations tel qu'il aurait été fixé au port de déchargement, et non sur la dépense faite. Ainsi, dans l'exemple précité, l'armateur devra être crédité de 121,152 fr. moins le tiers de 22,000 fr. et non moins le tiers de 121,152 fr.

704. — *Dommages éprouvés par les marchandises.* — « Le propriétaire des marchandises jetées ou sacrifiées doit être mis au même état que si ces marchandises étaient arrivées au port, comme le reste du chargement sauvé par le sacrifice[1]. »

De là deux conséquences :

1° Les marchandises sacrifiées sont estimées, non pas au prix qu'elles ont coûté, mais au prix auquel elles auraient pu être vendues au lieu du déchargement ;

2° Il faut déduire de l'estimation des marchandises toutes les dépenses que le propriétaire aurait dû faire, si ces marchandises étaient arrivées à bon port, et que leur perte l'a dispensé de faire, car autrement le propriétaire des marchandises réaliserait un bénéfice.

Reprenons ces deux propositions :

705. — I. Les marchandises sacrifiées doivent être estimées au prix auquel elles auraient pu être vendues au lieu

---

1. M. Desjardins.

du déchargement (art. 415, C. com.)[1] [voir, pour le sens des mots « port de déchargement », ce qui a été dit au n° 688].

Le prix auquel auraient pu être vendues au port de déchargement les marchandises sacrifiées se détermine par le prix courant des marchandises semblables dans ce port.

706. — Si les marchandises semblables aux marchandises sacrifiées n'ont pas de prix courant au lieu du déchargement, parce que leur vente est trop peu fréquente pour qu'un cours puisse s'établir, leur valeur est déterminée à dire d'experts.

707. — Pour déterminer la valeur, au lieu du déchargement, des marchandises sacrifiées, il faut connaître leur nature, leur quantité et leur qualité. Ces renseignements seront fournis par les connaissements qui énoncent (art. 281, C. com.) la nature et la quantité, ainsi que l'espèce et la qualité des marchandises. Si les connaissements fournissent des renseignements insuffisants, on consultera les factures (art. 415, C. com.).

708. — Il faut prévoir le cas où la qualité des marchandises serait déguisée par le connaissement, c'est-à-dire le cas où le connaissement attribuerait aux marchandises une qualité soit supérieure, soit inférieure à leur qualité réelle[2]. Dans ce cas, on doit baser l'estimation sur la qualité la plus défavorable au chargeur.

La marchandise a-t-elle été sacrifiée? l'indemnité sera calculée sur la qualité portée au connaissement, si cette qualité

---

1. Ce prix comprend le prix d'achat des marchandises, les frais d'embarquement, le fret, les droits de douane et de déchargement, le bénéfice du chargeur.

2. Quel intérêt le chargeur peut-il avoir à dissimuler la qualité réelle de ses marchandises? Le chargeur peut avoir intérêt à attribuer à ses marchandises une qualité supérieure à celle qu'elles ont en réalité, afin d'obtenir une indemnité plus forte si ces marchandises sont sacrifiées. Au contraire, l'attribution à ses marchandises d'une qualité inférieure aurait pour lui l'avantage de le faire contribuer pour une part moins forte aux avaries grosses éprouvées par le navire ou par les autres marchandises ou pour payer des droits de douane moins élevés.

est inférieure à la qualité réelle ; si, au contraire, la qualité réelle est inférieure à celle qu'énonce le connaissement, c'est elle qui doit servir de base à l'estimation[1] (art. 418, C. com.).

709. — Jusqu'ici on a supposé des marchandises entièrement perdues ; mais il peut arriver que l'avarie commune consiste simplement en une détérioration de marchandises qui arrivent à bon port (par exemple, des marchandises ayant été jetées à la mer, le jet a détérioré d'autres marchandises). Dans ce cas, après avoir déterminé, d'après les règles qui précèdent, la valeur de ces marchandises à l'état sain, on doit déduire de l'estimation ce dont l'avarie éprouvée diminue leur valeur.

710. — Il ne faut pas exagérer la portée du principe en vertu duquel les marchandises doivent être estimées d'après la valeur qu'elles auraient eue au lieu du déchargement. Ainsi, supposons qu'après le sacrifice, le reste de la cargaison ait éprouvé des avaries particulières auxquelles les marchandises sacrifiées n'eussent probablement pas échappé si elles étaient demeurées à bord ; on ne devra pas déduire de leur valeur l'avarie hypothétique qu'elles auraient subie. Décider le contraire serait se lancer dans l'arbitraire.

711. — II. Il faut déduire de l'estimation des marchandises toutes les dépenses que leur propriétaire aurait dû faire si ces marchandises étaient arrivées à bon port et que leur perte l'a dispensé de faire. On a vu, au n° 705, note 1, que la valeur des marchandises sacrifiées au lieu de déchargement comprend le prix d'achat de ces marchandises, les frais d'embarquement, le fret, les frais de débarquement, les droits de

---

1. Mais, par contre, quand il s'agira de déterminer dans quelle proportion les marchandises dont la qualité a été déguisée par le connaissement doivent contribuer aux avaries grosses subies par le navire ou par les autres marchandises, on devra baser l'estimation sur celle des deux valeurs qui est supérieure à l'autre.

douane et le bénéfice de la revente. Or, par suite du sacrifice des marchandises, le chargeur se trouve n'avoir à payer ni frais de débarquement ni droits de douane. Si donc le chargeur recevait la valeur intégrale de ses marchandises d'après leur prix courant au lieu du déchargement, il recevrait, compris dans cette valeur, les frais de débarquement et les droits de douane, qu'il n'a pas déboursés, et réaliserait ainsi un bénéfice. Il y a donc lieu de déduire de l'estimation les frais de débarquement et les droits de douane, ainsi d'ailleurs que toutes dépenses que le chargeur s'est trouvé dispensé de faire.

712. — Si, au lieu de supposer une perte totale des marchandises, on suppose une simple détérioration, les frais de débarquement ne seront pas déduits, car la marchandise devra être débarquée; mais si, à raison de l'état d'avarie, la marchandise bénéficie d'une réduction des droits de douane, cette réduction devra être déduite[1].

713. — ÉTABLISSEMENT DE LA MASSE CONTRIBUABLE. — En principe, tout ce qui profite du sacrifice volontaire ou de la dépense doit y contribuer; mais il faut pour cela que le profit soit appréciable en argent. Ainsi, les passagers dont la vie a été sauvée ne doivent aucune contribution.

714. — Par exception, certaines choses auxquelles a profité le sacrifice sont affranchies de toute contribution.

Ce sont :

1° Les munitions de guerre et de bouche, et les hardes des gens de l'équipage, bien que ces objets, s'ils sont sacrifiés, soient payés par contribution. Les munitions de guerre et de bouche dont il est ici question sont celles qui sont destinées

---

1. On a vu précédemment (n° 323) que certains sacrifices, même volontaires, ne constituent pas des avaries grosses ; par suite, dans ce cas la valeur des objets sacrifiés ne doit pas figurer dans la masse prenante. Tels sont les marchandises chargées sur le pont et jetées à la mer, les objets chargés sans connaissement, les objets sacrifiés par suite d'une faute du capitaine et des chargeurs, etc.

à l'usage du navire, car les munitions qui seraient transportées comme marchandises devraient contribuer à l'égal du
surplus du chargement (art. 419, C. com.);

2º Les loyers des gens de mer[1] (art. 304, C. com.);

3º Les bagages des passagers. Cette exception résulte de
l'usage et non de la loi.

715. — Certaines choses dont la perte ou la détérioration
pour le salut commun ne donne pas lieu à avaries grosses
contribuent cependant aux avaries grosses qui affectent d'autres objets. C'est ainsi que les objets chargés sur le tillac qui
ne sont pas payés s'ils sont jetés, contribuent aux avaries s'ils
sont sauvés (art. 421, C. com.). Il en est de même des objets
dont il n'existe pas de connaissement ou de déclaration du
capitaine.

716. — A l'inverse, certaines choses qui ne contribuent
pas sont payées si elles sont sacrifiées; ce sont les munitions
de guerre et de bouche, les hardes des gens de l'équipage.

717. — *Contribution des propriétaires de marchandises.* —
Nous avons à considérer trois catégories de marchandises :
1º les marchandises sauvées; 2º les marchandises totalement
sacrifiées; 3º les marchandises partiellement sacrifiées, c'est-
à-dire les marchandises qui ont subi une avarie commune di-
minuant simplement leur valeur.

718. — *Marchandises sauvées.* — Elles contribuent pour la
valeur qu'elles ont au lieu du déchargement[2] et non pas pour
la valeur qu'elles avaient au moment du sacrifice. Les détériorations postérieures viennent donc diminuer le montant de
leur contribution. Toutefois, cela ne doit s'entendre que des

---

1. Aux termes de l'article 258 du Code de commerce, les gens de l'équipage
n'avaient droit à aucuns loyers en cas de naufrage. Le sacrifice sauvait donc
ces loyers qui auraient dû contribuer si on avait appliqué les principes généraux. Aujourd'hui, depuis la loi du 12 août 1885 qui a modifié l'article 258,
les matelots sont payés de leurs loyers malgré le naufrage ; la décision de
l'article 304 est donc parfaitement logique.

2. Voir au nº 688 ce qu'il faut entendre par lieu de déchargement.

détériorations antérieures au déchargement. Une fois le déchargement opéré, la contribution est fixée et les événements postérieurs n'exercent aucune influence.

719. — *Marchandises complètement sacrifiées.* — Elles contribuent pour la valeur qu'elles auraient eue au lieu du déchargement si elles y étaient parvenues. Mais, ainsi qu'il a été dit au n° 710, si le restant de la cargaison a, depuis le sacrifice, subi des avaries particulières, il ne faut pas déduire de leur valeur l'avarie hypothétique qu'elles auraient vraisemblablement subie si elles étaient restées à bord.

719 bis. — *Marchandises partiellement sacrifiées.* — Ce sont les marchandises qui ont subi des détériorations constitutives de l'avarie grosse.

Comme les objets sacrifiés doivent contribuer aux avaries communes au même titre que les objets sauvés, ces marchandises doivent contribuer non seulement pour leur valeur au moment du déchargement, valeur qui constitue la partie sauvée, mais encore pour ce qu'elles ont perdu de leur valeur par suite du sacrifice, perte de valeur qui constitue la partie sacrifiée, et dont le propriétaire est indemnisé. Il faut donc, pour établir leur valeur contribuable, ajouter à leur estimation au lieu du déchargement la somme allouée dans la masse prenante à leur propriétaire, somme qui représente la valeur sacrifiée.

720. — Plusieurs observations sont communes à ces trois catégories de marchandises :

720 bis. — 1° Leur valeur au lieu du déchargement se détermine, comme lorsqu'il s'agit d'établir la masse prenante, par le prix courant de marchandises semblables audit lieu.

720 ter. — 2° Leur qualité est constatée par la production des connaissements et, au besoin, par les factures.

720 quater. — 3° Si leur qualité a été déguisée par le connaissement, leur valeur est établie sur la qualité la plus défavorable au propriétaire, c'est-à-dire sur la qualité énoncée au connaissement si cette qualité est supérieure à leur qualité réelle, sur cette dernière si elle est supérieure à celle qui est énoncée dans le connaissement (art. 418, C. com.).

720 *quinquies*. — 4° Comme lorsqu'il s'agit de former la masse prenante, certains éléments qui concourent à former la valeur des marchandises au lieu du déchargement doivent être déduits de cette valeur de manière à la ramener à la valeur nette. Les éléments à déduire ne sont pas les mêmes que ceux dont la déduction doit être opérée dans l'établissement de la masse prenante.

Quand il s'agit d'établir le taux du remboursement auquel a droit le propriétaire d'objets sacrifiés, ce qu'on doit défalquer c'est ce que *le propriétaire se trouve dispensé de payer* par la perte de la chose ; par suite, le fret n'est pas déduit, car le fret n'en est pas moins dû par les marchandises jetées à la mer. Au contraire, quand il s'agit d'établir la masse contribuable, ce qui doit être défalqué, *c'est ce que le propriétaire est obligé de payer,* fret, droits de douane, frais de débarquement, car si à l'arrivée la marchandise obtient un surcroît de valeurs, c'est à condition de payer ces frais. Le propriétaire ne profite donc pas de la partie de la valeur de sa marchandise qui représente ses déboursés.

De cette idée il résulte que lorsqu'il s'agit d'établir la valeur contribuable de marchandises sacrifiées, il n'y a pas lieu de déduire les droits d'entrée et les frais de débarquement, puisque leur propriétaire est *dispensé de les payer* ; mais le fret doit être déduit, puisqu'il *doit être payé.* Ainsi, en ce qui concerne les marchandises sacrifiées, il faut déduire, dans la masse contribuable, les éléments qu'on ne déduit pas dans la masse prenante et *vice versâ.* Quand il sera stipulé que le fret serait dû même en cas de naufrage, il est généralement admis qu'il ne doit pas être déduit.

721. — *Contribution du propriétaire du navire.* — Le sacrifice ne sauve pas seulement le navire, il sauve encore le fret, car il n'est dû aucun fret à raison des marchandises qui ont péri. Donc, logiquement, le propriétaire du navire devrait contribuer à raison de la valeur du navire au port de déchargement et à raison du fret. Telle n'est pourtant pas la décision du Code. Le propriétaire du navire ne contribue que pour la moitié de la valeur de ce navire au port de déchargement et pour la moitié du fret (art. 417, C. com.). Cette faveur faite à l'armateur est vivement critiquée[1].

722. — Si les avaries grosses éprouvées pendant le voyage n'affectent que les marchandises, l'armateur ne contribuera à l'avarie que pour la valeur qu'a le navire au port de déchargement. Mais si le navire lui-même a subi des avaries grosses, il faut, en vertu du principe que les objets sacrifiés contribuent aux avaries grosses comme les objets sauvés, faire contribuer à l'avarie les parties sacrifiées du navire et, par suite, ajouter à la valeur actuelle du navire la somme allouée à l'armateur dans la masse prenante, par suite des avaries grosses éprouvées par ce bâtiment, et faire contribuer l'armateur à raison de la moitié de ce total.

722 bis. — Toutefois, si au moment du règlement d'avaries, les avaries grosses étaient déjà réparées, il serait impossible de procéder ainsi, sous peine de faire figurer deux fois dans la masse contribuable les dommages éprouvés par le navire. Le navire doit donc être estimé non à sa valeur actuelle, mais à sa valeur avant les réparations, et à cette valeur on ajoute ce qui est attribué à l'armateur dans la masse prenante à raison des réparations

722 ter. — Si, lorsque le navire ayant, au cours du voyage, éprouvé des avaries particulières, ces avaries sont déjà réparées au moment du règlement, il y a lieu de déduire de la valeur actuelle du navire la plus-value que ces réparations

---

1. En Belgique, en Espagne et en Angleterre, le navire contribue pour la totalité de sa valeur. (V. Cohendy, *Code de commerce*, art. 417.)

ont donnée au bâtiment, car cette plus-value représente quelque chose que le sacrifice n'a pas sauvé.

722 *quater*. — En ce qui touche la contribution du propriétaire du navire à raison du fret que le sacrifice a causé, différentes questions se posent.

Le fret qui doit contribuer est-il le fret brut ou le fret net, c'est-à-dire le fret perçu, défalcation faite des dépenses du voyage, nourriture des matelots que le fret doit servir à acquitter? Logiquement il faudrait décider que le propriétaire du navire contribue à raison du fret net, comme le propriétaire des marchandises contribue à raison de leur valeur nette. Mais le Code ne faisant contribuer le propriétaire du navire que pour la moitié du fret, on doit admettre que le législateur a entendu régler par un forfait les déductions que le fret pourrait subir, et, par suite, il y a lieu de décider que l'armateur contribue à raison de la moitié du fret brut.

723. — Lorsqu'il a été stipulé que le fret serait acquis même en cas de perte, on ne peut pas dire que le sacrifice ait sauvé le fret pour le propriétaire du navire, et il serait peut-être logique de décider que, dans ce cas, l'armateur ne doit contribuer que pour la moitié de la valeur du navire et non pour la moitié du fret; mais la jurisprudence paraît fixée en sens contraire, et on doit par suite admettre que le propriétaire du navire contribue dans tous les cas pour la moitié du fret.

723 *bis*. — Il est possible que le navire ait été affrété pour l'aller et le retour. Aucune difficulté si un fret distinct a été stipulé pour chaque voyage. Le fret de l'aller contribue seul aux avaries survenues pendant la première partie du voyage; le fret de retour contribue seul aux avaries survenues pendant la deuxième partie. Mais s'il a été convenu que le fret ne serait payable qu'au retour, en cas d'heureuse arrivée, « le fret entier contribue si l'avarie a lieu dans le voyage de retour; car sans elle, aucune partie du fret n'aurait été due; mais il n'est pas dû de contribution sur le fret quand il y a eu avarie dans le voyage d'aller ; alors, en effet, l'avarie n'a sauvé aucune partie du fret, puisque rien ne sera dû sur le fret, même pour l'aller, si le navire périt en revenant [1] ».

723 *ter*. — *Avaries successives*. — Dans le cours d'un voyage, un navire peut se trouver exposé plusieurs fois à un péril imminent, et chaque fois il peut être fait des sacrifices pour le salut commun. Les objets sacrifiés lors du premier sinistre contribuent-ils aux sacrifices subséquents ? En principe oui, car ils profitent de ces sacrifices : sans doute, ces sacrifices ne sauvent pas les objets eux-mêmes, mais ils sauvent le droit de leur propriétaire à une indemnité ; si, en effet, tout avait péri, il n'y aurait pas lieu à règlement d'avaries, faute de valeurs contribuables.

723 *quater*. — *Clauses dérogatoires*. — Les règles qui précèdent n'étant pas d'ordre public, les parties sont libres d'y déroger par des conventions particulières.

Voici les dérogations admises, sur ce point, par les règles d'York-Anvers, dont la 1re partie a été reproduite au n° 380 *bis*.

724. — Règles d'York, Anvers, Liverpool. — *Règle XIII. Déduction sur le coût des réparations*. — Dans le règlement d'avarie commune, les réparations admises en avarie commune seront soumises aux déductions ci-dessous pour différence du neuf à l'usé, savoir :

1. — Pour navires en fer ou en acier dont l'âge, de la date du registre primitif jusqu'à celle de l'accident, sera dans les limites suivantes :

Jusqu'à un an A. — Toutes les réparations seront admises sans déduction, excepté la peinture ou l'enduit, qui sont sujets à une déduction d'un tiers.

---

1. Lyon-Caen et Renault.

<table>
<tr><td>Entre
un
et trois ans
B.</td><td>Un tiers sera déduit des réparations ou du renouvellement des bois de la coque, des mâts, des espars, apparaux, tapisserie, vaisselle, objets en métal, verrerie, voilure, gréement, cordages, écoutes, aussières (autres qu'en fil de fer ou acier), tentes, prélarts et peintures.

Un sixième sera déduit des agrès en fil de fer, des câbles et aussières en fil de fer ou acier, câbles, chaînes, petit cheval, treuils à vapeur, raccords ; toutes autres réparations sans déduction.</td></tr>
<tr><td>Entre
trois
et six ans
C.</td><td>Mêmes déductions que ci-dessus, classe B, excepté qu'un sixième sera déduit de l'ouvrage en fer des mâts, espars et machines, y compris les chaudières et leur montage.</td></tr>
<tr><td>Entre
six
et dix ans
D.</td><td>Mêmes déductions que ci-dessus, classe C, excepté qu'un tiers sera déduit des ferrures des mâts, espars, des réparations ou du renouvellement de toutes les machines (y compris les chaudières et leur montage) et aussières, cordages, écoutes et gréement.</td></tr>
<tr><td>Entre
dix
et quinze ans
E.</td><td>Un tiers sera déduit de toutes réparations et renouvellements, excepté des ferrures de la coque, du ciment, des chaînes-câbles, d'où on déduira un sixième. Les ancres seront admises sans déduction.</td></tr>
<tr><td>Au delà
de quinze ans
F.</td><td>Un tiers sera déduit de toutes réparations et renouvellements. Les ancres seront admises sans déduction. Un sixième sera déduit des chaînes-câbles.</td></tr>
<tr><td>En général
G.</td><td>Les déductions (excepté en ce qui concerne les vivres et provisions, machines, chaudières) seront basées sur l'âge du navire et non sur l'âge de la partie spéciale du navire sur laquelle elles portent. Aucune peinture de la carène ne sera admise, si la carène n'a pas été peinte dans les six mois qui précèdent la date de l'accident. Aucune déduction ne sera faite à l'égard du vieux matériel réparé sans être remplacé par du nouveau, ni des vivres et provisions qui n'ont pas servi.</td></tr>
</table>

II. — Pour navires en bois ou mixtes :

Si, au moment de l'accident, le navire est âgé de moins d'un an, à compter de la date du registre primitif, il ne sera fait aucune déduction pour différence du vieux au neuf; après cette période, il sera fait une déduction d'un tiers avec les exceptions suivantes :

Les ancres seront admises sans déduction, les chaînes-câbles avec une déduction d'un sixième seulement.

Aucune déduction ne sera faite à l'égard des vivres et provisions qui n'auront pas servi.

Pour le doublage en métal, on admettra, sans déduction, la valeur d'un poids égal au poids brut du doublage en métal enlevé, moins les produits du vieux métal. Les clous, le feutre et la main-d'œuvre sont soumis à une déduction d'un tiers.

III. — Pour tous navires en général :

Les frais de redressement des ferrures faussées, y compris la main-d'œuvre pour les retirer et les remettre en place, seront admis intégralement.

Les frais de cale sèche, y compris les frais de déplacement, transport, usage de lignes, échafaudages et matériel de cale sèche, seront admis sans déduction.

Règle XIV. Réparations temporaires. — Aucune déduction pour différence du vieux au neuf ne sera faite sur le coût des réparations temporaires des dommages admissibles en avaries communes.

Règle XV. Perte du fret. — La perte du fret résultant du dommage ou de la perte de la cargaison sera bonifiée en avaries communes, qu'ils soient occasionnés par un acte d'avaries communes, ou qu'ils aient été bonifiés en avaries communes.

Règle XVI. Valeurs à bonifier pour la cargaison perdue ou avariée par sacrifice. — La valeur à bonifier en avaries communes pour dommage ou perte de marchandises sacrifiées sera la perte que le propriétaire de ces marchandises aura supportée, basée sur les valeurs du marché à la date de l'arrivée du navire ou à la fin du risque.

Règle XVII. Valeurs contributives. — La contribution à l'avarie commune sera établie sur les valeurs réelles des intérêts à la fin de l'expédition, en y ajoutant le montant bonifié en avaries communes pour les objets sacrifiés. Du fret et du prix de passage en risques pour l'armateur, seront déduits les frais de port et les gages de l'équipage qui n'auraient pas été encourus, si le navire et la cargaison s'étaient totalement perdus au moment de l'acte d'avaries communes ou du sacrifice.

De la valeur des propriétés seront également déduits tous les frais y relatifs depuis l'événement qui donne ouverture à l'avarie commune, à l'exception des frais qui auront été admis en avarie commune.

Les bagages et effets personnels des passagers embarqués sans connaissement ne contribueront pas aux avaries communes.

Règle XVIII. Règlement. — Dans les cas non prévus par les règles ci-dessus le règlement sera établi conformément aux lois et aux usages qui eussent été appliqués si le contrat d'affrètement n'avait pas contenu la clause que le règlement serait fait conformément aux règles d'York-Anvers.

724 *bis*. — DÉTERMINATION DE LA PART A SUPPORTER PAR CHACUN. — Quand les deux masses, prenante et contribuable, sont déterminées, on divise la masse prenante par la masse contribuable, on obtient ainsi une fraction qui détermine ce que chacun doit supporter par rapport aux valeurs contribuables à raison desquelles il doit contribuer. Ainsi, supposons que la masse prenante soit de 160,000 fr., la masse contribuable de 400,000 fr., le quotient de la division donne 2/5. Chacun des intéressés supportera donc 2/5 des valeurs à raison desquelles il doit contribuer; ainsi celui qui possède pour 20,000 fr. de valeurs contribuables supportera 8,000 fr.

724 *ter*. — Les contribuables qui n'ont souffert aucune perte ou avarie commune paient leur cote de contribution sans déduction aucune.

Ceux qui ont souffert des pertes ou avaries communes font d'abord confusion jusqu'à due concurrence de leur cote de contribution sur la somme pour laquelle ils sont portés dans la masse des pertes et avaries communes et ils reprennent le surplus sur les sommes versées par les contribuables qui n'ont subi aucune perte. Ainsi, en prenant l'exemple ci-dessus, et en supposant 20,000 fr. de marchandises sacrifiées, leur propriétaire a à supporter une contribution de 8,000 fr., il acquittera cette contribution en moins prenant et demeurera créancier de 12,000 fr. qu'il prendra sur l'ensemble des contributions versées par les autres contribuables.

724 *quater*. — Rapport du répartiteur. — Quand toutes les opérations sont terminées; l'expert répartiteur fait un rapport ou règlement d'avaries qu'il dépose au greffe du tribunal de commerce. Ce rapport commence par la relation des faits qui ont donné lieu au règlement. Cette relation est suivie du règlement proprement dit.

La Cour de cassation dans ses observations sur le projet de Code a présenté un modèle de règlement d'avaries.

Voici ce modèle :

			Francs.
Pertes et avaries sujettes à contribution.	1º Dommages causés au navire.	Par l'extraction de marchandises jetées.	3,000
		Par la perte d'ancres pour le salut commun	1,500
	2º Avaries souffertes par les marchandises de E., lors et à raison du jet.		30,000
	3º Avaries souffertes par les marchandises de F., lors et à raison du jet.		19,500
	4º Jet de quarante balles de toile appartenant à G., lesquelles, quoiqu'elles vaillent 30,000 fr. d'après leur véritable qualité, ne sont portées ici, d'après la qualité inférieure qui en a été désignée dans le connaissement, que pour.		25,000
		A reporter	79,000

Francs.

		Francs.
	Report . . .	79,000

Pertes et avaries sujettes à contribution.

5° Jet de trente barriques de sucre appartenant à H., lesquelles, quoiqu'elles vaudraient 20,000 fr. d'après la qualité qui en est faussement désignée dans le connaissement, ne sont portées ici, d'après leur qualité réelle, que pour. 15,000

6° Jet de marchandises appartenant à J., estimées à. 54,000

7° Le jet d'une barrique de tabac, partie d'une cargaison de six barriques appartenant à K., et qui ont été chargées sur le tillac, entre ici pour zéro. . . . . »

Pertes et avaries non sujettes à contribution.

8° Perte des hardes des gens de l'équipage faite par le jet 2,250

9° Perte des munitions de guerre et de bouche faite par le jet 9,750

Total de la masse 160,000

En supposant la masse des objets sujets à contribution ainsi qu'il suit :

1° Les marchandises de A., estimées 90,000

2° La pacotille de B., passager 6,000

3° Les marchandises de C., qui, quoiqu'elles ne vaillent, d'après la qualité réelle, que 30,000 fr., sont ici estimées, d'après la qualité supérieure qui en a été désignée par le connaissement, à la valeur de 39,500

4° Les marchandises de D., qui, quoiqu'elles ne vaudraient que 15,000 fr. d'après la qualité inférieure, faussement désignée dans le connaissement, sont ici portées, d'après leur qualité réelle, pour. 19,000

5° Cinq barriques de tabac sauvées de la cargaison appartenant à K., et chargées sur le tillac, estimées à. 1,500

6° L'estimation du navire. 33,000
Le fret. 15,000

Ensemble 48,000

Dont la moitié est de . . . 24,000
Dommages causés au navire par jet. 3,000
Pour la perte d'ancres pour le salut commun 1,500

4,500

Ensemble 4,500

28,500

Total pour le navire 28,500

A reporter . . . 184,500

Francs.

	Report . . .	184,500
7° Les marchandises de E.	45,000	
Avaries communes souffertes par ces marchandises	30,000	
	75,000	
Ensemble.		75,000
8° Les marchandises de F.	27,000	
Avaries souffertes par ces marchandises pour le salut commun	19,500	
	46,500	
Ensemble		46,500
9° Jet des quarante balles de toile appartenant à G.		25,000
10° Jet des trente barriques de sucre appartenant à H.		15,000
11° Jet des marchandises appartenant à J.		54,000
Total de la masse des objets sujets à contribution.		400,000

Chacun des objets sujets au paiement des pertes et avaries communes y contribue donc pour les $\frac{160,000}{400,000}$, c'est-à-dire, réduction faite, pour les $\frac{2}{5}$ de la valeur pour laquelle ils sont respectivement portés dans le tableau immédiatement précédent.

La répartition pour le paiement des pertes et avaries communes se fait donc ainsi qu'il suit :

Francs.

1° Les marchandises de A. contribuent pour deux cinquièmes de leur valeur portée ci-dessus à 90,000 fr., ainsi pour. . . .	36,000
2° La partie de B. pour deux cinquièmes de 6,000 fr.	2,400
3° Les marchandises de C. pour deux cinquièmes de 39,500 fr..	15,800
4° Les marchandises de D. pour deux cinquièmes de 19,000 fr..	7,600
5° Les cinq barriques de tabac appartenant à K., sauvées du jet, pour deux cinquièmes de 1,500 fr.	600
6° Le navire pour deux cinquièmes de 28,500 fr.	11,400
7° Les marchandises de E. pour deux cinquièmes de 75,000 fr..	30,000
8° Les marchandises de F. pour deux cinquièmes de 46,500 fr..	18,600
9° Les quarante balles de toile jetées, appartenant à G., pour deux cinquièmes de 25,000 fr.	10,000
10° Les trente barriques de sucre jetées, appartenant à H., pour deux cinquièmes de 15,000 fr.	6,000
11° Les marchandises jetées, appartenant à J., pour deux cinquièmes de 54,000 fr.	21,600
Ensemble.	160,000

Les contribuables qui n'ont souffert aucune perte ni avarie commune, ou qui ne doivent pas en être indemnisés dans le cas du jet, paient leur cote de contribution sans aucune déduction, ainsi :

A. paie 36,000 fr., B. 2,400 fr., C. 15,800 fr., D. 7,600 fr. et K. 600 fr.

Ceux des contribuables qui ont souffert des pertes et avaries communes feront d'abord confusion à due concurrence de leur cote de contribution sur la somme pour laquelle ils sont portés dans la masse des pertes et avaries communes, et ils paieront ou reprendront le surplus d'après l'excédent, soit de la cote de contribution, soit de la valeur des pertes et avaries communes.

Ainsi, le navire qui est porté dans la masse des pertes et avaries communes pour 4,500 fr., en fera d'abord confusion sur les 11,400 fr. qu'il doit pour sa cote de contribution, et il paiera le surplus, savoir 6,900 fr.

La cote de contribution de E. étant de 30,000 fr., et la valeur des avaries souffertes sur les marchandises étant également de 30,000 fr., il se fera une confusion exacte, et E. ne paiera ni ne reprendra rien dans la masse des contributions.

F., qui doit 18,600 fr. pour sa cote de contribution, en fait confusion sur les 19,500 fr. qui lui sont dus pour avaries communes, et il reprend l'excédent de 900 fr. sur les contributions effectives des autres.

G., qui doit 10,000 fr. pour sa cote de contribution, en fait confusion sur les 25,000 fr. qui lui sont dus pour pertes, et il prend le surplus de 15,000 fr. sur les contributions effectives des autres.

H., qui doit 6,000 fr. pour sa cote de contribution, en fait confusion sur les 15,000 fr. qui lui sont dus pour pertes et il prend le surplus de 9,000 fr. sur les contributions effectives des autres.

J., qui doit 21,600 fr. pour sa cote de contribution, en fait également confusion sur les 54,000 fr. qui lui sont dus pour pertes, et il prend le surplus de 32,400 fr. sur les contributions effectives des autres.

La valeur des pertes et avaries des effets non sujets à contribution est prise en entier sur la masse des contributions. Ainsi, il sera repris sur cette masse 2,250 fr. pour la perte des hardes des gens de l'équipage, et 9,750 fr. pour la perte des munitions de guerre et de bouche.

Les contributions effectives sont donc, savoir :

	Francs.
A. contribue à la masse des contributions, ci.	36,000
B. — — — —.	2,400
C. — — — —.	15,800
D. — — — —.	7,600
E. — — — —.	600
Le navire — — — —.	6,900
Ensemble.	69,300

Les reprises sont, savoir :

	Francs.
F. reprend sur la masse des contributions, ci.	900
G. — — — —.	15,000
H. — — — —.	9,000
J. — — — —.	32,400
Les gens de l'équipage pour leurs hardes.	2,250
Les propriétaires du navire pour les munitions de guerre et de bouche.	9,750
Ensemble.	69,300

NOTA. — La somme des contributions effectives étant égale à la somme des reprises effectives, il en résulte que le calcul de toute l'opération ci-dessus est exact.

725. — Homologation du rapport. — Le rapport déposé au greffe, le capitaine, si ce rapport n'est pas accepté par les intéressés, les assigne en homologation[1] devant le tribunal.

Si aucune contestation ne se produit, le tribunal homologue purement et simplement le rapport ; si des contestations surgissent, le tribunal statue sur ces contestations[2].

725 *bis.* — Garanties de la contribution due. — Le capitaine a, pour assurer le paiement de la contribution incombant aux marchandises au profit du navire un privilège sur ces marchandises (art. 428, C. com.). Les gens de l'équipage ont le même privilège à raison des contributions qui peuvent leur être dues, par exemple à raison de la perte de leurs effets (art. 419, C. com.). Réciproquement, les propriétaires de marchandises ont, pour assurer le paiement des contributions qui peuvent leur être dues par le navire, un privilège sur ce navire (arg. de l'art. 191-7°, C. com.).

725 *ter.* — Mais le capitaine ne pourrait retenir les marchandises jusqu'à paiement de la contribution qui leur incombe (art. 306, C. com. par anal.) ; il peut seulement en demander le dépôt en mains tierces jusqu'au paiement. En pratique, le capitaine délivre la plupart du temps les marchandises, le réclamateur donnant une caution qui répond de sa contribution, ou consignant une somme suffisante. Il n'existe pas de solidarité entre les divers contribuables.

726. — Ce qui a été payé en vertu du règlement d'avaries ne peut être répété. Cependant, si des objets jetés sont recouvrés après le règlement, leur propriétaire doit restituer ce qu'il a touché. Mais, comme ces objets se sont sans doute

---

1. L'homologation pourrait être poursuivie par simple requête ; mais la voie de l'assignation est préférable.

2. A l'étranger, les règlements d'avarie sont homologués par le consul (art. 414, C. com.).

trouvés endommagés et que leur recouvrement a occasionné des frais, il y a lieu de procéder à un nouveau règlement comprenant seulement ces dommages et ces frais.

VIII

REMBOURSEMENT DES EMPRUNTS A LA GROSSE

727. — Le contrat à la grosse, avons-nous dit, est un contrat à titre onéreux (V. n° 418); ce n'est donc qu'en vue d'obtenir, avec le remboursement de son capital, la prime ou profit maritime que le donneur a consenti à faire une avance. Rechercher et déterminer à quoi il peut avoir droit, quand, dans quelles conditions et de quelle manière il fera valoir son droit et atteindra le but qu'il s'était proposé, c'est, à proprement parler, indiquer comment doit se faire le règlement du contrat à la grosse.

728. — *Montant de la dette*. — La dette de l'emprunteur se composera de deux éléments : le capital emprunté qu'il devra rembourser et, en outre, la prime qui, avons-nous dit, est de l'essence de notre contrat (V. n° 433). Le montant de cette dette sera le plus souvent déterminé, conformément à l'article 311 du Code de commerce, par les énonciations de la lettre de grosse; c'est en tous cas au prêteur, demandeur en remboursement, qu'il incombe d'établir sa réclamation. Si la prime n'avait pas été déterminée lors de la convention, il pourrait la faire arbitrer par le tribunal, en prenant pour base l'usage de la place où le prêt a eu lieu.

729. — *Exigibilité de la dette. Intérêts*. — Le contrat de grosse indiquera de même la date à laquelle la créance sera exigible. A défaut de paiement à l'échéance, le créancier pourra faire courir les intérêts légaux du capital et du

profit maritime en constatant par un protêt le retard d'exécution.

730. — *Qui a droit au paiement? Droits du tiers porteur du
billet de grosse.* — Le paiement est en principe dû au prêteur
et doit être fait entre ses mains ou dans celles de son fondé
de pouvoir.

Mais nous avons vu (n° 443) que le bénéfice du contrat
peut être transmis à des tiers; c'est alors le bénéficiaire qui
a seul le droit d'exiger le paiement, et c'est en ses mains que
ce paiement devra être opéré. Le bénéficiaire du prêt est mis
au lieu et place du prêteur originaire et, par suite, il jouit
des mêmes droits et est tenu aux mêmes obligations.

731. — Toutefois, il y a lieu de combiner cette règle avec
les principes de la transmission des titres au porteur ou à
ordre, puisque le billet de grosse peut revêtir cette forme
(V. n°ˢ 443 et suiv.).

Le billet de grosse à ordre ou au porteur doit être assimilé,
en ce qui concerne les droits du bénéficiaire, aux effets de
commerce de même nature (art. 313, C. com.), et nous tire-
rons de là comme conséquences pratiques :

732. — 1° L'endossement du billet de grosse à ordre a les
mêmes effets et produit les mêmes actions en garantie que la
négociation par endossement des autres effets de commerce
(art. 313, § 2, C. com.). Non seulement l'endossement du billet de grosse en transmettra irrévocablement la propriété au
bénéficiaire, mais en outre il produira cet effet que le sous-
cripteur qui a accepté ce mode de négociation ne pourra pas
opposer à sa réclamation les exceptions qu'il pourrait personnellement avoir contre celui avec lequel il avait primitivement
traité, parce qu'il est présumé s'être engagé directement envers tous les porteurs successifs, et il ne pourrait leur opposer
que les exceptions fondées sur des vices du titre même.

En outre, et en cas d'insolvabilité de l'emprunteur personnellement tenu au remboursement du prêt, l'endossement

aura pour effet de donner pour garants au porteur tous les endosseurs et le prêteur originaire[1], tandis que par la transmission ordinaire du droit civil, il ne pourrait exiger de son cédant que de lui garantir l'existence de la créance au moment du transfert, mais non la solvabilité du débiteur (art. 1693 et 1694, C. civ.).

Cependant, après avoir ouvert si largement un recours au point de vue des personnes auxquelles pourra s'adresser le porteur du billet de grosse, la loi en a limité l'importance au point de vue des sommes qu'il pourra se faire rembourser. La garantie du paiement, en effet, à moins que le contraire n'ait été expressément stipulé, ne s'étend pas au profit maritime (art. 314, C. com.). Elle est donc restreinte au capital, aux frais de protêt et aux intérêts de droit. Il n'a pas paru conforme à l'intention des parties que le cédant consentît à garantir au porteur plus qu'il n'avait lui-même reçu, c'est-à-dire plus que le capital engagé.

733. — 2° Pour opérer la transmission, l'endossement devra être régulier, c'est-à-dire être daté, exprimer la valeur fournie et énoncer le nom de celui à qui il est passé (art. 137, C. com.). L'endossement en blanc, ou l'endossement simplement irrégulier, ne vaudrait que de procuration à l'effet de négocier le billet ou d'en toucher le montant, mais ne mettrait pas le porteur à l'abri des exceptions qui eussent pu être opposées au prêteur.

734. — 3° Pour conserver ses droits contre le prêteur et les différents endosseurs, le porteur du billet de grosse devra, à défaut de paiement au jour indiqué, faire dresser le protêt, et le signifier à son cédant avec assignation dans les 15 jours qui suivent. Telles sont les prescriptions formelles de l'article 164 pour les lettres de change. Mais comme, en matière de contrat à la grosse, le porteur peut ignorer sans négligence

---

1. Sur l'utilité de cette garantie, voir l'hypothèse prévue au n° 738.

grave la date de l'échéance, par exemple lorsque le prêt est remboursable au retour du navire, la jurisprudence a admis que le porteur ne serait pas déchu de ses droits, s'il avait fait dresser le protêt le lendemain du jour où il a connu l'événement qui donne ouverture à sa créance.

735. — *Inaction du bénéficiaire.* — Si, lors de l'échéance, personne ne se présentait pour bénéficier du contrat et si le preneur ne savait pas en quelles mains se libérer, il aurait le choix ou de conserver par devers lui et à ses risques et périls la somme par lui due ou, pour plus de sûreté, de la consigner.

736. — *Quel sera le tribunal compétent pour connaître du règlement?* — A défaut de règlement volontaire entre les parties, il y aura lieu d'en saisir les tribunaux. Outre le tribunal du domicile du défendeur, l'action pourra encore, par application de l'article 420 du Code de procédure civile, être portée devant le tribunal du lieu où le paiement doit être effectué.

737. — *Délai pour intenter l'action.* — Cette action doit être intentée à peine de déchéance dans le délai imparti par l'article 432 du Code de commerce qui dispose que toute action dérivant d'un contrat à la grosse est prescrite après cinq ans à compter de la date du contrat.

738. — *Quelle est la nature de cette action?* — Elle est double, et le prêteur pourra, suivant les circonstances, agir personnellement contre l'emprunteur ou par privilège sur les marchandises. En effet, nous avons dit (nᵒˢ 422 et suiv.) que le contrat à la grosse exige, comme élément essentiel, qu'une valeur soit affectée à la garantie du remboursement. Le prêteur a donc tout d'abord sur la chose affectée à l'emprunt un droit réel que la loi qualifie de privilège (art. 320, C. com.). Nous aurons à déterminer sous quelles conditions et dans quelle mesure il pourra invoquer ce privilège et par là arriver au recouvrement de sa créance.

Mais, indépendamment de ce privilège, le prêteur peut avoir une action personnelle dont l'exercice aura son intérêt dans

le cas où la valeur de l'objet affecté aurait, par suite de circonstances imprévues, tellement diminué qu'elle ne saurait
désormais couvrir la totalité de la créance du prêteur[1]. L'article 321 du Code de commerce montre bien qu'il faut distinguer du privilège, l'action, et d'ailleurs c'est là une application de l'article 2092 du Code civil. L'emprunteur en
contractant à la grosse s'oblige, sous certaines conditions, à
rembourser le capital et le profit. En conséquence, nul doute
que le prêteur ne puisse, en principe, poursuivre en paiement
de sa créance, en vertu de cette action personnelle et sans être
contraint de procéder contre le gage, le propriétaire des objets affectés qui a lui-même et personnellement contracté à la
grosse.

739. — Si l'emprunt a été contracté par le capitaine sur
le navire, le capitaine, à moins d'engagement formel, n'est
pas, d'après notre droit (art. 216, C. com.), obligé personnellement (V. n° 791); c'est alors contre le propriétaire du navire
que devrait être dirigée l'action personnelle; mais ce dernier
aurait, aux termes de l'article 216 du Code de commerce, la
faculté de s'y soustraire en faisant l'abandon de son navire
(V. n° 798).

740. — En cas d'emprunt sur facultés contracté par le capitaine, le porteur du billet de grosse n'aurait point d'action
personnelle contre les chargeurs, mais seulement un droit
réel sur la cargaison affectée à la garantie; les chargeurs, qui
n'ont point pris d'engagement personnel, pourraient donc se
soustraire aux poursuites en faisant abandon de leurs marchandises.

741. — Il est bien entendu que l'action personnelle ne
saurait s'exercer en dehors des cas et au delà des limites où
l'action réelle permettrait au donneur de poursuivre le recou-

---

1. Nous supposons une diminution de valeur ne provenant pas de fortunes
de mer, par exemple une diminution provenant d'une baisse considérable
dans les cours. V. d'ailleurs n° 741.

vrement de son capital si le gage donné n'avait pas une valeur inférieure à la créance; il nous reste donc à déterminer sous quelles conditions le prêteur peut poursuivre son remboursement, et les réductions que sa créance peut subir.

741 *bis.* — Or, nous avons vu qu'il est de l'essence du contrat à la grosse que le prêteur supporte les risques de l'expédition maritime et nous devons par suite étudier les trois hypothèses qui peuvent se présenter :

1° En cas d'heureuse arrivée ;

2° En cas de perte totale ;

3° En cas de perte partielle.

742. — 1° *En cas d'heureuse arrivée.* — Il y a heureuse arrivée quand les choses affectées au paiement sont sorties avec succès des risques auxquels elles avaient été soumises, quand elles ont atteint, sans subir d'avaries, le lieu ou le délai fixé par la convention.

C'est, en principe, dans ce cas seulement et sous cette condition que le donneur à la grosse a droit à la totalité de son capital et du profit maritime.

743. — Par exception à cette règle, le prêteur aura encore droit à la totalité de sa créance, sans avoir à se préoccuper de l'événement du voyage, quand les risques auront été changés par la volonté et le fait de l'emprunteur. L'article 324 du Code de commerce en donne un exemple en supposant que des marchandises, sur lesquelles il a été emprunté à la grosse, ayant été chargées d'abord sur le navire désigné au contrat, ont été ensuite déchargées pour être transportées par un autre navire. Les risques ayant commencé à courir par le chargement, le prêteur a droit au profit; mais il n'est point tenu de supporter la modification des risques résultant du changement de navire, et par suite on ne pourra lui faire supporter la perte ou les avaries survenues. Sa créance devient donc immédiatement exigible.

A ce cas il convient d'assimiler le changement volontaire de voyage ou de route, qui a aussi pour conséquence une modification des risques.

744. — *Preuve à faire.* — Pour obtenir son paiement, l'emprunteur devra, conformément aux règles ordinaires en matière de preuve, justifier de l'accomplissement des conditions auxquelles sa créance est subordonnée, c'est-à-dire l'heureuse arrivée ou le fait de l'emprunteur qui le décharge des risques.

745. — *2° En cas de perte totale.* (Art. 325, C. com.) — Lorsque les objets qui servent d'aliment aux risques ont été entièrement perdus, l'emprunteur est, par ce fait même, complètement libéré vis-à-vis du prêteur qui perd en même temps toute action réelle, puisqu'une semblable action n'a plus d'objet sur qui reposer. Il y aura perte entière, en cas de prêt sur corps, quand le navire sera perdu en totalité ; en cas de prêt sur facultés, il y aura perte entière quand les marchandises affectées auront toutes disparu ; enfin, en cas de prêt sur corps et facultés il faudra qu'il y ait perte à la fois du navire et de toute sa cargaison.

A la perte entière il faut assimiler la *prise,* sauf qu'en cas d'une restitution, les droits du prêteur revivraient rétroactivement sur les objets rendus.

Mais la chose jetée à la mer pour le salut commun n'est point considérée comme perdue, et le prêteur pourra alors exercer son privilège sur les sommes à provenir de la contribution, sauf pour lui à tenir compte à l'emprunteur de sa propre contribution à l'avarie grosse.

Cette disposition de l'article 325 du Code de commerce dérive des conditions essentielles du contrat à la grosse ; par conséquent, toute clause qui aurait pour but d'y déroger devrait être considérée comme non avenue.

746. — *Preuves à faire.* — C'est à l'emprunteur qui voudrait invoquer la perte comme un moyen de se libérer de son obligation, qu'incomberait la charge d'en fournir la preuve.

Il devra, en outre, justifier qu'il avait bien soumis aux risques de mer une valeur au moins égale au montant du prêt, car sans cette condition le contrat à la grosse se résoudrait en une simple gageure (art. 329, C. com.).

Dans un prêt sur navire, la mise en risque résultera des constatations du sinistre lui-même.

Dans le cas de prêt sur facultés, l'emprunteur devra prouver, au moyen du connaissement ou des déclarations de douanes, qu'il avait bien chargé les marchandises et qu'elles étaient à bord dans le temps des risques (art. 329, C. com.).

747. — 3° *En cas de perte partielle.* — La perte partielle pourra provenir de deux causes : soit d'un naufrage qui n'aura point amené la perte totale du navire, mais qui, suivi de sauvetage, aura laissé subsister une partie des objets affectés au prêt, soit d'avaries éprouvées par le bâtiment ou par une partie des objets affectés. Le Code règle diversement ces deux cas :

748. — A. *Naufrage suivi de sauvetage.* — Ce cas présente une grande analogie avec la perte totale, du moins en ce qui concerne l'action personnelle du prêteur; l'emprunteur en effet se trouve par cet événement libéré de toute obligation personnelle.

Mais si des débris des objets affectés ont été sauvés, le prêteur pourra se faire payer sur eux, déduction faite des frais de sauvetage, et sa créance se trouve réduite à la valeur de ces débris (art. 327, C. com.). Pardessus (t. II, n° 921) indique avec précision quels sont dans ce cas les droits du prêteur :

« Il ne reste au prêteur qu'un droit sur les débris, dont il peut se faire rendre compte par quiconque s'en trouve dépositaire ou en a touché le prix. S'il avait quelque action contre l'emprunteur, ce ne serait plus par suite du contrat à la grosse, mais parce que cet emprunteur aurait procédé lui-même ou par ses préposés au sauvetage ou au recouvrement des objets sauvés, ou qu'il serait coupable de faute ou négligence en n'ayant pas fait ce qui dépendait de lui pour la conservation des débris : leurs rapports se régleraient alors par les principes du mandat. »

Aussi, pour se soustraire à la responsabilité pouvant résulter de ses faits de négligence ou d'imprévoyance dans le sauvetage, l'emprunteur a le droit de faire un acte d'abandon. Cet abandon ne transférera pas au prêteur la propriété des objets à sauveter ; il aura seulement pour effet de mettre à sa charge toutes mesures à prendre en vue du sauvetage, de sorte que, si, après le prélèvement du prêteur sur les débris, il reste un excédent, cet excédent reviendra à l'emprunteur.

749. — Dans le cas où il s'agit d'un prêt sur corps, le privilège du prêteur ne s'exercera pas seulement sur les débris du navire naufragé, mais encore sur le fret des marchandises sauvées. Ce fret est en effet considéré comme affecté à la garantie du paiement en même temps que le navire (art. 320, § 1, C. com.), et il se trouve sauvé du naufrage avec la marchandise elle-même.

750. — Sur la valeur de ces débris il y aura lieu, dit l'article 327, de prélever d'abord les frais de sauvetage ; il va de soi que la créance du prêteur sera encore primée par les privilèges antérieurs au sien, comme les frais de route ou de réalisation du gage.

Le prêteur pourra ensuite appliquer au paiement de sa créance le prix des effets sauvés, tant pour le remboursement de son capital que pour son profit maritime.

751. — Enfin, disons que les règles que nous venons d'énoncer ne s'appliquent pas exclusivement au cas de naufrage, mais à tous les sinistres majeurs, soit déterminés dans la convention, soit indiqués par la loi, tels que le bris, l'échouement, arrêt de prince, etc.

752. — B. *Avaries*. — Le mot avaries, en matière de contrat à la grosse, s'entend de toute perte, détérioration ou dépense qu'une force majeure, ou un cas fortuit maritime, oblige de faire ou de supporter dans les choses affectées au prêt ou à leur occasion [1]. Il n'y a donc point en principe de distinction à faire au point de vue de l'étendue de la responsabilité du prêteur entre les avaries grosses ou communes et les avaries simples ou particulières ; il contribue aux unes et aux autres (art. 330, C. com.).

Toutefois, s'il est de l'essence du contrat à la grosse que le prêteur réponde des avaries grosses, il est de sa nature seulement qu'il réponde des avaries particulières, et la loi par suite admet qu'une clause spéciale de la convention l'en puisse décharger.

753. — Comment et dans quelle proportion le prêteur supportera-t-il la perte provenant de ces avaries ? S'il s'agit d'une avarie simple ayant atteint les objets affectés au prêt, la perte en sera supportée par le prêteur pour la totalité, si la somme avancée par lui est égale à la valeur de la chose avariée ; mais s'il n'a prêté qu'une partie de la valeur de cette chose, la perte alors sera répartie entre lui et l'emprunteur, proportionnellement à leur intérêt respectif dans l'objet avarié. En un mot, le prêteur supporte ici les avaries de la même manière qu'un assureur.

754. — Dans le cas d'une avarie commune, l'article 330 nous dit que les prêteurs doivent y contribuer « à la décharge des emprunteurs ». Il doit donc dans ce cas prendre les lieu et place de l'emprunteur auquel il se trouve substitué. Deux hypothèses sont possibles, suivant que l'avarie grosse a atteint un objet autre que celui qui est affecté au prêt, ou l'objet même affecté au prêt.

755. — Dans la première hypothèse, la part contributive, qui devrait être à la charge de l'emprunteur, viendra en diminution de la créance du prêteur. Il est en effet bien équitable

---

1. Pardessus, n° 926.

que le sacrifice volontaire, qui a sauvegardé la créance du prêteur, soit mis à la charge de celui-ci dans la proportion où il
a contribué à sauvegarder son gage. Si donc le prêt était égal
à la valeur de l'objet affecté, le prêteur supporterait la totalité
de la contribution, tandis qu'il n'en paierait qu'une part proportionnelle avec l'emprunteur, si la valeur de la chose affectée au prêt était supérieure au montant de ce prêt.

756. — Dans notre seconde hypothèse, où c'est l'objet
même affecté au prêt qui a été sacrifié pour le salut commun,
le prêteur ne doit encore, en définitive, supporter que la part
contributive mise par le règlement d'avaries grosses à la
charge de l'emprunteur. Celui-ci retrouvera, en effet, dans la
part contributive que lui doivent les effets sauvés, la valeur
de sa chose, sauf déduction de sa propre contribution et le
montant de la valeur qu'il peut ainsi recouvrer fixe la créance
qu'a contre lui le prêteur. Aussi dans la pratique l'emprunteur trouve-t-il plus commode de déléguer au prêteur son recours contre ceux qui sont tenus de l'avarie grosse.

757. — La contribution ainsi mise à la charge du prêteur
sera déduite du montant du capital et du profit réunis ; elle ne
s'imputera pas d'abord sur le capital seul, de manière à réduire
le profit stipulé à tant pour cent. Ainsi, supposons un prêt de
10,000 fr. avec un profit maritime de 20 p. 100 et une contribution à supporter de 5,000 fr. En déduisant d'abord cette
contribution du capital seul, on arriverait à établir la créance
du prêteur à 5,000 fr. plus 20 p. 100, soit au total à 6,000 fr.,
alors qu'elle doit être de 10,000 fr., augmentés du profit maritime primitivement stipulé 2,000 fr., soit 12,000 fr., dimi-
nués de la contribution pour avaries, en définitive de 7,000 fr.

758. — *Preuves à faire.* — De même qu'en cas de perte
totale (V. n° 745) l'emprunteur devra, pour réussir à mettre à
la charge du prêteur la perte partielle, justifier de certains
faits, ce qui ne sera que l'application des principes essentiels
de notre contrat. En outre de sa qualité pour contracter un

emprunt valable, il devra prouver qu'il avait bien soumis aux risques de mer une valeur au moins égale au montant du prêt, établir par conséquent la présence à bord des marchandises affectées et leur valeur, ou bien la valeur du navire, au cas où le contrat n'en ferait pas une estimation. Enfin, c'est à lui qu'il incombe de prouver la nature et l'étendue de l'avarie.

759. — *Pluralité de prêts sur un même objet.* — Nous avons jusqu'ici supposé dans le règlement du contrat à la grosse que l'objet n'avait été affecté qu'à la garantie d'un seul prêt ; de nouvelles difficultés peuvent naître de l'existence de plusieurs emprunts successivement garantis sur un même objet, et il y a lieu de se demander alors dans quel ordre les différents prêteurs seront appelés à faire valoir leurs droits, quand leur gage se trouvera être d'une trop faible valeur pour les désintéresser tous intégralement.

760. — Écartons tout d'abord l'hypothèse où la totalité des prêts consentis sur un même objet aurait excédé la valeur de cet objet dès l'origine du contrat ; dans ce cas, en effet, il y a purement et simplement lieu à ristourne suivant les règles que nous avons posées au n° 428.

761. — Mais un concours entre les prêteurs peut s'établir dans le cas où trois emprunts successifs de 10,000 fr. chacun ont été valablement contractés sur un objet estimé et valant 30,000 fr. au moment des emprunts, mais dont la valeur, à la suite d'accidents maritimes, ne s'élève pas au retour du voyage à plus de 15,000 fr. Il y a lieu alors de distinguer les emprunts consentis avant le départ de ceux contractés en cours de voyage qui seront préférés aux premiers.

762. — L'emprunt sur corps antérieur au départ ne donnant plus naissance à aucun privilège, tous les prêteurs sur corps avant le départ, comme simples créanciers chirographaires de l'emprunteur, seront mis sur le même pied. Les prêteurs sur facultés avant le départ seront également au même rang pour faire valoir leur privilège (art. 191, C. com.), dont l'effet se trouvera ainsi limité par tous les autres emprunts obtenus avant le départ.

763. — Les uns et les autres se trouveront toujours primés par le privilège des prêteurs en cours de route ; si le concours vient à s'établir entre deux prêts consentis pendant un même voyage, le dernier sera préféré à celui qui l'aura précédé ; enfin, les sommes prêtées pour le dernier voyage du navire seront remboursées par préférence aux sommes prêtées pour un précédent voyage, quand même il aurait été dit, lors du second voyage, qu'elles étaient laissées par continuation ou renouvellement. La loi n'a pas voulu qu'on pût, par une simple formalité, changer l'ordre des privilèges (art. 323, C. com.).

La préférence se trouve ainsi toujours accordée au dernier prêteur, parce qu'il y a présomption que ses deniers ont contribué à conserver le gage commun ; et cette raison nous explique deux exceptions à notre règle, que la jurisprudence a consacrées, en n'accordant de préférence qu'aux prêts dits *conservatoires*.

764. — *a.* Si plusieurs prêteurs ont fourni, par des contrats distincts, et à des dates différentes, les fonds sollicités dans un même but, ils auront un privilège égal qu'ils exerceront concurremment et sans que le dernier puisse être remboursé par préférence aux autres.

b. Tout emprunt contracté dans un but d'intérêt particulier, et non plus pour faire face aux besoins de la navigation, ne doit jouir d'aucune préférence.

765. — *Concours entre prêteur à la grosse et assureur.* — Au lieu de surgir entre plusieurs prêteurs à la grosse, un conflit peut s'élever entre prêteur à la grosse et assureur, et la situation respective de ces intéressés sera fixée par des règles toutes différentes, suivant que le prêt aura été consenti en cours de route sur l'objet déjà assuré, ou avant le départ.

766. — Le premier cas ne soulève pas de difficulté. En effet, l'emprunt contracté en cours de voyage sur une chose assurée, est présumé fait dans l'intérêt de l'assurance, soit pour réparer des avaries dont l'assureur serait tenu, soit pour conserver la chose assurée, et la même raison qui fait préférer les derniers prêteurs aux prêteurs antérieurs doit également les faire préférer aux assureurs.

767. — Un peu plus d'attention est nécessaire pour régler notre seconde hypothèse. Le propriétaire d'un navire ou de marchandises ne peut contracter, sur le même objet, à la fois une assurance pour sa valeur totale et un emprunt à la grosse ou bien une assurance et un emprunt pour une valeur totale supérieure à celle de l'objet de ces contrats. Il aurait en effet avantage à la perte de sa propriété, devant en ce cas toucher l'indemnité d'assurance sans avoir à rembourser l'emprunt.

Si, en fait, ce résultat immoral avait été tenté, l'un des deux contrats devrait être annulé pour ce qui excéderait la valeur de l'objet ; c'est l'assurance qui serait ristournée de préférence au contrat à la grosse. Le commerce a besoin de trouver facilement des capitaux, et l'on présume que le propriétaire d'un objet ne renonce pas, en le faisant assurer, à la faculté d'emprunter sur lui en ristournant son assurance.

768. — Mais l'article 331 du Code de commerce prévoit une autre hypothèse, où les deux contrats pourront coexister à propos du même objet, pour des sommes qui au total n'excéderont pas sa valeur réelle. Soit une cargaison valant 100,000 fr. ; on conçoit qu'elle puisse à la fois être assurée jusqu'à concurrence de 60,000 fr. et en même temps faire l'objet d'un prêt à la grosse de 40,000 fr. Supposons maintenant un naufrage, un sinistre majeur qui ne laisse subsister de cette marchandise que des débris ne produisant que 20,000 fr. Quels seront, sur cette somme, les droits respectifs du prêteur à la grosse et de l'assureur auquel nous supposons que l'assuré a fait abandon? Elle sera partagée entre eux au marc le franc de leur intérêt respectif. Cet intérêt sera limité pour le prêteur à son capital seulement, et pour l'assureur au montant des sommes assurées, sans que le premier puisse y ajouter le profit maritime ni le second la prime stipulée, qui seront perdus pour l'un et pour l'autre. Par conséquent, il reviendra dans notre hypothèse à l'assureur 12,000 fr. et au prêteur 8,000 fr. Mais nous ne tenons point compte dans ce calcul des différentes créances qui pourront être prélevées par privilège sur le produit des débris, conformément à l'article 191 du Code de commerce et que notre article 331 réserve expressément.

768 *bis.* — Cette solution s'applique exclusivement au cas d'un prêt sur facultés. Mais nous n'avons point en effet à prévoir ici l'hypothèse d'un concours qui ne saurait s'établir entre prêteur sur corps avant le départ et l'assureur. Ce prêteur n'étant plus privilégié (art. 35, loi du 10 juillet 1885), l'assureur est par cela même et forcément préféré.

IX

PAIEMENT DES PRIMES A LA NAVIGATION

769. — Les primes à la navigation sont liquidées sur la production des pièces ci-après (D. 25 juillet 1893, art. 38).

1° Paiement par acomptes.

770. — 1° Exemplaire timbré de la déclaration souscrite par l'armateur en exécution de l'article 15 (V. n° 258 *bis*) ou un certificat de référence si cet exemplaire a été déjà produit ; 2° extraits timbrés du registre des traversées (V. n° 258 *bis*).

2° Paiement final ou pour solde.

771. — 1° Certificat de référence aux numéros des ordonnances des paiements d'acomptes ; 2° extraits timbrés du registre des traversées non encore liquidées ; 3° certificat du commissaire de l'inscription maritime du port de retour, indiquant la composition de l'équipage pendant les différentes traversées, et constatant le résultat de l'examen comparatif du rapport de mer, du journal de bord et du registre des traversées ; 4° certificat du receveur des douanes constatant que le navire n'a pas cessé de figurer à l'effectif de la marine marchande française ; 5° certificat de l'administration des postes et télégraphes constatant que le navire a rempli ses obligations vis-à-vis du service postal (transport des correspondances)[1].

3° Paiement intégral.

772. — 1° Exemplaire timbré de la déclaration souscrite par l'armateur en exécution de l'article 15 (V. n° 258 *bis*) ; 2° extraits timbrés du registre des traversées ; 3° certificat du commissaire de l'inscription maritime du port de retour, indiquant la composition de l'équipage pendant les différentes traversées et constatant le résultat comparatif de l'examen du rapport de mer, du journal de bord et du registre des traversées ; 4° certificat du receveur des douanes constatant que le navire n'a pas cessé de figurer à l'effectif de la marine marchande française ; 5° certificat de l'administration des postes et télégraphes (V. le 5° du n° 771)[2].

773. — Toutes les pièces ci-dessus indiquées sont re-

---

1. Il faut ajouter, lorsqu'il s'agit d'un navire à vapeur construit sur des plans approuvés par le département de la marine, un certificat du ministre.

2. *Idem.*

mises par l'armateur au commissaire de l'inscription maritime qui les transmet au ministre. Le ministre de la marine, après vérification, fait établir un projet de liquidation qui est adressé avec les dossiers au ministre du commerce, lequel est chargé d'ordonnancer les dépenses.

X

PRESCRIPTION

774. — Les articles 430 à 434 du Code de commerce font connaître les diverses prescriptions admises en droit maritime. Nous avons eu déjà l'occasion de nous expliquer sur la plupart d'entre elles. Il ne nous reste à en indiquer qu'un petit nombre. Nous allons présenter le tableau des prescriptions en renvoyant pour celles qui ont déjà été traitées aux numéros du livre qui les concernent :

Prescription de l'action en délaissement, V. n°s 638 et suiv.

Prescription des actions dérivant d'un contrat à la grosse, V. n° 737.

Prescription des actions dérivant d'une police d'assurances, V. n° 671.

Prescription de l'action en paiement du fret, V. n° 560.

Prescription de l'action en paiement des gages de l'équipage, V. n° 596.

Prescription de l'action en paiement de la nourriture fournie aux matelots par ordre du capitaine. — Cette action se prescrit par un an après la livraison (art. 433, C. com.).

Prescription de l'action en paiement de fournitures de bois et autres choses nécessaires aux constructions, équipement et ravitaillement du navire. — Cette action se prescrit par un an à compter des fournitures faites (art. 433, C. com.).

Prescription de l'action en paiement d'ouvriers et de travaux. — Cette action se prescrit par un an après la réception des ouvrages (art. 433, C. com.).

Prescription de l'action en délivrance des marchandises, V. n° 523.

Prescription de l'action en réparation d'un abordage, V. n° 684.

Sur l'interruption de ces prescriptions, V. n° 524.

CHAPITRE X

HYPOTHÈQUE MARITIME[1]

775. — CE QUE C'EST QUE L'HYPOTHÈQUE MARITIME. — L'hypothèque maritime est un droit réel sur des navires affectés à la garantie d'une obligation (art. 2114, C. civ., par analogie) ; c'est une garantie donnée à un créancier d'un propriétaire de navire.

L'hypothèque maritime confère au créancier qui en est investi un double avantage :

1° Elle lui confère un droit de préférence sur le navire, c'est-à-dire qu'elle lui donne le droit de se faire payer sur le prix de ce navire par préférence aux créanciers du propriétaire autres que les créanciers privilégiés ;

2° Elle lui confère un droit de suite, ce qui signifie que le navire reste soumis à l'hypothèque même après qu'il a cessé d'être la propriété de celui qui a constitué l'hypothèque.

776. — SON ORIGINE. — L'hypothèque maritime n'est pas très ancienne dans notre droit. Jusqu'en 1874, les navires ne pouvaient être hypothéqués parce qu'ils sont des meubles,

---

1. L'hypothèque maritime existe dans la plupart des législations étrangères ; elle n'existe cependant pas en Espagne (V. Cohendy, *Code de commerce et lois commerciales*, p. 152).

et que, aux termes de l'article 2119 du Code civil, les meubles ne sont pas susceptibles d'hypothèque.

En 1874, une loi du 10 décembre organisa l'hypothèque maritime; jugée insuffisante, cette loi fut abrogée et remplacée par celle du 10 juillet 1885.

777. — SUR QUOI PEUT PORTER L'HYPOTHÈQUE MARITIME. — Peuvent être seuls hypothéqués les navires (art. 1er, loi de 1885), c'est-à-dire les bâtiments de mer, tels qu'ils ont été définis au n° 3 ; et encore tous les bâtiments de mer ne sont pas susceptibles d'hypothèque ; ceux-là seuls peuvent être hypothéqués qui jaugent au moins 20 tonneaux (art. 36, L. 10 juill. 1885). L'hypothèque maritime peut être constituée soit sur le navire entier, soit sur une portion du navire, un tiers, une moitié, etc. L'hypothèque constituée sur un navire porte, sans qu'il soit besoin de l'énoncer, non seulement sur le corps, c'est-à-dire sur la coque du navire, mais encore sur ses accessoires[1], agrès, machines, apparaux, etc. (art. 4, L. de 1885). Les parties seraient libres d'ailleurs de convenir que l'hypothèque ne portera que sur le corps du navire et non sur ces accessoires ; mais elles ne pourraient hypothéquer les accessoires sans le navire. Lorsque l'hypothèque n'est constituée que sur une portion indivise du navire, elle porte sur une portion équivalente des accessoires.

L'hypothèque peut être constituée sur un navire en construction (art. 5, L. de 1885).

778. — QUI PEUT HYPOTHÉQUER UN NAVIRE. — Un navire ne peut être hypothéqué que par son propriétaire ou par un mandataire justifiant d'un pouvoir spécial (art. 3, L. de 1885).

Lorsque le navire appartient à plusieurs, il peut être hypothéqué par l'armateur titulaire pour les besoins de l'armement ou de la navigation, avec l'autorisation de la majorité telle qu'elle est déterminée par l'article 220 du Code

---

1. Le fret n'est pas compris dans ces accessoires.

de commerce (V. n° 46) et dans le cas spécial prévu par l'article 233 du Code de commerce, par le capitaine avec l'autorisation du juge (V. n° 83). Le propriétaire d'une part indivise ne peut l'hypothéquer sans le consentement de la majorité (art. 3, L. de 1885).

779. — EN QUELLE FORME L'HYPOTHÈQUE PEUT ÊTRE CONSTITUÉE. — Le contrat d'hypothèque doit être constaté par écrit (art. 2, L. de 1885). Un acte sous signatures privées est suffisant. Lorsque les parties recourent à un acte sous seings privés, elles doivent le rédiger en deux originaux (argument tiré de l'art. 8, L. de 1885)[1]. La loi est muette sur la manière dont l'acte doit être rédigé et sur les énonciations qu'il doit contenir. Il doit bien désigner, bien individualiser les parties et le navire et la créance[2].

Lorsqu'il s'agit d'hypothéquer un navire en construction, l'article 5 de la loi de 1885 exige quelques formalités particulières : la constitution d'hypothèque doit être précédée d'une déclaration faite au receveur principal des douanes, dans la circonscription duquel le navire est en construction. Cette déclaration doit indiquer la longueur de la quille du navire et approximativement ses autres dimensions, ainsi que le tonnage présumé, le lieu où le navire est en chantier.

L'écrit constatant la constitution d'hypothèque peut être à ordre, et dans ce cas il est transmissible par voie d'endossement. L'endossement de ce titre emporte translation au profit de l'endossataire du droit hypothécaire, c'est-à-dire de l'hypothèque (art. 12, L. de 1885).

780. — LE CRÉANCIER DOIT RENDRE SON HYPOTHÈQUE PUBLIQUE. POURQUOI ? — Aussitôt l'hypothèque constatée par

---

1. Cependant si l'acte est rédigé en un seul original, il ne semble pas que ce soit là une cause de nullité.

2. On fera bien de s'inspirer des énonciations qui doivent figurer dans l'inscription (voir n° 781). D'ailleurs, le mieux est de charger de la rédaction une personne compétente.

écrit, le créancier doit s'empresser de la rendre publique, car si plusieurs créanciers ont hypothèque sur le même navire, et que le prix de ce navire soit insuffisant pour les désintéresser tous, ils ne viennent pas sur le prix au marc le franc, mais successivement les uns après les autres. Et celui-là est préféré qui a le premier rendu publique son hypothèque, et ainsi de suite. Exemple : Trois créanciers ont hypothèque sur un navire, Pierre pour sûreté d'une créance de 20,000 fr., Paul pour sûreté d'une créance de 30,000 fr., Jacques pour sûreté d'une créance de 15,000 fr. Jacques a le premier rendu son hypothèque publique, puis Pierre, puis Paul. Le navire étant vendu 50,000 fr., Jacques touchera 15,000 fr., Pierre 20,000 fr., et Paul 15,000 fr. seulement.

Peu importe lequel des trois créanciers s'est fait donner une hypothèque le premier. La préférence est accordée non à celui dont l'hypothèque est la plus ancienne, mais à celui dont l'hypothèque a été la première rendue publique.

Le législateur en a décidé ainsi, afin que celui à qui on demande crédit moyennant la constitution d'une hypothèque, puisse mesurer le crédit qu'il peut accorder, par la connaissance des créances qui peuvent être préférées à la sienne.

781. — En quoi consiste la publicité. Inscription. — La publicité de l'hypothèque consiste dans une *inscription*. L'inscription est une mention sommaire de l'hypothèque sur un registre spécial tenu par le receveur principal des douanes[1]. Cette inscription contient : 1° les noms, prénoms et domicile du créancier et du débiteur et leur profession, s'ils en ont une ; 2° la date et la nature du titre... la nature, c'est-à-dire s'il est passé devant notaire ou sous seings privés, s'il est à personne dénommée ou à ordre, etc. ; 3° le montant de la

---

1. Aux termes des lois des 18 décembre 1886 et 27 février 1887, les attributions conférées par la loi du 10 juillet 1885 aux titulaires des recettes principales des douanes converties en recettes subordonnées seront exercées par les nouveaux titulaires desdites recettes subordonnées.

créance exprimée dans le titre ; 4° le taux des intérêts et l'époque d'exigibilité de la créance ; 5° le nom et la désignation du navire hypothéqué, la date de l'acte de francisation ou de la déclaration de la mise en construction, si le navire n'est pas encore achevé ; 6° une élection de domicile faite par le créancier dans le lieu de la résidence du receveur des douanes (art. 8, L. de 1885). L'inscription de l'hypothèque en assure la publicité, parce que le registre sur lequel elle est faite est lui-même public. Il est public, non en ce sens que toute personne peut le compulser, mais en ce sens que le receveur des douanes est tenu de délivrer à toute personne qui le requiert l'état des inscriptions existant sur un navire, ou un certificat constatant qu'il n'en existe aucune (art. 16, L. de 1885). De la sorte, celui à qui on demande crédit moyennant une hypothèque sur un navire, a un moyen bien simple de vérifier s'il peut accorder ce crédit, et si l'hypothèque qui lui est offerte assure le remboursement de sa créance : c'est de se faire délivrer l'état ou certificat dont il vient d'être parlé.

782. — En quel lieu l'inscription doit être prise. — L'hypothèque doit être inscrite, s'il s'agit d'un navire en construction, au bureau du receveur principal des douanes, dans la circonscription duquel se trouve le chantier [1], et, s'il s'agit d'un navire déjà pourvu de son acte de francisation, au bureau du port dans lequel il est immatriculé (art. 6, L. de 1885). Si le navire change de port d'immatricule, les inscriptions sont reportées sur le registre du bureau du nouveau port (art. 7, L. de 1885).

783. — Hypothèque consentie a l'étranger. — La circonstance que l'hypothèque est consentie à l'étranger ne mo-

---

1. On a vu au n° 29 que, lorsque le propriétaire du navire veut le faire admettre à la francisation, il est tenu de joindre aux pièces requises un état des inscriptions prises sur le navire en construction, ou un certificat qu'il n'en existe aucune. Le receveur des douanes du port de francisation reporte d'office à leur date les inscriptions sur son registre (art. 6).

difie pas en principe cette règle ; les hypothèques consenties
à l'étranger n'ont d'effet à l'égard des tiers, comme celles qui
sont constituées en France, que du jour de leur inscription
sur le registre de la recette principale des douanes du port
d'immatricule du navire (art. 33, L. de 1885). Cependant,
lorsqu'il s'agit de constituer une hypothèque sur un navire
acheté à l'étranger et non encore francisé, l'hypothèque peut
être valablement inscrite sur le congé provisoire que délivre
le consul, mais à la condition d'être reportée sur le registre
du receveur des douanes du port où le navire sera immatriculé.
Ce report est fait sur la réquisition du créancier, qui doit
produire à l'appui le bordereau prescrit par l'article 8, dont
il sera parlé au n° 784.

784. — Ce que doit faire le créancier pour faire opérer l'inscription. — Le créancier doit présenter au bureau
du receveur des douanes un des originaux du titre constitutif
s'il est sous seings privés, et, s'il est notarié, l'original (lorsqu'il est reçu en brevet), ou une expédition (lorsqu'il est reçu
en minute)[1]. En même temps, le créancier doit présenter
deux bordereaux sur papier timbré, énonçant tous les renseignements qui doivent figurer sur l'inscription et dont
l'énumération a été donnée au n° 781. Ces bordereaux, dont
l'un peut être transcrit sur le titre constitutif lui-même,
doivent être signés par le créancier qui requiert l'inscription.
Le receveur fait mention sur son registre du contenu de ces
bordereaux (c'est cette mention qui constitue l'inscription),
puis il rend au requérant l'un des deux bordereaux, au pied
duquel il certifie avoir fait l'inscription. En même temps, il
remet au requérant l'expédition du titre qui lui a été présentée. Si le titre est sous seings privés ou en brevet, il garde

---

1. En général, les actes notariés sont rédigés en un original nommé *minute*
qui reste déposé dans l'étude du notaire. Il n'est délivré aux parties que des
copies nommées *expéditions*. Par exception, l'original de certains actes est
remis aux parties : ces actes sont appelés actes en brevet.

le titre qui reste déposé dans son bureau (art. 8 et 9, L. de 1885).

785. — Renouvellement des inscriptions. — Pour faciliter les recherches dans le registre des inscriptions, le législateur a voulu que le receveur des douanes n'eût jamais à remonter au delà de dix ans. A cet effet, l'article 11 de la loi de 1885 décide que l'inscription ne conserve l'hypothèque que pendant dix ans ; au bout de dix ans, l'inscription cesse de produire ses effets (art. 11). Mais les droits du créancier ne sont pas perdus pour cela ; il peut en effet, pendant les dix ans, et avant que l'inscription soit périmée, la renouveler. L'inscription prise en renouvellement assure à l'hypothèque ses effets à compter de l'inscription primitive, et cela pendant un nouveau délai de dix ans et ainsi de suite (art. 11, L. de 1885). Le créancier qui néglige de renouveler son inscription dans le délai, ne perd pas pour cela le droit de prendre une nouvelle inscription après le délai ; mais cette inscription ne produit d'effet qu'à sa date, tandis que l'inscription prise en renouvellement pendant le délai produit effet à compter de l'inscription primitive.

786. — Radiation des inscriptions. — Lorsque l'hypothèque n'a plus de cause, il ne faut pas qu'elle continue à figurer sur le registre des inscriptions, car cela pourrait nuire au crédit du propriétaire du navire. Elle doit alors être radiée. La radiation ne consiste pas dans la radiation matérielle de l'inscription, mais dans une annotation faite en marge de l'inscription, annotation énonçant que cette inscription doit être considérée comme n'existant plus.

La radiation peut être volontaire ou forcée. Elle est volontaire, lorsqu'elle est consentie par le créancier investi de l'hypothèque. Il ne suffit pas pour que la radiation ait lieu, que le créancier se présente au bureau du receveur des douanes et déclare consentir à la radiation. Le receveur ne peut radier une inscription que sur le dépôt d'un acte authentique (notarié) de consentement Dans ce cas, si l'acte constitutif est sous seings privés ou reçu en brevet, le receveur auquel il est *communiqué*[1] doit y mentionner séance tenante la radiation.

La radiation est forcée lorsqu'elle est ordonnée par un jugement ou arrêt passé en force de chose jugée, rendu à la requête des intéressés ; elle a lieu alors sur le vu de la grosse de l'arrêt ou du jugement et des pièces déterminées par l'article 548 du Code de procédure civile.

Le tribunal compétent pour ordonner la radiation est le tribunal civil *du lieu de l'inscription*.

787. — Contre qui l'inscription confère des droits au créancier. — L'inscription ne confère pas de droits particuliers au créancier à l'encontre du débiteur ou de celui qui a consenti l'hypothèque. Le créancier a le droit de poursuivre la vente du navire contre ce débiteur ; mais ce droit, il ne le tient ni de l'inscription, ni de l'hypothèque elle-même, mais de sa qualité de créancier. Il avait ce droit avant l'inscription, avant l'hypothèque. Le propre de l'inscription, c'est de lui conférer des droits contre des tiers, droits que l'hypothèque lui conférait à la vérité, mais simplement d'une façon virtuelle et latente. L'exercice de ces droits est subordonné à la publicité de l'hypothèque, parce qu'il ne faut pas que l'hypothèque puisse produire des effets contre des tiers qui n'ont pu la connaître. Ces tiers sont : 1° les autres créanciers du propriétaire du navire hypothéqué ; à l'égard de ces créanciers, l'hypothèque confère au créancier hypothécaire le droit de préférence déjà énoncé et dont il sera parlé plus spécialement quand on s'occupera de la distribution du prix ; 2° lorsque l'hypothèque ne porte que sur une part indivise du na-

---

1. L'acte étant déposé au bureau du receveur, on comprend difficilement ce que la loi entend par cette communication, à moins qu'il ne s'agisse d'un double de l'original, demeuré entre les mains du créancier.

vire, les propriétaires des autres parts non hypothéquées (art. 17, L. de 1885). L'inscription ne donne pas toujours de droits au créancier hypothécaire contre ces copropriétaires. Lorsque l'hypothèque ne porte que sur une part indivise n'excédant pas la moitié, le créancier ne peut faire vendre que la part hypothéquée : après la vente, les propriétaires des autres parts se trouveront simplement dans l'indivision avec l'acquéreur de la part hypothéquée. Mais si l'hypothèque porte sur une part excédant la moitié du navire, le créancier peut faire vendre le navire entier. L'inscription produit alors effet contre les copropriétaires en ce sens seulement, qu'ils sont exposés à voir vendre leur part ; mais le créancier hypothécaire n'aura aucun droit sur le prix de cette part, qui reviendra à ses propriétaires. La loi n'autorise la vente que parce qu'elle a estimé qu'un navire entier doit se vendre mieux qu'une simple part indivise ; 3° les tiers non débiteurs qui ont acquis tout ou partie du navire. Ces tiers, bien qu'ils ne doivent rien au créancier, sont, en vertu du droit de suite qui appartient au créancier hypothécaire, obligés de subir la vente du navire, et de laisser ce créancier se payer sur le prix, et ce sont eux par suite qui paient la dette du débiteur qui a consenti l'hypothèque [1].

Sans ce droit de suite, en effet, l'hypothèque ne serait pour le créancier qu'une sûreté illusoire, puisqu'il dépendrait du débiteur de la faire disparaître en aliénant le navire. Par exception cependant, le droit de suite n'existe pas lorsque la vente a été faite en justice (argument de l'art. 29, L. de 1885), c'est-à-dire : 1° en cas de licitation judiciaire, dans les formes de l'article 23 ; 2° en cas de vente sur saisie. Dans ce cas, le

---

1. Par dérogation à l'article 883 du Code civil, lorsqu'un navire étant la propriété indivise de plusieurs, un des copropriétaires a hypothéqué sa part indivise, l'hypothèque continue de subsister sur cette part, même après que le copropriétaire qui a consenti l'hypothèque a cessé d'en être propriétaire par suite d'un partage ou d'une licitation.

droit de suite disparaît, et le créancier ne peut faire valoir ses droits que sur le prix de la vente. En effet, la publicité dont la vente est alors entourée ne permet plus de craindre que le créancier l'ignore, et, d'autre part, cette même publicité donne l'assurance que le navire sera vendu au plus haut prix que l'on peut espérer.

788. — COMMENT L'ACQUÉREUR D'UN NAVIRE PEUT ÉCHAPPER AU DROIT DE SUITE. PURGE. — Le droit de suite, en retirant à l'acquéreur d'un navire toute sécurité, aurait été un obstacle à la libre circulation des bâtiments de mer, si le législateur n'y avait apporté un tempérament. L'acquéreur peut, en recourant à la procédure de la *purge,* libérer son navire du droit de suite. Voici, avant d'arriver aux détails, l'idée générale de la loi. L'acquéreur d'un navire offre aux créanciers hypothécaires de verser son prix entre leurs mains. Si les créanciers estiment que ce prix est bien le prix maximum que peut atteindre le navire, ils l'acceptent, bien qu'il soit insuffisant pour les désintéresser tous, car une vente sur saisie ne donnerait pas davantage. L'acquéreur du navire le libère alors en versant son prix entre les mains des créanciers. Si le prix est insuffisant pour désintéresser tous les créanciers, un de ceux que ce prix ne paierait pas entièrement peut, s'il estime que le navire peut atteindre un prix supérieur, exiger qu'il soit mis aux enchères, mais en prenant l'engagement de se porter enchérisseur en portant le prix à un dixième en sus du prix offert. C'est ce qu'on appelle une surenchère. A la suite de cette remise en vente du navire, il est possible que le navire échappe à l'acquéreur, mais au moins celui-ci n'a pas à en payer le prix.

789. — Arrivons maintenant à la mise en œuvre de cette procédure.

L'acquéreur qui veut se garantir des poursuites de la part des créanciers hypothécaires est tenu de notifier par ministère d'huissier aux créanciers inscrits sur le registre du port d'immatricule, au domicile élu dans l'inscription : 1° un extrait de son titre d'acquisition, indiquant seulement la date et la nature (s'il est sous seing privé ou notarié) de l'acte, le nom du vendeur, le nom, l'espèce et le tonnage du navire et les charges faisant partie du prix ; 2° un tableau sur trois colonnes, dont la première contient la date des inscriptions, la deuxième le nom des créanciers, la troisième le montant des créances inscrites. Cette notification doit contenir constitution d'avoué, c'est-à-dire l'indication de l'avoué que l'acquéreur charge de le représenter (art. 18, L. de 1885). L'acquéreur déclare, par cet acte, qu'il est prêt à acquitter sur-le-champ toutes les dettes hypothécaires, sans distinction des dettes exigibles et des dettes non exigibles (art. 19, L. de 1885).

Aucun délai n'est imparti à l'acquéreur pour faire cette notification tant qu'il n'est pas poursuivi par les créanciers hypothécaires. Mais une fois qu'il est en butte aux poursuites de ces créanciers, il doit la faire dans le délai de quinzaine à compter de la première poursuite. S'il laisse passer ce délai, le navire est irrévocablement soumis au droit de suite (art. 18, L. de 1885).

789 *bis*. — Surenchère. — Cette notification faite, les créanciers ont à réfléchir sur le parti qu'ils vont prendre, sur le point de savoir s'ils doivent accepter le prix offert ou requérir la mise aux enchères. Les créanciers seront aidés dans cette délibération par l'étude de la notification dont il vient d'être parlé. Cette notification faisant connaître le nombre des inscriptions, le montant des créances garanties par chacune d'elles et le prix offert, chacun d'eux peut facilement vérifier si ce prix est suffisant pour le désintéresser, et, par suite, s'il y a intérêt à requérir la mise aux enchères. Chaque créancier hypothécaire a pour requérir la mise aux enchères du navire un délai de dix jours ; faute par lui de faire cette réquisition, le prix de vente est définitivement fixé, et l'acquéreur libère son navire en le versant aux créanciers inscrits.

La réquisition de mise aux enchères se fait par acte d'huissier, signé du requérant et signifié à l'acquéreur ; cet acte, outre la réquisition proprement dite, doit contenir : 1° l'offre de porter le prix à un dixième en sus du prix offert et des charges, c'est-à-dire l'offre de prendre le navire pour lui, moyennant le prix offert et les charges, augmentés d'un dixième, dans le cas où aucun amateur ne mettrait une enchère supérieure ; 2° la désignation d'une caution qui garantit la réalisation de cette offre ; 3° une assignation devant le tribunal civil du lieu où se trouve le navire, ou, s'il est en voyage, du lieu où il est immatriculé, à l'effet de faire valider la surenchère et de faire ordonner la vente (art. 20 et 21, loi de 1885).

Pour ce qui concerne la vente qui s'ensuit, voir n° 811.

790. — LE NAVIRE HYPOTHÉQUÉ NE PEUT ÊTRE VENDU A UN ÉTRANGER. — L'hypothèque aurait constitué une garantie illusoire, si le navire avait pu être vendu à un étranger, car cet étranger aurait pu soustraire le navire aux poursuites des créanciers français.

Aussi, l'article 33 interdit la vente volontaire à un étranger soit en France, soit à l'étranger. Tout acte fait en fraude de cette disposition est nul, et rend son auteur passible des peines de l'abus de confiance.

CHAPITRE XI

EXÉCUTION FORCÉE

I.

791. — EN PRINCIPE, L'ARMATEUR EST SEUL OBLIGÉ. — Les contrats relatifs à l'expédition maritime sont conclus, on l'a vu, tantôt par l'armateur, tantôt par le capitaine du navire.

En principe, le capitaine, en passant ces contrats, ne contracte aucune obligation personnelle. Il agit comme mandataire de l'armateur, et celui-ci est seul obligé. Toutefois, bien que cela ne soit écrit dans aucun texte de loi, il est universellement admis que les demandes en justice peuvent être dirigées par le capitaine en cette qualité. Sans doute, les condamnations qui interviennent au profit des tiers ne sont pas exécutoires contre le capitaine personnellement, mais ce qui est jugé contre lui est jugé contre l'armateur.

792. — QUAND, PAR EXCEPTION, LE CAPITAINE EST PERSONNELLEMENT OBLIGÉ. — Le capitaine peut, par exception, se trouver obligé envers les tiers. Cela a lieu notamment : 1° quand le capitaine est en même temps propriétaire du navire ; il est obligé alors, non comme capitaine, mais comme propriétaire ; 2° lorsqu'il est recherché à raison de quelque faute personnelle commise par lui, lorsqu'il y a eu de sa part inexécution d'une obligation mise à sa charge, par exemple obligation de délivrer un connaissement, etc.

793. — LE PROPRIÉTAIRE DU NAVIRE EST CIVILEMENT RESPONSABLE DES FAITS ET ENGAGEMENTS DU CAPITAINE. — Même lorsque le capitaine est par exception personnellement obligé, le propriétaire ne l'est pas moins pour cela. En effet, aux termes de l'article 216 du Code de commerce, tout propriétaire de navire est civilement responsable des faits du capitaine et tenu des engagements contractés par ce dernier, pour *ce qui est relatif au navire et à l'expédition*. Les mots soulignés indiquent que le propriétaire du navire n'est pas responsable des faits et engagements du capitaine qui ne sont pas relatifs à l'expédition.

794. — *Engagements.* — Le capitaine est le mandataire du propriétaire, il a le mandat général de faire tout ce qui est nécessaire pour la réussite de l'opération. Tout ce qu'il fait dans ce but engage le propriétaire. Mais si le capitaine contracte des engagements qui ne sont pas relatifs au navire et à l'expédition, le propriétaire n'est pas tenu de les exécuter ; tel est le cas, par exemple, où le capitaine achète des marchandises pour son propre compte.

- Quelquefois, la loi limite les pouvoirs du capitaine ; c'est ainsi que celui-ci ne peut vendre le navire (hors le cas d'innavigabilité) sans un pouvoir spécial ; que dans le lieu de la demeure de l'armateur, il ne peut engager l'équipage sans se concerter avec lui, fréter le navire, emprunter à la grosse, etc. Le propriétaire est-il tenu des engagements du capitaine dans ces cas où le capitaine se trouvait n'avoir pas le droit de les prendre ? Cette question a été examinée à propos de chaque situation particulière. On se rappelle qu'en général, hors le cas de vente du navire sans pouvoir spécial, vente qui est radicalement nulle, le propriétaire est tenu envers les tiers, qui ont contracté de bonne foi avec le capitaine. (V. n°ˢ 80 et suiv.)

795. — *Faits.* — Le propriétaire est responsable des faits du capitaine, accomplis dans l'exercice de ses fonctions, que ces faits soient licites ou non ; mais il n'est pas responsable des faits du capitaine en dehors de l'exercice de ses fonctions et ne se rapportant pas à cet exercice. Ainsi, le propriétaire est responsable des mauvais traitements exercés par le capitaine sur l'équipage ; mais il n'est pas responsable des suites d'une rixe à terre. La distinction sera quelquefois difficile à faire.

Le propriétaire n'est pas d'ailleurs responsable des faits du capitaine seul ; il l'est encore des faits de l'équipage, du pilote, et même des passagers. Mais si le propriétaire répond des faits de l'équipage, il ne répond pas de ses engagements, car les hommes de l'équipage ne sont pas chargés de le représenter. Cependant, il serait responsable des engagements du second qui a pris la place du capitaine pendant le voyage, et qui en a alors les attributions.

On a vu précédemment que, lorsqu'un navire appartient à plusieurs, la responsabilité pèse solidairement sur tous (voir n° 50).

796. — Sɪ ʟᴇ ᴘʀᴏᴘʀɪÉᴛᴀɪʀᴇ ᴅᴜ ɴᴀᴠɪʀᴇ ᴘᴇᴜᴛ sᴛɪᴘᴜʟᴇʀ qu'ɪʟ ɴᴇ sᴇʀᴀ ᴘᴀs ʀᴇsᴘᴏɴsᴀʙʟᴇ ᴅᴇs ғᴀɪᴛs ᴅᴜ ᴄᴀᴘɪᴛᴀɪɴᴇ. — Il est certain que si, par des conventions intervenues entre le propriétaire et le capitaine, le premier limite les pouvoirs du second, ces conventions ne sont pas opposables aux tiers qui ont traité de bonne foi avec le capitaine dans l'ignorance de ces clauses. Ainsi, le propriétaire ne peut pas se soustraire à sa responsabilité vis-à-vis de tiers qui ne sont pas parties à cet engagement. Mais le propriétaire qui traite avec un tiers, notamment avec un affréteur, peut-il convenir avec celui-ci qu'il ne répondra pas des fautes du capitaine ? On a soutenu la négative ; mais la jurisprudence est maintenant fixée en sens contraire.

797. — Ce qui advient de la responsabilité du propriétaire quand celui-ci n'est pas armateur. — Dans la langue
usuelle, les expressions de propriétaire et d'armateur sont
synonymes. Dans la langue du droit, ces deux expressions
n'ont pas absolument le même sens, et il est possible que l'un
soit propriétaire, et l'autre armateur. Cette situation, assez
rare d'ailleurs, se présente lorsque le propriétaire d'un navire le loue désarmé[1] à un tiers qui se charge de le faire naviguer à ses risques et périls, et devient ainsi affréteur ou armateur. Dans ce cas, le navire naviguant pour le compte de
l'armateur, c'est sur ce dernier que doivent retomber en définitive les conséquences des engagements et des faits du capitaine, puisque c'est lui qui est l'entrepreneur de l'expédition.
Mais cela n'empêche pas que le propriétaire n'en demeure responsable, sauf son recours contre l'armateur; l'article 216
du Code de commerce est formel sur ce point. Quant à l'affréteur-armateur, il n'est responsable vis-à-vis des tiers des
faits et engagements du capitaine, qu'autant que, d'après ses
conventions avec le propriétaire, le capitaine a été choisi par
lui. Il est alors responsable conformément au droit commun,
puisque le capitaine est son préposé (art. 1384, C. civ.). Mais
même dans ce cas, le propriétaire reste toujours responsable,
sauf son recours contre l'affréteur-armateur. La responsabilité du propriétaire dans ces hypothèses se justifie par cette
raison que le propriétaire, dont le nom figure sur l'acte de
francisation, peut seul être légalement connu des tiers qui
traitent avec le capitaine.

Abandon.

798. — Idée générale. — La responsabilité que la loi
fait peser sur le propriétaire du navire à raison des faits et

---

1. On a vu au chapitre III ce que c'est qu'armer un navire (**V.** n° 51).

engagements du capitaine, eût été de nature à écarter les capitalistes des opérations maritimes, puisque ne pouvant, en général, suivre et surveiller le capitaine, l'armateur n'a pas le moyen de s'opposer à ses actes[1], et peut se trouver exposé à payer des sommes hors de toute proportion avec les capitaux engagés. Aussi, le Code pose-t-il en principe que le propriétaire peut s'affranchir de la responsabilité des faits et engagements du capitaine en faisant *abandon* aux créanciers du navire et du fret. Par suite, quand les faits et engagements du capitaine doivent rendre le propriétaire débiteur d'une somme supérieure à la valeur du navire et du fret, le propriétaire trouve dans cette faculté le moyen de se soustraire en partie aux conséquences de cette responsabilité. Les créanciers doivent se contenter du navire et du fret. C'est ce qu'on exprime souvent en disant que le propriétaire n'est tenu que sur sa fortune de mer et non sur sa fortune de terre.

799. — Pour quelles dettes l'abandon peut être fait. — En principe, l'abandon peut être fait pour toutes les dettes contractées par le capitaine, qu'elles résultent de ses engagements ou de ses faits; d'une manière générale, pour toutes les dettes dont le propriétaire est tenu en vertu de l'article 216, C. com. Mais cependant l'abandon n'est pas permis quand le propriétaire a participé aux engagements contractés par le capitaine ou aux fautes commises par ce dernier. Il en résulte que lorsque le capitaine a contracté un engagement, non en vertu du mandat qu'il tient de sa qualité, mais en vertu d'un mandat spécial du propriétaire, celui-ci ne peut se libérer par abandon[2]. Si le propriétaire ne peut se libérer par abandon des engagements du capitaine auxquels il a participé, à plus

---

1. Nous indiquons les idées qui ont évidemment inspiré le législateur. Ces idées sont-elles justes? Il est permis d'en douter.

2. D'après la jurisprudence, le propriétaire ne peut se libérer, par l'abandon, des loyers dus à son équipage, lorsque l'équipage a été engagé dans le lieu de sa demeure, parce qu'alors il est présumé avoir autorisé l'engagement (art. 223, C. com.).

forte raison ne peut-il se libérer par abandon des engagements directement contractés par lui-même.

En cas de naufrage du navire dans un port de mer ou havre, dans un port maritime ou dans les eaux qui leur servent d'accès, comme aussi en cas d'avaries occasionnées par le navire aux ouvrages d'un port, les frais d'extraction ou de réparation sont à la charge du propriétaire. Avant 1885, on discutait sur le point de savoir s'il pouvait se libérer par abandon. La loi du 12 août 1885 est venue consacrer l'affirmative par un paragraphe ajouté à l'article 216 du Code de commerce.

800. — Qui peut faire abandon. Cas du capitaine copropriétaire du navire. — L'abandon ne peut être fait que par le propriétaire. Le capitaine, et en cas de pluralité de copropriétaires, l'armateur-gérant, s'il y en a un, ne peuvent faire abandon qu'en vertu d'un mandat spécial. Quand le navire appartient à plusieurs, l'abandon total du navire ne peut être décidé que par une délibération de la majorité. Mais chacun des copropriétaires est toujours libre de faire abandon de sa part.

La faculté de faire abandon n'est pas accordée à celui qui est en même temps propriétaire et capitaine du navire; c'est la conséquence du principe précédemment posé, que le propriétaire ne peut se libérer par abandon des engagements du capitaine auxquels il a participé.

Lorsque le capitaine n'est que copropriétaire du navire, il ne peut faire abandon de sa part et répond de ses engagements et de ses faits sur tous ses biens; mais il n'en est tenu que dans la proportion de son intérêt: il est tenu d'un tiers, d'un quart, suivant qu'il est propriétaire d'un tiers ou d'un quart du navire.

801. — Ce qui doit être abandonné. — Le propriétaire doit abandonner: 1° le navire; 2° le fret.

802. — *Navire.* — Le navire doit être abandonné dans l'état où il se trouve au moment de l'abandon, entier ou en débris; l'abandon peut même être fait en cas de perte totale. Le propriétaire, d'ailleurs, n'est pas obligé d'abandonner l'indemnité d'assurance qu'il a pu toucher.

803. — *Fret.* — Le fret dont il doit être fait abandon est le dernier fret, celui qui se rapporte au dernier voyage ; ainsi, en principe, l'abandon fait après le retour du navire ne comprend que le fret du voyage de retour; mais il en serait autrement si le navire avait été affrété pour l'aller et retour, non moyennant deux frets distincts pour chaque voyage, mais moyennant un fret unique, payable au retour. Le fret des marchandises débarquées avant l'abandon conformément à la charte-partie n'est pas compris dans l'abandon. Si le navire avait transporté des marchandises appartenant au propriétaire, celui-ci devrait abandonner une somme équivalente au fret qu'il aurait touché, s'il avait transporté des marchandises appartenant à des tiers.

Si le propriétaire a déjà touché le fret, soit par lui-même, soit par un consignataire, l'abandon implique l'obligation de le restituer; si le propriétaire n'a pas encore touché le fret, il est quitte en abandonnant sa créance; cette solution doit être admise même si le fret a été touché par le capitaine.

804. — Jusqu'a quel moment l'abandon peut être fait. — Aucune limitation de durée n'est apportée par la loi à la faculté de faire abandon. Cette faculté peut être exercée tant que le propriétaire n'y a pas renoncé, soit expressément, soit tacitement, en faisant des actes qui impliquent renonciation, par exemple lorsque, *déjà assigné* en responsabilité, le propriétaire a expédié son navire pour un autre voyage, au cours duquel il a été détérioré.

Lorsque le propriétaire est assigné en exécution des engagements contractés par le capitaine ou en responsabilité des faits de ce dernier, il n'est pas tenu, sous peine de déchéance, de faire immédiatement abandon : il peut discuter la réclamation dirigée contre lui. Il peut même, condamné en première instance, faire abandon pendant l'instance d'appel, ou même en cassation. Mais une fois condamné *personnellement* par une décision *devenue définitive*, le propriétaire ne peut plus faire abandon[1].

805. — En quelle forme doit être fait l'abandon. — Le Code n'en prescrit aucune. Il suffit donc que la volonté d'abandonner le navire et son fret soit clairement manifestée. Mais dans le doute, il convient de recourir à la forme qui prête le moins à une contestation, c'est-à-dire à une signification faite aux créanciers par ministère d'huissier. Lorsque l'abandon est fait par le propriétaire au cours d'une instance dirigée contre lui par les créanciers envers qui le capitaine a contracté des obligations relatives au navire ou à l'expédition, il est incontestable que l'abandon peut être fait par de simples conclusions prises à l'audience.

806. — L'abandon doit être accepté ou déclaré valable. — L'abandon du navire et du fret ne libère pas par lui-même le propriétaire. L'abandon ne produit cet effet que du jour où il est accepté par les créanciers. On comprend, en effet, que le propriétaire aura souvent la tentation de faire abandon en dehors des cas où cet abandon est autorisé par la loi. Le propriétaire ne saurait de sa seule volonté imposer aux créanciers un mode de libération préjudiciable à leurs intérêts, en dehors des cas où il est exceptionnellement admis. En cas de désaccord entre le propriétaire et les créanciers, le tribunal statue, et sa décision, si l'abandon est reconnu valable, tient lieu d'acceptation.

806 bis. — Quels effets produit l'abandon. — De graves divergences existent entre les auteurs sur les effets de l'abandon. Suivant les uns, l'abandon transfère la propriété du navire aux créanciers. Suivant les autres, celui qui fait l'aban-

---

1. Suivant certains auteurs, la faculté d'abandon subsiste même après une condamnation devenue définitive, tant que le propriétaire n'a pas laissé accomplir des actes d'exécution sur sa fortune de terre.

don ne demeure pas moins propriétaire ; l'abandon donne simplement aux créanciers le droit de faire vendre le navire pour se faire payer sur le prix. Dans ce système, le propriétaire qui fait l'abandon ne perd la propriété que par la vente. Dans l'état actuel de la doctrine et de la jurisprudence, aucune de ces deux opinions ne s'impose. L'intérêt de la question est d'ailleurs plus théorique que pratique.

II

SAISIE ET VENTE FORCÉE DES NAVIRES
DROIT DE SUITE DES CRÉANCIERS

807. — **Qui peut saisir un navire. Droit de suite des créanciers.** — Les navires peuvent être saisis non seulement par les créanciers du propriétaire actuel, mais encore par les créanciers de précédents propriétaires. Les créanciers ont donc un droit de suite. On s'est déjà expliqué aux n°s 787 et suivants sur le droit de suite des créanciers hypothécaires et les causes d'extinction de ce droit. Il reste à parler du droit de suite des autres créanciers. Le droit de suite appartient aussi bien aux créanciers chirographaires qu'aux créanciers privilégiés (argument de l'article 190). Son exercice suppose d'ailleurs que les créances sont relatives au navire.

808. — **Quand le droit de suite s'évanouit.** — Ce droit de suite est soumis à certaines causes d'extinction :

1° La vente sur saisie [1] (art. 193, C. com.) ; alors le droit des créanciers est transporté du navire sur son prix ;

---

1. La question de savoir si les autres ventes ordonnées par justice éteignent le droit de suite est controversée. Mais nous n'hésitons pas à assimiler au moins les ventes sur surenchère (V. 789 *bis*).

2° En cas de vente volontaire du navire, un voyage en mer de ce navire sous le nom et aux risques de l'acheteur sans opposition des créanciers du vendeur.

Le navire doit être considéré comme voyageant sous le nom de l'acquéreur, lorsqu'il y a eu mutation en douane au nom de ce dernier. L'opposition n'est assujettie à aucune forme particulière. Il faut et il suffit que le créancier fasse connaître ses droits d'une manière incontestable au nouveau propriétaire du navire. Le mieux sera de recourir à une signification par huissier; il sera également prudent de faire la même signification au vendeur. L'article 194 C. com. détermine à quelles conditions un navire doit être considéré comme ayant fait un voyage en mer.

C'est : 1° lorsque le départ du navire et son arrivée sont constatés dans deux ports différents et 30 jours après le départ. Il n'est pas nécessaire qu'il se soit écoulé 30 jours entre le départ d'un port et l'arrivée dans un autre. Il suffit qu'il y ait entrée dans un port: le droit de suite disparaît lorsqu'il s'est écoulé 30 jours depuis le départ ;

2° Lorsque le navire n'étant pas entré dans un autre port, il s'est écoulé plus de 60 jours entre le départ et le retour dans le même port ;

3° Lorsque le navire, parti pour un voyage au long cours, a été plus de 60 jours en voyage.

Lorsque la vente a eu lieu en cours de voyage, elle ne préjudicie pas aux créanciers du navire, qui continuent à avoir pour gage le navire ou son prix et qui peuvent même attaquer la vente pour cause de fraude (art. 196, C. com.).

809. — QUAND LA SAISIE PEUT AVOIR LIEU. — En principe, le bâtiment prêt à faire voile n'est pas saisissable, et le navire doit être considéré comme prêt à faire voile quand le capitaine est muni de ses expéditions pour son voyage. Par exception, le navire prêt à faire voile peut être saisi, à raison des dettes contractées pour le voyage qu'il va faire ; et encore même dans ce cas, le capitaine ou l'armateur peut empêcher la saisie en donnant caution.

810. — En quelles formes la saisie doit être faite. — Le créancier doit d'abord signifier par huissier un commandement au propriétaire du navire (art. 198, C. com.), ce qui suppose qu'il est nanti d'un titre exécutoire. S'il n'en a pas, il doit en obtenir un et, par suite, obtenir contre le propriétaire un jugement de condamnation (art. 198, C. com.)[1]. Ce commandement doit être fait à la personne du propriétaire ou à son domicile, s'il s'agit d'une action générale à former contre lui ; mais le commandement peut être fait au capitaine, si la créance est du nombre de celles qui sont susceptibles de privilège sur le navire, aux termes de l'article 191 C. com. Vingt-quatre heures après le commandement, il peut être, par ministère d'huissier, procédé à la saisie du navire (art. 198, C. com.). L'huissier énonce dans le procès-verbal de saisie : 1° les nom, profession et demeure du créancier pour lequel il agit ; 2° le titre en vertu duquel il procède ; 3° la somme dont il poursuit le recouvrement ; 4° une élection de domicile dans le lieu où siège le tribunal devant lequel la vente doit être poursuivie, et dans le lieu où le navire est amarré ; 5° il fait l'énonciation et la description des chaloupes, canots, agrès, ustensiles, armes, munitions et provisions ; 6° il établit un gardien.

Après la saisie, le saisissant doit, dans le délai de trois jours de la saisie, notifier au propriétaire du navire copie du procès-verbal de saisie et le faire citer devant le tribunal civil du lieu de la saisie[2] pour voir dire qu'il sera procédé à la vente des choses saisies (art. 23, loi de 1885).

---

1. En attendant qu'il ait pu obtenir un jugement, le créancier peut, pour empêcher le départ du navire, pratiquer, en vertu d'une ordonnance du président du tribunal de commerce, une saisie conservatoire sur le navire (art. 417, Pr. civ.).

2. Si le propriétaire n'est pas domicilié dans le ressort du tribunal, les significations et citations lui sont données en la personne du capitaine du bâtiment

Il doit faire transcrire le procès-verbal de saisie au bureau du receveur des douanes du lieu de la construction s'il s'agit d'un navire en construction, ou du lieu de l'immatricule s'il s'agit d'un navire déjà francisé. Le délai de trois jours est, en ce qui concerne la transcription du procès-verbal de saisie, augmenté d'un jour par cinq myriamètres de distance du lieu du tribunal qui doit connaître de la saisie et de ses suites.

Dans la huitaine, le receveur des douanes délivre un état des inscriptions d'hypothèque qui grèvent le navire, s'il en existe, et, dans les trois jours qui suivent la délivrance de cet extrait (avec augmentation à raison des distances comme il est dit ci-dessus), le saisissant notifie le procès-verbal de saisie aux créanciers inscrits, que l'extrait dont il vient d'être parlé lui a révélés, avec indication du jour de la comparution devant le tribunal[1]. Le tribunal fixe par son jugement la mise à prix et les conditions de la vente (art. 25, loi du 10 juillet 1885)[2].

811. — VENTE. — Puis la vente est annoncée par des affiches apposées au grand mât du bâtiment ou sur la partie la plus apparente, à la porte principale du tribunal, dans la place publique et sur le quai du port où le bâtiment est amarré, ainsi qu'à la Bourse de commerce, s'il y en a une (art. 27, loi du

---

saisi, ou, en son absence, en la personne de celui qui représente le propriétaire ou le capitaine, et le délai de trois jours est alors augmenté d'un jour par cinq myriamètres de distance entre le lieu de l'assignation et le lieu du domicile du propriétaire, sans que le délai puisse excéder un mois. Si le propriétaire est étranger, hors de France et non représenté, les citations et significations sont données conformément à l'article 69 du Code de procédure civile, c'est-à-dire que la copie est remise au procureur de la République, et qu'une autre copie est affichée à la porte du tribunal.

1. Le délai de la comparution est calculé à raison d'un jour par 5 myriamètres de distance entre le lieu où le navire est immatriculé (qui est le lieu du domicile élu par les créanciers, où leur est faite la notification) et le lieu où siège le tribunal dans le ressort duquel la saisie a été pratiquée, sans qu'en aucun cas ce délai puisse excéder celui énoncé dans l'article 23 et qui se trouve indiqué dans la note précédente.

2. Si la vente est ordonnée à la suite d'une surenchère (V. n° 789 *bis*), la mise à prix est le prix de la vente précédente augmenté d'un dixième.

10 juillet 1885), et en outre par une insertion dans un des journaux du lieu où siège le tribunal (art. 26 de la même loi).

Ces affiches et insertions indiquent : les nom, profession et demeure du saisissant ; les titres en vertu desquels il agit ; le montant de la somme qui lui est due ; l'élection de domicile faite par lui dans le lieu où siège le tribunal civil et dans le lieu où se trouve le bâtiment ; les nom, profession et domicile du propriétaire et celui du capitaine, si le bâtiment est armé ; le mode de puissance motrice du navire, son tonnage, et, s'il est à vapeur, le nombre de chevaux nominaux de sa machine ; le lieu où il se trouve ; la mise à prix et les conditions de la vente ; les jour, lieu et heure de l'adjudication (art. 28, loi de 1885). Ce lieu est en principe l'audience des criées du tribunal civil. Néanmoins, le tribunal peut ordonner que la vente aura lieu, soit devant un autre tribunal, soit en l'étude et par le ministère d'un notaire, soit par un courtier maritime à la Bourse, ou dans tout autre lieu du port où se trouve le navire saisi (art. 26, loi du 10 juillet 1885).

La vente a lieu quinze jours après l'apposition des affiches et l'insertion dans les journaux (art. 26, loi du 10 juillet 1885).

Si au jour fixé pour la vente aucun enchérisseur ne se présente, le tribunal ordonne une nouvelle mise en vente sur une mise à prix inférieure à la première [1].

L'adjudication met fin aux pouvoirs du capitaine, sauf à lui à se pourvoir en dédommagement contre qui de droit (art. 208, C. com.).

L'adjudicataire est tenu, dans les vingt-quatre heures de l'adjudication, de verser son prix au greffe du tribunal de commerce (art. 209, C. com.) [2] s'il n'existe pas d'inscription

---

1. Si la vente est ordonnée à la suite d'une surenchère, il n'y a pas lieu à une nouvelle mise en vente, et le navire est adjugé au surenchérisseur pour la mise à prix.

2. Même avant la loi de 1885, la consignation se faisait à la Caisse des dépôts et consignations.

sur le navire, et s'il existe des inscriptions, à la Caisse des dépôts et consignations (loi de 1885, art. 30).

Faute par lui de ce faire, le navire peut être revendu à la folle enchère, c'est-à-dire qu'il est remis aux enchères aux risques et périls de l'adjudicataire, qui est tenu de payer la différence qui peut exister entre le nouveau prix et celui moyennant lequel il a lui-même acheté le navire.

III

DISTRIBUTION DU PRIX

812. — La distribution du prix donne lieu à deux questions : entre qui le prix sera-t-il distribué ? de quelle manière la distribution doit-elle être faite ?

813. — Entre qui le prix est distribué. — Le prix est distribué entre les créanciers dans l'ordre suivant : d'abord aux créanciers privilégiés ; ensuite aux créanciers hypothécaires inscrits ; enfin aux créanciers chirographaires.

814. — Créanciers privilégiés. — L'article 191 énumère une série de privilèges sur le navire.

Tous ces privilèges reposent sur cette idée que les créances qu'ils garantissent ont profité aux autres créanciers, comme ayant conservé le gage commun. Les créances les plus récentes sont donc préférées aux plus anciennes. Les créanciers qui se trouvent au même rang sont payés au marc le franc en cas d'insuffisance du prix.

Voici l'énumération des créances privilégiées dans l'ordre de préférence :

1° Frais de justice et autres faits pour parvenir à la vente et à la distribution du prix ;

2° Droits de pilotage, tonnage, cale, amarrage et bassin ou avant-bassin ;

3° Gages du gardien et frais de garde du bâtiment depuis son entrée dans le port jusqu'à la vente ;

4° Loyer des magasins où se trouvent déposés les agrès et apparaux ;

5° Frais d'entretien du bâtiment, de ses agrès et apparaux, depuis son dernier voyage et son entrée dans le port ;

6° Les gages et loyers du capitaine, des autres gens de l'équipage employés au dernier voyage. Il est admis généralement que le dernier voyage représente toute la durée de leurs services depuis leur dernier engagement consigné sur le rôle. Le chapeau dû au capitaine est privilégié au même titre que ses gages proprement dits ;

7° Les sommes prêtées, soit à la grosse, soit autrement, au capitaine pour les besoins du navire pendant le dernier voyage, et le remboursement des marchandises par lui vendues pour le même objet. Par dernier voyage, il faut entendre l'ensemble des traversées effectuées par le navire depuis son départ du port d'armement ;

8° Les sommes dues au vendeur, aux fournisseurs et ouvriers employés à la construction, si le navire n'a pas encore fait de voyage ; et les sommes dues aux créanciers pour fournitures, travaux, main-d'œuvre pour radoub, victuailles, armement, équipement avant le départ du navire, s'il a déjà navigué ;

9° Le montant des primes d'assurance faites sur le corps, quille, agrès et apparaux, et sur armement et équipement du navire, dues pour le dernier voyage. Il s'agit ici du dernier voyage assuré et non du dernier voyage réel ; ainsi, si un navire a été assuré pour son voyage d'aller, ensuite pour son voyage de retour, les primes des deux assurances ne sont pas privilégiées ; seule est privilégiée la prime afférente au voyage de retour (V. n° 602) ;

10° Les dommages-intérêts dus aux affréteurs pour le défaut de délivrance de marchandises qu'ils ont chargées, ou pour le remboursement des avaries souffertes par lesdites marchandises par la faute du capitaine et de l'équipage.

815. — CRÉANCIERS HYPOTHÉCAIRES. — Ils sont payés après les créanciers privilégiés dans l'ordre de leurs inscriptions. Celui dont l'inscription est la plus ancienne est payé le premier, etc. Les hypothèques inscrites le même jour viennent en concurrence et par suite au marc le franc, nonobstant la différence des heures de l'inscription (art. 10, loi de 1885).

816. — CRÉANCIERS CHIROGRAPHAIRES. — Ils sont payés au marc le franc après les créanciers privilégiés et les créanciers hypothécaires.

Tout créancier colloqué l'est tant pour son principal que pour intérêts et frais (art. 214, C. com.).

817. — DE QUELLE MANIÈRE SE FAIT LA DISTRIBUTION DU PRIX. — On a vu que l'adjudicataire est tenu (art. 209, C. com.) de consigner ce prix au greffe du tribunal de commerce[1]. Si aucun créancier autre que le saisissant ne se révèle, le prix de vente revient au saisissant, déduction faite des frais de vente, et l'excédent, s'il y en a un, revient au saisi. Les créanciers autres que le saisissant se font connaître en formant opposition sur le prix. Les oppositions doivent être faites dans les trois jours; après ce délai, elles ne sont plus admises (art. 212, C. com.). Le Code ne détermine pas entre les mains de qui et dans quelle forme les oppositions doivent être faites. Dans le doute, il est prudent de suivre la marche la plus sûre, c'est-à-dire de signifier par ministère d'huissier l'opposition entre les mains soit de l'adjudicataire, s'il n'a pas encore consigné son prix, soit entre les mains du greffier[2], si la consignation est déjà faite. L'opposition faite, le créancier saisissant ou le tiers saisi (le détenteur des deniers) fait sommation aux

---

1. V. n° 811, note.
2. Ou du préposé à la Caisse des dépôts et consignations (V. n° 811, note).

opposants de produire leurs titres de créance au greffe. Les créanciers opposants sont tenus de produire leurs titres au greffe dans les trois jours de la sommation, faute de quoi ils ne sont pas compris dans la distribution du prix de vente.

818. — *Justifications à fournir par ceux qui prétendent à un privilège.* — Lorsque les créanciers opposants prétendent à un privilège, la loi (art. 192, C. com.) indique les pièces qu'ils doivent produire pour justifier à la fois leurs créances et leur privilège. Les créances privilégiées de l'article 191 du Code de commerce doivent être justifiées, savoir :

1° Les frais de justice, par des états de frais arrêtés par les tribunaux compétents ;

2° Les droits de tonnage et autres par les quittances légales des receveurs ;

3° Les frais autres que les frais de justice proprement dits, les gages du gardien et frais de garde, le loyer des magasins où sont déposés les agrès et apparaux, les frais d'entretien du bâtiment et de ses agrès et apparaux, par des états arrêtés par le président du tribunal de commerce ;

4° Les gages et loyers de l'équipage par les rôles d'armement et de désarmement, arrêtés dans les bureaux de l'inscription maritime ;

5° Les sommes prêtées et la valeur des marchandises vendues pour les besoins du navire, par des états arrêtés par le capitaine, appuyés de procès-verbaux signés des principaux de l'équipage, constatant la nécessité des emprunts ;

6° La vente du navire, par un acte ayant date certaine, et les fournitures pour l'équipement et avitaillement du navire, par les factures, mémoires ou états signés par le capitaine et arrêtés par l'armateur, dont un double doit être déposé au greffe du tribunal de commerce avant le départ du navire, ou au plus tard dans les dix jours après son départ ;

7° Les primes d'assurance par les polices ou par les extraits des livres des courtiers d'assurance ;

8° Les dommages-intérêts dus aux affréteurs, par les jugements ou par les décisions arbitrales intervenus.

819. — *Procédure.* — L'adjudicataire, après avoir consigné
son prix, doit, dans les cinq jours, présenter sa requête au
président du tribunal civil pour faire commettre un juge devant lequel il citera les créanciers privilégiés qui ont fait opposition sur le prix et les créanciers inscrits au domicile par
eux élu, à l'effet de s'entendre sur la distribution du prix.
L'acte de convocation est affiché dans l'auditoire du tribunal
et inséré dans un des journaux imprimés dans le lieu où siège
le tribunal. Le délai de convocation est de quinzaine, sans
augmentation à raison des distances (art. 30, loi de 1885).
Si les créanciers s'entendent, le prix est distribué conformément à l'accord intervenu.

Si les créanciers ne s'entendent pas, il est dressé par le
juge un procès-verbal de leurs prétentions et contredits. Dans
la huitaine, chacun des créanciers doit déposer au greffe une
demande de collocation contenant constitution d'avoué, avec
les pièces à l'appui (les créanciers privilégiés doivent déposer
les pièces énumérées au n° 818). A la requête du plus dili-
gent, les créanciers seront par un simple acte d'avoué à avoué
appelés devant le tribunal qui statuera à l'égard de tous,
même des créanciers privilégiés (art. 31 de 1885).

Le jugement est signifié dans les trente jours de sa date à
avoué, seulement pour les parties présentes, au domicile élu
pour les parties défaillantes. Ce jugement n'est pas susceptible d'opposition, mais il est susceptible d'appel dans les
dix jours de la signification, plus un jour par cinq myriamètres de distance entre le siège du tribunal et le domicile
élu dans l'inscription[1]. Dans les huit jours qui suivent l'ex-

---

1. L'acte d'appel contiendra l'assignation et l'énonciation des griefs à peine
de nullité. La disposition finale de l'article 762 de la Procédure civile sera
appliquée, ainsi que les articles 761, 763 et 764 du même Code, relativement
à la procédure devant la cour.

piration du délai d'appel et, s'il y a appel, dans les huit jours de l'arrêt, le juge déjà désigné dresse l'état des créances colloquées en principal, intérêts et frais. Les intérêts des créances utilement colloquées cessent alors de courir contre le saisi. Les dépens des contestations ne peuvent être pris sur les deniers à distribuer, sauf ceux de l'avoué le plus ancien. Enfin, sur ordonnance rendue par le juge-commissaire, le greffier délivrera des bordereaux de collocation exécutoires contre la Caisse des dépôts et consignations. La même ordonnance autorise la radiation par le receveur des douanes.

TABLE ALPHABÉTIQUE DES MATIÈRES

(Les chiffres renvoient aux numéros.)

Nancy, impr. Berger-Levrault et Cⁱᵉ.

BERGER-LEVRAULT ET Cie, ÉDITEURS

PARIS, 5, RUE DES BEAUX-ARTS. — 18, RUE DES GLACIS, NANCY

Toute demande accompagnée du montant est expédiée franco ; il est fait exception pour les ANNUAIRES, dont le port est à la charge des destinataires.

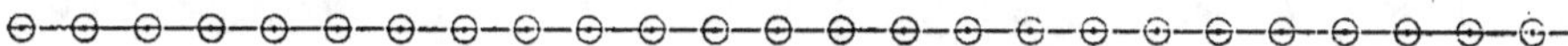

FÉVRIER 1898

PUBLICATIONS MARITIMES

COLONIALES ET GÉOGRAPHIQUES

EXTRAIT DU CATALOGUE

TABLE SYSTÉMATIQUE

ANNUAIRES

ANNUAIRE DE LA MARINE

Pour 1898. — Volume in-8° de 1170 pag. Broché, **7 fr.** Relié en percaline, **8 fr. 50** c.

CARNET DE L'OFFICIER DE MARINE

Pour 1897. — Recueil de renseignements à l'usage des officiers de la marine militaire et de la marine du commerce, suivi d'une liste du personnel et d'une liste des bâtiments mises à jour au 15 juillet. 19° année. Volume in-18 de 620 pages, format de poche, relié en percale . . . . **3 fr. 50** c.

ANNUAIRE DE L'ARMÉE FRANÇAISE

Pour 1897, publié sur les documents communiqués par le ministère de la guerre. Volume in-8° de 1648 pages. Broché. **12 fr.**
Cartonné en percaline . . . . **14 fr.**   Relié en basane. . . . **14 fr. 50** c.

ÉTAT MILITAIRE du CORPS de L'ARTILLERIE de FRANCE

Pour 1897. Volume in-8° de 1145 pages. — Broché, **6 fr.** Relié en percaline, **7 fr. 50** c.
— Demi-reliure en cuir vert. . . . . **8 fr.**
L'édition pour 1897 paraîtra en mai.

ANNUAIRE DE L'ARME DE L'INFANTERIE

Pour 1898, établi par M. Léon Marseille, chef de bataillon, commandant le bureau de recrutement de Mamers. 19° année. — Volume in-8° de 744 pages. Broché. **6 fr.**
Relié en percaline . . . . **7 fr. 50** c.

PUBLICATIONS PÉRIODIQUES

REVUE D'ARTILLERIE

Paraissant en 12 livraisons mensuelles, à partir du 15 octobre de chaque année, depuis 1872. — *Chaque livraison comprend environ 7 feuilles in-8°, avec figures dans le texte et planches hors texte.* — Prix par an, France. . **20 fr.**; Union postale. . **22 fr.**

REVUE DU GÉNIE MILITAIRE

Paraissant depuis 1887. 12 livraisons mensuelles, à partir de janvier. — *Chaque livraison comprend environ six feuilles in-8°, avec figures dans le texte et planches hors texte.* — Prix par an, France . . . . . . **25 fr.**   Union postale. . . . . . **27 fr.**
Les années 1887 à 1894 (6 livraisons par an) sont en vente à raison de **15 fr.** et les années 1895 et 1896 (12 livraisons) à. . . . . **25 fr.**

REVUE DE CAVALERIE

Paraissant depuis 1885. 12 livraisons mensuelles, à partir d'avril de chaque année. — *Chaque livraison comprend environ 8 feuilles grand in-8°, avec figures dans le texte et planches hors texte.* — Prix par an, France. **30 fr.**   Union postale. . **33 fr.**

CARNET DE LA SABRETACHE

Revue militaire rétrospective, paraissant depuis 1893. 12 livraisons mensuelles à partir de janvier. — A partir de janvier 1897, *chaque livraison comprend 4 feuilles grand in-8°, avec gravures.* — Prix par an, France . **20 fr.**   Union postale . **22 fr.**
La 1re année (1893) est en vente au prix de **12 fr.** et les 2°, 3° et 4° années (1894 à 1896) au prix de . . . . **15 fr.**

MARINE

I. — Administration. Personnel.

ANNUAIRE DE LA MARINE pour l'année 1898. Un volume de 1170 pages in-8°, broché. . . . 7 fr.
Relié en percaline. . . . . 8 fr. 50 c.

LA CAISSE DES INVALIDES DE LA MARINE. Sa suppression, par M. GOUGEARD, ministre de la marine. 1882. Grand in-8°, broché . 1 fr. 50 c.

CAISSE DES INVALIDES DE LA MARINE ET PENSIONS DE L'ARMÉE DE MER. Administration, législation et tarifs, par M. NEVEU, commissaire de la marine. 1897. 1 vol. grand in-8°, br . 3 fr.
Tirage à grandes marges . . . . 4 fr.

Ce volume forme la 2e partie du Tome III du *Traité d'administration de la marine* de MM. FOURNIER et NEVEU.

CARNET DE L'OFFICIER DE MARINE POUR 1897. Recueil de renseignements à l'usage des officiers de la marine militaire et de la marine du commerce, suivi d'une liste du personnel mise à jour, par Léon RENARD, ancien bibliothécaire du dépôt des cartes et plans et du ministère de la marine et des colonies, ancien sous-directeur au ministère. 19e année. Un vol. in-18 de 620 pages, relié en percale. . . . . 3 fr. 50 c.
Les années précédentes sont en vente au même prix.

CODE DES OFFICIERS DU CORPS DE SANTÉ DE LA MARINE, par le D^r Ph. Aude, médecin principal de la marine. 1877. Un fort vol. in-8°, br. 15 fr.

CODE PÉNAL DE LA MARINE MARCHANDE. Manuel à l'usage de MM. les commandants des bâtiments de l'État, consuls et vice-consuls de France, commissaires de l'Inscription maritime, capitaines, maîtres ou patrons des bâtiments du commerce, etc., par Paul VINSON, sous-commissaire de la marine. 2e édition, augmentée et mise à jour. 1890. Volume in-12, broché. . . . . 2 fr.

COMMENTAIRE DE LA LOI DU 10 DÉCEMBRE 1874 SUR L'HYPOTHÈQUE MARITIME, par A. AUGIER, aide-commissaire. 1879. Broch. gr. in-8°. 1 fr. 25 c.

COMMENTAIRE DE LA LOI DU 8 JUIN 1893, relative aux actes de procuration, de consentement et d'autorisation dressés aux armées ou dans le cours d'un voyage maritime, par Léon PÉRIER, docteur en droit, officier d'administration adjoint de 1re classe de réserve. 1895. Un volume in-12, broché . . . . 2 fr.

DE LA DYNAMOMÉTRIE ET DE LA SPIROMÉTRIE appliquées au recrutement des équipages, par le Dr H. REY, médecin de 1re classe de la marine. 1875. In-8°, broché. . . . . 1 fr.

ÉTUDE COMPARATIVE SUR LES COMPTABILITÉS-MATIÈRES DE LA GUERRE ET DE LA MARINE, par E. FABRE, chef de bureau au ministère de la marine et des colonies. 1882. Grand in-8°. 3 fr.

ÉTUDE SUR LA LÉGISLATION RÉGLEMENTANT LA COUPE ET LA RÉCOLTE DES HERBES MARINES, par Lucien AYRAULT, procureur de la République à Quimper. 1880. Gr. in-8°, broché. 2 fr. 50 c.

GUIDE-FORMULAIRE A L'USAGE DES AGENTS DE L'INSCRIPTION MARITIME, inspecteurs des pêches, syndics des gens de mer, gardes maritimes, gendarmes de la marine, etc., par A. JOUAN, sous-commissaire de la marine. 1890. In-12, broché . . . . 1 fr. 50 c.

L'INFANTERIE DE MARINE. Organisation. Recrutement. Service colonial, par G. DE SINGLY, chef de bureau adjoint au ministère de la marine. Avec la répartition nominative des officiers au 1er octobre 1890. Volume in-8°, broché . . 6 fr.

INVENTAIRE SOMMAIRE DES ARCHIVES DE LA MARINE. Premier fascicule, 1882. Gr. in-8°. 2 fr.

LÉGISLATION DE LA MARINE MARCHANDE EN ANGLETERRE, par M. HAUTEFEUILLE, lieutenant de vaisseau. 1877. Grand in-8°, br. 1 fr. 50 c.

LA LOI DU 5 AOUT 1879 SUR LES PENSIONS du personnel du département de la marine et des colonies, par Jules DELARBRE, conseiller d'État honoraire. 1880. Grand in-8°, broché. . . 2 fr.

MANUEL DE COMPTABILITÉ-MATIÈRES, à l'usage des comptables du service colonial, par A. RAYNAL, commis-rédacteur à l'administration des colonies. 1889. Volume in-8°, broché . . . 5 fr.

NOTICE SUR L'ORGANISATION DU CORPS DU COMMISSARIAT DE LA MARINE FRANÇAISE, depuis l'origine jusqu'à nos jours, suivie d'une liste chronologique des anciens intendants de la marine et des colonies, par A. DESCHARD, sous-comm. de la marine. 1877. Gr. in-8°, br. 4 fr.

NOUVELLE LOI ANGLAISE SUR LA MARINE MARCHANDE (*Merchant Shipping act*), du 15 août 1876. Création d'un service d'inspection des bâtiments de commerce. Police de la navigation dans les eaux anglaises. Traduit de l'anglais par Henry DURASSIER. 1877. Brochure in-12 de 42 pages . . . . 1 fr.

LE PERSONNEL ET LE SERVICE A BORD DE LA MARINE ANGLAISE, par P. DE CORNULIER, capitaine de frégate. 1883. Grand in-8°, broché. . . 3 fr.

PRÉCIS DE DROIT MARITIME INTERNATIONAL ET DE DIPLOMATIE, d'après les documents les plus récents, par A. LE MOINE, capitaine de vaisseau, licencié en droit. (*Bibliothèque du marin.*) 1888. Un volume in-8°, broché. . . . . 6 fr.

PROGRAMMES DES QUESTIONS AUX CANDIDATS DU CORPS DE SANTÉ DE LA MARINE, publiés par ordre du ministre de la marine et des colonies. 1881. In-8°, broché. . . . . . 2 fr. 50 c.

RÈGLEMENT ALLEMAND RELATIF AUX NAUFRAGES (17 mai 1874). Brochure grand in-8° . . . 50 c.

DE LA RÉPARTITION DES RECRUES DANS LES DIFFÉRENTS CORPS DE LA MARINE et des conditions pour chacun de ces corps au point de vue de la vision, par E. MAUREL, médecin de 1re classe de la marine. 1882. Gr. in-8°, avec figures et 3 planches coloriées, broché. . . . . . . 3 fr. 50 c.

RÉPERTOIRE DU SERVICE A LA MER, par Ch. COURAYE DU PARC, sous-commissaire de la marine. 1896. Un volume grand in-8°, broché. . . 6 fr.
Relié en percaline . . . . 7 fr.

DE LA RÉVISION ET DE LA CODIFICATION DES LOIS. Aperçu sur la refonte de la législation de la marine. Projet de dictionnaire administratif de la marine, par C. CHATELAIN, inspecteur adjoint de la marine. (Extrait de la *Revue maritime*.) 1880. Grand in-8°, broché . . . . . 1 fr. 25 c.

REVUE MARITIME ET COLONIALE, publiée par le Ministère de la marine et des colonies, paraissant tous les mois par livraison d'au moins 15 feuilles, avec figures dans le texte et planches, et formant tous les trois mois un volume d'environ 1000 pages avec table. Années 1875 à 1884. Chaque année. . . . . 50 fr.

SERVICE ADMINISTRATIF A BORD DES NAVIRES DE L'ÉTAT. Manuel du commandant comptable et de l'officier d'administration, par C. NEVEU et A. JOUAN, commissaires de la marine. (*Bibliothèque du marin.*) 2ᵉ édit. 1895, mise à jour par les *appendices* nᵒˢ 3 à 5 jusqu'au nᵒ 20 du *Bulletin officiel* de 1897, y compris le décret sur la solde pour les officiers. Vol. gr. in-8º de 604 pages, broché . . . . **10 fr.**
Relié en percaline. . . . . **11 fr. 50 c.**
Les *Appendices* seuls. . . . . **80 c.**

(Ouvrage rendu réglementaire à bord des navires de la flotte et dans les bibliothèques des dépôts des équipages.)

TRAITÉ D'ADMINISTRATION DE LA MARINE, par P. FOURNIER et NEVEU, commissaires de la marine. 1885. Tome I : Constitution du département de la marine et organisation de son personnel. Volume grand in-8º, 646 pages, broché. (*Épuisé.*) Tirage à grandes marges . . . . **12 fr. 50 c.**

— Tome II : Administration de la fortune publique dans le département de la marine. Volume grand in-8º, 714 pages, broché . . . . . **10 fr.**
Tirage à grandes marges . . . . . **12 fr. 50 c.**

— Tome III : 1ʳᵉ partie. Attributions de police générale du département de la marine. 1887. Vol. grand in-8º, 401 pages, broché . . . **7 fr. 50 c.**
Tirage à grandes marges . . . . **10 fr.**

— Tome III : 2ᵉ partie. Administration de la caisse des invalides de la marine et législation des pensions de l'armée de mer, suivies des tarifs en vigueur. 1897. Vol. grand in-8º, 156 p., br. **3 fr.**
Tirage à grandes marges . . . . **4 fr.**

LES TRANSPORTS MARITIMES. Éléments de droit maritime appliqué, par A. HAUMONT et A. LÉVARGY, avocats au barreau du Havre, professeurs à l'École supérieure de commerce du Havre. 1893. Un volume in-8º de 384 pages, relié en percaline gaufrée. . . . . **4 fr.**

___

II. — Organisation. Armement. Matériel.

Génie maritime.

ARMEMENTS MARITIMES. Cours professé à l'École supérieure de commerce de Marseille, par C. CHAMPENOIS, capitaine au long cours, ancien commandant aux Messageries maritimes. 1895. 2 volumes in-8º, avec 140 figures, reliés en percaline gaufrée. . . . . **10 fr.**

LES ARMEMENTS MARITIMES EN EUROPE, par Maurice LEROI, officier de marine en retraite. 1889. Volume in-12, broché . . . . **3 fr. 50 c.**

LES ARMES OFFENSIVES ET DÉFENSIVES A LA BATAILLE DU YALU, par MERVEILLEUX DU VIGNAUX (Extrait de la *Revue d'Artillerie*). 1895. Brochure in-8º. . . . . **75 c.**

LES ARSENAUX DE LA MARINE. I. Organisation administrative, par M. GOUGEARD, ministre de la marine. 1882. Grand in-8º, broché. **3 fr. 50 c.**

— II. Organisation économique, industrielle et militaire. 1882. Gr. in-8º, broché. . **7 fr. 50 c.**

LES BUDGETS MARITIMES DE LA FRANCE ET DE L'ANGLETERRE (*Études de statistique*), par P. DISLÈRE, ingénieur des constructions navales. 1879. Brochure grand in-8º . . . . . . **3 fr.**

LE CANAL DES DEUX-MERS devant le congrès des sociétés françaises de géographie, tenu à Tours en 1893, par J. V. BARBIER, délégué spécial de la Société de géographie de l'Est. 1894. In-8º, avec planche. . . . . **1 fr.**

CONSIDÉRATIONS SUR LA RÉGULATION DES MACHINES A VAPEUR, par M. LEFORT, capitaine de vaisseau. 1876. Brochure grand in-8º . . **75 c.**

COURS ÉLÉMENTAIRE D'ÉLECTRICITÉ PRATIQUE, par H. LEBLOND, professeur d'électricité à l'École des officiers torpilleurs. (*Bibliothèque du marin.*) 2ᵉ édition. 1896. Couronné par l'Académie des Sciences. Vol. in-8º de 474 pages, avec 161 figures, broché. . . . . **7 fr.**

COURS SPÉCIAL SUR LE MATÉRIEL DE CÔTE, à l'usage des cadres de l'artillerie de la marine, par A. DELAISSEY, colonel d'artillerie de marine. 1890. Volume in-12, avec 73 figures, broché . . **2 fr.**

LA CRÉATION D'UNE MARINE NATIONALE BELGE, par le lieutenant G. LECOINTE, provisoirement détaché dans la marine de guerre française. 1897. Un volume in-8º, broché . . . . **3 fr.**

LA DÉFENSE DES CÔTES D'EUROPE. Étude descriptive au double point de vue militaire et maritime, par Carl DIDELOT, lieutenant de vaisseau, membre de la Société de géographie de Paris. 1891. Un volume in-8º de 540 pages, avec atlas grand in-folio de 204 cartes, brochés . . . . . **25 fr.**
Reliés en toile gaufrée. l'atlas monté sur onglets . . . . **30 fr.**

LA DÉFENSE DES CÔTES ET LA MARINE, par G. MOCH (PATIENS), ancien capitaine d'artillerie. (Extrait de la *Marine française*.) 1895. Grand in-8º, broché . . . . **1 fr. 50 c.**

LA DÉFENSE NATIONALE ET LA DÉFENSE DES CÔTES, par PATIENS. 1894. Volume in-8º, broché. **5 fr.**

LE DESTRUCTEUR ET LE CANON SOUS-MARIN ERICSSON, leur usage dans la guerre navale, leurs avantages, et histoire sommaire de l'artillerie sous-marine, par William H. JACQUES, lieutenant de la marine des États-Unis. Traduit de l'anglais, avec l'autorisation de l'auteur, par le capitaine B. 1887. In-8º, broché. . . . . . **3 fr.**

DICTIONNAIRE DES MARINES ÉTRANGÈRES (cuirassés, croiseurs, avisos rapides), par P. DUPRÉ, lieutenant de vaisseau. 1882. Un volume grand in-8º, avec 155 figures. . . . . **6 fr.**

ÉLECTRICITÉ EXPÉRIMENTALE ET PRATIQUE. Cours professé à l'École des torpilleurs, par H. LEBLOND, agrégé des sciences physiques. (*Bibliothèque du marin.*) 2ᵉ édition. 1894-1895.

Couronné par l'Académie des sciences. 4 volumes, in-8º avec 409 figures et 3 planches, brochés.

Tome I : *Études générales des phénomènes électriques et des lois qui les régissent* . . . **6 fr.**
Tome II : *Mesures électriques* . . . . . . **6 fr.**
Tome III : *Application de l'électricité à bord des navires.* 1ᵉʳ fascicule . . . . **6 fr.**
—   — 2ᵉ fascicule. . . . . **8 fr.**

ENCORE LA QUESTION DU DÉCUIRASSEMENT, par le vice-amiral V. TOUCHARD. 1876. Brochure grand in-8º. . . . . **1 fr.**

SUR L'ÉTABLISSEMENT DES TABLES DE TIR MODÈLE 1870 et sur la formule des durées de trajet $T = N\sqrt{\gamma tgz}$, par BEAUVOIR, lieutenant de vaisseau. 1878. Grand in-8º, broché. **2 fr. 50 c.**

ÉTUDE SUR L'ARTILLERIE NAVALE, par A. BIEN-AIMÉ, lieut. de vaisseau. 1878. In-8º, br. **2 fr.**

ÉTUDE DE BALISTIQUE SUR LES BOUCHES A FEU DE L'ARTILLERIE NAVALE, par le colonel J.-B.-V. LE-FÈVRE, de l'artillerie de la marine. 1891. In-8°, avec 9 figures . . . . 1 fr. 25 c.

ÉTUDE SUR LES EFFETS DES EXPLOSIONS SOUS-MA-RINES, par J. S. M. AUDIC, lieutenant de vais-seau. 1877. Grand in-8°, broché . . 1 fr. 50 c.

ÉTUDE SUR LES NAVIRES D'AUJOURD'HUI, par R. DE BALINCOURT, lieutenant de vaisseau. 1892. In-8° de 182 pages, avec nombreuses fig. 3 fr. 50 c.

ÉTUDE SUR LE MATÉRIEL DE LA MARINE, par L. GADAUD, cap. de frég. 1882. Gr. in-8°. 1 fr. 50 c.

EXPOSÉ SOMMAIRE DES EXPÉRIENCES FAITES A AMSTERDAM SUR LA RÉSISTANCE DES CARÈNES, par M. P. DISLÈRE, ingénieur des constructions navales. 1878. Brochure grand in-8°. 2 fr. 50 c.

LA FLOTTE CUIRASSÉE TURQUE. Perforabilité des cuirassés turcs par les canons russes. 1877. Brochure in-8°, avec tableaux . . . 2 fr.

LA FLOTTE NÉCESSAIRE. Ses avantages straté-giques, tactiques et économiques, par le contre-amiral F.-E. FOURNIER. 1896. Un vol. in-12, broché . . . . 3 fr.

LES FLOTTES DE COMBAT ÉTRANGÈRES EN 1897. par R. DE BALINCOURT, lieutenant de vaisseau. 1897. Un volume in-8° de 347 pages avec nom-breux croquis. broché . . . . 6 fr.

GUIDE POUR L'EMPLOI DES MACHINES A VAPEUR MARINES et courôle de l'utilisation de combus-tible, par M. ROQUE, mécanicien principal de la marine. 1881. Grand in-8°, avec 4 figures et 3 planches, broché . . . . 3 fr. 50 c.

MANUEL D'ARTILLERIE A L'USAGE DES OFFICIERS, par M. LE BARZIC, lieutenant de vaisseau. 1880. Un volume in-12, broché . . . . . 3 fr. 50 c.

LA MARINE FRANÇAISE AU PRINTEMPS DE 1890, par J.-L. DE LANESSAN, député de Paris. 1890. Vol. in-12 de 400 pages, broché . . . . 3 fr. 50 c.

LA MARINE FRANÇAISE AU SIÈCLE PROCHAIN. Sa réorganisation. Réformes nécessaires. 1896. Un volume in-8°, broché . . . . 4 fr.

LA MARINE DE GUERRE. Six mois rue Royale, par Édouard LOCKROY, député. ancien ministre de la marine. 2e édition. 1897. Un volume in-8° de 391 pages, broché. . . . . 5 fr.

LA MARINE DE GUERRE, son passé et son avenir, cuirassés et torpilleurs, par GOUGEARD. ancien ministre de la marine. 1881. Grand in-8°, avec 1 planche, broché. . . . . 3 fr.

LA MARINE DANS LES GUERRES MODERNES. Guerre avec la Triple-Alliance. Guerre avec l'Angleterre, par ***. 1898. Un volume in-12, broché. . 2 fr.

MARINES ÉTRANGÈRES. Situation. Organisation. Matériel. Personnel. Troupes. Défenses sous-marines. Armement. Défense du littoral. Marine marchande, par H. BUCHARD, lieutenant de vais-seau. (*Bibliothèque du marin.*) 1891. Volume in-8° de 639 pages, avec 30 planches d'uniformes étrangers. . . . . 10 fr.

MATÉRIEL D'ARTILLERIE DE LA MARINE ESPA-GNOLE. 1886. In-8°, av. 5 planches, br. 1 fr. 50 c.

MINES SOUS-MARINES. TORPILLES ET TORPEDOS. Expériences faites sur l'Escaut, à Gand, à An-vers et à Calloo (Fort Sainte-Marie). Destruction à Calloo du brick de guerre «Duc-de-Brabant», par Henri DUPONT, colonel du génie de l'armée belge, en retraite. 1895. Un volume in-8° de 164 pages avec gravures, broché . . . . . 2 fr.

LES MOTEURS ÉLECTRIQUES A COURANT CONTINU, par H. LEBLOND, agrégé des sciences physiques, professeur d'électricité à l'École des officiers torpilleurs. 1894. Couronné par l'Académie des sciences. Un volume in-8° de 500 pages, avec 120 figures, broché. . . . . 10 fr.

NAPOLÉON ET LA DÉFENSE DES CÔTES, par le chef d'escadron DELAUNEY, de l'artillerie de la ma-rine. 1890. In-8°, broché. . . . . . 1 fr. 50 c.

DU NAVIRE DE COMBAT. Essai par J. HUNIER. 1892. In-12 de 80 pages, broché . . 1 fr. 50 c.

LES NAVIRES DE GUERRE. Essai sur leur valeur militaire, par R. BERARD. lieutenant de vais-seau. 1897. Un volume in-12, broché. . . 2 fr.

NOTES SUR LE FULMI-COTON. 1877. Gr. in-8°. 2 fr.

NOTES SUR L'ISOLEMENT DES CONDUCTEURS ÉLEC-TRIQUES (procédé d'essai), par le Dr A. FOUCAUT, médecin de 1re classe de la marine. 1875. In-8°, broché. . . . . 1 fr.

NOTES SUR L'ARTILLERIE DE CÔTE ITALIENNE, par R. CHAYROU, lieutenant d'artillerie. 1894. Brochure in-8° . . . . 1 fr.

NOTES SUR LA RÉSISTANCE DES MURAILLES CUI-RASSÉES, par P. DISLÈRE, sous-ingénieur de la marine. 1877. Grand in-8°, broché . . . 75 c.

NOTICE SUR LE PROJET DE CANAL MARITIME DE L'OCÉAN A LA MÉDITERRANÉE, par P. G. A. SER-VAN, lieut. de vaiss. 1880. Gr. in-8°, br. 75 c.

OPINION DU SUD-OUEST DE LA FRANCE SUR LE PORT DE ROCHEFORT, par le docteur Ch. MOINET, ex-médecin de la marine. 1891. In-12, br. 1 fr.

PARIS PORT DE MER. Améliorations de la Seine, par A. BOUQUET DE LA GRYE, ingénieur hydro-graphe de la marine. 1884. Grand in-8°, broché.
1 fr. 50 c.

PROGRÈS RÉALISÉS PAR L'ARTILLERIE NAVALE de 1855 à 1880. Coup d'œil d'ensemble, par CA-VELIER DE CUVERVILLE. capitaine de vaisseau. 1881. Grand in-8°, broché. . . . . 2 fr.

LA PUISSANCE MARITIME DE L'ANGLETERRE, par G. C., officier de l'armée française. 1887. Un vol. grand in-8°, avec 18 cartes, broché. . . . 4 fr.

QUELQUES MOTS SUR NOS ARSENAUX MARITIMES, par L. LE PRÉDOUR, inspecteur de la marine. 1882. Grand in-8°. . . . . 1 fr. 50 c.

LA RADE DE TOULON et sa défense, par le contre-amiral DU PIN DE SAINT-ANDRÉ. 1882. Grand in-8° avec un plan, broché . . . . 2 fr.

RÉSUMÉ DE THÉORIE DU NAVIRE, par J. B. GUIL-HAUMON, ancien officier de vaisseau, professeur d'hydrographie. 1891. Un volume in-8°, avec 29 fig. et une planche hors texte, br. 2 fr. 50 c.

REVUE MARITIME ET COLONIALE, publiée par le Ministère de la marine et des colonies, parais-sant tous les mois par livraison d'au moins 15 feuilles, avec figures dans le texte et planches, et formant tous les trois mois un volume d'envi-ron 1000 pages avec table. Années 1875 à 1884. Chaque année. . . . . 50 fr.

LE SERVICE DES BATTERIES DE CÔTE en temps de paix et en temps de guerre, par E. G. MILLON D'AILLY DE VERNEUIL, chef d'escadron de l'ar-tillerie de la marine. 1890. In-8°, br. 1 fr. 25 c.

THÉORIE DU NAVIRE, par E. GUYOU, capitaine de frégate, membre de l'Institut. Suivie d'un Traité des évolutions et allures, par le contre-amiral MOTTEZ. (*Bibliothèque du marin.*) 2e édition.

1894. Un volume in-8º de 440 pages, avec 151 figures, broché. (Couronné par l'Académie des sciences.) . . . . **7 fr. 50 c.**

TORPILLES ET TORPILLEURS DES NATIONS ÉTRANGÈRES. Suivi d'un atlas des flottes cuirassées, par H. BUCHARD, lieutenant de vaisseau. (*Bibliothèque du marin.*) 1889. Volume in-8º avec 114 planches, broché. . . . . **6 fr.**

LES TORPILLEURS AUTONOMES ET L'AVENIR DE LA MARINE, par Gabriel CHARMES. 1885. Volume in-12, broché. . . . . **3 fr.**

TRAITÉ D'ARTILLERIE A L'USAGE DES OFFICIERS DE MARINE, par E. NICOL, lieutenant de vaisseau. (*Bibliothèque du marin.*) 1891. Vol. in-8º, avec 85 figures, broché . . . . **6 fr.**

TRAITÉ ÉLÉMENTAIRE D'ÉLECTRICITÉ, notions préliminaires sur l'étude de l'électricité, par C. HALLEZ, lieutenant de vaisseau. 1882. Un volume in-12, avec 178 figures. . . . . . **4 fr.**

LE TUNNEL SOUS-MARIN ET LE VIADUC SUR LA MANCHE. Considérations sur les dangers qu'entraînerait, pour la navigation, la construction d'un pont sur le Pas-de-Calais, par R. DE BROUVILLE, ancien officier de marine. 1883. Grand in-8º, avec 3 planches, broché . . . . . **1 fr.**

III. — Tactique. Manœuvres.
Navigation. Astronomie.

L'ACTION DE DÉFORMATION DU CHOC, comparée à celle d'un effort continu, par M. MARCHAL, ingénieur de la marine. 1882. Gr. in-8º, avec 1 pl., broché. . . . . **2 fr.**

LE CALCUL GÉOMÉTRIQUE, par E. A. MALCOR. 2 parties. 1883-1885. Gr. in-8º, broché. **4 fr. 50 c.**

CALCULS DES PROPULSEURS HÉLICOÏDAUX, par Charles ANTOINE, ingénieur de la marine. 1880. 2 parties in-8º, broché. . . . . **2 fr.**

LE CINÉMOMÈTRE, NOUVEAU SYSTÈME D'INDICATEUR DE VITESSE SANS EMPLOI DE LA FORCE CENTRIFUGE, par R. JACQUEMIER, lieutenant de vaisseau. 1878. Grand in-8º, broché . . . **1 fr.**

COURS ÉLÉMENTAIRE D'ASTRONOMIE, par E. GUYOU, capitaine de frégate, membre de l'Institut, ancien professeur à l'école navale, et H. WILLOTTE, ingénieur des ponts et chaussées. (*Bibliothèque du marin.*) 2e édition. 1896. Vol. in-8º de 574 p., avec 170 fig. dans le texte et 2 pl., br. . . **10 fr.**

DÉTERMINATION DU POINT PAR LES HAUTEURS CIRCUMZÉNITHALES. Note sur l'horizon à mercure à cuvette amalgamée, par E. PERRIN, lieutenant de vaisseau. 1884. Grand in-8º. . . . . **1 fr. 75 c.**

ÉLÉMENTS DE COSMOGRAPHIE ET DE NAVIGATION, précédés de notions de trigonométrie sphérique, par J.-B. GUILHAUMON, ancien officier de vaisseau, professeur d'hydrographie. 2e édition. 1897. Un volume in-8º de 403 pages, avec 147 figures, broché . . . . **7 fr. 50 c.** Relié en percaline . . . . **9 fr.**

ÉLÉMENTS DE TACTIQUE NAVALE, par M. le vice-amiral PENHOAT. 1879. Un vol. grand in-8º, avec 29 figures, broché. . . . . **2 fr. 50 c.**

ESSAI SUR LA NAVIGATION AÉRIENNE. Aérostation, Aviation, par E. LAPOINTE, enseigne de vaisseau. 1896. Un volume in-8º . . . . **3 fr. 50 c.**

ESSAI DE STRATÉGIE NAVALE, par le commandant Z... et H. MONTÉCHANT. 1893. Un vol. in-8º de 550 pages, avec figures, broché. . . . . **10 fr.**

ÉTUDE SUR LES COUPS DE VENT, par Ch. ANTOINE, lieutenant de vaisseau. 1875. In-8º, br. . **2 fr.**

ÉTUDE SUR LES OPÉRATIONS COMBINÉES DES ARMÉES DE TERRE ET DE MER, par R. DEGOUY, lieutenant de vaisseau. Première partie. 1884. Gr. in-8º, avec 33 figures . . . . **4 fr.**

ÉTUDE SUR LA TACTIQUE D'ABORDAGE, par J. DE LARMINAT, enseigne de vaisseau. 1881. Grand in-8º, avec 22 figures, broché. . . . **2 fr. 50 c.**

ÉTUDES COMPARATIVE DE TACTIQUE NAVALE, par Étienne FARRET, lieutenant de vaisseau. 1883. Grand in-8º avec figures. . . . . **3 fr.**

ÉTUDES SUR LES MANŒUVRES DES COMBATS SUR MER, par M. le vice-amiral BOURGOIS, conseiller d'État honoraire. 1876. Un vol. in-8º. **3 fr. 50 c.**

LES EXPÉRIENCES MARITIMES DE 1886. La campagne de printemps de l'escadre et la division des torpilleurs. 1898. In-12, avec 4 plans dans le texte. . . . . **1 fr. 50 c.**

FORMES PRATIQUES DE LA SÉRIE DE TAYLOR et applications nautiques, par ROUYAUX, enseigne de vaisseau. Grand in-8º, broché. . **2 fr. 50 c.**

GOUVERNAIL DE FORTUNE A SECTION TRIANGULAIRE, par M. Henry MACÉ, lieutenant de vaisseau. 1878. Grand in-8º avec gravures, br. **1 fr.**

DE LA GUERRE NAVALE. Opinion d'un marin (Amiral AUBE). 1885. In-12, broché . . . **1 fr. 25 c.**

LES GUERRES NAVALES DE DEMAIN, par le commandant Z... et H. MONTÉCHANT. Préface par M. le contre-amiral RÉVEILLÈRE. 1892. In-12 de 304 pages, avec 4 planches, broché. **3 fr. 50 c.**

GUIDE DES MANŒUVRES EN CAS DE CYCLONE, par A. BOUQUET DE LA GRYE, ingénieur hydrographe. 1880. Grand in-8º, broché. . . . . **50 c.**

L'INSTRUCTION DE LA MOUSQUETERIE A BORD DES BATIMENTS et son emploi pendant le combat, par F. E. FONTAINE, lieutenant de vaisseau. 1884. Grand in-8º. . . . . **1 fr.**

DES LAMES DE HAUTE MER, par Ch. ANTOINE, ingénieur de la marine. 1879. Grand in-8º, broché, avec figures . . . . **1 fr. 50 c.**

LOCH-COMPAS AVERTISSEUR, ANÉMOMÈTRE, par G. E. FLEURIAIS, capitaine de frégate. 1882. Grand in-8º, avec 6 gravures . . . . . . **1 fr.**

LES LOIS DU NOMBRE ET DE LA VITESSE DANS L'ART DE LA GUERRE. LE TRAVAIL DES ARMÉES ET DES FLOTTES, par le commandant Z... et H. MONTÉCHANT. 1894. Vol. in-12, br. **1 fr. 50 c.**

LES MANŒUVRES ANGLAISES DE 1896. Exposé et critique, par A. POIDLOUÉ, capitaine de frégate, chef d'état-major de la 2e division de l'escadre du Nord. 1897. In-12, broché . . . . **1 fr.**

MÉTHODE RAPIDE POUR DÉTERMINER LES DROITES ET LES COURBES DE HAUTEUR ET FAIRE LE POINT, accompagnée de types de calcul et de tables, par R. DELAFON, lieutenant de vaisseau. 1893. Vol. in-8º de 135 pages, broché . . . . . **4 fr. 50 c.** Relié en toile. . . . . **5 fr. 50 c.**

LA NAVIGATION AÉRIENNE, ses rapports avec la navigation aquatique, par Henry DURASSIER. 1875. In-8º, avec 11 figures, broché . . . . . **2 fr.**

LA NAVIGATION ASTRONOMIQUE ET LA NAVIGATION ESTIMÉE, par Georges LECOINTE, officier belge, provisoirement détaché dans la marine française. 1897. Un volume in-4º de 400 pages, avec 190 figures, broché. . . . . **15 fr.**

NOTE SUR UN LOCH A MOULINET expérimenté à bord de la *Magicienne* (extension du principe de l'anémomètre Robinson), par G. FLEURIAIS, capitaine de vaisseau. 1879. Grand in-8º, avec une planche, broché. . . . . **1 fr.**

NOTE SUR LE MOUVEMENT SIMULTANÉ DE DEUX BATIMENTS, par A. CORRARD, lieutenant de vaisseau. 1880. Gr. in-8º, avec 20 grav., br. **1 fr. 25 c.**

NOTE SUR LA TACTIQUE EN ESSAI, par M. P. DE CORNULIER, lieutenant de vaisseau. 1879. Grand in-8º, avec figures, broché. . . . . . . **75 c.**

NOTES SUR LA MANIÈRE DE MANŒUVRER DANS LES CAS DE RENCONTRE A LA MER DE DEUX NAVIRES A VAPEUR, par Albert SAINTYVES, lieutenant de vaisseau en retraite, sous-chef du service central de l'exploitation à la Compagnie générale transatlantique. 1892. Brochure in-8º de 48 pages, avec 9 figures. . . . . **1 fr.**

— *Suite:* ÉTUDE CRITIQUE DU PROJET DE RÉGLEMENT POUR PRÉVENIR LES ABORDAGES OU COLLISIONS EN MER, adopté par le Congrès des États-Unis d'Amérique, proposé, en 1890, par la conférence maritime internationale de Washington. 1893. Broch. in-8º de 60 pages avec 3 planches. . . . . **2 fr.**

LES OCCULTATIONS DES ÉTOILES PAR LA LUNE. Prédiction du phénomène et détermination de la longitude, par F. C. BEUF et E. PERRIN, lieut. de vaisseau. 1882. Gr. in-8º, avec 1 pl. . . **3 fr.**

DES OPÉRATIONS MARITIMES CONTRE LES CÔTES ET DES DÉBARQUEMENTS, par M. D. B. G. (Extrait du *Mémorial de l'artillerie de la marine.*) 1894. In-8º, broché . . . . **2 fr. 50 c.**

LE PASSAGER. GUIDE HORAIRE DE TOUS LES PAQUEBOTS français et étrangers. Indicateur maritime et fluvial. 3e année, février 1898. Volume in-8º de 726 pages, avec nombreuses cartes de lignes de navigation, couv. en chromo. . **3 fr.**

LES PROBLÈMES DE NAVIGATION ET LA CARTE MARINE. Types de calculs et tables complètes, par E. GUYOU, capitaine de frégate, membre de l'Académie des sciences et du Bureau des longitudes. 1896. Un volume grand in-8º de 107 pages, avec 2 planches, broché . . . . **3 fr. 50 c.**

QUELQUES RÉFLEXIONS SUR LA GUERRE NAVALE SINO-JAPONAISE, par Auguste HUET, ingénieur de la marine. 1896. Broch. in-8º, avec 5 plans. **1 fr.**

RÉFLEXIONS SUR LES CHRONOMÈTRES, par M. ROUYAUX, enseigne de vaisseau. 1877. Brochure grand in-8º. . . . . **1 fr. 50 c.**

ROME ET BERLIN. Opérations sur les côtes de la Méditerranée et de la Baltique au printemps de 1888, par Ch. ROPE. Un vol. in-12º, avec 8 cartes, plans et croquis, broché. . . . . **5 fr.**

DU ROULIS DES NAVIRES EN EAU CALME, par le vice-amiral BOURGOIS, conseiller d'État. 1884. Grand in-8º . . . . **3 fr.**

TABLE DE NAVIGATION A TRIPLE ARGUMENT, par R. DELAFON, lieut. de vaisseau. 1892. 2 feuilles in-folio, sous couverture in-4º. . . . **1 fr. 50 c.**

TABLES DE POCHE DONNANT LE POINT OBSERVÉ ET LES DROITES DE HAUTEUR, par E. GUYOU, lieutenant de vaisseau, professeur de navigation à l'École navale. 1884. In-18, cart. . . **1 fr. 50 c.**

TÉLÉMÈTRE LE CYRE. Rapport au ministre de la marine des Pays-Bas, traduit du hollandais, par M. GARNAULT, professeur à l'École navale. 1883. Grand in-8º avec 11 figures . . . **1 fr. 50 c.**

THÉORIE MÉCANIQUE DE LA HOULE CYLINDRIQUE SIMPLE ET PERMANENTE, par M. Émile GUYOU, lieut. de vaisseau. 1877. Gr. in-8º, br. **1 fr. 50 c.**

DES TRANSPORTS A DOS D'HOMME DANS LES EXPÉDITIONS MILITAIRES, par A. ROCARD, chef d'escadron d'artillerie de la marine. 1884. Gr. in-8º, avec 4 figures. . . . . **2 fr.**

TYPES DE CALCULS NAUTIQUES, publiés par l'*École navale*. 1892. Un vol. in-4º de 124 pages, avec figures, cartonné en percaline gaufrée . . **4 fr.**

IV. — Enseignement. Hydrographie. Météorologie. Campagnes scientifiques. Pêches.

BIBLIOTHÈQUE DU MARIN :

— COURS ÉLÉMENTAIRE D'ASTRONOMIE, par E. GUYOU, capitaine de frégate, membre de l'Institut, et WILLOTTE, ingénieur des ponts et chaussées. 1896. 1 vol. in-8º de 574 p., avec 170 figures dans le texte et 2 planches. . . . . . . **10 fr.**

— COURS ÉLÉMENTAIRE D'ÉLECTRICITÉ PRATIQUE, par H. LEBLOND, professeur d'électricité à l'École des officiers torpilleurs. 2e édition, revue et corrigée. 1896. 1 volume in-8º de 474 pages, avec 164 figures, broché . . . . **7 fr.**

— ÉLECTRICITÉ EXPÉRIMENTALE ET PRATIQUE. Cours professé à l'École des officiers torpilleurs, par H. LEBLOND. 2e édition. 1894-1895. 4 volumes in-8, 1330 pages, avec 410 figures et 3 planches . . . . **26 fr.**

— ÉLÉMENTS DE COSMOGRAPHIE ET DE NAVIGATION, précédés de notions de trigonométrie sphérique, par J. B. GUILHAUMON, ancien officier de vaisseau, professeur d'hydrographie. 2e édition. 1897. 1 vol. in-8º de 400 pages, avec 147 figures, broché . . . . **7 fr. 50 c.**
Relié en percaline. . . . . **9 fr.**

— — TYPES DE CALCULS NAUTIQUES, publiés par l'*École navale*. 1892. 1 volume in-4º de 124 pages, avec figures, cartonné en percal. gaufrée. **4 fr.**

— ÉLÉMENTS DE MÉTÉOROLOGIE NAUTIQUE, par J. DE SUGNY, lieutenant de vaisseau, membre de la Société météorologique de France. 1890. 1 vol. in-8º de 500 p., avec 57 fig. et planches. . **6 fr.**

— LES FLOTTES DE COMBAT ÉTRANGÈRES EN 1897, par R. DE BALINCOURT, lieutenant de vaisseau. 1897. 1 volume in-8º de 317 pages, avec nombreux croquis, broché. . . . . **6 fr.**

— HISTOIRE DES FLOTTES MILITAIRES, par Ch. CHABAUD-ARNAULT, capitaine de frégate de réserve. 1889. 1 volume in-8º de 512 pages, avec 10 plans de batailles . . . . **6 fr.**

(Ouvrage adopté par l'École navale.)

— MARINES ÉTRANGÈRES. Situation. Budget. Organisation. Matériel. Personnel. Troupes. Défenses sous-marines. Armement. Défenses du littoral. Marine marchande. (*Allemagne, Angleterre, République Argentine, Autriche-Hongrie, Brésil, Bulgarie, Chili, Chine, Danemark, Espagne, États-Unis, Grèce, Hollande, Italie, Japon, Norvège, Portugal, Roumanie, Russie, Suède, Tur-*

quie), par H. BUCHARD. 1891. 1 volume in-8º de 636 pages, avec 30 planches d'uniformes et d'insignes. . . . . **10 fr.**

—LES MOTEURS ÉLECTRIQUES A COURANT CONTINU, par H. LEBLOND, agrégé des sciences physiques. 1894. 1 vol. in-8º de 500 p., avec 120 fig. **10 fr.**

Les trois ouvrages de M. Leblond ont été couronnés par l'Académie des sciences.

— PRÉCIS DU DROIT MARITIME INTERNATIONAL ET DE DIPLOMATIE, d'après les documents les plus récents, par A. LE MOINE, capitaine de vaisseau, licencié en droit. 1888. 1 vol. in-8º de 360 p. **6 fr.**

—RÉPERTOIRE DU SERVICE A LA MER, par Ch. COURAYE DU PARC, sous-commisssaire de la marine. 1896. 1 volume grand in-8º, broché. . . . **6 fr.**
Relié en percaline. . . . . **7 fr.**

— SERVICE ADMINISTRATIF A BORD DES NAVIRES DE L'ÉTAT. *Manuel du commandant comptable et de l'officier d'administration*, par C. NEVEU et A. JOUAN, commissaires de la marine. 2ᵉ édition, 1885, mise à jour par les appendices nᵒˢ 3 à 5 jusqu'au nᵒ 20 du *Bulletin officiel* de 1897, y compris le décret sur la solde pour les officiers. 1 vol. grand in-8º de 600 pages. . . . . . **10 fr.**
Relié en percaline. . . . . **11 fr. 50 c.**
(Ouvrage rendu réglementaire à bord des navires de l'État et adopté pour les bibliothèques des divisions.)

— THÉORIE DU NAVIRE, par E. GUYOU, capitaine de frégate, membre de l'Institut. Suivie d'un Traité des évolutions et allures, par le contre-amiral MOTTEZ. 2ᵉ édition. 1891. 1 volume in-8º de 440 pages, avec 151 figures . . . **7 fr. 50 c.**

(Ouvrage couronné par l'Académie des Sciences.)

— RÉSUMÉ DE THÉORIE DU NAVIRE, par J. B. GUILHAUMON, ancien officier de vaisseau, professeur d'hydrographie. 1894. 1 volume in-8º, avec 29 fig. et 1 planche hors texte, broché. . . **2 fr. 50 c.**

—TORPILLES ET TORPILLEURS DES NATIONS ÉTRANGÈRES, suivis d'un *Atlas des flottes étrangères*, par H. BUCHARD, lieutenant de vaisseau. 1889. 1 vol. in-8º de 254 pages et 114 planches . **6 fr.**

— TRAITÉ D'ARTILLERIE, à l'usage des officiers de marine, par E. NICOL, lieutenant de vaisseau. 1894. 1 vol. in-8º de 336 pages, avec 86 fig. **6 fr.**

COUP D'ŒIL SUR LA PISCICULTURE ET SES PROCÉDÉS, par H. BOUT. 1880. Broch. gr. in-8º. **75 c.**

DÉLIMITATION DE LA MER A L'EMBOUCHURE DE LA SEINE. 1882. Gr. in-8º, avec 1 carte. . . . **3 fr.**

LE DROMOSCOPE D'OURAGAN, par Alfred GUTH, ens. de vaiss. 1881. Gr. in-8º, av. 7 fig., br. **75 c.**

ÉLÉMENTS DE MÉTÉOROLOGIE NAUTIQUE, par J. DE SUGNY, lieut. de vaisseau, membre de la Société météorologique de France. (*Bibliothèque du marin*.) 1890. Vol. in-8º de 488 p., av. 57 fig., br. **6 fr.**

ESSAI DE MÉTÉOROLOGIE. Les Courants électriques et la prévision du temps, par BAUDENS, lieutenant de vaisseau. 1880. Gr. in-8º, br. **1 fr. 75 c.**

ESSAIS SUR LES PHÉNOMÈNES COSMOGONIQUES, par A. COFFINIÈRES DE NORDECK, lieutenant de vaisseau. Avec une lettre de Pierre LOTI. 1893. Volume in-8º de 394 pages, avec planche en couleurs, broché. . . . . **6 fr.**

LES ÉTABLISSEMENTS SCIENTIFIQUES DE L'ANCIENNE MARINE : I. *Écoles d'hydrographie, ingénieurs de la marine au dix-septième siècle*, par M. Didier NEUVILLE, archiviste-paléographe. 1882. Grand in-8º. . . . . **3 fr.**

LANGAGE MARIN ANGLAIS-FRANÇAIS. Connaissances utiles aux officiers des marines de France et d'Angleterre. Extraits de règlements dans les deux langues, par Ernest PICARD, capitaine de frégate, et Sidney R. FREMANTLE, lieutenant R. N. 1889. Volume in-12, avec figures, cartonné en percaline . . . . **3 fr. 50 c.**

LA MARINE ET L'OBSERVATION DU PASSAGE DE VÉNUS sur le Soleil (9 décembre 1874). 1875. In-8º, broché. . . . . **2 fr.**

NOTE SUR LES OURAGANS, par M. Edmond PLOIX, ingénieur hydrographe de la marine. 1879. Grand in-8º, broché. . . . . **1 fr. 25 c.**

NOTES SUR LES DÉPRESSIONS BAROMÉTRIQUES EN EUROPE (1877 à 1880), par A. LEPHAY, enseigne de vaisseau. 1880. Grand in-8º, avec 37 planches hors texte et 8 figures, broché . . . **4 fr. 50 c.**

NOTICE SUR LA CAUSE DU VERDISSEMENT DES HUITRES, par M. PUYSÉGUR, sous-commissaire de la marine. 1880. Grand in-8º, broché. **75 c.**

NOTICE SUR LA PISCICULTURE, par H. BOUT. 1879. Grand in-8º, broché. . . . . **1 fr. 25 c.**

NOTICE SUR LA SITUATION DE L'OSTRÉICULTURE EN 1875, précédée d'un rapport adressé au Ministre de la marine et des colonies, par M. DE BON, commissaire général, directeur des services administratifs au ministère de la marine et des colonies. In-8º, broché. . . . . **2 fr.**

NOTIONS D'HYDROGRAPHIE. Exposé des méthodes pratiques de levé et de construction employées en Nouvelle-Calédonie, par C. N. L. CHAMBEYRON, capitaine de frégate. 1881. In-8º, avec 4 tableaux, broché . . . . **5 fr.**

NOUVELLE THÉORIE DES MARÉES. Le mouvement différentiel, par F. DE SAINTIGNON. 1895. Un volume in-4º de 127 pages sur papier de Hollande, avec 8 planches, broché. . . . . . **6 fr.**

LES OBSERVATIONS SIMULTANÉES ET LES CARTES SYNOPTIQUES au Congrès météorologique international de Rome, tenu en avril 1879, par L. BRAULT, lieut. de vaiss. 1880. Gr. in-8º, br. **1 fr.**

LA PÊCHE DU CORAIL sur les côtes de l'Algérie, par CAVELIER DE CUVERVILLE, capitaine de frégate. 1875. In-8º, broché . . . . **3 fr. 50 c.**

PETIT TRAITÉ D'ARITHMÉTIQUE THÉORIQUE ET PRATIQUE, à l'usage des écoles élémentaires de la marine, par A. GUYOT, ancien élève de l'École normale de Colmar, professeur du cours normal des instituteurs de la flotte. (Ouvrage réglementaire pour les écoles élément. des équipages de la flotte.) 2ᵉ édit. 1895. Vol. in-12, cart. **2 fr. 50 c.**

RAPPORT SUR LA CAMPAGNE SCIENTIFIQUE DU *Talisman* EN 1883, par Th. PARFAIT, capitaine de frégate, commandant le *Talisman*. 1884. Gr. in-8º, avec 2 planches. . . . . **3 fr.**

RAPPORT SUR LA FÉCONDATION ARTIFICIELLE ET LA GÉNÉRATION DES HUITRES (1883), par G. BOUCHON-BRANDELY, secrétaire du Collège de France. 1884. Gr. in-8º, avec 4 gravures. . **1 fr.**

RÉFLEXIONS SUR DES POINTS DE MÉTÉOROLOGIE, par le contre-amiral A. MOTTEZ. 2 parties. 1884. Gr. in-8º . . . . **1 fr. 25 c.**

RÉPERTOIRE ALPHABÉTIQUE DE TERMES MILITAIRES ALLEMANDS, traduits et accompagnés de Notices explicatives sur l'organisation de l'armée et de la marine de l'empire d'Allemagne, par R. ROY, capitaine au 41ᵉ régiment d'infanterie, attaché à l'état-major de l'armée. 3e édit. 1894. Un volume in-12, relié percaline souple, tranches rouges . . . . **3 fr. 50 c.**

RÉSUMÉ DES EXPÉRIENCES faites à bord de l'*Orne* sur différents systèmes de compas à liquide, par M. J. LECOMPTE, enseigne de vaisseau. 1877. Gr. in-8°, avec figures, broché. . . . . **75 c.**

LA TEMPÉRATURE DE LA MER dans l'estuaire girondin et à Arcachon en décembre 1879 et janvier 1880, par HAUTREUX, lieutenant de vaiss. 1881. Grand in-8°, broché . . . . **75 c.**

TRAITÉ DE PHYSIQUE ET CHIMIE, rédigé conformément au programme officiel des connaissances exigées des candidats à l'École navale, par E. BOURRUT-DUVIVIER, prof. à l'École navale. 1889. Vol. in-12, avec 62 fig., cart. en perc. **4 fr.**

TRAITÉ DE TRIGONOMÉTRIE RECTILIGNE ET SPHÉRIQUE, par E. GUYOU, capitaine de frégate, membre de l'Institut, ancien professeur à l'École navale. 1891. Vol. in-8°, avec 43 fig., br. . . **5 fr.**

V. — Histoire de la marine.
Campagnes coloniales.

L'AMIRAL DU CASSE, chevalier de la Toison d'or (1646-1715). *Étude sur la France maritime et coloniale* (règne de Louis XIV), par le Bon Robert DU CASSE, attaché au ministère des affaires étrangères. 1876. Un volume in-8°, broché . . **6 fr.**

L'AMIRAUTÉ FRANÇAISE. Son histoire ; ses transformations ; état actuel, par Marcel R. DU VERDIER, sous-commissaire de la marine. 1895. Gr. in-8°, broché . . . . **1 fr. 50 c.**

ANCIEN MÉMOIRE SUR LE DAHOMEY. *Mémoire pour servir d'instruction au directeur qui me succédera au comptoir de Juda*, par M. GOURG (1791). Publication du *Mémorial de l'artillerie de marine*. 1892. Brochure in-8°, avec 1 gravure. . . **1 fr.**

L'ANNÉE MARITIME. Revue des événements et répertoire statistique annuel des faits qui se sont accomplis dans la marine française et les marines étrangères. Deuxième année. 1877. Un volume in-12, broché . . . . **3 fr. 50 c.**

L'ARMÉE NAVALE EN 1893. L'escadre russe en Provence. La défense de la Corse, par ARDOUIN-DUMAZET. Joli volume in-12 de 444 pages, avec 27 croquis ou vues et une carte de la Corse, broché . . . . **5 fr.**

L'ARMÉE ET LA FLOTTE EN 1894. Manœuvres navales. Manœuvres de Beauce, Manœuvres de forteresse, par ARDOUIN-DUMAZET. 1895. Un volume in-12, avec illustrations de Paul LÉONNEC et de nombreux croquis et cartes, broché . . . **5 fr.**

L'ARMÉE ET LA FLOTTE EN 1895. Manœuvres navales. Manœuvres des Vosges. L'expédition de Madagascar, par ARDOUIN-DUMAZET. 1896. Un volume in-12, avec de nombreuses cartes, broché, sous couverture illustrée . . . . . **5 fr.**

L'ARMÉE FRANÇAISE AU TONKIN. Le GUET-APENS DE BAC-LÉ, par le capitaine LECOMTE, breveté d'état-major. 1890. Vol. in-12, avec 21 illustrations par M. DAUPHIN, et 3 cartes, broché sous couverture illustrée en couleurs . . . . . **3 fr.**

— MARCHE DE LANG-SON A TUYEN-QUAN. Combat de Hoa-Moc. Déblocus de Tuyen-Quan, par le capitaine LECOMTE, attaché à l'état-major du corps expéditionnaire du Tonkin. 1889. Vol. in-8°, avec 10 cartes et croquis hors texte, br. **3 fr. 50 c.**

AU RÉGIMENT — EN ESCADRE, par ARDOUIN-DUMAZET et Paul GERS, préface de M. MÉZIÈRES, de l'Académie française. 1894. Un magnifique vol. grand in-8° de 344 pages, imprimé sur fort papier vélin, avec 350 photographies instantanées, prises en majeure partie à l'occasion des voyages présidentiels de M. Carnot en 1893. Broché sous une élégante couverture illustrée. . . . **16 fr.** Relié en percaline gaufrée, plaques spéciales, tête dorée. . . . . **18 fr.**

BIOGRAPHIES ET RÉCITS MARITIMES. Voyages et combats, par Eugène FABRE, sous-directeur au ministère de la marine et des colonies. 1re série : Une famille de marins, les Bouvet. 1885. Volume in-8°, titre rouge et noir, avec portrait, br. **6 fr.**

— 2e série : Le Contre-amiral Bouvet. — Nos corsaires. 1886. Avec 2 portraits . . . **7 fr. 50 c.**

LE BOMBARDEMENT D'ALEXANDRIE par la flotte anglaise (11 juillet 1882). In-8°, avec 8 figures et 1 planche. . . . . **1 fr. 25 c.**

CAMPAGNE DANS LE GUÉNIÉKALARY ET LE SANSANDING (SOUDAN FRANÇAIS) EN 1892. Extrait d'une relation du commandant BONNIER, chef d'escadron de l'artillerie de la marine, avec un avertissement du général BORGNIS-DESBORDES. 1897. In-8°, avec 1 c. in-folio en couleurs, br. **2 fr. 50 c.**

(Publicat. du *Mémorial de l'artillerie de la marine.*)

LA COLONNE EXPÉDITIONNAIRE ET LA CAVALERIE A MADAGASCAR, par le commandant A. AUBIER, du 16e dragons. 1898. Grand in-8°, avec 4 cartes, broché . . . . **2 fr. 50 c.**

L'ENSEIGNE DE VAISSEAU BISSON, mort glorieusement le 4 novembre 1827, en faisant sauter le *Payanoti*, par Louis D'HAUCOURT, rédacteur au ministère de la marine. 1896. In-12, avec 2 portraits, broché. . . . . **1 fr.**

L'ESCADRE DE L'AMIRAL COURBET, par Maurice LOIR, lieutenant de vaisseau à bord de la *Triomphante*. Illustrations par M. BROSSARD DE CORBIGNY. 1894. Très beau volume grand in-8° jésus, de 360 pages, sur fort papier vélin, avec 160 dessins au lavis, en photogravure, 10 croquis cartographiques et portrait. Broché sous couverture illustrée . . . . **10 fr.** Reliure riche gaufrée en 9 couleurs, tête dorée. **12 fr. 50 c.**

Le même ouvrage. In-12. 6e édition, 1892, avec portrait et 10 cartes, broché. . . . . . **3 fr. 50 c.**

ESSAI HISTORIQUE SUR LA STRATÉGIE ET LA TACTIQUE DES FLOTTES MODERNES, par CHABAUD-ARNAULT, lieutenant de vaisseau. 1879. Grand in-8°, broché . . . . **1 fr. 25 c.**

ÉTUDE SUR LA GUERRE NAVALE DE 1812 entre l'Angleterre et les États-Unis de l'Amérique du Nord, par Ch. CHABAUD-ARNAULT, capitaine de frégate. 1884. Grand in-8°. . . . . **2 fr. 50 c.**

ÉTUDE SUR LES OPÉRATIONS DE GUERRE MARITIME DE 1860 à 1883, par Étienne FARRET, lieutenant de vaisseau. 1884. Grand in-8°. . . . . **2 fr.**

EXPÉDITION DE 1830 ET PRISE D'ALGER PAR LES FRANÇAIS. Organisation et rôle de l'artillerie du corps expéditionnaire, par Gabriel ROUQUEROL, capitaine d'artillerie. 1894. Un volume in-8°, avec 4 planches, broché. . . . . . . **2 fr. 50 c.**

LE GÉNIE AU DAHOMEY EN 1892, par M. ROQUES, chef de bataillon du génie. 1895. Brochure in-8°, avec 3 planches et 20 figures. . . . . **1 fr. 50 c.**

✻

LE GÉNIE A MADAGASCAR (1895-1896), par le commandant LEGRAND-GIRARDE, chef de bataillon breveté du génie. 1898. Volume grand in-8°, avec 167 gravures et 6 cartes, broché. **7 fr. 50 c.**

LA GUERRE AU DAHOMEY. 1ʳᵉ Partie : 1888-1893, d'après les documents officiels, par Ed. AUBLET, capitaine d'infanterie de marine, officier d'ordonnance du Ministre de la marine. Un beau volume in-8° de 358 pages, avec un portrait, 21 croquis et 2 cartes, broché. . . . . **7 fr. 50 c.**

— 2ᵉ Partie : LA CONQUÊTE DU DAHOMEY (1893-1894), par le même. Un volume in-8°, avec 5 croquis et 1 carte, broché. . . . . **5 fr.**

LA GUERRE MARITIME DANS L'INDE sous le Consulat et l'Empire, par E. FABRE, sous-directeur au ministère de la marine et des colonies. 1883. Grand in-8°, broché. . . . . . . **3 fr. 50 c.**

LA GUERRE AUX ILES DE FRANCE ET BOURBON, 1809-1810, par le colonel H. DE POYEN, de l'artillerie de la marine. 1896. 1 volume in-8° de 151 p., avec 7 cartes, broché . . . . . . **3 fr. 50 c.**

LES GUERRES DES ANTILLES DE 1793 A 1815, par le colonel H. DE POYEN, de l'artillerie de la marine. 1895. Un volume in-8° de 452 pages, avec 7 cartes, broché. . . . . **7 fr. 50 c.**

HISTOIRE DE L'ACADÉMIE ROYALE DE MARINE, jusqu'à son affiliation avec l'Académie des sciences, par M. Alfred DONEAUD DU PLAN, professeur à l'École navale. 1879 à 1882. Six parties, grand in-8°, broché . . . . **13 fr.**

HISTOIRE DE L'ARMÉE COLONIALE, par NED NOLL. 1897. Un volume in-8°, avec illustrations de M. NAYEL, broché. . . . . **2 fr. 50 c.**

HISTOIRE DE L'EXPÉDITION DE COCHINCHINE EN 1861, par le contre-amiral L. PALLU DE LA BARRIÈRE. Nouvelle édition. 1882. Volume grand in-8°, avec 3 cartes, broché . . . . **7 fr. 50 c.**

HISTOIRE DES FLOTTES MILITAIRES, par CHABAUD-ARNAULT, cap. de frég. (*Bibl. du mar.*) 1889. Vol. in-8°, avec 10 plans de bataille, broché. . **6 fr.** (Ouvrage adopté pour l'École navale.)

HISTORIQUE DU VAISSEAU « LA COURONNE », par Émile BERTRAND, enseigne de vaisseau. 1894. Un volume in-12, broché . . . . . **1 fr. 50 c.**

LA MARINE MILITAIRE DE LA FRANCE SOUS PHILIPPE LE BEL (1291-1304), par le baron DE ROSTAING, ancien capitaine de vaisseau. 1879. Grand in-8°, broché . . . . **50 c.**

LA MARINE DE LA RÉGENCE D'ALGER avant la conquête, par A. LACOUR, agent du commissariat de la marine. 1883. Gr. in-8°. . . . **1 fr. 25 c.**

LES MARINS DE LA FLOTTILLE ET LES OUVRIERS MILITAIRES PENDANT LA CAMPAGNE DE 1809 EN AUTRICHE, par le commandant S... (Publication de la Société *La Sabretache*.) I. 1896. Grand in-8°, broché. . . . . **2 fr.**

LA MISSION DU GÉNIE AU SOUDAN EN 1891-1892, par G. MARMIER, lieutenant-colonel du génie. 1894. In-8°, avec 1 carte. . . . . . **1 fr. 25 c.**

MONOGRAPHIE DE LA MARINE FRANÇAISE EN ALGÉRIE, par M. LACOUR, commis du commissariat de la marine. 1877. Gr. in-8°. **1 fr. 50 c.**

NOS MARINS (Vice-amiraux, contre-amiraux, Officiers généraux des troupes de la marine et des corps entretenus), par Étienne TRÉFEU. Préface par Ferdinand DE LESSEPS. 1888. Un beau vol. in-8° de 771 pages, avec 166 illustrations par Ernest Langlois et Gino, broché . . . . **10 fr.** Relié en perc. gaufr., tête dorée, pl. spéc. **13 fr.** 30 exemplaires numérotés à la presse : 20 sur papier du Japon. . . . . **30 fr.** 10 sur papier de Chine. . . . . **25 fr.**

NOTICE SUR L'ARTILLERIE DE LA MARINE EN COCHINCHINE (Période de conquête et d'organisation), par H. DE POYEN, colonel de l'artillerie de la marine. (Extrait du *Mémorial de l'artillerie de la marine.*) 1893. Un volume in-8° de 163 pag., broché. . . . . **3 fr.**

OPÉRATIONS DE LA COLONNE JOFFRE AVANT ET APRÈS L'OCCUPATION DE TOMBOUCTOU. Rapport de M. J. JOFFRE, lieutenant-colonel du génie. 1895. In-8°, avec 3 planches hors texte. . **3 fr.**

OPÉRATIONS DE L'ESCADRE FRANÇAISE DANS LA RIVIÈRE MIN. 1885. In-8°, avec 2 pl., br. **1 fr.**

LA PREMIÈRE ESCADRE DE LA FRANCE DANS LES INDES, par Théodore DELORT, lieutenant de vaisseau. 1876. In-8°, broché. . . . **3 fr. 50 c.**

LES PREMIERS ARSENAUX DE LA MARINE. LE CLOS DES GALÉES DE ROUEN SOUS CHARLES V (1364-1380), d'après des documents récemment publiés, par DE LAFAYE, sous-commissaire de la marine. 1877. Grand in-8°, broché. . . . . **1 fr.**

RAPPORT SUR L'EXPÉDITION DE MADAGASCAR, par le général DUCHESNE. Adressé le 25 avril 1896 au Ministre de la guerre. Suivi de tous les documents militaires (ordres, instructions, notes ministérielles, états d'effectifs, etc.), diplomatiques et parlementaires, relatifs à l'expédition de 1895. Avec 16 cartes, croquis ou itinéraires, en noir et en couleurs, dressés d'après les travaux du service géographique du corps expéditionnaire. 1897. Un volume in-8° de 487 pages, broché et un atlas. . . . . **12 fr.**

LE SERVICE DU GÉNIE DANS LES OPÉRATIONS EN ALGÉRIE, par V. ALMAND et E. HOG, capit. du génie. 1895. In-8°, avec 13 figures, br. **1 fr. 50 c.**

LE SERVICE DU GÉNIE AU TONKIN sous l'administration de la marine, par L. KREITMANN, capitaine du génie. 1889. Volume in-8°, avec 129 fig. et 13 planches, broché . . . . **5 fr.**

LE SOUDAN FRANÇAIS EN 1888-1889. Rapport militaire du chef d'escadron ARCHINARD, de l'artillerie de la marine, commandant supérieur. 1890. In-8°, avec 1 carte et 1 planche en phototypie, br. **2 fr.**

SUR LES TYPES DE CASERNES A ADOPTER POUR LE TONKIN, par L. JOFFRE, capitaine du génie d'Hanoï. 1889. In-8°, avec 3 figures, br.. . **75 c.**

TABLEAU GÉNÉRAL DE L'HISTOIRE MARITIME CONTEMPORAINE, par Ch. CHABAUD-ARNAULT, capitaine de frégate. 1881. Grand in-8°, broché. **4 fr.**

LA VIE MILITAIRE AU TONKIN, par le capitaine LECOMTE, breveté d'état-major, attaché à l'état-major du corps expéditionnaire. Illustrations par M. DAUPHIN. 1893. Très beau volume grand in-8° jésus de 360 pages, sur fort papier vélin, avec 70 dessins au lavis, reproduits par la photogravure, et 5 croquis cartographiques. Broché sous couverture illustrée. . . . . **10 fr.** Relié en percaline gaufrée, plaques spéciales, tête dorée. . . . . **12 fr. 50 c.**

GÉOGRAPHIE. COLONIES VOYAGES.

I. — Généralités. Europe.

A L'ÉTRANGER. Souvenirs de voyage. Allemagne. Suisse. Italie, par Emmanuel BRIARD. 1874. In-12, broché. . . . . 3 fr. 50 c.

A TRAVERS LA NORVÈGE. Souvenirs de voyages. par L. MARCOT. 1885. Volume in-12 de 422 pages, broché. . . . . 3 fr. 50 c.

L'ANGLETERRE DANS LA MÉDITERRANÉE, par L. FIESSINGER, capitaine de frégate. 1885. Grand in-8°, broché. . . . . 75 c.

AU SUJET DE L'ADOPTION PROJETÉE D'UN PREMIER MÉRIDIEN, par A. BELLOT, lieutenant de vaisseau. 1885. Grand in-8°. . . . . 1 fr.

AUTARCHIE, par le contre-amiral RÉVEILLÈRE. Jolis volumes in-12, brochés :

— UN COUP DE SONDE DANS L'OCÉAN DES MYSTÈRES. 1896. Un volume . . . . . . 2 fr.

— CROIX ET CROISSANT. 1897. Un volume. 2 fr.

— L'EUROPE-UNIE. 1896. Un volume . . . 2 fr.

— EXTENSION, EXPANSION. 1898. . . . . 2 fr.

— RECHERCHE D'IDÉAL. 1898. Un volume. 2 fr.

-- TUTELLE ET AUTARCHIE. 1896. . . . . 2 fr.

BULLETIN DE LA SOCIÉTÉ DE GÉOGRAPHIE DE L'EST, paraissant depuis 1879 par fascicules trimestriels in-8° d'environ 10 feuilles, avec croquis et cartes. Prix par an. . . . . 12 fr.

CARTE DE LA FRANCE avec ses voies et communications : Postes, télégraphes, téléphones, chemins de fer, navigation. Divisions administratives. Dressée à 1/1,000,000° et en 8 couleurs par Maxime MABYRE. 1897. En 4 feuilles ou régions nord-ouest, nord-est, sud-ouest, sud-est).
Les 4 régions dans un étui. . . . . . 10 fr. Entoilée, 16 fr. — La carte entière, en feuilles, 10 fr. — Entoilée pliée, 14 fr. — Entoilée vernie et montée. . . . . 15 fr.

Le Commerce français en Orient : LA SERBIE ÉCONOMIQUE ET COMMERCIALE, par René MILLET, ancien ministre de France en Serbie, avec le concours du Mis de Torcy. 1889. Vol. in-8°, avec 2 cartes, broché . . . . . . 5 fr.

LA CONQUÊTE DE L'OCÉAN, par le contre-amiral RÉVEILLÈRE. 1894. Un volume in-12 de 340 pages, broché. . . . . 3 fr. 50 c.

CORSE ET ITALIE. Impressions de voyage, par J. BEROY. 1897. Un volume in-12 de 245 pages, broché. . . . . 3 fr.

DU DANUBE A LA BALTIQUE. Allemagne, Autriche-Hongrie, Danemark. Description et souvenirs, par Gabriel THOMAS. 2e édition. 1890. 1 vol. in-12 de 596 pages, broché. . . . . . . 3 fr. 50 c.

DE L'EMPIRE ALLEMAND. Sa constitution. Son administration, par C. MORHAIN, sous-intendant militaire. 1885. Un volume grand in-8° de 468 pages, broché. . . . . 7 fr. 50 c.

ESSAI D'UN LEXIQUE GÉOGRAPHIQUE, par J. V. BARBIER, secrétaire général de la Société de géographie de l'Est. 1886. In-8°, avec un tableau de phonétique comparée. . . . . 2 fr.

ÉTUDES SUR LA GRÈCE. Beaux-Arts. Les sites et la population, par Gabriel THOMAS. 1896. 1 volume in-8°, broché . . . . 3 fr. 50 c.

GÉOGRAPHIE MILITAIRE, par le commandant MARGA. 1885. — 1re Partie : *Généralités et la France*. 4e édition, revue et augmentée. Deux volumes in-8°, avec atlas de 129 cartes, la plupart en couleurs ; broché. . . . . 35 fr.

— 2e partie : *Principaux États de l'Europe*. 3e édition, revue et augmentée. Trois volumes in-8°, avec atlas de 149 cartes, la plupart en couleurs ; broché . . . . 45 fr.
Prix réduit, en faveur des officiers français, suivant décision ministérielle : 1re Partie : 22 fr. 50 c. — 2e Partie : 30 fr.
Reliure en demi-chagrin : 1re Partie, 11 fr. — 2e Partie, 14 fr.

LA HONGRIE ÉCONOMIQUE, par Guillaume VAUTIER. 1893. Volume in-8° de 490 pages avec carte, broché. . . . . 10 fr.

HUIT JOURS EN BOSNIE, par E. MEIGNEN. 1897. In-12 avec photographies et dessins de G. SCOTT et A. BLOCH . . . . 1 fr.

L'INDEX GÉOGRAPHIQUE. Manuel alphabétique des ports du monde entier, par Armand LUCY. Fascicules 1 à 4, chacun de 6 feuilles in-4° : France et colonies, Tunisie, Belgique, Portugal, Égypte, Hawaï. 1886. Prix de chaque fascicule. . 3 fr.

LEXIQUE GÉOGRAPHIQUE DU MONDE ENTIER, publié, sous la direction de M. E. LEVASSEUR, de l'Institut, professeur au Collége de France, par J. V. BARBIER, secrétaire général de la Société de géographie de l'Est, avec la collaboration de M. ANTHOINE, ingénieur, chef du service de la carte de France au ministère de l'intérieur. Paraissant par fascicules de 4 feuilles grand in-8° (64 pages) d'impression compacte à 3 colonnes, avec cartes et plans dans le texte. L'ouvrage sera complet en 50 fascicules environ, formant 3 vol. de 1,000 à 1,200 pages chacun. Il paraît 8 à 10 fascicules par an. Prix du fascicule. . 1 fr. 50 c.
Prix de souscription à l'ouvrage complet : 70 fr. *La souscription* donne droit à la réception gratuite de tous les fascicules pouvant dépasser le nombre prévu.
Les 18 premiers fascicules sont en vente.

MANUEL DE GÉOGRAPHIE COMMERCIALE, par V. DEVILLE, professeur agrégé au lycée Michelet. (*Ouvrage récompensé par la Société de Géographie commerciale de Paris.*) 1893. 2 vol. avec cartes et diagramme reliés en toile gaufrée. . . . 10 fr.

UN NOUVEAU PLANISPHÈRE, par E. DELACROIX, lieutenant de vaisseau. 1876. Broch. in-8°. 1 fr.

LE PASSAGER. GUIDE HORAIRE DE TOUS LES PAQUEBOTS français et étrangers. Indicateur maritime et fluvial. 3e année, février 1898. Volume in-8° de 726 pages, avec nombreuses cartes de lignes de navigation, couv. en chromo . . 3 fr.

SIX SEMAINES EN RUSSIE. Sites. Mœurs. Beaux-Arts. Exposition de Moscou. Industrie. Finances, par Jacques REVEL. 1894. Volume in-12, broché . . . . 3 fr. 50 fr.

SOUVENIRS D'UNE CAMPAGNE DANS LE LEVANT : LES CÔTES DE LA SYRIE ET DE L'ASIE-MINEURE. par B. GIRARD, commissaire adjoint de la marine. 1884. Grand in-8°, broché. . . 3 fr. 50 c.

— LA GRÈCE EN 1883, par le même. 1885. Grand in-8°, 332 pages avec carte, broché . . . . 6 fr.

THÉORIE GÉNÉRALE DES CIRCUMMÉRIDIENNES, par M. HILLERET, lieutenant de vaisseau. 1876. Un volume in-8°, broché. . . . . 5 fr.

VOYAGE EN FRANCE, par ARDOUIN-DUMAZET. Ouvrage couronné par l'Académie Française, et honoré par la Société des Gens de lettres du prix du Président de la République. A obtenu, en 1897, le prix Félix Fournier, décerné par la Société de Géographie de Paris à l'œuvre géographique la plus considérable de l'année. Élégants volumes in-12, chacun d'environ 350 pages, avec cartes, broché . . . . **3 fr. 50 c.**
Élégamment cartonné en percaline souple gaufrée . . . . **4 fr.**

Volumes parus (1893-1898) :

— 1re série : LE MORVAN, LE VAL DE LOIRE ET LE PERCHE. 2e édition.
— 2e série : DES ALPES MANCELLES A LA LOIRE MARITIME.
— 3e et 4e séries : LES ILES DE L'ATLANTIQUE (2 volumes).
— 5e série : LES ILES FRANÇAISES DE LA MANCHE ET BRETAGNE PÉNINSULAIRE.
— 6e série : BASSE-NORMANDIE ET HAUTE-NORMANDIE.
— 7e série : LA RÉGION LYONNAISE.
— 8e série : LE RHÔNE DU LÉMAN A LA MER.
— 9e série : BAS-DAUPHINÉ.
— 10e série : LES ALPES DU LÉMAN A LA DURANCE. NOS CHASSEURS ALPINS.
— 11e série : FOREZ, VIVARAIS, TRICASTIN ET COMTAT-VENAISSIN.
— 12e série : ALPES DE PROVENCE ET ALPES MARITIMES.
— 13e série : LA PROVENCE MARITIME.
— 14e série : LA CORSE.

Une quinzaine d'autres volumes sont sous presse ou en préparation. — Le prospectus détaillé de la collection est envoyé sur demande.

———

II. — Asie. Afrique. Amérique. Océanie.

A TERRE ET A BORD. Notes d'un marin, deuxième série, par Th. AUBE. Avec une préface de Gabriel CHARMES. (Italie et Levant. Pénétration de l'Afrique centrale. La guerre maritime et les ports militaires de la France. Notes sur le Centre-Amérique. Nouveau droit maritime international.) 1884. Vol. in-12, broché. . . **3 fr.**

ANNUAIRE DE LA PRESSE COLONIALE POUR 1891, par Henri MAGER. 1 vol. in-12, avec une carte de la Martinique, percaline souple . **2 fr. 50 c.**

APERÇU SUR L'HISTOIRE DE LA MÉDECINE AU JAPON, par Léon ARDOUIN, médecin de 1re classe de la marine. 1884. Gr. in-8°, broché. . . **2 fr.**

L'ARCHÉOLOGIE DE LA TUNISIE, par Paul GAUCKLER, membre non résident des travaux historiques, inspecteur chef du service beylical des antiquités et des arts. 1896. Un volume in-8° avec 16 planches hors texte, broché. . . **2 fr. 50 c.**

L'ARCHIPEL DES ILES MARQUISES, par M. EYRIAUD DE VERGNES, lieutenant de vaisseau. 1877. In-8°, broché . . . . **2 fr. 50 c.**

AU SUD DE L'AFRIQUE, par Frédéric CHRISTOL. 1897. Un vol. in-12, avec 150 dessins et croquis de l'auteur, br. sous couv. illustrée. **3 fr. 50 c.**

LE CANAL INTEROCÉANIQUE ET LES EXPLORATIONS DANS L'ISTHME AMÉRICAIN. Conférence faite à la Société de géographie commerciale, par A. RECLUS, lieutenant de vaisseau. 1879. Grand in-8°, avec carte ; broché . . . . **1 fr.**

LE CHEMIN DE FER DU SÉNÉGAL AU NIGER. Note rédigée par le chef de bataillon du génie ROUGIER, directeur des chemins de fer du Soudan, et le capitaine du génie CALMEL. 1897. In-8°, avec 15 gravures et 2 planches hors texte. **2 fr.**

LE CHÊNE-LIÈGE, sa culture et son exploitation, par A. LAMEY, conservateur des forêts en retraite. 1893 Vol. gr. in-8°, avec 2 pl., br. **6 fr.**
Couronné par la Société nationale d'agriculture.

CHINE ET JAPON. Notes politiques, commerciales, maritimes et militaires, par Alfred HOUETTE, enseigne de vaisseau. 1880. Gr. in-8°, br. **3 fr.**

LES CINQUANTE PAS DU ROI DANS LES COLONIES FRANÇAISES, par M. ROUGON, commissaire de la marine. 1876. Grand in-8°, broché . . . . **1 fr.**

LES COLONIES FRANÇAISES A L'EXPOSITION UNIVERSELLE DE 1878. Rapport de la commission coloniale. 1880. Gr. in-8°, broché. . . . . **1 fr.**

LE COMMERCE FRANÇAIS EN ORIENT : SMYRNE. Situation commerciale et économique des pays compris dans la circonscription du consulat général de France, par F. ROUGON, consul général de France à Smyrne. 1892. Vol. in-8° de 714 p. avec carte en couleurs, broché . . . . . **12 fr.**
Rélié en percaline . . . . **13 fr. 50 c.**

LA CORÉE. Géographie, organisation sociale, mœurs et coutumes, ports ouverts au commerce japonais, les traités, par G. BAUDENS, lieut. de vaiss. 1884. Gr. in-8°, avec 8 vign. **1 fr. 50 c.**

EN ÉGYPTE, par Gabriel THOMAS. 1894. Un vol. in-8° de 175 pages, broché . . . . . **2 fr. 50 c.**

ENTRE DEUX CAMPAGNES. Notes d'un marin, première série, par Th. AUBE, officier de marine. (Au Sénégal. En Océanie.) 1881. 1 volume in-12, broché . . . . **3 fr.**

ÉTUDE SUR LA COLONIE DE LA GUADELOUPE (topographie médicale, climatologie, démographie), par le D^r REY, médecin principal de la marine. 1878. Grand in-8°, broché . . . . **1 fr. 50 c.**

ÉTUDE SUR LA COLONIE DE LA MARTINIQUE. Topographie, météorologie, pathologie, anthropologie, démographie, par le Dr H. REY, médecin principal de la marine. 1881. Gr. in-8°, br. **3 fr.**

ÉTUDE SUR LE DROIT HINDOU. Du droit de punir, par GUILLET-DESGROIS, chef du service judiciaire des établissements français dans l'Inde. 1885. Grand in-8°, broché . . . . **4 fr.**

ÉTUDE SUR LA NATURALISATION EN ALGÉRIE, par E. ROUARD DE CARD, professeur à l'école de droit d'Alger. 1881. Grand in-8°, broché . **1 fr.**

ÉTUDE SUR LES TREMBLEMENTS DE TERRE, par Léon VINOT. 1893. Volume in-8° avec 3 photogravures, broché . . . . **3 fr. 50 c.**

LA FRANCE ET L'ANGLETERRE EN ASIE, par Philippe LEHAULT, membre de la Société de géographie, explorateur en Asie. Tome Ier. — *Indo-Chine. Les derniers jours de la dynastie des rois d'Ava.* 1892. Un volume in-8° de 780 pages, avec 6 cartes, broché . . . . **10 fr.**

GUIDE PRATIQUE EN PAYS ARABE, par H. J. FRISCH, capitaine au 106e régiment d'infanterie, ancien officier des affaires arabes d'Algérie et de Tunisie, ancien officier topographe aux cartes des deux pays, et H. DAVID, médecin-major au 106e régiment d'infanterie, breveté pour la langue arabe. 1892. Un volume de 400 pages, reliure percaline illustrée . . . . **5 fr.**
Franco par la poste . . . . **5 fr. 50 c.**

DE HANOÏ A PÉKIN, par A. BOUINAIS, lieutenant-colonel d'infanterie de marine, avec une préface de M. Alfred RAMBAUD, professeur à la Faculté des lettres de Paris. 1892. In-12 de 428 pages, broché . . . . **3 fr. 50 c.**

IMPRESSIONS COLONIALES (1868-1892). Étude comparative de colonisation, par Charles CERISIER, ancien officier du commissariat de la marine, directeur de l'intérieur au Congo français. 1893. Vol. in-8º de 367 pages, avec une carte, br. **5 fr.**

L'INDE SERA-T-ELLE RUSSE OU ANGLAISE ? par L. DE BEYLIÉ, capitaine d'infanterie de marine. 2ᵉ édition. 1887. Grand in-8º, avec carte . **1 fr.**

ITALIE ET LEVANT. Notes d'un marin, par Th. AUBE, offic. de mar. 1883. In-12, br. **1 fr. 25 c.**

LA LIBERTÉ DU COMMERCE AUX COLONIES, par M. J. DELARBRE, conseiller d'État honoraire, trésorier général des Invalides de la marine. 1879. Grand in-8º, broché. . . . . **1 fr.**

MADAGASCAR. L'île et ses habitants. Renseignements historiques, géographiques et militaires. La guerre franco-hova (1883-1885), d'après les documents du ministère de la marine, par G. HUMBERT, capitaine breveté d'infanterie de marine, officier d'ordonnance du ministre de la marine. Avec un vocabulaire franco-malgache d'après les indications de M. SUBERBIE, 1895. Vol. in-8º, avec 8 cartes topographiques, br . . **4 fr.**

MANUEL DE COMPTABILITÉ-MATIÈRES, à l'usage des comptables du service colonial, par A. RAYNAL, commis-rédacteur à l'administration des colonies. 1889. Vol in-8º, broché. . . . . . **5 fr.**

MARINE ET COLONIES. Opinion d'un marin, ancien gouverneur de colonies (Amiral AUBE). 1886. In-12, broché. . . . . **1 fr. 50 c.**

LA MARTINIQUE, son présent et son avenir, par le contre-amiral AUBE, ancien gouverneur de la Martinique. 1882. Grand in-8º. . . . . . **3 fr.**

MES CAMPAGNES, par une femme (C. VRAY). AUTOUR DE MADAGASCAR. 1897. Un volume in-12, br. sous couv. illustrée en couleurs. **3 fr. 50 c.**

NOTES SUR LE CENTRE-AMÉRIQUE (Costa-Rica, Nicaragua et San-Salvador, Vancouver et la Colombie anglaise), par M. Th. AUBE, capitaine de vaisseau. 1877. Broch. gr. in-8º . . . . . **2 fr.**

NOTES SUR MADAGASCAR, par L. CRÉMAZY, conseiller à la cour d'appel de la Réunion. 1883-1884. 3 parties. Gr. in-8º, av. 2 cartes. **6 fr. 50 c.**

LA NOUVELLE-ZÉLANDE. (Extraits de l'*Official Handbook of New Zealand*, de M. Julius VOGEL, agent général de la colonie), par E. GEORGE, doct. en méd. 1878. In-12, av. une carte, br. **3 fr.**

LES NOUVELLES-HÉBRIDES, par E. N. IMHAUS. 1890. Un vol. gr. in-8º, avec 11 vignettes, 7 photogravures et 1 carte, broché . . . . . . **5 fr.**

ORGANISATION GÉNÉRALE DES COLONIES FRANÇAISES ET DES PAYS DE PROTECTORAT, par Édouard PETIT, s.-chef de bureau à l'Administration centrale des colonies, professeur à l'École coloniale. 1894. 2 volumes grand in-8º d'environ 700 pages chacun. Prix de chaque volume, broché . . . . **12 fr.**
Relié en percaline. . . . . . . **13 fr. 50 c.**
— en demi-maroquin. . . . . . **14 fr. 50 c.**

Ouvrage couronné par l'Académie des sciences morales et politiques et par la Société de géographie de Paris.

—COMPLÉMENT. (Voy. *Le Régime du travail et la colonisation libre dans nos colonies*, par H. BLONDEL.)

LA PALESTINE ANCIENNE ET MODERNE, par M. E. ARNAUD, membre de la Société asiatique de Paris. 1868. 1 volume in-8º avec cartes, br. **12 fr.**

DE PARIS EN ÉGYPTE. Souvenirs de voyage, par F. de CARCY, ancien officier d'état-major. 1875. Fort volume in-12 avec une carte en chromo, broché . . . . **4 fr.**
Relié en percaline . . . . **5 fr.**

LE PILCOMAYO, route maritime de la Bolivie à l'Océan Atlantique, par A. TESTOT-FERRY, enseigne de vaisseau. 1881. Gr. in-8º, br. . **75 c.**

LA POLIQUE FRANÇAISE EN OCÉANIE, à propos du canal de Panama, par Paul DESCHANEL, rédacteur au *Journal des Débats*, avec une lettre de M. Ferdinand DE LESSEPS. 1ʳᵉ série : L'ARCHIPEL DE LA SOCIÉTÉ. 1884. Vol. de 664 pages, in-12, broché. . . . . **6 fr.**

— 2ᵉ série : LES INTÉRÊTS FRANÇAIS DANS L'OCÉAN PACIFIQUE. Les Gambier, Tuamotus, Marquises, Tubuaï, Cook, Walls, Ile Rapa, etc. Les Nouvelles-Hébrides. 1888. Vol. in-12, br. . . **4 fr.**
Ouvrage couronné par la Société de géographie commerciale (prix La Pérouse).

LA QUESTION DU TONKIN (l'Annam et les Annamites ; histoire, institutions, mœurs, origine et développement de la question du Tonkin. Politique de la France, de l'Angleterre et de la Chine. Le protectorat), par Paul DESCHANEL, rédacteur au *Journal des Débats*. 1883. Volume in-12 de 513 pages, broché. . . . . **5 fr.**

RAPPORT SUR LA RECONNAISSANCE DU FLEUVE DE TONKIN, PAR DE KERGARADEC, lieutenant de vaisseau, consul de France à Hanoï. 1877. Gr. in-8º, broché. . . . . **2 fr.**

LE RÉGIME DU TRAVAIL ET LA COLONISATION LIBRE dans nos colonies et pays de protectorat, par Henry BLONDEL, sous-chef de bureau au ministère des colonies. 1895. Volume de 180 pages, broché. . . . . **5 fr.**
Ce volume fait suite à l'ouvrage de M. Édouard PETIT sur l'*Organisation des Colonies*.

LA RÉGION NORD-EST DU TONKIN, par M. GUÉRIN, lieutenant d'infanterie de marine. 1892. In-8º, avec 6 planches. . . . . **2 fr.**

LES RELATIONS DE L'ALGÉRIE AVEC L'AFRIQUE CENTRALE, par E. WATBLED, sous-archiviste du Sénat. 1879. Grand in-8º, broché . . . . **75 c.**

LA RÉPUBLIQUE D'HAÏTI. Son présent, son avenir économique, par Paul VIBERT, chargé de missions économiques aux Antilles. 1895. Un volume in-12 de 375 pages, avec 8 vues en phototypie, broché. . . . . **5 fr.**

DE ROCHEFORT A CAYENNE. (Scènes de la vie maritime.) Journal du capitaine de l'*Économe*, par Jules de CRISENOY ; illustré de 52 dessins par Pierre de Crisenoy, peintre de la marine. 1883. Un fort vol. in-8º de 330 p., avec 2 cartes **8 fr.**
Relié en demi-chagrin, tranches dorées. **10 fr.**

LE ROYAUME DE CAMBODGE, par A. BOUINAIS, cap. d'inf. de marine, et A. PAULUS, professeur à l'école Turgot. 1894. Gr. in-8º, br. **2 fr. 50 c.**

SILHOUETTES TONKINOISES, par Louis PEYTRAL. 1897. Vol. in-12, illustré par GAYRAC, broché sous couverture illustrée. . . . . **3 fr. 50 c.**

ÉLÉMENTS DE COSMOGRAPHIE
ET DE NAVIGATION
PRÉCÉDÉS DE NOTIONS DE
TRIGONOMÉTRIE SPHÉRIQUE
PAR J. B. GUILHAUMON
ANCIEN OFFICIER DE VAISSEAU, PROFESSEUR D'HYDROGRAPHIE

2e édition. 1897. Un volume in-8, de 400 pages, avec 147 fig. Prix, broché. **7 fr. 50 c.**
Relié en percaline, **9 fr.**

Types de calculs nautiques, publiés par l'*École navale.* 1892. Un volume in-4º de 124 pages, avec figures, cartonné en percaline gaufrée. . . . . **4 fr.**

Résumé de théorie du navire, par J.-B. GUILHAUMON, ancien officier de vaisseau, professeur d'hydrographie. 1894. Un volume in-8º, avec 29 figures et une planche hors texte, broché. . . . . **2 fr. 50 c.**

La Navigation astronomique et la Navigation estimée, par Georges LECOINTE, officier belge, provisoirement détaché dans la Marine de guerre française. 1897. Beau volume in-4 de 400 pages, avec 190 figures. Broché . . . . **15 fr.**

Méthode rapide pour déterminer les droites et les courbes de hauteur et faire le point, accompagnée de types du calcul et de tables, par R. DELAFON, lieutenant de vaisseau. 1893. Volume in-8º de 135 pages, broché, 4 fr. 50 c. ; relié en toile . . **5 fr. 50 c.**

Table de navigation à triple argument, par le même. 1892. 2 feuilles in-folio, sous couverture in-4º. . . . . **1 fr. 50 c.**

Notes sur la manière de manœuvrer dans les cas de rencontre à la mer de deux navires à vapeur, par Albert SAINTYVES, lieutenant de vaisseau en retraite, sous-chef du service central de l'exploitation à la Compagnie générale transatlantique. 1892. Brochure in-8º de 48 pages, avec 9 figures . . . . **1 fr.**

— *Suite :* **Étude critique du projet de règlement pour prévenir les abordages ou collisions en mer** adopté par le Congrès des États-Unis d'Amérique, proposé, en 1890, par la conférence maritime internationale de Washington. 1893. Brochure in-8º de 60 pages, avec 3 planches . . . . **2 fr.**

Essais sur les phénomènes cosmogoniques, par A. COFFINIÈRES DE NORDECK, lieutenant de vaisseau. Avec une lettre de Pierre LOTI. 1893. Volume in-8º, broché. . . . . . **6 fr.**

Essai sur la Navigation aérienne. Aérostation, Aviation, par E. LAPOINTE, enseigne de vaisseau. 1896. Un volume in-8º. . . . . **3 fr. 50 c.**

BERGER-LEVRAULT ET Cie, ÉDITEURS — 15

PARIS, 5, RUE DES BEAUX-ARTS. — 18, RUE DES GLACIS, NANCY

LES FLOTTES DE COMBAT
ÉTRANGÈRES
EN 1897

Par le Lieutenant de vaisseau de BALINCOURT

Un volume in-8 de IV-347 pages, avec de nombreux croquis, broché : **6 fr.**

Études sur les navires d'aujourd'hui, par R. DE BALINCOURT, lieutenant de vaisseau. Un volume in-8 . . . . **3 fr. 50 c.**

Marines étrangères. Situation. Organisation. Matériel. Personnel. Troupes. Défenses sous-marines. Armement. Défense du littoral. Marine marchande, par H. BUCHARD, lieutenant de vaisseau. (*Bibliothèque du marin.*) 1891. Volume in-8 de 639 pages, avec 30 planches d'uniformes étrangers. . . . . **10 fr.**

Torpilles et torpilleurs des nations étrangères. Suivi d'un atlas des flottes cuirassées, par H. BUCHARD, lieutenant de vaisseau. (*Bibliothèque du marin.*) 1889. Volume in-8 avec 114 planches, broché . . . . **6 fr.**

Langage Marin anglais-français. Connaissances utiles aux officiers des marines de France et d'Angleterre, par Ernest PICARD, capitaine de vaisseau, et SYDNEY R. FREMANTLE, lieutenant R. N. Un vol. in-12 de 165 pages, avec de nombreuses figures. Cart. toile. **3 fr. 50 c.**

LA
DÉFENSE DES COTES D'EUROPE
ÉTUDE DESCRIPTIVE
AU DOUBLE POINT DE VUE MILITAIRE ET MARITIME
Par Carl DIDELOT

LIEUTENANT DE VAISSEAU, MEMBRE DE LA SOCIÉTÉ DE GÉOGRAPHIE DE PARIS

Un volume in-8 de 540 pages, avec atlas grand in-folio de 204 cartes, broché. **25 fr.**
Relié en toile gaufrée, l'atlas monté sur onglets, **30 fr.**

La Défense nationale et la Défense des côtes, par PATIENS. 1894. Vol. in-8, broché. **5 fr.**

La Défense des côtes et la Marine, par G. MOCH (PATIENS), ancien capitaine d'artillerie. (Extrait de *la Marine française.*) 1895. Grand in-8, broché . . . . **1 fr. 50 c.**

Des Opérations maritimes contre les côtes et des Débarquements, par M. D. B. G. (Extrait du *Mémorial de l'artillerie de la marine.*) 1894. In-8, broché. . . . . . . **2 fr. 50 c.**

Études sur les Opérations combinées des armées de terre et de mer, par R. DEGOUY, lieutenant de vaisseau. Première partie. 1884. Grand in-8, avec 33 figures. . . . . . **4 fr.**

Étude sur les petits Chemins de fer forestiers, par E. THIÉRY, professeur à l'École nationale forestière. 1897. Un vol. grand in-8, avec nombreuses figures et planches, br. **10 fr.**

Étude sur la Bicyclette, par J. PALOQUE, capitaine d'artillerie. 1896. Brochure in-8, avec 32 figures dans le texte et 2 planches in-folio hors texte . . . . **2 fr.**

Code du Cycliste, par MM. Léon GARNIER, chef de division à la Préfecture de la Seine, et Paul DAUVERT, secrétaire-greffier du Conseil de préfecture de la Seine. (Taxe sur les vélocipèdes. Circulation. Vélocipédie militaire. Télégraphes.) 1895. Un vol. in-12, br. **2 fr.**

Étude sur les armes de chasse, par G. H.-C. HARTMANN, capitaine d'artillerie. 1897. Un volume in-8, avec 21 figures, broché. . . . . **2 fr. 50 c.**

ARDOUIN-DUMAZET

VOYAGE EN FRANCE

VIENT DE PARAITRE

13e Série : La Provence maritime

Marseille — Le Littoral — Les Iles d'Hyères — Les Maures — L'Estérel — Nice.

Un volume in-12 de 413 pages, avec 28 cartes ou croquis.

SOMMAIRE: La petite mer de Berre — les Bourdigues de Caronte — de Roquefavour au Pilon-du-Roi — les mines de Fuveau — les câpriers de Roquevaire — à travers Marseille — les ports de Marseille — du vieux Marseille aux cabanons — de la Ciotat aux calanques — Toulon — la rade de Toulon — la batterie des Hommes sans peur — de l'archipel des Embiez aux gorges d'Ollioules — les cerisaies de Solliès-Pont — Hyères et les Maurettes — les Isles d'Or : Giens et Porquerolles, Bagau, Port-Cros et le Levant — des Maures à Saint-Tropez — traversée nocturne des Maures — au pied de l'Estérel — Cannes et Antibes — les Iles de Lérins — Nice — Nice-Cosmopolis — Nice, camp retranché — de Nice à Monaco — Menton et la frontière.

14e Série : La Corse

Un volume in-12 de 367 pages, avec 27 cartes, 7 vues et 1 planche hors texte.

SOMMAIRE: La Balagne — Calvi et la Balagne déserte — la Tartagine et Corté — de Tavignano à Pentica — Ajaccio et son golfe — autour d'Ajaccio — la Cinarca — une colonie grecque — les cédratiers des calanches — une vallée travailleuse (Porto) — dans la forêt corse — le Niolo — les gorges du Golo — Mariana et la Casinca — la Castagniccia — autour de Bastia — le cap Corse — de Marseille à Sartène — les bouches de Bonifacio — une vendetta (Porto-Vecchio) — le Fiumorbo — un essai de grande culture — l'immigration lucquoise — la vallée du Tavignano — l'avenir de la Corse.

VOLUMES PRÉCÉDEMMENT PARUS

1re série : **Le Morvan, le Val de Loire et le Perche** (2e édition).

2e série : **Des Alpes mancelles à la Loire maritime.**

3e série : **Les Iles de l'Atlantique : I. D'Arcachon à Belle-Isle.** — Avec 19 cartes.

4e série : **Les Iles de l'Atlantique : II. D'Hoëdic à Ouessant.** — Avec 25 cartes.

5e série : **Les Iles françaises de la Manche et Bretagne péninsulaire.** — Avec 26 cartes.

6e série : **Cotentin, Basse-Normandie, Pays d'Auge, Haute-Normandie, Pays de Caux.** — Avec 29 cartes ou croquis.

7e série : **La Région lyonnaise : Lyon, Monts du Lyonnais et du Forez.** — Avec 19 cartes ou croquis.

8e série : **Le Rhône du Léman à la mer : Dombes, Valromey, Bugey, Bas-Dauphiné, Savoie rhodanienne, La Camargue.** — Avec 22 cartes ou croquis.

9e série : **Bas-Dauphiné, Viennois, Graisivaudan, Oisans, Diois et Valentinois.** — Avec 23 cartes ou croquis.

10e série : **Les Alpes du Léman à la Durance. Nos Chasseurs alpins.** — Avec 25 cartes.

11e série : **Forez, Vivarais, Tricastin et Comtat-Venaissin.** — Avec 25 cartes.

12e série : **Les Alpes de Provence et les Alpes maritimes.** — Avec 30 cartes et une grande carte des Alpes, hors texte.

Chaque volume in-12, d'environ 350 pages, avec cartes, broché. 3 fr. 50 c.

— Élégamment cartonné en toile souple, tête rouge . . . 4 fr.

La collection complète comprendra de 25 à 30 volumes. — Le prospectus détaillé (brochure de 12 pages) des volumes parus ou à paraitre dans cette collection est envoyé sur demande.

BERGER-LEVRAULT ET Cie, ÉDITEURS　　19

PARIS, 5, RUE DES BEAUX-ARTS. — 18, RUE DES GLACIS, **NANCY**

SUR
LE HAUT-ZAMBÈZE
VOYAGES ET TRAVAUX DE MISSION
Par F. COILLARD
DE LA SOCIÉTÉ DES MISSIONS ÉVANGÉLIQUES DE PARIS

Préface de **M. J. DE SEYNES,** *président de la Société des Missions évangéliques de Paris.*

Un très beau volume in-4 de 618 pages, illustré de 40 superbes planches hors texte en similigravure, avec 2 portraits en héliogravure et 2 cartes.

Relié en toile gaufrée, plaque spéciale, tranches ébarbées, tête rouge. Prix : **20 fr.**

AU SUD DE L'AFRIQUE
Par Frédéric CHRISTOL
Avec 150 dessins et croquis de l'auteur
Introduction, par Raoul ALLIER
Joli volume in-12 de 350 pages. Broché sous couverture illustrée. . . . . **3 fr. 50 c.**

Madagascar. *L'île et ses habitants.* Renseignements historiques, géographiques et militaires. *La guerre franco-hova (1883-1885),* d'après les documents du ministère de la marine, par G. HUMBERT, capitaine breveté d'infanterie de marine, officier d'ordonnance du ministre de la marine. Avec un vocabulaire franco-malgache d'après les indications de M. SUBERBIE. 1895. Vol. in-8, avec 8 cartes topographiques, broché. **4 fr.**

La Guerre au Dahomey. — 1re partie : **1888-1893,** d'après les documents officiels, par Ed. AUBLET, capitaine d'infanterie de marine, officier d'ordonnance du ministre de la marine. Un beau volume in-8, de 358 pages, avec un portrait, 21 croquis et 2 cartes, broché. . . . . **7 fr. 50 c.**

— 2e partie : **La Conquête du Dahomey (1893-1894),** par le même. Volume in-8, avec 5 croquis et une carte, broché . . . . **5 fr.**

La Tunisie. 1896. Publication en 4 beaux volumes in-8.

— Première partie : *Histoire et description.* Le sol et le climat. L'homme. Organisation. 2 volumes avec 40 planches, dont 22 en couleurs, brochés . . . . **10 fr.**

— Deuxième partie : *La Tunisie économique.* Agriculture. Industrie. Commerce. Finance. 2 volumes avec 13 planches, dont 3 en couleurs, brochés. . . . . **10 fr.**

Le Chemin de fer du Sénégal au Niger. Note rédigée par le chef de bataillon du génie ROUGIER, et par le capitaine CALMEL. 1897. Un volume in-8, avec 15 gravures et 2 planches hors texte, broché . . . . **2 fr.**

Guide pratique en pays arabe, par MM. R. J. FAISON, capitaine au 106e régiment d'infanterie, ancien officier des affaires arabes d'Algérie et de Tunisie, ancien officier topographe aux cartes des deux pays, et H. DAVID, docteur en médecine, médecin-major de 2e classe au 106e régiment d'infanterie, breveté pour la langue arabe. 1892. Un volume de 400 pages, reliure percaline illustrée. . . . . **5 fr.**

Franco par la poste . . . . **5 fr. 50 c.**

Bibliothèque du Marin.

Service administratif à bord des Navires de l'État. *Manuel du commandant-comptable et de l'officier d'administration,* par C. NEVEU et A. JOUAN, commissaires de la marine. 2ᵉ édition, 1895, mise à jour par les appendices nᵒˢ 3 à 5 jusqu'au nᵒ 20 du *Bulletin officiel* de 1897. Un volume grand in-8 de 600 pages . . . . **10 fr.**
Relié en percaline . . . . **11 fr. 50 c.**
(Ouvrage rendu réglementaire à bord des navires de l'État et adopté pour
les bibliothèques des divisions.)

Théorie du Navire, par E. GUYOU, capitaine de frégate, membre de l'Institut. Suivie d'un Traité des évolutions et allures, par le contre-amiral MOTTEZ. 2ᵉ édition, 1894. Un volume in-8 de 440 pages, avec 151 figures . . . . **7 fr. 50 c.**
(Ouvrage couronné par l'Académie des Sciences.)

Cours élémentaire d'Astronomie, par E. GUYOU, capitaine de frégate, membre de l'Institut, et WILLOTTE, ingénieur des ponts et chaussées. Un volume in-8 de 574 pages, avec 170 figures dans le texte et deux planches. . . . . **10 fr.**

Éléments de Cosmographie et de Navigation, précédés de notions de trigonométrie sphérique, par J.-B. GUILHAUMON, ancien officier de vaisseau, professeur d'hydrographie. 2ᵉ édition, 1897. Un volume in-8 de 400 pages, broché. . . . . **7 fr. 50 c.**
Relié en percaline. . . . . **9 fr.**

Traité d'Artillerie, à l'usage des officiers de marine, par E. NICOL, lieutenant de vaisseau. Un volume in-8 de 336 pages, avec 86 figures. . . . . **8 fr.**

Éléments de Météorologie nautique, par J. DE SUGNY, lieutenant de vaisseau, membre de la Société météorologique de France. 1890. Un volume in-8 de 500 pages avec 57 figures et planches. . . . . **6 fr.**

Précis du Droit maritime international et de Diplomatie, d'après les documents les plus récents, par A. LE MOINE, capitaine de vaisseau, licencié en droit. 1888. Un volume in-8 de 360 pages . . . . **6 fr.**

Histoire des Flottes militaires, par Ch. CHABAUD-ARNAULT, capitaine de frégate de réserve. 1889. Un volume in-8 de 512 pages avec 10 plans de batailles . . . . **6 fr.**
(Ouvrage adopté par l'École navale.)

Cours élémentaire d'Électricité pratique, par H. LEBLOND, professeur d'électricité à l'École des officiers torpilleurs. 2ᵉ édition, revue et corrigée. 1896. Un volume in-8 de 474 pages, avec 164 figures, broché. . . . . **7 fr.**

Électricité expérimentale et pratique. Cours professé à l'École des officiers torpilleurs, par H. LEBLOND, agrégé des sciences physiques, ancien élève de l'École normale supérieure. 2ᵉ édition, 1894-1895. 4 volumes in-8, 1330 pages, avec 410 figures et 3 planches. . . . . **26 fr.**

Les Moteurs électriques à courant continu, par le même. 1894. Un volume in-8 de 500 pages, avec 120 figures . . . . **10 fr.**
(Les trois ouvrages de M. Leblond ont été couronnés par l'Académie des sciences.)

Torpilles et Torpilleurs des nations étrangères, suivis d'un *Atlas des flottes étrangères,* par H. BUCHARD, lieutenant de vaisseau. 1889. Un volume in-8 de 254 pages et 114 planches . . . . **6 fr.**

Les Flottes de combat étrangères en 1897, par R. DE BALINCOURT, lieutenant de vaisseau. 1897. Un volume in-8 de 347 pages avec nombreux croquis, broché. . . . **6 fr.**

Marines étrangères. Situation. Budget. Organisation. Matériel. Personnel. Troupes. Défenses sous-marines. Armement. Défenses du littoral. Marine marchande (*Allemagne, Angleterre, République Argentine, Autriche-Hongrie, Brésil, Bulgarie, Chili, Chine, Danemark, Espagne, États-Unis, Grèce, Hollande, Italie, Japon, Norvège, Portugal, Roumanie, Russie, Suède, Turquie*), par H. BUCHARD. 1891. Un volume in-8 de 636 pages, avec 30 planches d'uniformes et d'insignes . . . . **10 fr.**

BERGER-LEVRAULT ET Cie, ÉDITEURS   21

PARIS, 5, RUE DES BEAUX-ARTS. — 18, RUE DES GLACIS, NANCY

RÉPERTOIRE DU SERVICE A LA MER

Par **Ch. COURAYE DU PARC**, Sous-Commissaire de la marine.

Un volume in-8. — Prix : broché, 6 fr. ; relié en percaline, 7 fr.

CAISSE DES INVALIDES DE LA MARINE
ET PENSIONS DE L'ARMÉE DE MER

Administration, Législation et Tarifs
Par M. NEVEU
COMMISSAIRE DE LA MARINE.

Un volume grand in-8, de 150 pages, broché . . . . 3 fr.
Tirage à grandes marges . . . . 4 fr.

Ce volume forme la 2° partie du tome III du

TRAITÉ D'ADMINISTRATION DE LA MARINE
de MM. FOURNIER et NEVEU.

Volumes parus précédemment :

Tome I : Constitution du département de la marine et organisation de son personnel. Volume grand in-8, 646 pages, broché . . . . *(Épuisé.)*
Tirage à grandes marges . . . . 12 fr. 50 c.
Tome II : Administration de la fortune publique dans le département de la marine. Volume grand in-8, 714 pages, broché . . . . 10 fr.
Tirage à grandes marges . . . . 12 fr. 50 c.
Tome III : *1re Partie.* Attributions de police générale du département de la marine. Volume grand in-8, 401 pages, broché . . . . 7 fr. 50 c.
Tirage à grandes marges . . . . 10 fr.

Service administratif à bord des navires de l'État. Manuel du commandant comptable et de l'officier d'administration, par C. NEVEU et A. JOUAN, commissaires de la marine (*Bibliothèque du marin*). 2e édition, 1895, mise à jour par les 3e à 5e appendices jusqu'au n° 20 du *Bulletin officiel* de 1897. Vol. gr. in-8 de 604 p., br., 10 fr. ; relié en percal. 11 fr. 50 c.

Défense des frontières de la France, par JASTA. 1896. Un volume in-12, avec carte en couleurs . . . . 1 fr. 50 c.
Les Manœuvres anglaises de 1896. Exposé et critique, par A. POIDLOUÉ, capitaine de frégate, chef d'état-major de la 2° division de l'Escadre du Nord. 1897. Broch. in-12. 1 fr.
La Création d'une marine nationale belge, par le lieutenant G. LECOINTE, provisoirement détaché dans la marine de guerre française. 1897. Un volume in-8, broché . . . . 3 fr.
Quelques Réflexions sur la guerre navale sino-japonaise, par Auguste HUET, ingénieur de la marine. 1896. Brochure in-8, avec 5 plans . . . . 1 fr.

Traité de Physique et de Chimie, rédigé conformément au programme officiel des connaissances exigées des candidats à l'École navale, par E. BOURRUT-DUVIVIER, professeur à l'École navale. 1889. Volume in-12 avec 62 figures, cartonné en percaline . . . . 4 fr.
Petit traité d'Arithmétique théorique et pratique, à l'usage des écoles élémentaires de la marine, par A. GUYOT, ancien élève de l'École normale de Colmar, professeur du cours normal des instituteurs de la flotte. (Ouvrage réglementaire pour les écoles élémentaires des équipages de la flotte.) 2e édition. 1895. Volume in-12, cartonné . . . . 2 fr. 50 c.

Ouvrages de M. le capitaine de frégate E. GUYOU

MEMBRE DE L'INSTITUT

Les Problèmes de navigation et la carte marine. Types de calculs et tables complètes. 1896. Un volume grand in-8° de 107 pages, avec 2 planches, broché. . . . . **3 fr. 50 c.**

Théorie du Navire. Suivie d'un Traité des évolutions et allures, par le contre-amiral MOTTEZ. Deuxième édition. 1894. Un volume in-8° de 440 pages, avec 151 figures, broché. (Couronné par l'Académie des sciences.) . . . . **7 fr. 50 c.**

Les Problèmes de navigation et la carte marine. Types de calculs et tables complètes. Nouvelle édition. 1896. Un volume grand in-8° de 107 pages, avec 2 planches, br. **3 fr. 50 c.**

Cours élémentaire d'Astronomie, par E. GUYOU et H. WILLOTTE, ingénieur des ponts et chaussées. 2e édition. 1896. Volume in-8° de 574 pages, avec 170 figures dans le texte et 2 planches, broché . . . . **10 fr.**

Traité de Trigonométrie rectiligne et sphérique. 1891. Un volume in-8°, avec 43 figures, broché . . . . **5 fr.**

Théorie mécanique de la houle cylindrique simple et permanente. 1877. Grand in-8°, broché. . . . . **1 fr. 50 c.**

Tables de poche donnant le point observé et les droites de hauteur. 1884. In-18, cartonné . . . . **1 fr. 50 c.**

Ouvrages de M. LEBLOND

AGRÉGÉ DES SCIENCES PHYSIQUES
PROFESSEUR D'ÉLECTRICITÉ A L'ÉCOLE DES OFFICIERS TORPILLEURS

Les Moteurs électriques à courant continu. 1894. Un volume in-8° de 500 pages, avec 120 figures. . . . . **10 fr.**

Électricité expérimentale et pratique. Cours professé à l'École des officiers torpilleurs. 2e édition. 1894-1895. 4 volumes in-8°, 1330 pages, avec 410 figures et 3 planches, brochés. . . . . **26 fr.**

Cours élémentaire d'électricité pratique. 2e édition, revue et corrigée. 1896. Un volume in-8° de 474 pages, avec 164 figures, broché. . . . . **7 fr.**

Ouvrages couronnés par l'Académie des sciences.

Contre-amiral RÉVEILLÈRE

Autarchie. Jolis volumes in-12, brochés :

— **Un coup de sonde dans l'océan des mystères.** 1896 . . . . **2 fr.**

— **Croix et croissant.** 1897 . . . . **2 fr.**

— **L'Europe-Unie.** 1896 . . . . **2 fr.**

— **Extension, Expansion.** 1898 . . . . **2 fr.**

— **Recherche d'idéal.** 1898 . . . . **2 fr.**

— **Tutelle et Autarchie.** 1896 . . . . **2 fr.**

La Conquête de l'Océan. 1891. Un volume in-12 de 340 pages, broché . . . . **3 fr. 50 c.**

Ouvrages de l'amiral AUBE

ANCIEN MINISTRE DE LA MARINE

Notes d'un marin. — I. *A terre et à bord.* — II. *Entre deux campagnes.* Deux volumes in-12, brochés. . . . . **6 fr.**

De la Guerre navale. *Opinion d'un marin.* 1885. In-12, broché. . . . . . . **1 fr. 25 c.**

La Guerre maritime et les Ports militaires de la France. 1882. Grand in-8 . . . **2 fr.**

Marine et Colonies. *Opinion d'un marin,* ancien gouverneur de colonie. 1886. In-12, broché . . . . **1 fr. 50 c.**

Italie et Levant *Notes d'un marin.* 1883. In-12, broché . . . . **1 fr. 25 c.**

Contre-amiral F.-E. FOURNIER

LA FLOTTE NÉCESSAIRE

Ses avantages stratégiques, tactiques et économiques.

Un volume in-12. 1896. Broché . . . . 3 fr.

Commandant Z... et H. MONTÉCHANT

Essai de Stratégie navale. 1893. Un volume in-8 de 550 pages, avec figures, broché. 10 fr.
Les Guerres navales de demain. Préface par M. le contre-amiral Réveillère. 1892. In-12 de 304 pages, avec 4 planches, broché. . . . . 3 fr. 50 c.
Les Lois du nombre et de la vitesse dans l'art de la guerre. Le travail des armées et des flottes. 1894. Volume in-12, broché. . . . . 1 fr. 50 c.

LA MARINE DE GUERRE

SIX MOIS RUE ROYALE

Par ÉDOUARD LOCKROY

DÉPUTÉ, ANCIEN MINISTRE DE LA MARINE

Deuxième édition. 1897. Un volume in-8 de 400 pages, broché . . . . 5 fr.

LA MARINE
DANS LES GUERRES MODERNES

GUERRE AVEC LA TRIPLE-ALLIANCE
GUERRE AVEC L'ANGLETERRE

Un volume in-8. 1897. Broché . . . . 2 fr.

Les Navires de guerre. Essai sur leur valeur militaire, par René Berard, lieutenant de vaisseau. 1897. Un volume in-12, broché . . . . 2 fr.
La Marine française au siècle prochain. Sa réorganisation. Réformes nécessaires. 1896. Un volume in-8, broché. . . . . 4 fr.
Du Navire de combat. Essai par J. Hunier. 1892. In-12 de 80 pages, broché. 1 fr. 50 c.
La Marine française au printemps de 1890, par J.-L. de Lanessan, député de Paris. 1890. Volume in-12 de 435 pages, broché . . . . 3 fr. 50 c.
Les Armements maritimes en Europe, par Maurice Leroi, officier de marine en retraite. 1889. Volume in-12, broché . . . . 3 fr. 50 c.
Rome et Berlin. Opérations sur les côtes de la Méditerranée et de la Baltique au printemps de 1888, par Ch. Rope. Volume in-8, avec 8 cartes, plans et croquis, broché. . . 5 fr.
Les Torpilleurs autonomes et l'avenir de la marine, par Gabriel Charmes. 1885. Volume in-12, broché . . . . 3 fr.
Armements maritimes. Cours professé à l'École supérieure de commerce de Marseille, par C. Champenois, capitaine au long cours, ancien commandant aux Messageries maritimes. 1895. 2 volumes in-8, avec 140 figures, reliés en percaline gaufrée . . . . 10 fr.
Les Transports maritimes. Éléments de droit maritime appliqué, par A. Haumont et A. Lévarey, avocats au barreau du Havre, professeurs à l'École supérieure de commerce du Havre. 1893. Un volume in-8 de 384 pages, relié en percaline gaufrée . . . . 4 fr.

BERGER-LEVRAULT ET Cie, LIBRAIRES-ÉDITEURS

PARIS, 5, rue des Beaux-Arts. — Rue des Glacis, 18, NANCY

Dictionnaire de l'Administration française, par Maurice BLOCK, membre de l'Institut, avec la collaboration de membres du Conseil d'État, de la Cour des comptes, de directeurs et de chefs de service des différents ministères, etc. *Quatrième édition* (1898), refondue et considérablement augmentée, tenue au courant par des suppléments annuels gratuits. Un volume grand in-8, de 2358 pages, broché . . . 37 fr. 50 c. — Relié . . 42 fr. 50 c.

Traité d'Administration de la Marine, par P. FOURNIER et NEVEU, commissaires de la marine. Tome Ier : *Constitution du département de la marine et organisation de son personnel.* Volume grand in-8, 646 pages. . . (Épuisé)
Tirage à grandes marges . . . . (Épuisé)
— Tome II : *Administration de la fortune publique dans le département de la Marine.* Volume grand in-8 de 714 pages, broché . . . . 10 fr.
Tirage à grandes marges . . . . 12 fr. 50 c.
— Tome III : *1re partie. Attributions de police générale du département de la Marine.* Volume grand in-8 de 401 pages broché . . . . 7 fr. 50 c.
Tirage à grandes marges . . . . 10 fr.
— Tome III : *2e partie. Administration de la caisse des Invalides de la marine et législation des pensions de l'armée de mer, suivies des tarifs en vigueur.* 1897. Volume grand in-8, de 156 pages, broché . . . . 3 fr.
Tirage à grandes marges . . . . 4 fr.

Répertoire du service à la mer, par Ch. COURAYE DU PARC, sous-commissaire de la marine. 1896. Un volume in-8 de 273 pages, broché . . . . . . 6 fr.
Relié en percaline . . . . 7 fr.

Organisation générale des Colonies françaises et des pays de protectorat, par Édouard PETIT, sous-chef de bureau à l'Administration centrale des colonies, professeur à l'École coloniale. 1894. 2 volumes grand in-8 d'environ 700 pages chacun. Prix de chaque volume, broché. . . . . 12 fr.
Relié en percaline . 13 fr. 50 c. — Relié en demi-maroquin . 14 fr. 50 c.

Le Régime du travail et la colonisation libre dans nos colonies et pays de protectorat, par Henri BLONDEL, chef de bureau au ministère des colonies. Volume de 180 pages, grand in-8, broché . . . . 5 fr.
(Ce volume fait suite à l'ouvrage de M. Édouard PETIT sur l'*Organisation des Colonies*).

La Tunisie. 1896. Publication en 4 beaux volumes in-8.
— Première partie : *Histoire et description.* Le sol et le climat. L'homme. Organisation. 2 vol. avec 40 planches, dont 22 en couleurs, brochés. 10 fr.
— Deuxième partie : *La Tunisie économique.* Agriculture. Industrie. Commerce. Finances. 2 vol. avec 13 planches, dont 3 en couleurs, br. . 10 fr.

Le Commerce français en Orient : **La Serbie économique et commerciale**, par René MILLET, ancien ministre de France en Serbie, avec le concours du marquis DE TORCY. 1889. Volume in-8 avec 2 cartes, broché . . . . . 5 fr.
— **Smyrne.** Situation commerciale et économique des pays compris dans la circonscription du consulat général de France, par F. ROUGON, consul général de France à Smyrne. 1892. Volume in-8 de 714 pages avec carte en couleurs, broché . . . . . . 12 fr. — Relié en percaline . . . . . 13 fr. 50 c.

La Hongrie économique, par Guillaume VAUTIER. 1893. Volume in-8 de 490 pages avec carte, broché . . . . 10 fr.

Les Transports par terre et par mer. La concurrence étrangère. Documents pour servir à l'histoire économique de la troisième République. Thèmes de conférences, par Paul VIBERT. 1897. 2 volumes grand in-8 chacun de 470 pages, brochés . . . . 20 fr.

Commentaire de la loi du 10 décembre 1874 sur l'hypothèque maritime, par A. AUGIER, aide-commissaire. 1879. Brochure grand in-8 . . 1 fr. 25 c.

Étude sur la législation réglementant la coupe et la récolte des herbes marines, par Lucien AYRAULT, procureur de la République à Quimper. 1889. Grand in-8, broché . . . . 2 fr. 50 c.

Législation de la marine marchande en Angleterre, par A. HAUTEFEUILLE, lieutenant de vaisseau. 1877. Grand in-8, broché . . . . 1 fr. 50 c.

Nouvelle loi anglaise sur la marine marchande (*Merchant Shipping act*), du 15 août 1876. Création d'un service d'inspection des bâtiments de commerce. Police de la navigation dans les eaux anglaises. Traduit de l'anglais par Henry DURASSIER. 1877. Brochure in-12 de 42 pages . . . . . . 1 fr.

Guide-formulaire à l'usage des agents de l'inscription maritime, inspecteurs des pêches, syndics des gens de mer, gardes maritimes, gendarmes de la marine, etc., par A. JOUAN, sous-commissaire de la marine. 1890. In-12, broché . . . . 1 fr. 50 c.

Bibliothèque d'Enseignement commercial

Dirigée par M. Georges PAULET

PROFESSEUR A L'ÉCOLE DES SCIENCES POLITIQUES

La **Bibliothèque d'enseignement commercial** est principalement destinée aux élèves qui se préparent aux Écoles supérieures de commerce ou qui s'y disputent le diplôme supérieur ; aux élèves des grandes écoles industrielles et des Facultés de droit, qui ne sauraient se désintéresser des études commerciales ; aux jeunes gens et aux jeunes filles qui, dans les écoles professionnelles, dans les cours du soir ou à leurs heures de libre étude, cherchent à se mettre en état de rendre dans le commerce des services appréciés.

Rédigée par les professeurs, les jurisconsultes et les spécialistes les plus autorisés, échappant à tout parti pris de doctrine, sacrifiant les développements purement théoriques au souci d'une instruction réellement utile et pratique, cette Bibliothèque pourra rendre en même temps de précieux services aux industriels et aux négociants désireux de parfaire leur éducation technique et de se tenir toujours, comme leurs concurrents étrangers, au courant de la législation commerciale, des procédés et des faits commerciaux : elle constituera ainsi la véritable **Bibliothèque du commerçant.**

OUVRAGES PARUS

Code annoté du Commerce et de l'Industrie. Lois, décrets, règlements relatifs au commerce et à l'industrie, avec un commentaire tiré des circulaires ministérielles, de la jurisprudence du Conseil d'État et de la Cour de cassation, par Georges PAULET, chef de bureau au Ministère du commerce, 1891. Un volume grand in-8 sur deux colonnes, broché. . . **15** fr.   Relié en demi-chagrin, plats toile. . **18** fr.

Code de Commerce et Lois commerciales usuelles, avec des notions de législation comparée, à l'usage des élèves des Facultés de droit et des Écoles de commerce, par E. COHENDY, professeur à la Faculté de droit et à l'École supérieure de commerce de Lyon. **2ᵉ édition.** 1898. Un volume in-18, relié en percaline gaufrée . . . . **2** fr.

Recueil des Lois industrielles, avec des notions de législation comparée, à l'usage des élèves des Facultés de droit et des écoles industrielles et commerciales, par E. COHENDY, professeur à la Faculté de droit et à l'École supérieure de commerce de Lyon. **2ᵉ édition.** 1898. Un volume in-18, relié en percaline gaufrée. . . . . **2** fr.

Manuel pratique des Opérations commerciales, par A. DANY, directeur de l'École supérieure de commerce du Havre, ancien chef de comptabilité, ancien professeur à la société mutuelle des employés de commerce du Havre. 1894. Un vol. in-8, relié en percal. gaufrée. **5** fr.

BERGER-LEVRAULT ET Cie, LIBRAIRES-ÉDITEURS

PARIS, 5, rue des Beaux-Arts. — Rue des Glacis, 18, NANCY.

Bibliothèque d'Enseignement commercial

OUVRAGES PARUS (*Suite*).

Principes généraux de Comptabilité, par E. Léautey, professeur de comptabilité, ancien chef de bureau au Comptoir national d'Escompte, et A. Guilbault, ancien chef d'administration de la Société métallurgique de Vierzon. 1895. Un vol. in-8, relié en percaline gaufrée . **5 fr.**

Monnaies, poids et mesures des principaux pays du monde. Traité pratique des différents systèmes monétaires et des poids et mesures, accompagné de renseignements sur les changes et les timbres d'effets de commerce, etc., par A. Lejeune, directeur de l'École supérieure de commerce de Marseille. 1894. Un volume in-8, relié en percaline gaufrée . . . . **5 fr.**

Manuel de Géographie commerciale, par V. Deville, agrégé, professeur au Lycée Michelet. (*Ouvrage récompensé par la Société de géographie commerciale de Paris.*) 1893. Deux volumes in-8 avec cartes et diagrammes, reliés en percaline gaufrée. . . . . **10 fr.**

Précis d'Histoire du Commerce, par H. Cons, recteur de l'Académie de Poitiers, ancien professeur à la Faculté des lettres de Lille, à l'École supérieure de commerce de Lille et à l'Institut industriel du Nord. 1896. 2 volume in-8, reliés en percaline gaufrée. . . . . . . **8 fr.**

Les Tribunaux de commerce. Organisation, compétence, procédure, par A. Houyvet, docteur en droit, ancien agréé près le tribunal de commerce de la Seine, professeur de législation commerciale et industrielle à l'École supérieure de commerce de Paris, avec une préface de M. F. Rataud, professeur honoraire à la Faculté de droit de Paris. 1894. Un volume in-8, relié en percaline gaufrée. . . . . **4 fr.**

Armements maritimes, cours professé à l'École supérieure de commerce de Marseille, par C. Champenois, capitaine au long cours, ancien commandant aux Messageries maritimes. 1895. Deux volumes in-8 avec 140 figures, reliés en percaline gaufrée . . . . **10 fr.**

Les Transports maritimes. Éléments de droit maritime appliqué, par Haumont et Levarey, avocats, professeurs à l'École supérieure de commerce du Havre. 2e édition. 1898. Un volume in-8, relié en percaline gaufrée. **4 fr.**

Manuel de préparation aux Écoles supérieures de commerce, contenant le développement des programmes officiels des concours d'entrée (arithmétique, algèbre, géométrie, physique, chimie, géographie, histoire, comptabilité). *Nouvelle édition*. 1897. Deux volumes in-8, reliés en percaline gaufrée. . . . . **10 fr.**

Annuaire de l'Enseignement commercial et industriel. 4e année, 1895 (dernière parue). Un volume in-18, de 760 pages, cart. **3 fr.**

Les frais de port en sus, à raison de 75 centimes pour l'envoi par la poste d'un volume de 4 ou 5 fr. ; plusieurs volumes peuvent être réunis dans un colis postal de 3 kilogr. (85 centimes), ou 5 kilogr. (1 fr. 05), ou 10 kilogr. (1 fr. 50).

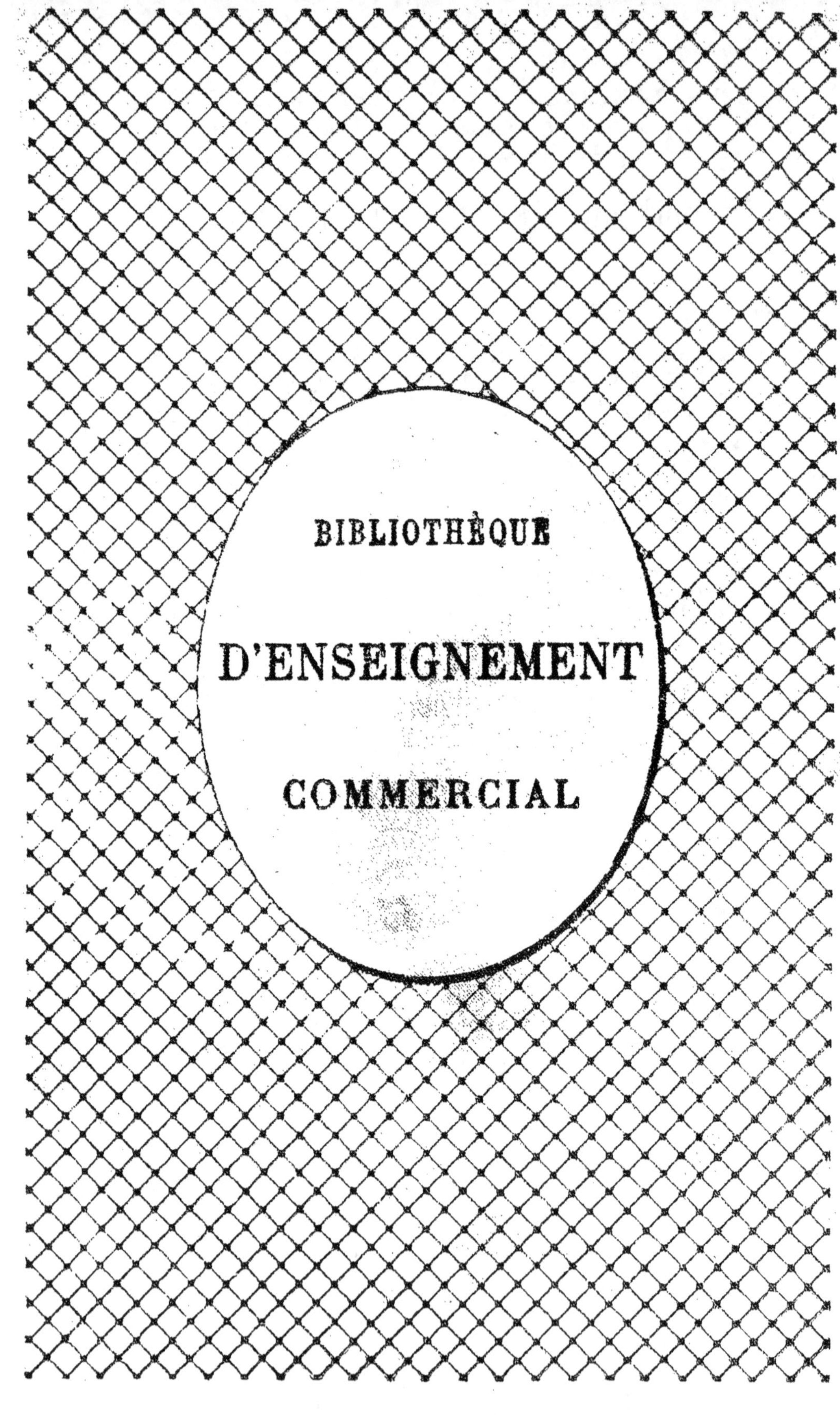

BIBLIOTHÈQUE

D'ENSEIGNEMENT

COMMERCIAL

9 782019 227678